Max Bär

Urkunden und Akten zur Geschichte der Verfassung und Verwaltung der

Stadt Koblenz bis zum Jahre 1500

Max Bär

Urkunden und Akten zur Geschichte der Verfassung und Verwaltung der Stadt Koblenz bis zum Jahre 1500

ISBN/EAN: 9783743493179

Hergestellt in Europa, USA, Kanada, Australien, Japan

Cover: Foto ©ninafisch / pixelio.de

Manufactured and distributed by brebook publishing software (www.brebook.com)

Max Bär

Urkunden und Akten zur Geschichte der Verfassung und Verwaltung der

Stadt Koblenz bis zum Jahre 1500

URKUNDEN UND AKTEN

ZUR GESCHICHTE DER

VERFASSUNG UND VERWALTUNG

DER

STADT KOBLENZ

BIS ZUM JAHRE 1500

BEARBEITET

VON

MAX BÄR

BONN

HERMANN BEHRENDT

1898

Stifter und Patrone

der

Gesellschaft für Rheinische Geschichtskunde.

Seine Majestät der Kaiser und König als Patron.

Ihre Majestät die Kaiserin und Königin Friedrich als Patronin.

Seine Königliche Hoheit der Erbgrossherzog Friedrich von Baden, kommandierender General des VIII. Armeekorps, als Patron.

Der Rheinische Provinzialverband.

Stifter:

1. Herr Geh. Kommerzienrat Dr. iur. et phil. **Gustav von Mevissen,** Mitglied des Staatsrats und des Herrenhauses, Köln (1881).
2. „ **Adolph von Carstanjen,** Majoratsherr, Berlin (1893).
3. „ Kommerzienrat **Emil vom Rath,** Köln (1894).

Patrone:

1. Die Stadt **Aachen** (1881).
2. Herr Geh. Kommerzienrat **Otto Andreae,** Köln (1889).
3. Se. Durchlaucht der **Prinz Philipp von Arenberg,** Bischöfl. Geistl. Rat, Eichstädt (1881).
4. Die Stadt **Barmen** (1881).
5. Herr Professor Dr. **Julius Baron,** Bonn (1892).
6. Frau Witwe **Marie Blees,** Queuleu bei Metz (1895).
7. Die Stadt **Bonn** (1881).
8. Herr **Arthur Camphausen,** Bankier, Köln (1893).
9. „ **Peter von Carnap,** Elberfeld (1881).
10. „ **Adolph von Carstanjen,** Majoratsherr, Berlin (1883).
11. Die Stadt **Coblenz** (1888).
12. Herr **Hermann Colsman,** Langenberg (Rheinland) (1893).
13. „ Geheimrat Dr. **Karl Ad. Ritter v. Cornelius,** Prof., München (1881).

14. Die Stadt Crefeld (1881).
15. Herr Kommerzienrat **J. Cüpper**, Tuchfabrikant, Burtscheid (1893).
16. Frau Witwe Kommerzienrat **Theodor Deichmann, Marie** geb. **Joest**, Köln (1895).
17. Herr Kommerzienrat **Karl Delius**, Aachen (1889).
18. „ **Friedr. Daniel Freiherr von Diergardt,** Kammerherr, Rittergutsbesitzer, Haus Morsbroich bei Schlebusch (1881).
19. Die Stadt **Düren** (1891).
20. Die Stadt **Düsseldorf** (1881).
21. Die Stadt **Duisburg** (1881).
22. Die Stadt **Elberfeld** (1881).
23. Herr **Karl Graf und edler Herr von und zu Eltz,** Wirkl. Geheimrat, Schlosshauptmann von Homburg v. d. Höhe, Excellenz, Eltville (1881).
24. „ **Karl Eltzbacher,** Rechtsanwalt und Bankier, Köln (1896).
25. Der Landkreis **Essen** (1892).
26. Die Stadt **Essen** (1896).
27. Herr Geh. Justizrat **Robert Esser,** Köln (1896).
28. „ **August Ferber,** Fabrikbesitzer, Burtscheid (1892).
29. Frau Witwe **Foerster, Johanna** geb. **Thywissen,** Kempen (Rh.) (1892).
30. Herr Geh. Kommerzienrat **Karl Friederichs,** Stadtverordneter, Remscheid (1897).
31. „ **Alois Fritzen,** Landesrat a. D., Düsseldorf (1891).
32. „ **Gisbert Graf von Fürstenberg-Stammheim,** Excellenz, Königl. Kammerherr und Schlosshauptmann von Koblenz, Mitglied des Herrenhauses, Stammheim b. Mülheim (1889).
33. Die Stadt **M.-Gladbach** (1891).
34. „ **Matthias H. Göring,** Honnef (1881).
35. Frau Witwe **Friedr. Grillo,** Essen (1895).
36. „ Witwe Kommerzienrat Dr. **Hermann Grüneberg, Emilie,** geb. **Schmidtborn,** Rentnerin, Köln (1894).
37. „ Witwe Kommerzienrat **Franz Karl Guilleaume,** Köln (1893).
38. Herr **Arnold Guilleaume,** Köln (1895).
39. „ **Max Guilleaume,** Köln (1892).
40. „ Kommerzienrat **Theodor Guilleaume,** Fabrikbesitzer, Mülheim a. Rh. (1889).
41. „ **Louis Hagen,** Bankier, Köln (1896).
42. „ Kommerzienrat **Emil Haldy,** St. Johann-Saarbrücken (1889).
43. „ Kommerzienrat **Franz Haniel,** Fabrikbesitzer, Düsseldorf (1895).
44. „ Geh. Kommerzienrat **August Heuser,** Stadtverordneter, Köln (1894).
45. „ **Karl von der Heydt,** Bankier, Elberfeld (1889).
46. „ **Alfred Freiherr v. Hilgers,** Landgerichtsdirektor, Coblenz (1895).
47. „ **Karl Eugen Graf und Marquis von und zu Hoensbroech,** Königl. Kammerherr, Schloss Türnich, Kr. Bergheim (1889).
48. „ **Eberhard Hoesch,** Düren (1891).
49. „ Geh. Kommerzienrat **Leopold Hoesch,** Düren (1889).
50. Die **Fürstl. Hohenzollern'sche Hofbibliothek,** Sigmaringen (1881).

51. Herr Geh. Justizrat Dr. **Hermann Häffer**, Professor, Bonn (1897).
52. „ Justizrat **Franz Jansen**, Rechtsanwalt u. beig. Bürgerm., Köln (1895).
53. Frau **Fanny Joest**, geb. **Camphausen**, Köln (1894).
54. Herr **Otto Jordan**, Coblenz (1895).
55. Se. Eminenz der Herr **Kardinal-Erzbischof von Köln Dr. Philippus Krementz**, Mitglied des Staatsrats, Köln (1886).
56. Die Stadt **Köln** (1881).
57. Herr Geh. Kommerzienrat **F. A. Krupp**, Mitglied des Staatsrats und des Herrenhauses, Bredeney, Ldkr. Essen (1884).
58. „ Wirkl. Geheimrat von **Kusserow**, Excellenz, ausserordentlicher Gesandter z. D., Bassenheim bei Coblenz (1895).
59. „ **Gottlieb Langen**, Burg Zieverich (1897).
60. „ **Hans Karl Leiden**, Kgl. Niederländischer Konsul, Köln (1895).
61. „ **Ernst Leyendecker**, Kaufmann, Köln (1893).
62. Frau Witwe **Freifrau von Liebieg, Angelika**, geb. **Clemens**, Schloss Gondorf bei Coblenz und Reichenberg (Böhmen) (1891).
63. Herr Geh. Justizrat Dr. **Hugo Loersch**, Professor, Kronsyndikus und Mitglied des Herrenhauses, Bonn (1890).
64. „ Kommerzienrat **Gustav Mallinckrodt**, Köln (1896).
65. „ Dr. jur. **Gustav Mallinckrodt jr.**, Köln (1892).
66. „ **Julius Marcus**, Baden-Baden (1896).
67. „ Dr. **Götz Martius**, Professor, Bonn (1893).
68. „ Dr. jur. **Karl Mayer-Leiden**, Rechtsanwalt, Brühl (1894).
69. „ Geh. Kommerzienrat Dr. **Gustav von Mevissen**, Mitglied des Staatsrats und des Herrenhauses, Köln (1881).
70. Frl. **Mathilde von Mevissen**, Köln (1893).
71. Herr Oberregierungsrat Dr. **Paul Meyer**, Elberfeld (1895).
72. „ Geh. Kommerzienrat **Gustav Michels**, Köln (1881).
73. „ **Graf Ernst von Mirbach-Harff**, Fideikommissbesitzer, Schloss Harff, Kr. Bergheim (1882).
74. „ Geh. Medicinalrat Prof. Dr. **Albert Mooren**, Düsseldorf (1881).
75. Die Stadt **Mülheim a. Rh.** (1881).
76. Der Kreis **Mülheim a. d. Ruhr** (1892).
77. Herr **Albert Freiherr von Oppenheim**, Kgl. sächs. Generalkonsul, Köln (1888).
78. „ **Eduard Freiherr von Oppenheim**, K. K. österr.-ungar. Generalkonsul, Köln (1889).
79. „ **Oswald**, Bergassessor a. D., Coblenz (1896).
80. „ **Wilh. Peill**, Kaufmann, Köln (1896).
81. „ Geh. Regierungsrat **Ludwig Pelzer**, Oberbürgermeister a. D., Aachen (1896).
82. „ **Eugen Pfeifer**, Fabrikant, Köln (1892).
83. „ Kommerzienrat **Valentin Pfeifer**, Fabrikbesitzer, Köln (1889).
84. Frau Witwe **Eduard Puricelli, Hyacinthe**, geb. **Recking**, Trier (1893).
85. Herr **Arthur vom Rath**, Kaufmann, Köln (1897).
86. „ Kommerzienrat **Emil vom Rath**, Stadtverordneter, Köln (1881).
87. „ Landgerichtspräsident **Adolf Ratjen**, Kiel (1881).

88. Herr Kommerzienrat **Eugen Rautenstrauch**, Stadtverordneter, K. belgischer Konsul, Köln (1891).
89. Der Kreis **Rees** (1897).
90. Herr Landgerichtsdirektor **Karl Reichensperger**, Köln (1896).
91. „ Kommerzienrat **Karl Röchling**, Fabrikbesitzer, Saarbrücken (1895).
92. „ Wirkl. Geheimrat Dr. **von Rottenburg**, Excellenz, Kurator der Universität, Bonn (1897).
93. Der Kreis **Ruhrort** (1892).
94. Der Kreis **Saarbrücken** (1892).
95. Se. Erlaucht der **Reichsgraf Heinrich von Schaesberg-Dilborn**, Schloss Thannheim bei Leutkirch (Württemberg) (1881).
96. Herr **Karl Scheibler**, Fabrikbesitzer, Köln (1896).
97. „ Dr. theol. et iur. can. **Herm. Jos. Schmitz**, Titular-Bischof von Zela, Weihbischof von Köln (1895).
98. Frau Witwe **Alexander Schoeller, Adele**, geb. **Carstanjen**, Düren (1892).
99. Herr **Ludwig Friedrich Seyffardt**, Beigeordneter und Abgeordneter, Krefeld (1888).
100. „ **Graf Franz von Spee**, Kgl. Kammerherr und Schlosshauptmann von Düsseldorf, Schloss Heltorf bei Düsseldorf (1885).
101. Frau Witwe Kommerzienrat **Konrad Startz, Marie**, geb. **Nütten**, Aachen (1893).
102. „ Witwe **Paul Stein, Elise**, geb. **von Mevissen**, Köln (1888).
103. Herr **Lebrecht Stein**, Seidenfabrikant, Langenberg (Rheinland) (1889).
104. „ **Robert Suermondt**, Bankier, Aachen (1893).
105. Der Herr **Bischof von Trier Dr. Felix Korum**, Trier (1886).
106. Die Stadt **Trier** (1881).
107. Herr Kommerzienrat **Julius Vorster**, Fabrikbesitzer, Köln (1892).
108. „ Geh. Kommerzienrat **Julius Wegeler**, Coblenz (1881).
109. Frl. **Johanna Wekbeker**, Düsseldorf (1883).
110. Die Stadt **Wesel** (1895).
111. Se. Durchlaucht der **Fürst Wilhelm zu Wied**, Neuwied (1881).
112. Herr **Richard Zanders**, Fabrikant, Berg.-Gladbach (1893).

Verstorbene Patrone:

Ihre Majestät die **Kaiserin** und **Königin Augusta** (1881), † 1890 Jan. 7.

1. Herr Wirkl. Geheimrat Dr. **von Bardeleben,** Excellenz, Oberpräsident a. D., Berlin (1881), † 1890 Jan. 8.
2. „ **Friedr. Wilh. Blees**, kais. Bergmeister, Queuleu bei Metz (1895), † 1895 Aug. 16.
3. „ Dr. med. **H. J. R. Claessen**, Köln (1881), † 1883 Okt. 17.
4. „ Wirkl. Geheimrat Dr. **Heinrich von Dechen**, Excellenz, Bonn (1881), † 1889 Febr. 5.
5. Frau Geheimrat **Lila Deichmann-Schaaffhausen**, Köln (1881), † 1888 Juli 7.
6. Herr Kommerzienrat **Theodor Deichmann**, Köln (1881), † 1895 Juli 25.
7. „ **August Elven**, Köln (1889), † 1891 April 28.

8. Herr **Ludwig Levin Freiherr von Elverfeldt**, Elberfeld (1881), † 1885 Mai 23.
9. „ **Johann Maria Farina**, Köln (1889), † 1892 Febr. 26.
10. „ **Freiherr Theodor von Geyr zu Schweppenburg**, Kgl. Kammerherr, beigeordneter Bürgermeister, Aachen (1881), † 1882 Juli 3.
11. „ Kommerzienrat Dr. **Herm. Grüneberg**, Köln (1890), † 1894 Juni 7.
12. „ Geh. Kommerzienrat **Hugo Haniel**, Ruhrort (1881), † 1893 Dec. 15.
13. „ Geh. Kommerzienrat **Alex. von Helmendahl**, Krefeld (1888), † 1890 Dec. 29.
14. „ Kommerzienrat **F. W. Königs**, Köln (1881), † 1882 Okt. 6.
15. „ Geh. Kommerzienrat **Eugen Langen**, Köln (1881), † 1895 Okt. 2
16. „ Kommerzienrat **Wilhelm Leyendecker**, Köln (1889), † 1891 Juni 18.
17. „ **Theodor Freiherr von Liebieg**, Schloss Gondorf (1889), † 1891 Sept 8.
18. „ **Ludwig von Lilienthal**, Elberfeld (1881), † 1893 Juni 1.
19. „ Kommerzienrat **Julius Marcus**, Köln (1889), † 1893 Jan. 4.
20. „ **Graf Wilh. von Mirbach-Harff**, Schloss Harff (1881), † 1882 Juni 19.
21. „ **Hermann von Mumm**, Kgl. Dän. General-Konsul, Köln (1881), † 1887 Juli 16.
22. „ **August Neven-DuMont**, Köln (1889), † 1896 Sept. 7.
23. „ **Emil Oelbermann**, Köln (1893), † 1897 Mai 1.
24. „ Geh. Regierungsrat **Dagobert Oppenheim**, Köln (1881), † 1889 Juli 25.
25. „ Kommerzienrat **Emil Pfeifer**, Köln (1881), † 1889 Sept. 20.
26. „ **Eduard Puricelli**, Trier (1881), † 1893 Dec. 4.
27. Frau **Fanny Puricelli**, Rheinböllerhütte (1881), † 1896 Nov. 16.
28. Herr Kommerzienrat **Val. Rautenstrauch**, Trier (1881), † 1884 Okt. 19.
29. „ Geh. Kommerzienrat **Wilh. Scheidt**, Kettwig (1894), † 1896 März 27.
30. „ **Alexander Schöller**, Düren (1890), † 1892 Febr. 26.
31. „ **Graf August von Spee**, Königl. Kammerherr, Schlosshauptmann zu Brühl, Schloss Heltorf (1881), † 1882 Aug. 25.
32. „ Kommerzienrat **Konrad Startz**, Aachen (1889), † 1893 Sept. 30.
33. „ Landgerichts-Referendar **Adolf Wekbeker**, Düsseldorf (1881), † 1882 Nov. 16.
34. „ Kommerzienrat **Victor Wendelstadt**, Köln (1881), † 1884 Juli 15.

Vorstand der Gesellschaft:

Prof. Dr. **Joseph Hansen**, Stadtarchivar, Köln, Hohenstaufenring 27, Vorsitzender.

Geh. Regierungsrat Dr. **Moriz Ritter**, Professor, Bonn, Riesstrasse 8, stellvertretender Vorsitzender.

Geh. Justizrat Dr. **Hugo Loersch**, Professor, Bonn, Lennéstrasse 21, Schriftführer.

Prof. Dr. **Eberhard Gothein**, Bonn, Göthestrasse 5, stellvertretender Schriftführer.

Dr. iur. **Gustav Mallinckrodt**, Köln, Sachsenring 77, Schatzmeister.

Kommerzienrat **Emil vom Rath**, Köln, Kaiser-Wilhelm-Ring 15, stellvertretender Schatzmeister.

Archivrat Dr. **Becker**, Königl. Staatsarchivar, Coblenz.
Becker, Ober-Bürgermeister, Köln.
Dr. **v. Bezold**, Professor, Bonn.
Geh. Archivrat Dr. **Harless**, Königl. Staatsarchivar, Düsseldorf.
Geh. Justizrat Dr. **Höffer**, Professor, Bonn.
Geh. Regierungsrat **Jaeger**, Ober-Bürgermeister, Elberfeld.
Geh. Regierungsrat **Lindemann**, Ober-Bürgermeister, Düsseldorf.
Geh. Kommerzienrat **Gustav Michels**, Köln.
Geh. Regierungsrat Dr. **Nissen**, Professor, Bonn.
Geh. Regierungsrat **Pelzer**, Ober-Bürgermeister a. D., Aachen.
Wirkl. Geheimrat Dr. **v. Rottenburg**, Excellenz, Kurator der Universität, Bonn.
Geh. Kommerzienrat **Wegeler**, Coblenz.

Vertreter des Provinzialverbandes im Vorstande:

Herr Freiherr **von Solemacher-Antweiler**, Excellenz, Königl. Kammerherr und Schlosshauptmann von Brühl, Mitglied des Herrenhauses, Rittergutsbesitzer, Bonn.

Ehrenmitglieder des Vorstandes:

Dr. **Höhlbaum**, Professor, Giessen.
Ad. Ratjen, Landgerichtspräsident, Kiel.

Satzungen

der

Gesellschaft für Rheinische Geschichtskunde.

(Gegründet am 1. Juni 1881, mit den Rechten einer juristischen Person ausgestattet durch Allerhöchsten Erlass vom 9. August 1889.)

§ 1.

Die **Gesellschaft für Rheinische Geschichtskunde** hat den Z w e c k, die Forschungen über die Geschichte der Rheinlande dadurch zu fördern, dass sie Quellen der rheinischen Geschichte in einer den Forderungen der Wissenschaft entsprechenden Weise herausgibt.

Der S i t z der Gesellschaft ist Köln.

§ 2.

1. S t i f t e r der Gesellschaft sind diejenigen, welche wenigstens e i n t a u s e n d Mark in die Kasse der Gesellschaft einzahlen.

2. P a t r o n e der Gesellschaft sind diejenigen, welche einen Jahresbeitrag von mindestens e i n h u n d e r t Mark auf drei Jahre zu zahlen sich verpflichten.

3. M i t g l i e d e r der Gesellschaft sind diejenigen Forscher auf dem Gebiete der rheinischen Geschichte oder auf verwandten Gebieten, welche entweder

    a) bei Gründung der Gesellschaft als Mitglieder beigetreten sind, oder

    b) später auf Vorschlag des Vorstandes durch die Gesellschaft in ihren Hauptversammlungen ernannt werden.

§ 3.

Die für ihre Zwecke erforderlichen Geldmittel entnimmt die Gesellschaft:

1. dem Kapitalbestande, welcher am 1. Januar 1889 Mark 29 986,96 betrug,
2. der Stiftung des Geh. Kommerzienrats Dr. jur. G. von Mevissen in der Höhe von Mark 3000 und zukünftigen Stiftungen,
3. den Beiträgen der Patrone,
4. den von der Staatsregierung und der Provinz zu erbittenden Zuschüssen,
5. dem Verkauf der Publikationen.

Die einmal bewilligten Beiträge unter 3 werden forterhoben, so lange sie nicht abgemeldet sind; mit ihrem Wegfall hört das Patronat auf.

§ 4.

Die Beiträge der Stifter bilden einen bleibenden Vermögensbestand, dessen Zinserträge jährlich den laufenden Einnahmen überwiesen werden.

Im übrigen ist für die Vermögensverwaltung der § 39 der Vormundschaftsordnung vom 5. Juli 1875 massgebend.

Die der Gesellschaft gehörigen Inhaberpapiere sind beim Erwerbe durch den Vorsitzenden oder dessen Stellvertreter ausser Cours zu setzen.

§ 5.

Den Stiftern und Patronen sowie den Mitgliedern des Vorstandes werden die Publikationen der Gesellschaft unentgeltlich geliefert. Den Mitgliedern der Gesellschaft wird jede einzelne Publikation für zwei Drittel des Ladenpreises geliefert.

§ 6.

Ein aus 19 Personen bestehender Vorstand leitet die Gesellschaft und vertritt sie Behörden und Privatpersonen gegenüber mit dem Rechte der Substitution in allen Angelegenheiten, einschliesslich derjenigen, welche nach den Gesetzen einer besonderen Vollmacht bedürfen.

Der Vorstand wird durch die Hauptversammlung aus den Stiftern, Patronen und Mitgliedern der Gesellschaft gewählt.

Das Amt der Vorstandsmitglieder erlischt durch Tod, Niederlegen und Verlassen des Gesellschaftsgebietes, als welches in dieser Hinsicht die Provinzen Rheinland, Westfalen und der Regierungsbezirk Wiesbaden anzusehen sind.

Dem Minister für geistliche, Unterrichts- und Medizinal-Angelegenheiten und dem Provinzialverbande der Rheinprovinz wird vorbehalten, den Vorstand durch je ein weiteres Mitglied zu verstärken, so lange die Arbeiten der Gesellschaft aus Mitteln des Staates, bezw. der Provinz unterstützt werden.

Zur Legitimation des Vorstandes nach aussen dient eine Bescheinigung des Bürgermeisteramtes der Stadt Köln, welchem die jedesmaligen Wahlverhandlungen sowie die Ernennungen des Staates und der Provinz mitzuteilen sind.

§ 7.

Der Vorstand kann seine Befugnisse für einzelne Angelegenheiten oder bestimmte Geschäfte einzelnen seiner Mitglieder oder aus seiner Mitte gewählten Kommissionen übertragen.

An der Bestimmung des § 8 über die Urkunden, welche die Gesellschaft vermögensrechtlich verpflichten, wird hierdurch nichts geändert.

§ 8.

Der Vorstand wählt aus seiner Mitte auf je drei vom 1. Januar 1889 ab laufende Jahre einen Vorsitzenden, einen Schatzmeister, einen Schriftführer und für jeden derselben einen Stellvertreter. Wird eines dieser Ämter erledigt, so wird ein Ersatzmann für den Rest der Amtszeit gewählt.

Urkunden, welche die Gesellschaft vermögensrechtlich verpflichten, sind unter deren Namen vom Vorsitzenden oder dessen Stellvertreter und ausserdem von einem anderen Vorstandsmitgliede zu vollziehen.

§ 9.

Der Vorsitzende leitet die Verhandlungen des Vorstandes sowie der Hauptversammlung.

Er beruft den Vorstand, so oft dies die Lage der Gesellschaft erfordert, auch sobald drei Mitglieder des Vorstandes dies beantragen. Die Einladung erfolgt schriftlich unter Mitteilung der Tagesordnung.

§ 10.

Zur Beschlussfähigkeit des Vorstandes ist die Anwesenheit von neun Vorstandsmitgliedern, zu Beschlüssen die absolute Stimmenmehrheit der anwesenden Vorstandsmitglieder erforderlich. Bei Stimmengleichheit entscheidet der Vorsitzende.

Über die Verhandlungen nimmt der Schriftführer ein Protokoll auf, welches von ihm und dem Vorsitzenden vollzogen und gleich den übrigen Akten vom Vorsitzenden aufbewahrt wird.

§ 11.

Der Schatzmeister führt und verwahrt die Kasse der Gesellschaft. Er hat dem Vorstande jährlich eine mit Belegen versehene Übersicht des Vermögensbestandes einzureichen, welche zu den Akten genommen wird. Diese Übersicht umfasst das abgelaufene Geschäftsjahr, welches vom 1. Januar bis 31. December gerechnet wird, und wird in der ersten Vorstandssitzung des neuen Jahres vorgelegt.

§ 12.

Zum Geschäftskreise der Hauptversammlung, in welcher jeder persönlich erscheinende Stifter, Patron oder Mitglied der Gesellschaft Stimmrecht hat, — die Städte, welche Stifter oder Patrone sind, werden vertreten durch ihre Bürgermeister, andere Korporationen oder Vereine durch die von ihnen Beauftragten, — gehört:

1. die Wahl und Ergänzung des Vorstandes (§ 6),
2. die Wahl von Mitgliedern der Gesellschaft nach § 2 No. 3, b,
3. die Entgegennahme des Berichtes, welchen der Vorstand über die Arbeiten des letzten und den Arbeitsplan des nächsten Jahres erstattet,
4. die Entlastung des Schatzmeisters wegen der Rechnung über das abgelaufene Jahr,
5. jede Änderung der Satzungen,
6. die etwaige Auflösung der Gesellschaft und die Verfügung über das bei der Auflösung vorhandene Vermögen.

§ 13.

Die Hauptversammlung findet jährlich in den ersten drei Monaten statt.

Der Vorstand stellt die Tagesordnung fest. Der Vorsitzende ladet die Stifter, Patrone und Mitglieder durch Zuschrift unter Mitteilung der Tagesordnung ein.

Ausserordentliche Hauptversammlungen finden statt, so oft der Vorstand dies für erforderlich hält, sowie wenn 20 stimmberechtigte

Personen schriftlich beim Vorstande einen hierauf gerichteten mit Gründen versehenen Antrag stellen, und zwar im letzteren Falle binnen sechs Wochen.

§ 14.

Zur Beschlussfähigkeit der Hauptversammlung ist die Anwesenheit von 15 stimmberechtigten Personen, einschliesslich der Vorstandsmitglieder, erforderlich.

Hat eine Hauptversammlung wegen Beschlussunfähigkeit vertagt werden müssen, so ist eine neue Hauptversammlung beschlussfähig ohne Rücksicht auf die Zahl der Anwesenden, sofern auf diese Folge bei der Einberufung ausdrücklich hingewiesen ist.

Abgesehen von dem Falle der Stimmengleichheit, bei welcher der Vorsitzende entscheidet, und von einem etwaigen Auflösungsbeschluss, für welchen Zweidrittel-Mehrheit der Anwesenden erforderlich ist, werden die Beschlüsse nach einfacher Mehrheit gefasst.

Über die Form der Abstimmung entscheidet die Versammlung.

Über die Verhandlung nimmt der Schriftführer ein Protokoll auf, welches von ihm, dem Vorsitzenden und drei anderen Anwesenden zu vollziehen ist.

§ 15.

Änderungen der Satzungen, welche den Sitz, den Zweck und die äussere Vertretung der Gesellschaft betreffen, sowie Beschlüsse, welche die Auflösung der Gesellschaft zum Gegenstande haben, bedürfen landesherrlicher Genehmigung. Sonstige Änderungen der Satzungen sind von der Zustimmung des Oberpräsidenten der Rheinprovinz abhängig.

§ 16.

Diese Satzungen treten mit dem 1. Januar 1889 in Kraft.

Nach Massgabe derselben führt der Vorstand, welcher auf Grund der früheren Bestimmungen gewählt ist, sein Amt weiter.

Publikationen
der Gesellschaft für Rheinische Geschichtskunde.

I. **Kölner Schreinsurkunden des 12. Jahrhunderts,**
Quellen zur Rechts- und Wirtschaftsgeschichte der Stadt Köln,
herausgegeben von **Robert Hoeniger.** Bonn, Weber (Julius
Flittner). Bd. I, 1884—1888, Ladenpreis br. Mk. 21.45. Bd. II, 1,
1893, Ladenpreis br. Mk. 17.50. Bd. II, 2, 1894. Mit einer
Erklärung der deutschen Wörter von Prof. Dr. J. **Franck** und
1 photolith. Beilage. Ladenpreis br. Mk. 22.—

II. **Briefe von Andreas Masius und seinen Freunden**
1538—1573, herausgegeben von **Max Lossen.** Leipzig,
Dürr, 1886. Ladenpreis br. Mk. 11.40, geb. Mk. 12.50.

III. **Das Buch Weinsberg, Kölner Denkwürdigkeiten aus dem**
16. Jahrhundert, bearbeitet von **Konstantin Höhlbaum.**
Bd. I, 1518—1551. Leipzig, Dürr, 1886. Ladenpreis br.
Mk. 9.—, geb. Mk. 10.—

IV. **Dasselbe.** Bd. II, 1552—1577. Leipzig, Dürr, 1887. Ladenpreis br. Mk. 10.—, geb. Mk. 11.—.

V. **Der Koblenzer Mauerbau,** Rechnungen 1276—1289, bearbeitet von **Max Bär.** Leipzig, Dürr, 1888. Ladenpreis
br. Mk. 3.60, geb. Mk. 4.50.

VI. **Die Trierer Ada-Handschrift,** bearbeitet und heraus-
gegeben von K. **Menzel,** P. **Corssen,** H. **Janitschek,**
A. **Schnütgen,** F. **Hettner,** K. **Lamprecht.** Leipzig,
Dürr, 1889. Ladenpreis kart. Mk. 80.—, geb. Mk. 86.—.

VII. **Die Legende Karls des Grossen im 11. und 12. Jahr-**
hundert, herausgegeben von **Gerh. Rauschen.** Mit einem
Anhang über Urkunden Karls des Grossen und Friedrichs I.
für Aachen von **Hugo Loersch.** Leipzig, Duncker & Hum-
blot, 1890. Ladenpreis br. Mk. 4.80, geb. Mk. 5.60.

VIII. **Die Matrikel der Universität Köln 1389 bis 1559,** bearbeitet von Dr. **Hermann Keussen.** Bonn, Behrendt. Bd. I.
1389—1466. Erste Hälfte unter Mitwirkung von Dr. **Wilhelm**
Schmitz, 1892. Zweite Hälfte, 1892. Ladenpreis br. Mk.
18.—, geb. Mk. 21.—.

IX. **Kölnische Künstler in alter und neuer Zeit. Johann**
Jacob Merlos neu bearbeitete und erweiterte Nachrichten

von dem Leben und den Werken Kölnischer Künstler, herausgegeben von Dr. Eduard Firmenich-Richartz unter Mitwirkung von Dr. Hermann Keussen. Mit zahlreichen bildlichen Beilagen. Düsseldorf, L. Schwann, 1895. Ladenpreis br. Mk. 45.—.

X. Akten zur Geschichte der Verfassung und Verwaltung der Stadt Köln im 14. und 15. Jahrhundert, bearbeitet von Dr. Walther Stein. Bonn, Behrendt, 1893. 95. Bd. I. Ladenpreis br. Mk. 18.—. Bd. II mit Registern zu beiden Bänden. Ladenpreis br. Mk. 16.—.

XI. Landtagsakten von Jülich-Berg, 1400—1610, herausgegeben von Georg von Below. Erster Band. 1400—1562. Düsseldorf, L. Voss & Cie., 1895. Ladenpreis br. Mk. 15.—.

XII. Geschichtlicher Atlas der Rheinprovinz, im Auftrage des Provinzialverbandes herausgegeben von der Gesellschaft für Rheinische Geschichtskunde. Bonn, Behrendt, 1894—97.

1. Karte der Rheinprovinz unter französischer Herrschaft im Jahre 1813, entworfen und gezeichnet von Konstantin Schulteis. Massstab 1:500 000. Ladenpreis Mk. 4.50.

2. Karte der politischen und administrativen Einteilung der heutigen Rheinprovinz im Jahre 1789, bearbeitet und entworfen von Dr. Wilhelm Fabricius, gezeichnet von Georg Pfeiffer. 7 Blätter. Massstab 1:160 000. Ladenpreis Mk. 30.—.

3. Die Rheinprovinz im Jahre 1789. Übersicht der Kreiseinteilung, bearbeitet und entworfen von Dr. W. Fabricius. Massstab 1:500 000. Ladenpreis Mk. 4.50.

4. Karte der Rheinprovinz unter preussischer Verwaltung im Jahre 1818, entworfen und gezeichnet von Konst. Schulteis. Massstab 1:500 000. Ladenpreis Mk. 4.50.

5. Erläuterungen zum Geschichtlichen Atlas der Rheinprovinz. Erster Band: Die Karten von 1813 und 1818 von Konst. Schulteis. Ladenpreis br. Mk. 4.50. Zweiter Band: Die Karte von 1789 von Dr. W. Fabricius.

XIII. Geschichte der Kölner Malerschule. 100 Lichtdrucktafeln mit erklärendem Text, herausgegeben von Ludwig Scheibler und Carl Aldenhoven. Lübeck, Joh. Nöhring, 1894. 95. 96. 1. Lieferung, 32 Tafeln in Mappe. 2. Lieferung, 33 Tafeln in Mappe. 3. Lieferung, 35 Tafeln in Mappe. Ladenpreis je Mk. 40.—.

XIV. Rheinische Akten zur Geschichte des Jesuitenordens 1542—1582, bearbeitet von Joseph Hansen. Bonn, Behrendt, 1896. Ladenpreis Mk. 20.—.

Vorbemerkung.

Die hier veröffentlichten Quellen zur Geschichte der Verfassung und Verwaltung der Stadt Koblenz habe ich in den Jahren 1885 bis 1888 im Koblenzer Staatsarchiv und im Archive der Stadt gesammelt. Eine schon damals beabsichtigte Veröffentlichung wurde durch meine Versetzung nach Stettin gehindert. Durch andere Arbeiten in Anspruch genommen fand ich nur selten und erst nach Zwischenräumen von Jahren die Musse, mich mit den alten mir lieb gewordenen Quellen zu beschäftigen, als eine Erholung gleichsam in der damit verknüpften Erinnerung an die Rhein- und Moselstadt. Noch unvollendet siedelte die Arbeit mit mir nach Hannover über, wo ich sie zum Abschluss brachte. Die Drucklegung erfolgte während der Unruhe meines Umzuges nach Osnabrück und des Einlebens in neue Dienstverhältnisse. Durch solchen Wechsel wie überhaupt durch die Bearbeitung aus der Ferne möchte ich manche Unebenheiten des Buches durch den sachkundigen Leser entschuldigt hoffen.

Osnabrück, im Dezember 1897.

Max Bär.

I.

Einleitung. Die Entstehung der Stadtgemeinde. Gericht und Verwaltung bis zu Beginn des 13. Jahrhunderts.

Zu beiden Seiten der untersten Mosel gab es von Alters eine Markgenossenschaft, bestehend aus den Ortschaften Koblenz, Lützelkoblenz, Moselweiss und Neuendorf. Wir dürfen auf den Bestand dieser Markgenossenschaft schliessen aus der gemeinsamen Verwaltung der gemeinschaftlichen Almende durch die genannten Ortschaften. Denn nach einer städtischen Waldordnung wurde der gemeinsame Wald durch acht Förster verwaltet, von denen die Stadt Koblenz vier, Moselweiss zwei und Lützelkoblenz und Neuendorf je einen erwählten[1].

Auch einige andere Nachrichten lassen auf besonders enge Beziehungen der vier Orte zu einander schliessen.

In einem von der Stadt Koblenz i. J. 1469 angelegten Bürgerbuche[2] werden in dem einleitenden Theile mit dem Erzbischof von Trier beginnend diejenigen aufgeführt, welche, kurz gesagt, als Pfahlbürger des Koblenzer Bürgerrechtes theilhaftig waren. Hier werden die drei Orte Weiss, Lützelkoblenz und Neuendorf als Bürger von Koblenz bezeichnet „myt aller gnaden und fryheit, als dye ingesessene burger bynnen Covelentz". Die Aufzeichnung ist zwar erst 1469 erfolgt, sie giebt aber zweifellos einen weit älteren Rechtszustand wieder. Dabei ist in hohem Maasse bemerkenswerth, dass allein der Erzbischof von Trier und weiterhin nur die drei Gemeinden ohne jede Einschränkung als Bürger mit vollem Rechte bezeichnet werden, während allen übrigen Aussenbürgern die Nutzung der Almende oder die Weinschankgerechtsame garnicht, oder letztere nur in beschränktem Umfange zugestanden wurde. Die uneingeschränkte Aufnahme der drei Gemeinden als vollberechtigte Bürger der Stadt legt die Erklärung

---

[1] Städtische Waldordnung im Stadtarchiv zu Koblenz. Dasselbe ist, wie gleich hier bemerkt werden mag, beim Koblenzer Staatsarchive in Verwahr gegeben.

[2] Vgl. über das Bürgerbuch unten Abschnitt V.

ganz gewiss nahe, dass sie die Folge eines von altersher gemeinsamen Flurbesitzes gewesen ist.

Dieselben drei Dörfer erscheinen nach einer Stadtrechtquelle[1]
aus dem 14. Jahrhundert, die aber zweifellos ebenfalls nicht neues
Recht schuf, sondern ein weit älteres wiedergab, durch ihre Heimburgen als Theilnehmer an dem in Koblenz abgehaltenen „Bauding", einem einer Markgenossenschaft entsprechenden Wirthschaft-
und Untergericht. Man wird geneigt sein, dieses Bauding, wie
weiter unten ausgeführt werden soll[2], als den Rest oder als eine
den veränderten Verhältnissen entsprechende Umänderung des ursprünglichen Burdings, als des gemeinderechtlichen Verwaltungkörpers einer Markgenossenschaft, anzusprechen. Urkundlich sind
wir über dasselbe freilich nicht unterrichtet; nichtsdestoweniger
ist es ausser Zweifel, dass für eine solche Markgenossenschaft auch
der entsprechende Verwaltungkörper bestanden haben muss. Und
es ist wahrscheinlich, dass i. J. 1198, als die Bürger von Koblenz
einen Theil ihrer überrheinischen Mark bei Siebenborn[3] gegen
einen jährlichen Zins an das Nonnenkloster in Vallendar zu Erb-
pacht überliessen und zwar nobis omnibus tam de utraque Confluentia quam de Wise ministerialibus et burgensibus praesen-
tibus, dass diese Zusammenwirkung der drei Gemeinden Koblenz,
Lützelkoblenz und Weiss auf eine Aeusserung des markgenossenschaftlichen Zusammenhanges und Besitzrechtes zurückzuführen ist[4].

Innerhalb dieser Landgemeinde ragte natürlich seit lange die
am rechten Moselufer belegene Stadtgemeinde Koblenz hervor. Wir
kennen die Bedeutung des Ortes als römisches Kastell. Aber
diese ältesten Erwähnungen des Namens Koblenz und die späteren
Nachrichten über dasselbe aus merovingischer und karolingischer
Zeit dürfen hier füglich übergangen werden, da sie nähere Mittheilungen über den Ort und über seine Bewohner nicht enthalten[5].
Wir wissen nur, dass Koblenz häufig als Aufenthaltsort der Könige
und Kaiser genannt wird und dass sich ein Könighof daselbst
befand.

---

[1] Das alte Gerichtsbuch, § 20. Vgl. unten Abschnitt IV B.
[2] Vgl. Abschnitt IV, B, Einleitung.
[3] Simmern im Amte Montabaur.
[4] Mittelrheinisches Urkundenbuch, Bd. II, 216.
[5] Nur eine Mittheilung scheint erwähnenswerth, weil sie zugleich darthut,
dass zu gewisser Zeit in Koblenz wohl lediglich die Merovingische Königpfalz
bestand, während die Hauptansiedelungen auf dem linken Moselufer, also in
Lützelkoblenz, gelegen zu haben scheinen. Jene Mittheilung ist ein Bericht
Gregors von Tours über seine Anwesenheit in Koblenz i. J. 585. Er weilte
damals als Gast beim Könige Childebert II., musste aber am Abend mit dem
Schiff über die Mosel setzen und nächtigte in Lützelkoblenz. Viel Volks wollte
mit ihm zugleich übersetzen. Nobis itaque in antedicto castro cum rege commorantibus, dum ad convivium principis usque obscura nocte reteneremur, epulo
expleto, surreximus venientesque ad fluvium, offendimus navem in litus, quae
nobis fuerat praeparata. Ascendentibusque nobis, inruit turba hominum diver-
sorum, impletaque est navis tam hominibus quam aquis. — Gregorii episcopi
Turonensis historia Francorum VIII, 14 in MGSS rerum Merovingicarum I, 333.

Diese Thatsache und die weitere, dass in unmittelbarster Nähe des Ortes schon in früher Zeit kirchliche Mittelpunkte geschaffen wurden — im 9. Jahrhundert das Stift S. Kastor, im 10. Jahrhundert das Stift S. Florin —, musste zu einem grösseren zeitweiligen Zusammenfluss von Menschen führen und infolgedessen auch zu einer grösseren Zahl von Bewohnern. Königliche Beamte und deren Hof- und Hausgesinde, Geistliche, Handwerker und andere Gewerbetreibende fanden hier Amt und Erwerb. Auf diesem Wege gelangt man unschwer und ohne weiteres zu einer Vorstellung über die Art, wie sich die um die Burg und besonders um die ausserhalb aber nahe bei der Burg gelegene Stiftkirche von S. Florin heranwachsende Ortschaft zu einer Stadt im eigentlichen Sinne auswachsen musste und wie dieselbe dann schon im Laufe des 12. Jahrhunderts zu einer erweiterten Ummauerung, dieser wesentlichen Erscheinung der mittelalterlichen Stadt, thatsächlich geführt hat[1].

Die wachsende Einwohnerzahl, verbunden mit der überaus günstigen Lage des Ortes an einem von drei Richtungen auf dem Wasserwege und von zwei Richtungen auf einer alten Heerstrasse zu erreichenden Platze musste nothwendig zu einem gesteigerten Verkehr und zu einem Austausch und Umsatz von Lebensmitteln und Waaren führen und damit zum regelmässigen Durchgang- und Marktverkehr. Der letztere, der Markt, wird recht eigentlich die nothwendige Begleiterscheinung, die Folge des einwohnerreichen Ortes in günstiger Lage, gewesen sein. Mit den Beziehungen zum Verkehr, zu Zoll und Markt, setzt dann auch thatsächlich die urkundliche Ueberlieferung über die Stadtgemeinde Koblenz ein. Auf den Verkehr und die Regelung desselben, auf die Bedürfnisse des Marktes und die Aeusserungen und Bedingungen seines Daseins weisen die ältesten und dann auch die späteren Quellen hin, aus denen wir über das Wesen dieser Gemeinde urkundliche Nachricht schöpfen können.

Im J. 1018 schenkte der Kaiser Heinrich II. den Könighof zu Koblenz an den Erzbischof zu Trier. In die Schenkung wurde einbegriffen die bei dem Ort gelegene Abtei (das Stift S. Florin)[2], sowie ferner der Zoll und die Münze zu Koblenz[3]. Ueber die Geschichte dieses Zolles sind wir durch eine Reihe wichtiger Urkunden bis gegen das Ende des 13. Jahrhunderts gut unterrichtet. Bereits 24 Jahre später, 1042, schenkte der Erzbischof Poppo den Koblenzer Zoll dem Stift S. Simeon in Trier und zwar, wie er genauer umschrieben wird, theloneum, quod a pertranseuntibus

---

[1] Die älteste Befestigung von Koblenz ist das Römerkastell. Ueber die eigentliche mittelalterliche Ummauerung im 12. Jahrhundert und die erweiterte Befestigung im 13. Jahrhundert vgl. Bär, Der Koblenzer Mauerbau, Leipzig 1888, S. 22, 23.

[2] Vgl. Breslau, Jahrbücher des deutschen Reiches unter Heinrich II., Bd. 3 S. 32 und Günther, Geschichte von Koblenz S. 15.

[3] Mittelrh. U. B. I, 344.

navigio universis et in foro Confluentie solvitur[1]. Wir sehen
daraus, dass wir unter jenem dem Erzbischof Seitens des Kaisers
i. J. 1018 geschenkten Zoll nicht nur einen Durchgangzoll zu verstehen haben, sondern auch einen Marktzoll, Abgaben vom Koblenzer Markt. Bei der Schenkung dieses Zolls an das S. Simeonstift behielt sich jedoch der Erzbischof einen Theil der Einkünfte
vor: hoc tantum excepto, quod hiconomus episcopi in festo beato
nativitatis domine nostre accipiet medietatem thelonei per unum
diem integrum et duos dimidios, d. h. es sollte zu Mariä Geburt
die Hälfte der Zolleinkünfte eines ganzen und zweier halben Tage
an den erzbischöflichen Verwalter abgeführt werden.

Nach diesen beiden Urkunden von 1018 und 1042 bestand
demnach zu Koblenz eine frühere Königburg, nunmehr dem Erzbischof von Trier gehörig und in derselben eine erzbischöfliche
Hofverwaltung. Als den leitenden Beamten dieses Fronhofes werden wir den hiconomus[2] episcopi von 1042 anzusprechen haben.
Ihm wird auch die Verwaltung der Münze unterstellt gewesen
sein. Ausser dem Fronhof und der Münze aber bestand zu Koblenz ein Markt. Die Abgaben vom Koblenzer Markt flossen
vor 1018 dem Könige zu. Sie waren öffentlicher Natur. Nach
1018 erhielt sie der Erzbischof, dann durch Schenkung das Stift
S. Simeon. An dem Charakter der Abgaben wurde dadurch natürlich nichts geändert. Dass sich der Erzbischof bei Vergebung
der Zolleinkünfte die halben Einkünfte zu Mariä Geburt für einen
ganzen und zwei halbe Tage vorbehielt, lässt darauf schliessen,
dass an diesen Tagen die Einnahmen der Zoll- und Marktabgaben
besonders hohe waren. Man wird nicht fehl greifen, wenn man
annimmt, dass eben in jenen Tagen damals schon, wie später
thatsächlich, der Koblenzer Jahrmarkt oder überhaupt ein grosser
Koblenzer Markt stattgefunden hat[3].

Im J. 1104 bestätigte Kaiser Heinrich IV. dem S. Simeonstift
den Besitz des Koblenzer Zolles nach den von den dortigen
Schöffen angegebenen Sätzen[4]. Der Erzbischof Bruno von Trier
hatte ein solches Weisthum über die Höhe der Zollsätze und der
Marktabgaben von namentlich aufgeführten und an erster Stelle
genannten Schöffen, sowie ferner von der ganzen familia, d. h.
doch von Ministerialen und Hörigen erfordert, welche für die Bestätigung der Richtigkeit der von den Schöffen gemachten Angaben dem Erzbischof besonders vertrauenswürdig sein mussten.
Der Zolltarif ist in der Urkunde enthalten. Vornehmlich die

[1] Mittelrh. U.-B. I, 372.
[2] In den erzbischöflichen Bestätigungurkunden von 1138 und 1162 heisst
er ekonomus. Mittelrh. U.-B. I, 556 und 693; ebenso in der von 1209, II, 325,
und in anderen. Einzig in der Bestätigung durch Kaiser Heinrich VI. im J.
1195 wird er unrichtiger Weise scultetus genannt, was nur durch ein Versehen
der kaiserlichen Kanzlei zu erklären ist. Mittelrh. U.-B. II, 185.
[3] Vgl. unten Abschnitt VI, Einleitung.
[4] Mittelrh. U.-B. I, 467.

Schöffen des Gerichts haben ihn gewiesen. Sie müssen also Leute gewesen sein, welchen die Angelegenheiten des Marktes, die Höhe der Abgaben, die Art ihrer Erhebung genau bekannt waren, Leute, welche durch ihren Beruf persönlich mit dem Gegenstand ihres Weisthums, dem Zoll und dem Markt, zu thun hatten, also zweifellos Kaufleute oder doch Gewerbtreibende. Nur sie konnten wissen, quidve in eodem loco thelonei antiquo jure solveretur. Es ist bezeichnend, dass bereits diese älteste Erwähnung der Koblenzer Schöffen dieselben in Angelegenheiten des Marktes und der Marktverwaltung handelnd auftreten lässt, dass die Marktangelegenheiten zu den Obliegenheiten der Schöffen gehören. Das wird noch deutlicher durch einige weitere Nachrichten. Nach dem Zolltarif von 1104 erhalten die Koblenzer Schuhmacher den Zoll, welchen die fremden Schuhmacher während des Marktes geben. Dafür aber müssen sie dem Zöllner und 8 senatoribus eine Mahlzeit geben. In einer späteren Zollrolle von 1209 heisst die entsprechende Stelle: Post festum quoque sancti Martini theloneario et villico dabunt sutores Confluentie eis et scabinis servitium laudabile, villico secum habente militem et servum. Quod si laudabile non fuerit servitium, satisfacient theloneario et villico secundum quod scabini judicaverint[1]. Daraus geht hervor, dass die scabini von 1209 die senatores von 1104 sind. Der villicus ist der Schultheiss des öffentlichen Gerichts, der scultetus. Dieselbe Urkunde von 1209 weist aber noch eine weitere deutliche Beziehung des Gerichtes zum Markt und Verkehr auf. Wenn nämlich der Zöllner von S. Simeon an der Richtigkeit der Angaben zweifelt, welche die Fremden über den Umfang dessen machen, was sie an zollpflichtigen Dingen mit sich führen, so nimmt er sich den Boten des Schultheissen, also den Fronboten (nuntium villici Confluentinorum, qui preco ville nuncupatur) zu Hülfe, um durch ihn die Menge der zollpflichtigen Waaren festzustellen. Der obige Schluss ist also richtig, dass nämlich die Schöffen bezw. das Gericht Obliegenheiten zu erfüllen haben, welche Markt und Zoll berühren. Die Schöffen weisen nicht nur was Herkommens ist, sondern das Gericht bestimmt auch, was Rechtens ist und eine Person des Gerichts, der Fronbote, ist thätig bei der Ausführung zollrechtlicher Maassnahmen.

Seit 1042 hatte das Stift S. Simeon den Zoll unangefochten in Besitz. Da trat an die Stadtgemeinde Koblenz das Bedürfniss heran, entsprechend ihrem Wachsthum eine Erweiterung der Stadtmauer vorzunehmen. Eine Eifersucht der Gemeinde auf den geistlichen Inhaber des Zolles mag schon lange vorher bestanden haben. Deshalb und nach dem Beispiel anderer Städte lag es nahe, aus den Markteinnahmen des Zolles auch die Bedürfnisse des Marktes selbst, die Sicherung der Marktfreiheit und des Marktfriedens und der Stadtgemeinde bestritten zu sehen. Mit den grösseren Ein-

---

[1] Mittelrh. U.-B. II, 280.

nahmen, welche der gesteigerte Verkehr brachte, wollte man auch die vermehrten Ausgaben der wachsenden Gemeinde decken. So wünschte die Stadt einen Theil der Zolleinnahmen zum Zwecke solcher Bedürfnisse, im besondern zum Stadtbau, überwiesen zu erhalten. Eine Urkunde von 1182 behandelt den darüber zwischen dem Simeonstift und den Koblenzer Einwohnern, tam ministeriales quam burgenses, entbrannten Streit[1]. Die Schöffen hatten Beschwerde erhoben und zwar coram advocato suo et villico, also vor dem Vogt des Gerichts, dem Grafen von Nassau, und dem Schultheiss, und erklärten, dass ein Theil jenes Zolles der Stadt zukomme zur Unterhaltung der Mauern, dicentes, quandam portionem ad civitatis edificia pertinere. Als dann thätlicher Widerstand gegen die Zollerhebung von den Bürgern geleistet wurde, griff der Erzbischof Arnold von Trier als Vermittler ein und vertrug die Streitenden. Der Erzbischof war persönlich in Koblenz anwesend und hatte sich ins weltliche Gerichthaus, laicale pretorium, begeben, in welchem alle Koblenzer Bürger zusammengekommen waren. Hier verpflichteten sich dieselben, dem Stift kein Hinderniss wegen der Zollerhebung in den Weg zu legen, dieses zahlte 60 Mark als einmaligen Betrag an die Bürger. Diejenigen, welche dem Vertrage zuwiderhandeln würden, bedrohte der Erzbischof mit der Strafe der Exkommunikation und der Koblenzer Vogt, Graf Robert von Nassau, mit der Strafe seines Bannes. Als Zeugen werden in der wichtigen Urkunde 14 Geistliche von Trier und Koblenz genannt, 5 Ministerialen ausserhalb Koblenz, 10 Ministerialen von Koblenz und 10 Bürger. Wir ersehen aus der Urkunde, dass die Schöffen auch in dieser wichtigen Finanzfrage in Ausübung ihrer bereits erweiterten Thätigkeit als Vertreter der Bürgerschaft auftraten.

Nähere Nachrichten über die Thätigkeit des Koblenzer Gerichtes in Sachen des Marktes besitzen wir bedauerlicher Weise für so frühe Zeit nicht. Die durch den Verkehr erweiterte Thätigkeit des Gerichtes und die dadurch eintretende Abweichung des Weichbildrechtes vom gemeinen Landrechte führte aber auch in Koblenz zu einer Niederschrift der Gewohnheiten des Gerichtes. „Das alte Gerichtsbuch" ist in einer Abschrift aus dem Anfang des 16. Jahrhunderts erhalten[2]. Der 22. Abschnitt dieser Rechtsquelle handelt von der freien Zeit. Dieselbe beginnt am Tage vor Mariä Geburt zur Vesperzeit. Als äusseres Zeichen derselben errichten die Fronboten auf dem S. Florinshof und dem S. Kastorhof ein hölzernes Kreuz, an dem sich eine Hand und ein Schwert befinden. Von da ab ist freie Zeit, d. h. es finden keine gerichtlichen Handlungen statt bis zum nächsten Gerichtstage nach Remigius. Friedbrüche werden in dieser Zeit doppelt bestraft.

[1] Mittelrh. U.-B. II, 92.
[2] Vgl. über dasselbe und die Zeit seiner Entstehung unten Abschnitt IV B Einleitung.

Hier ist eine deutliche Rücksichtnahme des Gerichtes auf den Markt gegeben. Denn mit Mariä Geburt begann der grosse Koblenzer Jahrmarkt und die Dauer der freien Zeit umfasst auch die Dauer des Marktes, der mit dem Remigiusfest sein Ende erreichte. Bei Beginn derselben wurde das Marktkreuz mit Hand und Schwert aufgerichtet, der Marktfriede wurde erklärt, sein Bruch[1] doppelt gebüsst. Wie die älteste Erwähnung der Koblenzer Schöffen deren Beziehung zum Zoll und zum Marktverkehr zum Gegenstande hat, so lässt auch die bedeutendste Quelle des Koblenzer Stadtrechts keinen Zweifel über den Einfluss, den der Markt auf das Leben und die Entwickelung der Stadtgemeinde ausgeübt hat.

Und diese Beziehung wird immer deutlicher. Das Marktkreuz ist auch das äussere Zeichen, unter welchem die gerichtliche Besitznahme in Koblenz stattfand; ein Gut „under seine rat schlagen" (rode = Kreuz) ist der gebräuchlichste Ausdruck[2]. Ja das Marktkreuz ist recht eigentlich das Zeichen des Koblenzer Gerichtes. Als sich die Koblenzer Schöffen zu Anfang des 14. Jahrhunderts unter Abänderung ihres bisherigen ein neues Siegel schufen, wählten sie das Kreuz als das Bild ihres Siegels[3]. Dies Bild ist auch das Wesentliche ihres Siegels. Denn wenn auch der übrige Theil desselben, die Rose, in deren Mitte das Kreuz sich befindet, verletzt und zerbrochen ist, das Kreuz dagegen erhalten, so gilt auch das Siegel als unversehrt. Die Erneuerung eines zerbrochenen Schöffensiegels wurde von den Schöffen nur dann umsonst vollzogen, wenn das Kreuz unversehrt war[4].

Im Uebrigen aber ist dieses Koblenzer Gericht das alte öffentliche Gericht: es weist in seiner Zusammensetzung als oberste Spitze, wie anderwärts, einen Immunitätsvogt auf — dies Amt hatten die Grafen von Nassau inne[5] — und einen Schultheiss. Da aber durch die Zunahme der Bedeutung der Stadt auch der Umfang und die Art der Thätigkeit des Gerichts gesteigert wurde, so wuchs dieses, wie anderwärts, aus dem alten Landgerichtbezirk heraus. Durch die Aufnahme der erweiterten und veränderten Bedürfnisse des Verkehrlebens in den Kreis der Rechtsprechung[6] vollzog sich die Umbildung zu einem Stadtgericht.

Der Bezirk der städtischen Bürgergemeinde, für welche das Koblenzer Gericht gilt und welche durch die Ummauerungen des

[1] Vgl. über den Stadtfrieden Sohm, Die Entstehung des deutschen Städtewesens S. 24 ff.

[2] Altes Gerichtsbuch § 20.

[3] Dass Kur-Trier ein Kreuz im Wappen führt, ist mir natürlich bekannt. Trotzdem scheint mir nach dem Obigen, dass den Koblenzer Schöffen die Bezugnahme auf das Markt- und Gerichtkreuz näher gelegen haben wird als die auf das Landeswappen, und das besonders zu einer Zeit, wo die Beziehungen der Stadt zum Landesherrn die denkbar schlechtesten waren.

[4] Gerichtsbuch § 7.

[5] Urkunden von 1182 und 1190—92, Mittelrh. U.-B. II, 92 und 163.

[6] Ich verweise hier nur auf die auf die fremden Kaufleute bezüglichen Bestimmungen des alten Gerichtsbuches.

12. und 13. Jahrhunderts eingeschlossen wird, ist enger als der
Bezirk der Koblenzer Wirthschaftgemeinschaft. Diese, d. h. die
alte Markgenossenschaft umfasste, wie eingangs gezeigt, die Gemeinden Koblenz, Lützelkoblenz, Moselweiss und Neuendorf. Jeder
Bürger in Koblenz ist also Mitglied zweier Gemeinden, der Koblenzer Stadtgemeinde und der markgenossenschaftlichen Wirthschaftgemeinschaft. In ersterer Eigenschaft hat er Theil am Stadt-
und Marktrecht, in der zweiten an der Almende und dem Land-
gemeinderecht.

Hier lassen sich nun zwei Fragen einschalten. Nahmen auch
die nichtstädtischen Theilhaber an der Almende, die Mitglieder
der Landgemeinde, die Dörfer Moselweiss, Lützelkoblenz und Neuendorf, Theil am Stadtrecht? Ferner: wurde durch die, wie weiter
unten gezeigt werden wird, sich ausbildende Verwaltungthätigkeit der Schöffen die bisherige Verwaltung der ländlichen Gesammtgemeinde aufgesogen? Beide Fragen gehören zu den schwie-
rigsten auf dem Gebiete der deutschen Stadtverfassung. Auch für
Koblenz fehlen die urkundlichen Nachrichten zu einer vollen Be-
antwortung. Doch glaube ich beide Fragen unter starken Ein-
schränkungen bejahen zu dürfen.

Dass die „burger von Wyß, Lutzercovelentz und Nuwendorf", wie sie in dem Bürgerbuch von 1469[1] bezeichnet werden,
Bürger von Koblenz waren, ist schon oben erwähnt worden. Immerhin wäre denkbar, dass dieses Bürgerrecht erst auf eine spätere
Verleihung zurückzuführen ist, wie ja thatsächlich auch andere
Dörfer, z. B. Horchheim und Rübenach, Aussenbürger waren, aber
— wohl zu bemerken — ohne jedes Recht an Wald und Weinschank, und wie dieses Aussenbürgerrecht gleich dem anderer Genossenschaften oder Personen einer späteren Vereinbarung seine
Entstehung verdankt. Die obigen drei Gemeinden aber sind, was
ebenfalls zu beachten ist, insgesammt, gewissermaassen als eine
Einheit, im Bürgerbuche eingetragen, sie werden auch, wie eingangs gezeigt, als Bürger zu vollem Rechte aufgeführt, d. h. zu
demselben Rechte, dessen auch die eingesessenen Bürger von
Koblenz theilhaftig sind. Dann aber verdient noch eins bei dieser
Frage eine Erwähnung. Etwa ums Jahr 1210 verlieh der Erzbischof Johann von Trier auf Bitten des Abtes von S. Maximin
den Söhnen des Vogtes Kuno zu Koblenz, welche Ministerialen
von S. Maximin waren, Freiheit von Bede und Ungeld im Erzstift[2].
Die so Begünstigten werden unzweifelhaft in Koblenz selbst, wo
S. Maximin einen Hof besass, als Ministerialen dieses Hofes gewohnt haben. Was ihnen durch die Steuerfreiheit gegeben wurde,
wurde in allererster Linie der Stadt Koblenz entzogen. Denn nur
unter dieser Voraussetzung ist es zu erklären, weshalb der Erzbischof diese Begnadung aussprach „de consensu fidelium nostrorum

[1] Vgl. unten Abschnitt V.
[2] Mittelrh. U.-B. II, 328. Görz, Mittelrheinische Regesten II, 301.

tam ministerialium quam civium in Confluentia et circa Confluentiam manentium". Die Urkunde beweist natürlich in dieser unbestimmten Fassung nichts. Aber es ist doch auffallend, dass der Erzbischof zu diesem die Stadt Koblenz in besonderem Maasse berührenden Privileg sich nicht nur die Zustimmung der ministerialium et civium in Confluentia sichert, sondern auch die der circa Confluentiam manentium. Man könnte aus dieser auffallenden Thatsache den Schluss ziehen, dass diese circa Confluentiam manentes um ihre Zustimmung gefragt werden mussten, dass sie gefragt wurden in Rücksicht auf eine Schmälerung der Einnahmen der Stadt und dass sie daher an dem städtischen Finanzwesen ein berechtigtes Interesse gehabt haben.

Etwas bestimmter lässt sich die zweite der obigen Fragen beantworten. Denn an und für sich schon liegt die Annahme nahe, dass das Koblenzer Gericht und seine Schöffen, welche, wie im zweiten und dritten Abschnitt gezeigt werden wird, thatsächlich bis zur Einsetzung eines Rathes die Verwaltung der städtischen Angelegenheiten besorgten, auch die Wirthschaftangelegenheiten der Gesammtgemeinde geleitet haben werden. Das hat denn auch in gewissem unten näher zu erörterndem Sinne und insofern stattgefunden, als der Einfluss und die Einsicht der städtischen Schöffen und dann des Rathes die der Bauern überwog, als die Stadt naturgemäss der örtliche Sammelpunkt aller Fäden der Gesammtgemeinde wurde. Gewisse Angelegenheiten, welche früher das Burding der Markgenossenschaft behandelt haben muss, wurden später vom Stadtrath verwaltet. Strafen z. B. und Bestimmungen in Sachen der Almendenutzung, so gewiss sie einst zum Geschäftbereich des Burdings gehört haben, werden thatsächlich später vom Stadtrath gehandhabt. Dasselbe gilt in noch höherem Maasse von der Aufsicht und den Ordnungen über Maass und Gewicht und von der späteren Lebensmittelpolizei. Es war selbstverständlich, dass die durch Markt und Durchgangverkehr lebhafte Stadt und deren Verwaltung diese Befugnisse einer früheren Landgemeinde sofort an sich ziehen musste und dass für diesen Theil das Stadtrecht der Nachfolger des Gemeinderechts wurde.

Trotz dieses Einflusses aber, den die Stadtgemeinde als Theil einer Wirthschaftgenossenschaft auf die ländlichen Gemeinden als die übrigen Theilnehmer ausüben musste, hat sich doch das alte Burding jener Markgenossenschaft in gewisser Richtung, wenn auch mit starker Umbildung, erhalten. Es ist bereits oben im Eingange auf das Bauding als eine solche Fortbildung hingewiesen worden. Unten im Abschnitt IV B 1 wird über dieses Gericht Näheres ausgeführt werden.

Nach alledem ist die Entstehung der Stadtgemeinde Koblenz, ihr Herauswachsen aus der bisherigen Landgemeinschaft, ihr Sein und ihr Wesen zurückzuführen auf die im Eingang berührten Grundlagen: auf den Zusammenfluss von Menschen zu einer königllichen Burg, zu einem kirchlichen Mittelpunkte, zu einem Platze in günstiger Verkehrlage und damit auf den gesteigerten Verkehr, auf Handel und Wandel und Markt. Der Einfluss, den Verkehr und Markt auf das Wesen der Gemeinde ausgeübt hat, hat sich dadurch auch von einschneidender Bedeutung gezeigt, dass die Schöffen des Gerichtes durch Verwaltung der Marktangelegenheiten den Umfang ihrer eigentlichen gerichtlichen Befugnisse zu einer Verwaltung der Stadtgemeinde erweitert haben. Diese Verwaltung aller aus dem Markte und aus dem Verkehr nothwendig neu erwachsenden Obliegenheiten knüpfte nach Form und nach Inhalt an die bisherigen Verfassunggebilde an. Die Personen des öffentlichen Gerichts übernehmen, wie im folgenden Abschnitt noch deutlich gezeigt werden wird, die Verwaltung und Regelung des städtischen Lebens und Verkehrs und übernahmen ferner damit zugleich einen Theil der Obliegenheiten der bisherigen ländlichen Gesammtgemeindeverwaltung. Auf diese Weise wird sich für Koblenz die doppelte Frage nach der Entstehung der Stadtgemeinde und nach der Entstehung der Stadtverfassung beantworten lassen. Der Inhalt der letzteren aber wird nothwendig auf die Obliegenheiten der früheren markgenossenschaftlichen Verwaltung und die neu hinzutretende Ausbildung eines städtischen Marktrechts zurückzuführen sein.

II.

Die Verwaltung der Stadt bis zur ersten Gründung des Rathes durch die Statuten v. J. 1300.

Wir haben im vorigen Abschnitte bereits die ersten Ansätze einer Verwaltung der städtischen Angelegenheiten durch die Schöffen des Gerichts feststellen können. Waren es doch die Schöffen, welche i. J. 1182 die Bürgerschaft in dem Zollstreite mit dem Stift S. Simeon vertraten. Im folgenden Jahrhundert erscheinen dann geradezu Schultheiss und Schöffen als die Vertretung der Stadt in Verwaltungsachen und im Verkehr nach aussen. Sie schliessen Vergleiche und Verträge. Sie führen das einzige vorhandene Siegel als Stadt- und als Gerichtsiegel und bedienen sich desselben sowohl in Urkunden städtischer Verwaltung wie auch in Beurkundungen rein gerichtlicher Handlungen. Es fand weder sachlich noch förmlich eine Scheidung dieser zweiseitigen Thätigkeit von Schultheiss und Schöffen statt. Dieselbe Körperschaft behandelte in der gleichen Form Gericht und Verwaltung[1].

[1] Zahlreiche Urkunden des Stadtarchivs und des Staatsarchivs Koblenz beweisen das. Uebrigens vgl. hierzu und zum Folgenden Bär, Der Koblenzer Mauerbau S. 12 ff.

Hierin trat gegen die Mitte des 13. Jahrhunderts eine Aenderung ein. Die Stadt war gewachsen an Umfang und Bedeutung und dadurch auch an aufstrebendem Bürgersinn. Es ist die Zeit der Entwickelung des deutschen Bürgerthums, die auch im rheinischen Städtebunde ihren Ausdruck fand[1]. Die Nichtschöffen forderten Theilnahme an der Stadtverwaltung, voran die milites. Aber die Richtung der Bewegung ging nicht etwa gegen die Schöffen, nicht Neid und Eifersucht gegen andere Mitbürger war die eigentliche Triebfeder der Bewegung, sondern vielmehr das Streben von fremder, zumal erzbischöflicher Bevormundung die städtische Verwaltung zu befreien. Die Möglichkeit eines Einflusses des Gerichtvorsitzenden, des Schultheissen, auf die Schöffen war ja bei der Bedeutung seiner Persönlichkeit nicht zu läugnen. Die Bürgerschaft musste es unangenehm empfinden, ihre Angelegenheiten von Männern verwaltet zu wissen, welche von einer ausserhalb der Stadt stehenden Macht ernannt oder beeinflusst werden konnten. Nun war der Schultheiss in Koblenz ein Vertreter nicht des Stadtherrn, sondern der Lehnvögte, der Grafen von Nassau. Angenehm konnte dies Verhältniss der wachsenden Stadt nicht sein, aber es konnte umsomehr erträglich scheinen, als der Schultheiss als Beamter der nassauischen Grafen keine Veranlassung haben konnte, in Sachen der Verwaltung und der Entwickelung der Stadt eine von der Bürgerschaft abweichende Haltung einzunehmen. Ganz anders aber gestaltete sich das Verhältniss, als der Erzbischof von Trier die Vogtei von den Grafen von Nassau zurückerwarb. Dieses natürliche Streben des Erzbischofs erfüllte sich i. J. 1253, wo die Grafen Walram und Otto von Nassau die Koblenzer Vogtei an den Erzbischof Arnold von Trier verpfändeten[2]. Nun wurde der Schultheiss zum erzbischöflichen Beamten, zum Beamten des Landesherrn. Dieser war nun in der Lage, durch seinen Schultheiss einen Einfluss auf die Richtung der städtischen Verwaltung ausüben zu können, er durfte sich stets über die Politik des städtischen Verwaltungkörpers unterrichtet wissen. Solch beaufsichtigender Einfluss musste der Bürgerschaft unerträglich, für den Ausbau der städtischen Verfassung in hohem Maasse störend erscheinen. War schon vorher das Streben der Bürgerschaft darauf gerichtet, zugleich mit den Personen des Gerichts, mit Schultheiss und Schöffen, an der Verwaltung der städtischen Angelegenheiten Theil zu nehmen: von jetzt ab war es eine Lebensfrage der städtischen Entwickelung geworden.

Scultetus, milites, scabini et universitas Confluentina lauten von dieser Zeit ab die Eingänge der erhaltenen Urkunden, durch welche die Stadt als solche Vergleiche und Verträge, Verpach-

---

[1] Ist es auch nicht erwiesen, dass Koblenz dem rheinischen Städtebunde angehörte, so lassen es doch einige urkundliche Hinweise nicht unwahrscheinlich erscheinen. Vgl. Bär, Der Koblenzer Mauerbau S. 65 u. 66.

[2] Mittelrh. U.-B. III, 887.

tungen und Verkäufe abschliesst. In dieser Zusammensetzung stellt
sich sonach die städtische Verwaltungbehörde dar. Darüber, ob
eine satzungmässige Abmachung zwischen beiden Theilen stattgefunden, sind wir nicht unterrichtet, auch darüber nicht, ob ausser
dem Schultheissen nur ein Theil der Schöffen, oder ob das ganze
Gericht Mitglied der Verwaltungbehörde blieb. Das wahrschein-
lichere scheint mir die letztere Annahme. Denn, wie wir weiter
unten sehen werden, ist diese ganze letzte Hälfte des 13. Jahrhunderts die Zeit eines Uebergangs und in Gericht und Verwaltung
wechselnder Erscheinungen. Denn noch am Ende des Jahrhunderts
wird selbst die Zusammensetzung des Gerichts schwankend und
durch unabgeschlossene Verfassungbildungen beeinflusst [1]. Das
wahrscheinliche ist, dass durch Reichthum oder Einsicht angesehene
Männer der milites, d. h. der Ritter und erzbischöflichen Dienstleute, sowie der Bürger (cives, burgenses, oppidani, universitas)
sich dem Schultheiss und den Schöffen bei Berathung der Verwal-
tungangelegenheiten anschlossen. Während früher und noch einmal 1254[2] der Schultheiss und die Schöffen namens der Stadt, recht
eigentlich als ein Schöffenrath, Verträge und Vergleiche ab-
schlossen, geschieht dies von dieser Zeit an regelmässig[3] durch
jene erweiterte Körperschaft. Eine zahlenmässige Begrenzung, eine
feste Rathordnung war noch nicht geschaffen, aber die Bürgerschaft
hatte doch erreicht, dass an der Spitze ihrer Verwaltung nicht
ferner das vom Gerichtherrn immerhin abhängige Schöffenkolleg
stand, sondern eine Stadtleitung auf breiterer Grundlage. Es sind
die ersten Anfänge der Bildung eines städtischen Rathes.

Diese Entwickelung begann um die Mitte des Jahrhunderts.
Erst über 20 Jahre später begegnen wir auch dem Namen eines
Rathes. Dythardus dictus de Paffendorf, miles, scultetus, milites,
scabini et consules ac universitas opidi Confluentini beginnt eine
Urkunde vom 5. August 1276, durch welche die Aussteller ein
Rechtsgeschäft mit dem deutschen Orden abschliessen[4]. Ferner:
am 24. April 1282 gestattete das Stift S. Florin einem Juden in
Koblenz die Erbauung einer Mauer zwischen den Klaustralhäusern
und dessen Hofstatt. Die Urkunde wurde neben dem Siegel des
Stiftes auf Bitte desselben mit dem Stadtsiegel besiegelt von scultetus, milites, scabini, consilium et universitas[5]. Dies sind bis
1299 die einzigen namentlichen Erwähnungen eines Rathes. Sie

[1] Vgl. die Beispiele hierfür in meinem Mauerbau S. 12 u. 13.

[2] Urkunde v. 18. Juli 1254 bei Hennes, Urkundenbuch des deutschen
Ordens I, 146.

[3] Nur einmal, 1293, gelegentlich des später zu behandelnden und von be-
sonderen Verhältnissen begleiteten Verbannungurtheils der Stadt gegen eine
Reihe dem Erzbischofe feindlich gesinnter und aufständischer Bürger treten die
Schöffen und die Gemeinde allein auf.

[4] Hennes, a. a. O. II, 209.

[5] Original im Staatsarchiv zu Koblenz.

genügen aber, um klar zu sehen, wie jene erweiterte Körperschaft
selbst ihre Stellung aufgefasst und gekennzeichnet hat.

Es ist ferner eine wichtige und sehr bemerkenswerthe Erscheinung, dass fast gleichzeitig mit dem erstmaligen Vorkommen
der Rathbezeichnung auch die äussere und damit die recht eigentliche Scheidung beider Behörden, des Schöffenkollegs und der erweiterten Behörde, des Stadtraths, stattgefunden hat durch die
Neuschaffung eines besonderen Gerichtssiegels. Während früher die
Schöffen bei Besiegelung von Urkunden jeglichen Inhalts, solchen
die aus ihrer gerichtlichen oder aus ihrer Verwaltungthätigkeit her-
vorgingen, sich stes des grossen Stadtsiegels bedienten, schufen
sie sich um diese Zeit ein eigenes Schöffensiegel, eine Rose mit
der Umschrift S(igillum) scabinorum Confluentinorum. Das bisherige grössere Siegel wurde fernerhin nur von der erweiterten
Körperschaft, später vom Stadtrath gehandhabt[1].

Solche auf Selbstständigkeit gerichteten Bestrebungen der
Stadtgemeinde mussten das heftige Missfallen des Stadtherrn er-
regen. Solange indessen jene Bestrebungen nicht äusserlich scharf
erkennbar hervortraten oder zu Unruhen in der Stadt führten,
wurde der Friede gewahrt. In derselben Zeit aber, als wir dem
Namen eines Rathes, der Schaffung eines Siegels begegnen und
damit ein offensichtliches Herauskehren der Verfassungländerung
seitens der Bürger annehmen dürfen, in derselben Zeit beginnt

[1] Das älteste Koblenzer Stadtsiegel ist bei Günther, Cod. Rhenomos. II,
Tafel XI Nr. 57, abgebildet. Es hing an einer Urkunde des Stiftes S. Matthias
bei Trier vom 13. Dezember 1214 (St.-A. Koblenz). Seitdem ist das Siegel mit
einem Theil des Randes der Urkunde herausgeschnitten und dem Staatsarchive
entfremdet worden. Zur Zeit der Herausgabe des Mittelrheinischen Urkunden-
buches III, 25 fehlte es bereits. Das ist umsomehr zu beklagen, als ich einen
anderen Abdruck dieses ältesten Stadtsiegels nicht aufzufinden vermocht habe.
Das hierauf in Gebrauch gewesene Stadtsiegel, von dem älteren durch eine leb-
haftere Gestaltung der Mauern und Thürme und den Stil derselben unterschieden, findet sich zuerst an einer Urkunde vom 18. Juli 1254, gedr. bei Günther,
a. a. O. II, 272. Ebenda findet sich auch eine Abbildung dieses mehrere Jahrhunderte hindurch in Gebrauch gewesenen Stadtsiegels. Es wurde später vielfach als das grosse Stadtsiegel bezeichnet, „der stede mayste ingesigel" (vgl.
die Urkunden des Stadtarchivs vom 5. Oktober 1426 und 25. Juni 1438), und
zwar im Gegensatz zu dem um die Mitte des 14. Jahrhunderts geschaffenen
kleineren Stadtsiegel, dem secreto ingesigel. Hier findet sich auf dem Siegel-
schilde ein Kreuz, auf demselben liegt eine Krone. — Das oben erwähnte neu-
geschaffene Schöffensiegel habe ich zuerst an einer Urkunde vom 25. Mai 1282
für das Kloster Himmerode gefunden (St.-A. Koblenz): eine Rose mit hoch her-
ausgearbeitetem und genarbtem Fruchtboden und der Umschrift S. Scabinorum
Confluentinorum. An Stelle desselben trat bald hernach das für die nächsten
Jahre gebräuchliche, mit dem ersteren bis auf den Fruchtboden übereinstimmende Schöffensiegel, welches statt desselben einen aus der Mitte herausgear-
beiteten Kopf zeigt. Dieses zweite Siegel habe ich an den Urkunden vom 8.
November 1288 und 17. April 1290 gefunden. Schon im ersten Drittel des
14. Jahrhunderts änderten die Koblenzer Schöffen auch dieses Siegel, indem sie
statt des Kopfes ein Kreuz in die Mitte der Rose setzten. Dieses Siegel, mit
der Umschrift S. Judicii Secularis Confluensis, ist in den folgenden Jahrhunderten in Gebrauch geblieben.

auch die Spannung zwischen dem Erzbischof und der Stadt zuzu-
nehmen. Ein weiterer, sehr wichtiger Umstand kam hinzu.

Um diese Zeit nämlich umgaben die Bürger von Koblenz
ihre Stadt mit Mauern. Die Inangriffnahme dieser erweiterten
Neubefestigung begann um die Mitte der Regierungzeit des Erzbischofs Arnold II (1242—59)[1] und wurde in den ersten Jahren
des folgenden Jahrhunderts zum Abschluss gebracht. Jahre hindurch ruhte inzwischen der Bau ganz. Die regste Bauthätigkeit
entwickelte die Stadt in den Jahren 1276—1289. Und in diese
Zeit der durch die Ungeldeinnahmen geschaffenen besseren Ver-
mögenslage, in diese Zeit der gesteigerten Bauthätigkeit und des
wachsenden Selbstgefühls fallen dann die offen hervortretenden Bestrebungen der Bürger. Aber zu derselben Zeit begann auch der
Erzbischof Heinrich den Bau seiner Burg in Koblenz. Wir wissen
aus den Koblenzer Mauerbaurechnungen, dass die Bürger zu Anfang bei diesem Bau Hülfe geleistet haben[2]. Diese Beihülfe der
Stadt lässt sich nur auf die Weise erklären, dass der zur Anwendung gewaltsamer Maassregeln neigende Erzbischof sich als Gegen-
dienst für die Genehmigung der Ungelderhebung durch die Stadt
die theilweise Verwendung der Einkünfte zur Förderung seines
Burgbaues und die theilweise Uebernahme dieser Arbeit ausbe-
dungen hat. Später, als das Verhältniss gespannter wurde, lehnten
die Bürger eine persönliche Hülfeleistung ab, das Ungeld wurde
getheilt und die beiden Bauten gesondert fortgeführt. Aber je höher
die Mauern der erzbischöflichen Hofburg heraufwuchsen, desto mehr
wuchs auch die Besorgniss der Bürger, es möchte ihnen zugleich
eine Zwingburg erwachsen. Die Bedeutung ihres eigenen Mauer-
baues war in Frage gestellt, der Erfolg ihres Strebens nach freiem
bürgerlichen Handel und Wandel, nach städtischer Selbständigkeit
·unmöglich gemacht. Die Verhinderung des Weiterbaues erschien
als das einzige Mittel.

Eine solche Verhinderung konnte aber nach Lage der Verhältnisse nur auf gewaltsame Weise eintreten: so vertrieb man die erzbischöflichen Arbeiter und weigerte den Leuten des Erzbischofs und
diesem selbst den Eintritt in die Stadt. Der Ausbruch offener Fehde
schien nicht mehr zu verhindern. Doch hat es den Anschein, als
sei fürs erste eine solche noch nicht eingetreten. Denn schon im
Mai 1281 kam es zwischen beiden Theilen zu einem aber doch
nur vorläufigen Vertrage. Den Bemühungen der Erzbischöfe Werner
von Mainz und Sigfrid von Köln und des Deutschordensmeisters
Matthias gelang es, zwischen den Streitenden zu vermitteln. In
dem durch die Genannten vereinbarten Schiede vom 24. Mai[3] wurde
die beiderseitige Fortführung des Baues ausgesprochen. Die Stadt —
d. h. Ritter, Schöffen und Bürger — sollen dem Erzbischof als ihrem

[1] Brower und Mason, Annal. Trev. II, 144.
[2] Bär, Mauerbau S. 8.
[3] Hontheim I, 814.

Herrn gehorsam sein, ihre Verschwörungen und Verbündnisse, die sie wider ihn eingegangen, lösen und solche weder unter sich noch mit andern zum Schaden des Erzbischofs erneuern. Im übrigen werden beiden Theilen, dem Erzbischof seine geistliche und weltliche Herrschaft, der Stadt ihre hergebrachten Rechte und Freiheiten gewährleistet.

Aber dieser Schied hatte nicht den gewünschten Erfolg: es erfolgte nicht nur keine endgültige Beilegung des Streites, vielmehr kam es erst jetzt zum wirklichen Zusammenstoss mit den Waffen. Der Erzbischof rückte mit Heeresmacht vor die Stadt, nahm sie ein und vertrieb die Häupter seiner Gegner. Die Stadt war besiegt und gedemüthigt, sie musste sich den Bedingungen fügen, welche der Erzbischof ihr aufzuerlegen für gut fand[1].

Diese Bedingungen waren hart genug. Wir finden sie in dem bereits oben erwähnten Verbannungurtheil vom 1. Oktober 1283[2] ausgesprochen. Die Stadt wurde durch den Erzbischof genöthigt, eine Ausweisung derjenigen Bürger auszusprechen, welche der Erzbischof als seine Gegner und als die Häupter der gegen ihn handelnden Partei ansehen musste. Auf dem Florinshofe, dem alten öffentlichen Versammlungsorte, erfolgte die Ausweisung. Dort kamen an jenem 1. Oktober die Schöffen und Gemeinde zusammen und erklärten folgende Bürger, und zwar Vertreter aller Einwohnerklassen, als aus der Stadt verwiesen: Henricus senior[3], Conradus dictus Boz, milites, Gobelinus de Passyil, Jordanus de Wildungen, Willelmus et Walterus de Porta[4], fratres, Erewinus scabinus, Thilemannus, Jordanus et Wimarus calcifices, Hildegerus carnifex, Conradus dictus Clywes et Marcwardus, textores, et Eberhardus pistor. Im Betretungsfalle sollten sie ergriffen und an den Erzbischof ausgeliefert werden. Die Versammelten bestimmten ferner, es solle mit Leib und Gut dem Erzbischof verfallen sein: wer den Verbannten hülfreiche Hand leiste, dem Schultheissen bei Ergreifung der etwa Zurückgekehrten seine Beihülfe versagen oder demselben in anderer Weise in der Ausübung der Rechtpflege Hindernisse in den Weg legen würde, wer die Bannglocke behufs Zusammenberufung der Bürgerschaft läuten, den Erzbischof am Burgbau hindern, Verschwörungen und Bündnisse wider denselben eingehen, der Jurisdiktionbefugniss desselben in den Weg treten, wer ihm den Eintritt in die Stadt wehren und endlich, wer sich an Beraubung oder Tödtung der Juden durch Rath oder That

---

[1] Vgl. dazu den Bericht der Gesta Trev. M. G. SS. XXIV, 460 und Brower und Masen II, 164.

[2] Honthoim I, 819 und Brower und Masen II, 165.

[3] Dieser Henricus senior ist vermuthlich derselbe, der später in einer Urkunde vom 11. Februar 1309 und öfter als Henricus dictus senex de Cymiterio, miles, genannt wird. Er war also ein Mitglied eines der vier Koblenzer Bürgerstämme, des Rittergeschlechtes vom Kirchhofe. Im Juli 1300 wurde er in den Koblenzer Rath gewählt. Vgl. unten die Statutenurkunde vom 12. Juli 1300.

[4] Die vom Burgdor.

betheiligen würde. Man erkennt deutlich das schwere Ueberge-
wicht des siegreichen Stadtherrn. Das sind erzwungene Erklärungen und Verpflichtungen, zu denen sich nur eine mit Waffen-
gewalt unterdrückte Bürgerschaft herbeilassen konnte.
Die Hauptfrage, welche in jener Zeit sich zwischen Erzbischof
und Stadt stellte, die auf die Wahl eines städtischen Rathes gerichteten Bestrebungen der Bürger, werden in der obigen Urkunde
nur andeutungweise gestreift. Es ist aber zu vermuthen, dass
auch hierüber für die Stadt ungünstige Abkommen zwischen beiden
Theilen getroffen worden sind. Die unten zu behandelnde Koblenzer
Statutenurkunde vom 12. Juli 1300 erwähnt Briefe des Erzbischofs
Heinrich und der Stadt für den Erzbischof, welche einen solchen
Inhalt gehabt haben müssen. Ein über diese Zeit berichtendes
„item promiserunt, non eligere aliquos consules" einer Quelle des
14. Jahrhunderts spricht es damit auf das bestimmteste aus[1].
So war die Stadt für die nächsten Jahre am weiteren Ausbau ihrer Verfassung durch die kräftige Hand ihres Bischofs gehindert. Das durch einige Ritter und Bürger erweiterte Schöffenkolleg versah auch ferner, wie bisher, die Geschäfte eines städtischen Rathes, ohne dass die eigentliche Bürgerschaft als solche in
der Lage war, dieser Einrichtung eine gesetzliche, durch Wahlen
und Bestellungen der Rathmitglieder festgelegte Unterlage zu geben.
Ein solcher durchaus willkürlicher Eintritt von Mitgliedern der Rit-
terschaft und übrigen Bürgerschaft in den Rath, lediglich durch
persönliches Ansehen oder durch Willen und Gunst des erzbischöflichen Schultheissen bedingt, konnte der Mehrheit der Bürger nicht
genügen. Trotzdem war man genöthigt, eine abwartende Haltung
einzunehmen, um zu gelegenerer Zeit in die alten Bestrebungen
wieder einzutreten.
Eine solche geeignetere Zeit trat an der Wende des Jahrhunderts ein, als der schwache Erzbischof Diether von Nassau auf
den Trierer Bischofstuhl gelangte. Das geschah i. J. 1300. Es
war die erste wichtige Regierunghandlung desselben als Erzbischof,
dass er am 15. Juli 1300 zu Münstermaifeld den von der Stadt
Koblenz entworfenen sogenannten Statuten seine Genehmigung ertheilte[2]. Diese Statuten[3] enthalten lediglich eine Vereinbarung der
Bürger über die Wahl ihres Stadtraths, sie sind recht eigentlich
die Gründungurkunde desselben. Am 12. Juli traten die „Ritter,
Dienstleute, Schöffen, Bürger und die Gemeinde der Stadt" zusammen, also ohne Mitwirkung des erzbischöflichen Schultheissen,
und erklärten, dass von ihnen zur Vermeidung von Zwietracht und

---

[1] Im Kopiar 1 des Stadtarchivs Bl. 4 finden sich die Ausführungen des
städtischen Sachwalters gegen den Erzbischof Kuno von Trier in dessen Ungeld-
streit mit der Stadt i. J. 1363. Hier wird auf jene älteren Vorgänge zurückge-
griffen. Vgl. unten den Abdruck dieser Rechtsausführung im Abschnitt VI.
[2] Vgl. Beilage Nr. 2.
[3] Vgl. Beilage Nr. 1.

Hass innerhalb der Bürgerschaft die weisesten und besten Männer aus den Rittern, Dienstleuten, Schöffen und Bürgern, je eine bestimmte Anzahl erwählt und als Stadtrath eingesetzt und vereidigt worden sei. Die für jede Klasse bestimmte Anzahl der Rathmitglieder ergiebt sich aus der Aufführung der Namen der Gewählten. Danach soll der Stadtrath bestehen aus 6 Rittern, 7 Dienstleuten, 8 Schöffen und 8 Bürgern. Die Rathmitglieder werden auf Lebenzeit gewählt. Niemand soll Zutritt in den Rath haben, er sei Schultheiss, Ritter, Dienstmann, Schöffe oder Bürger, wenn er nicht dazu berufen. Stirbt einer der Rathherren, so soll der erledigte Sitz durch Neuwahl binnen drei Tagen wieder besetzt werden. — Diese Urkunde wurde durch die neuen 29 Rathmitglieder besiegelt und bald darauf dem in Münstermaifeld weilenden Erzbischof Diether zur Genehmigung vorgelegt. Dieser bestätigte die Statuten, indem er dieselben zugleich als durchaus gerecht und der Vergangenheit entsprechend bezeichnete und alle jene Briefe, welche Erzbischof Heinrich von der Stadt wider Recht und Gewohnheit erlangt[1], für ungültig erklärte.

III.
Die zweite Gründung des Rathes.

Es musste der Stadt daran gelegen sein, jene obigen, die Gründung des Stadtrathes behandelnden „Statuten", nachdem dieselben die Billigung des Erzbischofs gefunden hatten, auch von Seiten des Königs bestätigt zu erhalten. Dieses Streben wird umsomehr erklärlich erscheinen, als die Bestätigung durch den Erzbischof nicht wohl in dessen Vortheil gelegen haben konnte und auf einen gewissen Zwang begleitender Umstände zurückgeführt werden darf. König Albert weilte Anfang März 1302 zu Oppenheim. Seine Anwesenheit benutzten die Koblenzer Bürger, ihre Wünsche vorzutragen. Der Bitte der Schöffen und gesammten Bürgerschaft (scabinorum et universitatis civium) leistete der König Folge und ertheilte ihnen eine unterm 2. März ausgestellte Urkunde, durch welche er jene ihm vorgelegten Bestimmungen über die Wahl eines städtischen Rathes gut hiess.

Ob bereits zu dieser Zeit ein Zerwürfniss zwischen Stadt und Erzbischof eingetreten war und jenes Angehen des Königs eine Folge desselben war oder ob umgekehrt dieses Hineinziehen der obersten Reichsgewalt in die Verhältnisse des Erzstifts dem Bischof missfiel, ist ungewiss. Sicher ist, dass bald darauf das gute Ein-

---

[1] Eine solche Urkunde war das Verbannungurtheil von 1283 und andere nicht auf uns gekommene Urkunden.

vernehmen zwischen beiden Theilen gestört erscheint[1]. Man einigte
sich dahin, den offenen Widerstreit der beiderseitigen Bestrebungen
durch Schiedsrichter entscheiden und beilegen zu lassen. Als
solche ernannte der Erzbischof den Johanniterordensbruder Gerard
von Jülich und die Predigermönche Peter von Münster und Arnold
von Scrayn, die Stadt ihrerseits die Ritter Werner Vogt von Lu-
dinstorf, Sifrid von Steine und Dudo von Andernach. Wer den
Schiedspruch nicht halten würde, solle, so kam man überein, 6000
Mark zahlen. Am 15. September 1303 verkündeten die Schiedsrichter[2] ihren Spruch: Aller bisheriger Zwist soll beigelegt sein.
Der Erzbischof und seine Nachfolger sollen die Bürger ihre althergebrachten Rechte gebrauchen lassen und sie gegen Jedermann
schützen. Der Erzbischof darf keinen Bürger persönlich oder sachlich angreifen, ausser nach Koblenzer Recht und durch das Schöffengericht daselbst. Die zur Zeit im Amte befindlichen Rathleute
sollen abtreten und das Rathamt fernerhin in Koblenz nur mit
Willen und nach gemeinsamer Uebereinkunft des Erzbischofs und
der Bürgerschaft ausgeübt werden (officium sive auctoritas consulatus deinceps in Confluencia nullatenus habeatur, nisi de voluntate
et consensu domini archiepiscopi et oppidanorum dicti oppidi communiter procedat). Jedoch dürfen die Bürger unter sich zusam-
menkommen, wann und so oft es ihnen gut scheint, und über das
Wohl der Stadt berathen. Beiden Theilen ist der Burgbau und
der Mauerbau gestattet. Die Briefe des Erzbischofs Heinrich und
des Erzbischofs Diether werden für ungültig erklärt und besonders
die Statuten der Stadt und deren Bestätigung durch Diether. Letztere sollen dem Erzbischof unverzüglich zurückgegeben werden.
Die Bürger, welche in Folge des Streites sich ausserhalb der Stadt
aufhalten, sie seien Geistliche oder Laien, sollen zurückkehren. Der
Erzbischof einerseits und die milites, scabini totaque universitas
opidi heissen den Schiedspruch gut und versprechen ihn zu halten[3].

Aus dem Inhalte dieses Schiedes lassen sich die Beschwerden,
welche beide Theile widereinander hatten, ziemlich deutlich ersehen.

Zweifellos hatte der Erzbischof Koblenzer Bürger einseitig
durch seinen Amtmann oder Schultheiss in Haft legen oder ihre
Güter einziehen lassen. Die gegentheilige Forderung, dass der
Bürger nur vor Schultheiss und Schöffen seinen Gerichtstand habe,
wurde der Bürgerschaft im Schiede zugestanden.

Der Rath, als der Vertreter der städtischen Interessen, wird
sich gegen solche Maassnahmen des Erzbischofs aufgelehnt haben,

---

[1] Kurz vor dieser Zeit schloss die Stadt Bündnisse ab mit den Städten
Boppard, Oberwesel und Bonn. Urkunden vom 20. Dezember 1301 und 23. Februar 1302 im St.-A. Koblenz (Aemter und Ortschaften) und im Stadtarchiv.

[2] Peter von Münster konnte beim Schied nicht mitwirken, an seiner Stelle
erscheint Bruder Konrad, Subprior der Koblenzer Predigermönche. Auf der andern Seite vertrat Ritter Gobelin von Peschil den abwesenden Werner Vogt.

[3] Vgl. den Schiedspruch unter den Beilagen Nr. 4.

und die Verstimmung wird gewachsen sein, als die Bürgerschaft
naturgemäss nur solche Mitglieder in den Rath wählte, auf deren
gut städtische Gesinnung sie sich verlassen konnte. Mussten solche
Personen schon im allgemeinen dem Erzbischof missliebig sein, so
besonders dann, wenn sie durch ihr öffentliches Auftreten ihm
verhasst geworden waren. Seine Forderung, dass eine Rathwahl
nur mit seinem Wissen und Willen, also im Grunde unter erz-
bischöflichem Bestätigungrecht, ausgeübt werden solle, erscheint
daher erklärlich. So entschied auch das Schiedsgericht. Der ge-
genwärtige, in seiner Zusammensetzung missliebig gewordene Rath
musste abtreten und ein Bestätigungrecht bei der Wahl wurde
dem Erzbischof zuerkannt. Der Wortlaut des Schiedspruches lässt
hier freilich noch eine andere Deutung zu. Das Rathamt soll in
Koblenz nur gehandhabt werden, nisi de voluntate et consensu
domini archiepiscopi et oppidanorum dicti oppidi communiter procedat. Hatten etwa auch die breiteren Schichten der
Bürger an der Zusammensetzung des Rathes Aussetzungen zu
machen? Waren etwa die Statuten von einem Theile der Bürgerschaft selbst nicht gehalten worden? Man könnte hier zunächst an
einen unberufenen, eigenmächtigen Eintritt Einzelner in den Rath
denken. Dass solche Vorkommnisse noch 20 Jahre später möglich
waren, soll unten berührt werden.

Aus dem Schiedspruche geht ferner hervor, dass der Erzbischof, um gegen ihn gerichtete gemeinsame Beschlüsse der Bürgerschaft zu erschweren, um deren verfassungmässigen Zusammenschluss zu hindern, die allgemeinen Versammlungen verboten hatte,
wie solche durch Läuten der Bannglocke zusammenberufen wurden.
Diese allgemeinen Berathungen aber zum Wohle der Stadt wurden
der Bürgerschaft im Schiede ausdrücklich zugesprochen. Bemerkenswerth ist noch, dass gegenüber dem Erzbischof als diejenigen,
welche den Schied gut heissen und ihn zu halten versprechen, die
milites scabini totaque universitas oppidi als die Vertretung der
Stadt genannt werden.

Trotzdem wurde der Ausspruch des Schiedsgerichts, man
weiss nicht, durch wessen Schuld, nicht gehalten. Im Gegentheil,
es kam wieder wie 20 Jahre früher, zu offener Fehde. Mit 500
Reitern rückte der Erzbischof vor die Stadt und zwang die Bürger
zur Unterwerfung[1]. Bereits nach Verlauf eines halben Jahres stand
man wiederum vor dem Ausspruche eines Schiedsgerichtes. Am
28. Mai 1304 sprachen Ritter, Schöffen und Gemeinde von Koblenz

---

[1] Nach der Sponheimer Chronik sollen sich die Koblenzer, ihrer Eid-
schwüre uneingedenk, wider den Erzbischof aufgelehnt haben. Diese Angabe
wird zum Jahre 1305 gemacht, es bleibt ungewiss, auf welche bestimmtere Zeit
man dieselbe wird beziehen dürfen. Houtheim, Prodromus hist. Trev. dipl. S. 1197.
Vgl. dazu Günther, Topographische Geschichte der Stadt Koblenz, S. 61. Man
vergleiche zu diesen nicht mehr genau festzustellenden Ereignissen auch Hontheim, Prodr. S. 720; Gesta Trev. Cap. 120, ebenda S. 816 und Brower, Aunales
Trev. Bd. 2 S. 183.

das Gelöbniss aus, sich dem Ausspruche der zur Entscheidung ihres Streites mit dem Erzbischof Diether gemeinsam aufgestellten Schieds-richter zu unterwerfen und stellten zur Sicherheit dafür den Grafen Heinrich von Solms, 4 Ritter, 16 Wepelinge, 9 Schöffen und 45 Bürger, sämmtlich mit Namen aufgeführt, als Bürgen mit der Ver-pflichtung zum Einlager in Andernach bis zur Zahlung von 3000 Mark an den Erzbischof. Die Stadt hatte als Schiedsrichter er-wählt den obengenannten Grafen von Solms und Heinrich von Steine, sowie als Obmann Graf Emicho von Nassau, der Erzbischof den Grafen Ruprecht von Virneburg und Th. von Bruch[1]. Ueber den Inhalt eines schiedsrichterlichen Ausspruches sowie darüber, ob überhaupt ein solcher stattfand, sind wir ohne jede Nachricht. Denn die Bekundungen der Stadt und des Erzbischofs vom 20. bezw. 21. Juni über die zwischen ihnen aufgerichtete Sühne ent-behren sowohl des Hinweises auf eine Vermittelung durch dritte, als sie auch inhaltlich nur in allgemeinen Worten gehalten sind. Sie begnügen sich mit den Erklärungen, dass aller Streit und Krieg beendet und jeder Theil seine bisherigen Rechte geniessen solle.

Wir sehen aus dem Vorangegangenen, dass uns die von dem Streit mit dem Erzbischof handelnden Urkunden über den that-sächlichen Stand der Rathfrage keinen vollkommenen Aufschluss gegeben haben. Der erfolgreiche Zug des Erzbischofs, die Kürze der Urkunden legt es nahe, anzunehmen, dass die Stadt das, was sie i. J. 1300 erreicht und i. J. 1303 zum Theil noch behauptet hatte, nunmehr ganz verloren hat. Mit dieser Annahme stimmen auch die erhaltenen städtischen Urkunden thatsächlich überein. Nach 1300, als dem Jahre der Rathgründung, lauten die Eingänge der Urkunden: „Wir Schultheiss, Ritter, Rath, Schöffen und Bür-ger"[2] oder „Wir Ritter, Rath, Schöffen und Bürger"[3]. Und wenn Boppard und Wesel i. J. 1301 an Koblenz schreiben, so lautet die Anrede: „Ritter, Rath, Schöffen und Bürger". Diese Bezeichnung verliert sich seit dem Jahre 1303. Milites, scabini ac communes opidi[4], milites, scabini, totaque universitas[5], milites, scabini, opi-dani, totaque communitas[6] lauten die Eingänge.

Im Jahre 1307 starb Erzbischof Diether noch vor seiner Reise nach Rom, wo er sich vor dem Papst wegen seiner schlechten Verwaltung verantworten sollte[7]. Ihm folgte Balduin von Lützel-

---

[1] Beilage Nr. 5.
[2] Urkunden vom 12. Mai 1301 bei Hennes I, 312.
[3] Ungedruckte Urkunde vom 20. Dezember 1301 im St.-A.
[4] Ungedruckte Urkunde vom 19. September 1303.
[5] Urkunde vom 28. Mai 1304. Beilage Nr. 5.
[6] Urkunde vom 20. Juni 1304. Beilage Nr. 6.
[7] Näheres über Diether: Gesta Trev. bei Hontheim, Prodromus hist. Trov. S. 720 und 816. Dominikus, das Erzstift Trier unter Bocmund von Wars-berg und Diether von Nassau, im Programm des Koblenzer Gymnasiums 1852/53. von Stramberg, Rheinischer Antiquarius I, 4, S. 570.

burg, Kaiser Heinrichs Bruder, der bedeutendste Erzbischof, den
die Trierer Kirche bis dahin gehabt. Unter ihm blieben die Koh-
lenzer Verhältnisse lange Jahre hindurch dieselben. Er selbst redet
die Bürger in einer Urkunde v. J. 1313 mit scabini ac communitas an [1]. Und diese selbst lassen bei der Anlage eines Ver-
brecherbuches i. J. 1316 diesen Beschluss in das Buch eintragen
als gefasst von scultetus, milites, scabini et universi oppidani [2].
Die erste Nennung eines Rathes finde ich erst wieder in zwei Urkunden der Städte Neumagen und Bonn für Koblenz von 1317 [3]
und 1325 [4]. „Sculteto, scabinis, magistris civium, consulibus et
universis opidanis“ und „Ritter, Schöffen, Rath und Bürgermeister“
lauten die Anreden derselben. Freilich lässt sich aus solchen Anreden seitens Anderer eine Folgerung mit Sicherheit nicht ziehen.
Dagegen wird aus zwei Urkunden v. J. 1322 ersichtlich, dass der
Koblenzer Rath bereits in der ersten Hälfte der Regierungzeit
Erzbischof Balduins wieder bestand.

Im genannten Jahre nämlich war der Schöffe Johann vom
Keller, Henrich von der Hoermynne, Christian der Junge, Herman
Monich und Joebel der Fleischhauer mit „Rittern, Schöffen, Rath
und Gemeinde“ von Koblenz in Zweiung gerathen. Der darüber
abgeschlossene Vergleich vom 12. Juni endete damit: Johann vom
Keller soll seinen Schöffenstuhl behalten. Es soll aber Niemand
in den Rath kommen, Bürgermeister sein noch Schöffe sein, er
werde denn dazu berufen [5]. Der Sohn des Schöffen Johann vom
Keller, gleichfalls Johann geheissen, verglich sich wenige Monate
später, am 20. September, mit dem Rathe dahin: dass ich nummerme
gestain sal nac keynem scheffen stoll, noch burgermeister zu werden zu Covelentz, noch ensal nummerme in der stede rait koemen
.... ensal mich nummerme keyn der stede gescheffenisse aunemen,
man en ruff myr sunderlich darzu [6]. Man ersieht aus diesen Urkunden, dass hier gewisse Personen eine Rathmitgliedschaft haben
ausüben wollen, welche nicht auf dem Boden der Gründung von
1300 stand und an die Uebergangzeit vor 1300 erinnert. Vielleicht
dürfen wir aus solcher Unregelmässigkeit entnehmen, dass zu Anfang der 1320er Jahre die Bildung des Stadtraths wieder begonnen
hatte und der Versuch jener Personen, ohne Wahl und Auftrag als
Rathmitglieder aufzutreten, auf die bisherige Nichtübung der
Satzungen von 1300 zurückzuführen ist. Wichtig sind die Urkunden vor allem dadurch, dass sie das Bestehen eines Rathes und
der Bürgermeister für 1322 beweisen.

In Uebereinstimmung damit stehen die erhaltenen städtischen

[1] Urkunde vom 19. März 1313.
[2] Vgl. über das Verbrecherbuch unten Abschnitt IV, B.
[3] Günther, Topographische Geschichte von Koblenz S. 64.
[4] Ungedruckte Urkunde vom 23. Juni 1325 im St.-A.
[5] Stadtarchiv, Kopiar 1 Nr. 14. Staatsarchiv, Aemter und Ortschaften,
Abschrift des 16. Jhs.
[6] Stadtarchiv, Kopiar 1 Nr. 15.

Urkunden. Im J. 1343 urkundet die Stadt unter dem Eingang „Schultheiss, Ritter, Schöffen und Rath" für die Einwohner von Kapellen[1] und quittiren als „Bürgermeister, Rath und Gemeinde" bezw. als „Schultheiss, Ritter, Schöffen, Bürgermeister und Rath" in den Jahren 1351 und 1353 dem Erzbischofe über die Grensauer Entschädigung[2]. Diese Erwähnung des Rathes allein oder unter Aufführung der im Rath vertretenen Klassen als Schultheiss, Ritter, Schöffen, Bürgermeister und Rath oder in anderer Reihenfolge wird von dieser Zeit ab die Regel. Bei der Huldigung der Stadt für Balduins zweiten Nachfolger, den Erzbischof Kuno von Falkenstein, im September 1362[3], erschienen Rath und Bürgermeister förmlich und in amtlicher Eigenschaft, insofern der eine der beiden Bürgermeister im Auftrage des Rathes für diesen und die Bürgerschaft den Huldigungeid leistete. Im folgenden Jahre vollzog der Rath bereits die Publikation des Koblenzer Stadtrechts[4] und 1366 die sogenannte zweite Gründung des Rathes[5]. Man darf also das Jahr 1300 als das der verfassungmässigen Gründung des Rathes annehmen. Die kurze Beschränkung unter dem Erzbischof Diether und unter der ersten Regierungzeit Balduins konnte die Entwickelung nicht aufhalten. Unter Balduin ist der Koblenzer Rath die oberste Gewalt im Verfassung- und Verwaltungleben der Stadt.

Nach der ersten Gründung i. J. 1300 bestand der Rath aus 29 Mitgliedern. Die Anzahl vertheilte sich, wie oben gesagt, auf die einzelnen Klassen dergestalt, dass damals in den Rath gewählt wurden 6 Ritter, 7 Dienstleute, 8 Schöffen und 8 Bürger. Die Mitglieder wurden auf Lebenzeit gewählt. Ein durch Todesfall erledigter Sitz sollte durch Neuwahl Seitens der Gesammtheit binnen drei Tagen wieder besetzt werden. Niemand sollte Zutritt in den Rath haben, Schultheiss, Ritter, Dienstmann oder Schöffe, wenn er nicht in denselben berufen. Diese Bestimmung ist besonders wichtig. Sie kennzeichnet einmal die Gepflogenheiten in der Zeit des Uebergangs, wo ohne besondere Wahl und zahlenmässig unbegrenzt angesehene Männer mit den Gerichtschöffen gemeinsam die Angelegenheiten der Stadt verwalteten. Mit dieser Gepflogenheit bricht jene Bestimmung und begrenzt die Anzahl der Rathmitglieder auf eine bestimmte Zahl zu Wählender. Jene Bestimmung will aber ferner den Einfluss des Schultheissen, als eines erzbischöflichen Beamten, fernhalten, sie will seinen Eintritt nicht als Ausfluss seines Amtes, ihn selbst nicht als geborenes Rathmitglied angesehen wissen. Aber sie schliesst ihn doch auch wieder nicht grundsätzlich vom Rathe aus. Thatsächlich finden sich in

[1] Urkunde vom 1. Dezember 1343.
[2] Urkunden vom 7. Februar 1351 bezw. 20. Dezember 1353.
[3] Vgl. Beilage Nr. 8.
[4] Vgl. Abschnitt III.
[5] Vgl. Beilage Nr. 9.

der Folgezeit die Schultheissen als Mitglieder des Rathes. Bereits eine Urkunde von 1301 wird von Schultheiss, Ritter, Rath, Schöffen und Bürger ausgestellt[1]. Und die erste Urkunde, in welcher nach langer Pause wieder einmal der Koblenzer Rath als Aussteller erscheint, die oben erwähnte Urkunde vom 1. Dezember 1343, trägt den Eingang: Schultheiss, Ritter, Schöffen und Rath. Am 7. Februar 1351 urkunden Bürgermeister und Rath, aber am 23. Juli 1353 wieder Ritter, Schultheiss, Schöffen, Bürgermeister und Rath[2]. In allen solchen Urkunden, in deren Eingängen die Klassen der im Stadtrath vereinigten Personen genannt werden, findet sich auch der Schultheiss genannt. Wir dürfen annehmen, dass er regelmässig in den Rath gewählt worden ist, dass die Stadt genöthigt wurde, dem Interesse des Stadtherrn hierin nachzukommen.

Im J. 1362 huldigte die Stadt dem neuen Erzbischof Kuno von Falkenstein[3]. Hier traten als Rathmitglieder auf: 1 Wepeling und 1 bürgerlicher Schöffe als die beiden Bürgermeister, 1 Ritter, 1 Wepeling, 2 Ministeriale als Schöffen, 14 Rathmänner (consules) aus dem Bürgerstande, zumeist mit Bezeichnung ihres Handwerks, 2 Ritter und 4 andere Schöffen. Darüber, ob der Rath in dieser Anzahl vollzählig, ist nichts gesagt. Die Anzahl der Genannten beträgt 26, es scheint also die 1300 festgestellte Zahl von 29 beibehalten worden zu sein, wenn wir einige als am Huldigungtage abwesend oder krank annehmen dürfen. Aber die Aufzählung ergiebt, dass bereits eine Verschiebung in der Zusammensetzung insofern stattgefunden hat, als die bürgerlichen Mitglieder, die Handwerker, einen breiteren Raum einnehmen.

Im J. 1366 fand die sogenannte zweite Gründung des Rathes statt. Wir sind über diese zweite Gründung bedauerlicher Weise nicht unmittelbar durch eine entsprechende Satzungurkunde unterrichtet. Dagegen ist uns eine Urkunde überliefert, welche gewissermaassen den Abschluss jener Rathveränderung darstellt. Im Jahre 1366 nämlich veranstalteten Schultheiss, Ritter, Schöffen, Bürgermeister und Rath den Bürgerschwur auf dem Rathhause und bei dieser Gelegenheit werden die Mitglieder des veränderten Rathes namentlich aufgeführt[4]. Er besteht aus dem vordersten, oder wie er sonst heisst, dem neuen und aus dem alten Rathe. Als zum neuen Rath gehörig werden aufgeführt der Schultheiss, 1 Ritter, 3 Dienstmannen, 2 Schöffen, 5 Bürger, 7 aus den Zünften (je ein Fleischhauer, Weber, Bäcker, Schuhmacher, Schmied, Löher und Wingertmann) und endlich der Stadtschreiber. Die gleiche Anzahl der einzelnen Klassen werden auch als Mitglieder des alten Rathes aufgeführt, nur dass ausser den wiederkehrenden Persönlichkeiten des Schultheissen und des Stadtschreibers hier noch die

[1] Hennes I, 312.
[2] Urkunde für den Deutschen Orden wegen der Stadtmauer.
[3] Vgl. Beilage Nr. 8.
[4] Vgl. Beilage Nr. 9.

beiden Bürgermeister aufgeführt werden. Da es aber nicht denkbar ist, dass im neuen Rath die Bürgermeister keinen Sitz gehabt haben sollten, so dürfen wir annehmen, dass dieselben bei Aufzählung der Mitglieder des neuen Rathes lediglich vergessen worden sind. Es haben danach ausser den den beiden Körperschaften angehörigen Personen des Schultheissen, der Bürgermeister und des Stadtschreibers zum Gesammtrath gehört: 8 vom Adel, 4 Schöffen, 10 Bürger und 14 von den Zünften, zusammen 40 Mitglieder. Mit dieser Rechnung stimmt genau überein die Angabe einer Quelle aus dem 16. Jahrhundert[1]. Der Verfasser derselben, der Syndikus der Stadt, sagt, der Rath oder Magistrat sei 1366 fundirt — er bezeichnet es als die zweite Fundation — aus dem Amtmann, der dazumal Schultheiss geheissen, 8 vom Adel, 4 aus den Schöffen, 10 aus den Bürgern und 14 aus den Zünften oder Handwerkern, ohne dass aber der Schultheiss von seines Schultheissenamtes wegen ein Glied des Rathes je gewesen sei oder noch sei. Diese neue Rathgründung erfolgte im Frühjahr 1366 und wurde von allen Bürgern auf dem Rathhause Monreal nach und nach beschworen. Sechs Sonntage hintereinander wurden die Bürger dazu aufgerufen und festgesetzt, dass auch künftighin jeder, der Bürger würde, diesen Eid zu schwören habe.

Der Rath von 1366 unterscheidet sich in allen Beziehungen von demjenigen des Jahres 1300. Vor allem ist der verfassungmässige Eintritt der Zünfte in den Stadtrath zu bemerken. Ihnen ist es verhältnissmässig schnell gelungen, die durch ihre Zahl bedeutendste Vertretung im Stadtrath zu erlangen. Die übrigen bürgerlichen Mitglieder sind in ihrem bisherigen Verhältniss stehen geblieben, insofern sie von einer Anzahl von 8 i. J. 1300 in einer Körperschaft von 29 auf 10 in einer solchen von 36 bezw. 40 gestiegen sind. Die Schöffenmitglieder sind von 8 auf 4, die Adligen von 13 auf 8 zurückgegangen. Der neue Stadtrath ist also auf breitester, wenn ich so sagen darf, demokratischer Grundlage gegründet worden. Auf diesen demokratischen Einfluss ist aber noch eine weitere wichtige Veränderung zurückzuführen. Während nämlich die Mitglieder des Rathes von 1300 ausdrücklich auf Lebenzeit gewählt wurden, müssen wir bei der neuen Einrichtung eines neuen und eines alten Rathes einen jährlichen Amtwechsel annehmen, dergestalt, dass die, welche ein Jahr hindurch Mitglieder des neuen Rathes gewesen waren, in den alten hinübertraten und den neugewählten Rathmitgliedern Platz machten. Dadurch wurde erreicht, dass alljährlich die Hälfte des Gesammtrathes ausschied und die Hälfte der Gesammtzahl neugewählt werden musste. Bemerkenswerth ist endlich die Rathmitgliedschaft des Schultheissen.

---

[1] In den Akten des Stadtarchivs unter „Weisthümer" findet sich eine Aufzeichnung der Gebräuche und Gerechtigkeiten der Stadt Koblenz und der Beamten derselben aus dem Jahre 1549 durch den damaligen Syndikus und Anwalt verfasst.

Es kann kein Zweifel sein, dass er als Mitglied des alten und
neuen Rathes, also als dauerndes Mitglied, thatsächlich in seiner
Eigenschaft als erzbischöflicher Beamter und als Vertreter des
Stadtherrn seinen Sitz im Rathe eingenommen hat, so sehr auch
der städtische Syndikus von 1549 diese Thatsache zu läugnen be-
müht ist. Der Erzbischof verlangte als Stadtherr diese Theilnahme
seines Beamten an den Rathverhandlungen und die Bürger und
Zünfte vermochten entweder nicht, diesem Verlangen erfolgreich
entgegenzutreten, oder aber sie waren klug genug, an dieser Einrichtung, die thatsächlich bereits bisher im Gebrauch gewesen,
nichts zu ändern. Uebrigens bestand bereits vorher bei dieser
Mitgliedschaft des Schultheissen oder Amtmanns eine Einschränkung, insofern der Schultheiss aus dem Rathe hinausging, wenn
eine Angelegenheit verhandelt wurde, die zwischen Stadt und Erzbischof schwebte[1].

Nach der oben angeführten Quelle des 16. Jahrhunderts, der
Aufzeichnung des städtischen Syndikus über die Gebräuche und
Gerechtigkeiten der Stadt v. J. 1549, wurde diese zweite Einrichtung des Rathes bis zu seiner Zeit in Gebrauch gehalten. Aber
diese Mittheilung bedarf einer bedeutenden Einschränkung. Es
fand nämlich, unbestimmt zu welcher Zeit, eine Stärkung des
nicht zünftlerischen Elementes im Rath dadurch statt, dass die Be-
theiligung der Schöffen am Rath eine grössere wurde. Jeder
Koblenzer Schöffe war nämlich durch sein Schöffenamt zugleich
Mitglied des Rathes und zwar des sogenannten alten Rathes, ausser
wenn der betreffende Schöffe in den neuen Rath gewählt worden
war oder etwa bereits Sitz in demselben hatte. Der Amtmann-
Schultheiss pflegte selbst den neuen Schöffen in den Rath zu bringen
mit der Erklärung, dass derselbe Schöffe geworden sei und seinen
Eid geleistet habe und mit der Forderung, ihm den Ratheid ab-
zunehmen[2]. Zur Zeit der Abfassung des alten Gerichtsbuches,
welches diese Nachricht überliefert, ist dies bereits feststehendes
Recht und vermuthlich seit lange in Uebung. Eine Nachricht
über einen Widerstand gegen diese Einrichtung ist nicht auf uns
gekommen.

Die Befugnisse des Stadtrathes sind nach den überlieferten
Quellen des Stadtrechts[3] im Allgemeinen mit denen in anderen
Städten übereinstimmend. Die Wahrnehmung der Interessen der
Stadt nach innen und nach aussen, nach unten und nach oben,
vornehmlich die Wahrung des Rechtes der Bürger, die Vertretung
derselben und die Verwaltung des gemeinsamen Eigenthums inner-

---

[1] Stadtrecht § 16. Vgl. unten Abschnitt IV A.
[2] Altes Gerichtsbuch § 1, unten Abschnitt IV B. Ausserdem Akten der
Kellerei Koblenz Nr. 78 im St.-A.
[3] Es sind das die Bestimmungen des eigentlichen Stadtrechts in Abschnitt
IV und einige Mittheilungen der oben S. 24 erwähnten späteren Quelle von
1549, welche einen Rückschluss auf die früheren Verhältnisse gestatten.

halb der Stadt und ausserhalb derselben[1], also auch der markgenossenschaftlichen Almende[2]. Der Rath übt die Wahl der städtischen Beamten aus, er beaufsichtigt ihre Thätigkeit und er ent-
lastet sie bei der Rechnunglegung. Der Rath übt ferner die poli-
zeilichen Befugnisse aus, Markt- und Gewerbepolizei, die Aufsicht über den Weinschank[3], vor allem die Lebensmittelpolizei[4].
Die letztere handhabt er gemeinsam mit dem Schultheiss-Amtmann,
als dem Vertreter des Gemeindeherrn, und 2 Schöffen. Sie betrifft
vornehmlich die Besichtigung des Brodes. In ihren Kreis fällt
ferner die Aufsicht über Maass und Gewicht. Die Geschäfte, welche
früher, wie wir oben gesehen, die Schöffen des Gerichtes zur Beaufsichtigung der Marktangelegenheiten ausführten, fallen bereits
zwei Menschenalter nach der ersten Gründung des Rathes in den
Kreis der Befugnisse des letzteren.

Aber nicht nur, dass der Stadtrath die frühere ausserge-
richtliche Thätigkeit der Schöffen vollständig übernommen hat,
einige der hier nachstehend angeführten Befugnisse des Rathes
werden zeigen, dass dieselben nahezu in den Geschäftkreis des
Gerichtes hineinragen.

So hat die entschiedene Rücksicht auf den Markt und auf
den Verkehr der fremden Kaufleute in der Stadt zu einer Recht-
gewohnheit[5] geführt, die im Stadtrecht von 1363 bereits als eine
alte bezeichnet wird. Es ist dies die Ausübung des sogenannten
Gastgerichts seitens der Bürgermeister allein bezw. seitens der Bürgermeister in Gemeinschaft mit dem Schultheiss-Amtmann und zwei
Schöffen. Der fremde Kaufmann, dem ein Bürger Geld schuldig
wird, nimmt von demselben ein Anerkenntniss seiner Schuld unter
Urkunde der Bürgermeister oder zweier Bürger und unter der
Gastrechtstrafe. Erhält der Kaufmann am Zahltage sein Geld nicht
von dem Bürger, so klagt er es vor den Bürgermeistern. Diese
fordern den Bürger vor und verschlichten die beiden nach An-
hörung von Klage und Antwort. Gelingt das nicht, so soll der
Amtmann — natürlich ist derselbe hier in seiner Eigenschaft als
Schultheiss genannt — zusammen mit den Bürgermeistern und zwei
Schöffen den fremden Kaufmann rechten.

[1] Das geht aus vielfachen Bestimmungen des unten zu behandelnden
Stadtrechts, des Baudings und des Bürgerbuchs hervor. 1463, am Pfingstabend,
beschloss der alte und der neue Rath, dass hinfort die Bürgermeister für alle
Rugen, die in und ausser Koblenz vorfallen, von dem Rathe jährlich 15 Mark
haben sollen. Aeltestes Rathsbuch S. 1.
[2] Auch für nichtstädtische Vermögenwaltung wurde die Aufsicht des
Stadtrathes erbeten. Der Subprior der Minoriten Kölner Provinz verordnete am
14. Februar 1392, dass das Minoritenkloster zu Koblenz, welches durch Nach-
lässigkeit der Brüder in früherer Zeit mancherlei Schaden erlitten, künftig nichts
mehr verkaufen oder verpfänden dürfe ohne Genehmigung des Rathes der Stadt.
Original im Stadtarchiv.
[3] Stadtrecht § 28 und D 19.
[4] Stadtrecht § 6.
[5] Stadtrecht § 21.

Kein Amtmann soll binnen Koblenz an eines Mannes Leib und Gut tasten, ist eine alte Bestimmung, it ensy erdeilt mit ordeil der scheffen daselbst oder mit dem rade[1]. Hier kann man deutlich die Entwickelung verfolgen. Die Bestimmung hat ursprünglich besagen wollen, dass der Koblenzer Bürger seinen Gerichtstand allein vor dem Koblenzer weltlichen Gerichte hat und dass demzufolge nur nach voraufgegangenem Schöffenurtheil der Stadtherr oder sein Beamter befugt sein sollen, Leben oder Gut eines Bürgers anzutasten. Genau diesem ältesten Rechtstandpunkte entsprach noch die entsprechende Bestimmung in dem schiedsrichterlichen Vergleiche zwischen Erzbischof Diether und der Stadt vom Jahre 1303[2], wo es heisst: nec etiam idem dominus nec aliquis suo nomine aliquem opidanum invadet in persona vel rebus nisi secundum ius et consuetudinem in Confluencia hactenus approbatam et per iudicium scabinorum ibidem. Nach dem Stadtrath von 1363 darf das nur geschehen „mit ordeil der scheffen daselbes oder mit dem rade". Hier hat sich also in der Zeit zwischen 1303 und 1363 die gleichlaufende Thätigkeit des Rathes entwickelt.

Aus dem gleichen Gesichtpunkte der Wahrnehmung der Rechte der Bürger ist es ferner zu erklären, wenn später die Bürgermeister in Abwesenheit des Schultheiss-Amtmanns Verhaftungen vornehmen dürfen und wenn bei der peinlichen Frage, welche entweder in der Stadt Haftung oder in der Burg stattfand, Abgeordnete des Rathes, je zwei von Adligen, Schöffen, Bürgern und Handwerkern, zugegen sind, wenn der Rath eine Theilnahme an der Hinrichtung forderte und wenn der Bürgermeister neben dem Amtmann zur Richtstätte ritt[3].

An der Spitze des Rathes, zur Leitung seiner Geschäfte berufen, stehen die Bürgermeister, magistri civium und proconsules in lateinischen Urkunden genannt. Sie erscheinen in den Koblenzer Quellen zuerst 1322 in jenen beiden Urkunden, durch welche der Schöffe Johann vom Keller und Genossen und dann dessen Sohn ihren Streit mit dem Rathe beilegen[4]. Die Beobachtung der Namen der jedesmaligen Bürgermeister ergiebt, dass je ein Adliger und ein Bürgerlicher dieses Amt bekleiden. Daher erklären sich Ausdrücke wie: „der edel burgermeister" und später die Bezeichnung Ritterbürgermeister. Als gleichzeitige Bürgermeister eines Jahres finden sich belegt: der Wepeling Werner Sack von Divelich und der Schöffe Heinrich Erkelen für 1362[5],

---

[1] Stadtrecht § 1.
[2] Beilage 4.
[3] Wie sehr sich die städtische Verwaltung des Rechtwesens annahm, geht auch aus der 1316 und 1317 beschlossenen Anlegung eines Vorbrecherbuches hervor. Vgl. über dasselbe Abschnitt IV B.
[4] Vgl. oben S. 21.
[5] Urkunde vom 6. September 1362 Beilage Nr. 8.

Symon vom Burgdor und Klaus von der Heermynnen für 1366 [1], Reinhard von Bachem und Lodovich Pythan für 1444 [2], Reinhard von Bachem und Peter von Bechel für 1460 [3], Junker Effert Lutter und Lodewich Klinge für 1475 [4], Eberhard Lutter von Covern und Friedrich Bechel für 1482 [5].

Die Wahl der Bürgermeister erfolgte durch den Stadtrath [6] und zwar auf ein Jahr. Der Amtantritt fand am Pfingstabend statt [7]. Der alte Bürgermeister wurde dann später noch ein halbes Jahr bis Weihnachten mit dem neuen Rathe verboten, d. h. zu den Sitzungen desselben geladen, damit er Acht habe, dass die unter ihm gefassten Beschlüsse auch wirklich ausgeführt würden [8].

Die Versammlungen des Rathes fanden im Rathhause statt, in dem Bürgerhofe Monreal (Monrean, Moureail) [9], später im Neuen Hause am Florinsmarkt [10], ebenda wurden auch die Bürgerversammlungen, die Heinreide, abgehalten.

Die Mitglieder des Rathes wurden Abends und Morgens geladen und hatten dann im Rath zu erscheinen. Die Anwesenden, aber nur die pünktlich Erschienenen, erhielten einen Schilling ausgezahlt, den sogenannten Rathschilling. Die, welche nicht erschienen, zahlten einen Weisspfennig Strafe [11]. Den Rathschilling erhielt aber nur der neue Rath. Der Bürgermeister soll pünktlich vor der Sitzung zur Stelle sein und die Uhr auf eine halbe Stunde stellen oder eine halbe Sanduhr bei sich haben. Nach Ablauf der halben Stunde soll der Stadtschreiber jedem Erschienenen seinen Ratschilling geben. Später Kommende erhalten nichts. Wenn der neue Rath zusammen mit dem alten Rathe zu gemeinschaftlicher Sitzung geladen ist, so vermerkt sich der Stadtschreiber in rücksichtvoller Weise die Namen der pünktlich Erschienenen, und diese erhalten den Rathschilling am nächsten Sitzungtage.

[1] Beilage Nr. 9.
[2] Urkunde vom 18. August 1444 im Stadtarchiv.
[3] Stadtrechnung von 1460/61. Peter von Bechel wird 1459 in einer Urkunde des Stadtarchivs als Bürger bezeichnet.
[4] Stadtrechnung von 1475.
[5] Hontheim, Historia Trev. dipl. II, 467.
[6] Aeltestes Rathsbuch Bl. 50 [b] im Stadtarchiv.
[7] Aus den Bürgermeisterrechnungen des Stadtarchivs ersichtlich.
[8] Aufzeichnung von 1549, vgl. oben S. 24.
[9] Vgl. Stadtrecht, im Eingang und öfter. „Das Haus Monreal lag an dem jetzigen Braugässchen und erstreckte sich bis in die Florinspfaffengasse; seine letzten Reste sind neuerdings Umbauten gewichen." Gefällige Mittheilung des Staatsarchivs Koblenz.
[10] Das neue Haus wurde bereits im 14. Jahrhundert gebaut. Nach der Urkunde vom 25. Januar 1480, Abschnitt VI, Beilage Nr. 22, lag es am Florinshof. Schon 1430 waren die Mieth-Einnahmen Gegenstand des Streites mit dem Erzbischof. Vgl. Klagepunkte der Stadt von 1430, § 4 in Abschnitt IV A. Beilage. Nach gefälliger Mittheilung des Staatsarchivs in Koblenz wurde dieses neben dem Schöffenhause am Florinsmarkt gelegene Kaufhaus 1479 neu aufgebaut, 1688 eingeäschert, 1724 wieder hergestellt und bis zur französischen Revolution als Rathhaus benutzt. Es dient jetzt als Gebäude des Realgymnasiums.
[11] Rathbeschluss vom 6. Juni 1429. Aeltestes Rathsbuch Bl. 2. Rathschillingbücher sind erhalten.

Beilagen zu I—III.

1. Die Bürger von Koblenz treffen eine Vereinbarung über die Wahl ihres Stadtrathes. 1300, Juli 12.

A Eintragung von einer Hand der zweiten Hälfte des 15. Jahrhunderts in dem ältesten Rathprotokollbuch der Stadt Koblenz, Bl. 281 ff.
B Abschrift aus dem Anfang des 16. Jahrhunderts im Kopiar 1 des Stadtarchivs Bl. 18. Ausserdem zwei bezw. drei mit dieser ältesten Vorlage übereinstimmende spätere Abschriften. Eine derselben trägt die Ueberschrift: *Erste gründung des Koblenzer stadtrath.* (Sämmtlich im Archiv der Stadt Koblenz.)
Gedruckt bei Bär, der Koblenzer Mauerbau S. 140 ff

In godes namen amen. Wir die rittere, dinstlude, scheffene, burgere und die gemeynde der stede von Covelentz doin kunt allen den die diesen breif anschent ader hoerent, uf daß keyn myssel, zweyunge, haß ader nyt zuschen uns und unsern nakoemelink waissen moege ader vallen, so syn wir eyndrechtich worden deß [5] myt unserem gemeynen willen, myt vursastem moede und myt rade wiser lude, want wir dat nauvste der stede von Covelentz und yr recht und yre ere neit finden noch zu dem besten gestellen kunnen vor done und roefe uß unser gemeynden monde und werden deß yn eyn myt gehoirsamheit alles rechts unsers hern von Trier, dat [10] wir uß uns allen suchen und hain gesoicht der besten und der wyßsten genoich der rittere, der dinstlude, der scheffene, der burgere, ye eyn deil, daß sy eweclich rait und mompar der stede von Covelentz syn und haint die gesworen zu den heiligen, unserem herren von Trier gehoirsamkeit zu doin vor uns und myt uns und [15] syn recht vesteclich zu halden und eme dat zu geven und zu beden[a] vor uns zu allen zyden, als id von recht geschaffen ist, und uns und die stad von Covelentz yn eren, yn rechte und in unser guder alder gewoinden zu halden und zu hodene, als sy vur hundert jaren und von der zyte, daß nyeman[b] gedenken kann [20] ader mach, gestanden hait. Die ußerkoeren zu dem rade und zu der momperschaft synt benamet sus: her Herman und her Henrich, die hern von Helffesteyn, her Syfart[c] der Walpoede, her Henrich der Alde[1], her Sander syn broder, her Peter von Eych, die rittere, Henrich von der Arcken, Wilhem von dem Burgedorn, Wetzel von [25] Melene, Crafft Werner von Lutzercovelentz, Gyselbrecht von Revenach, Swellepage, Engelbrecht Wale von Wyß, die dynstlude, Syfart der Junge, Jordain von Wildungen, Welter von Kesselhem, Fre-

a) B *byeden;* zwei jüngere Abschriften haben *bynden.*   b) B *yeman.*
c) B *Syfridt.*

[1] Aus dem Geschlechte vom Kirchhofe *(de Cimiterio).* Vgl. oben S. 15 Anm. 3.

derich Zacharias son, Henrich von dem Kelre, Richolff, Goedebrecht,
30 Helwich, die scheffene, Zacharias von Paffendorff, Herman von dem
Keller, Truidwyn, Jacob Schodewyn, Clemens, Henrich Welle, Syfart
Fuylfische und Cristiane, die burgere. Den geben wir volmechtige
maicht und sunderlichen oirlof, zu doin, zu werben, zu laissen an
der stad von Covelentz und unsers hern von Trier wegeste zu
35 syme rechte vor zu keren und der stede beste eweclig, so lange
als sy levent, so daß sy myt gehoirsambeit alles rechts uns herren
von Trier die stad von Covelentz behalden und behoeden yn eren
rechte und guder alder gewonheyden, als sy vur hundert jaren
stont und gestanden hait von der zyte, daß nyeman ᵃ gedenken
40 mach, und dat sy den ritter, deynstman, scheffene und eyn iklichen burger behalden, huden und laissen yn dem rechte, yn den
eren und in der guder alder gewoinheit, die yn vur hundert jaren
und me gegeven und geschaffen ist, also daß keyn man, er sy
scholteß, ritter, dinstman, scheffen ader burgere, keynen unsern
45 burger ane gryffe, beyde an syn lyf noch an syn guyt, myt ge-
weltlichen dyngen, er enhabe yt gewonnen of he gewynnet eme an
dinklich ader richtlich, und uf dat sy sich diß rades annemen und
gefolgich syn, so geloben wir myt guden truwen und sweren und
hain gesworen zu den heiligen sunderlich und semmentlich, yn an
50 allen den dingen und sachen, die in diesem breve beschreben
staint ᵇ, zu helfen ᶜ, zu behyrten, zu gestain myt lybe, gude, rade
und dade wieder eyn iklichen und beyde, sy und die stadt, zu behalden und zu huden yn yrme rechte und yre guder alder gewoinden, als hy vor gesprochen ist und dat nyt zu laissene durch
55 leif mede vorte noch drauwe, dat uns an vallen mach und willen
daß und kesen an diesem breve, dat keyn scholteß, ritter, dinstman, scheffen und burgere aif anders keyn man yn unser raitz-
herren rait yn gehe, yn stehe, er enwerde dar in geheischen ader
geroifen, und willen me, wanne unser raitzhern eyner stirbet, daß
60 wir bynnen dryen dagen na syme dode myt alsulchem ader myt
eyme besseren yn ersetzen moegen; und wir die rittere, dinstlude, scheffene und burgere, dye zu dem rade hy versproichen
synt, geloven myt guden truwen und hain gesworen uf die heilige
sammentlich und sunderlich, unsen herren von Trier und die stad
65 von Covelentz und die burgere yn yrem rechte und in yrer guder
alder gewonheit zu halden, zu hueden und zu beschyrmen, als hy
vor gesproichen ist und yr bestet vur zu keren, also als uns wisent
uns synne, die uns god verluwen hait, und geloben zu eren unsern rechten herren von Trier, als wir schuldich syn, und syn recht
70 und der stad von Covelentz und yr gude gewoinheit zu halden,
zu hoeden und zu beherten weder eyn yklichen sunder falsche
lyst und in unserm raede eyndrechdeclich zu syne und stede und
heymelich, also wer under uns uneyndrechtlich funden wirt ader
wesen wilt, dat wir den vor truweloß und meyncydich halden

a) *B yeman.*   b) *B synt.*   c) *B behelfen.*

und uß unser gemeynden schelden sonder wederspraich myt ge- 15
hoirsamheit uns herren von Trier alles rechtes und der stede von
Covelentz, dat geloben wir under unserem eyde, den wir unsem
herren von Trier gedain hain und der stede zu behalden ewec-
liche und westeclich ungebroichen, unverworren, gantz und dat
nyt zu laissen durch leif mede vorte, drauwe noch keyn dat 20
dink dat uns an fallen mach. Dat dit wair, vaste und eweclich
sy, so hain wir die rittere, dinstlude, scheffene und burgere, die
hy zu dem rade versprochen synt, uns sunderliche ingesiegel iklich vor sich heran gehangen zu eyme urkunde alles deß hy vor
geredt und geschreben ist. Dieser breif wart gegeben deß dins- 25
tages vor sent Margreten dage in dem jaire do man zalt von godis
geburte druzehenhundert jair.

**2. Erzbischof Diether von Trier bestätigt die Statuten der
Stadt Koblenz über die Wahl eines Stadtrathes.**
1300, Juli 15.

Ueberlieferung wie bei der vorigen Urkunde.

Nos Deterus dei et apostolice sedis gracia archiepiscopus
Treverensis notum esse volumus universis presentes litteras inspecturis vel audituris, quod cum predilecti nostri fideles ministeriales ceterique opidani Confluencie universi propter bonum pacis
et concordie inter se in opido Confluencie quasdam compromis- 5
siones statuerint et ordinaverint unanimiter bene licitas justas et
consuetas, prout in litteris ipsorum super hoc materna lingua com-
positis et confectis, a nobis diligenter de ͣ verbo ad verbum per-
spectis ᵇ plenius continetur, nos propter specialem favorem, quo eosdem
nostros opidanos prosequimur, dictas litteras presentibus nostris 10
litteris eisdem annexis ͨ confirmamus ratum habentes et congratum,
quitquid per dictos nostros fideles ministeriales et opidanos in pre-
fatis ipsorum litteris est ordinatum, pronunciatum et statutum et
ea omnia et singula prout in eisdem litteris plenius sunt expressa
inviolabiliter observabimus et contra nullatenus faciemus nec contra 20
facere volenti aliqualiter consenciemus et hoc eisdem nostris opidanis promittimus per presentes; renunciamus insuper omnibus
litteris per reverendum patrem quondam dominum Henricum, nostrum predecessorem, archiepiscopum Treverensem, a dictis opidanis
nostris contra jus et bonam consuetudinem ipsius opidi et opida- 25
norum nostrorum violenter et minus juste impetratis et optentis,
nec non easdem litteras domini Henrici prefati tenore presencium
revocamus ipsasque decernimus irritas et inanes et nullius esse
volumus (!) firmitatis, prout contra justiciam fuerant impetrate.

a) Die Vorlage hat *die*.   b) *B* am Rande von einer Hand des 16. Jahrh.
vermerkt: *et perlectis*.   c) *A anneximus*, in *B* ist *anneximus* von einer
Hand des 16. Jahrh. *in annexis* geändert, welches dem Original entsprechen
dürfte.

25 Possimus (!) tamen castrum nostrum in Confluencia edificare et reedificare pro libito nostre voluntatis in premissis omnibus et circa
ea, jure nostro et ecclesie^a nostre Treverensis necnon bona
consuetudine et approbata et hactenus pacifice conservata perpetuo
nobis semper salvis; salvo etiam ipsis nostris opidanis omni suo
30 jure et consuetudine, itaque portas et muros opidi Confluencie edificare et construere poterint^b, prout eis visum fuerit expedire. In
cujus rei testimonium et perpetuam firmitatem sigillum nostrum
duximus presentibus apponendum una cum sigillo nobilis viri Ro-
perti comitis Nassauwe, nostri consanguinii, quod ad preces nostras
35 eisdem est appensum. Nos vero Ropertus comes predictus recognoscimus, nos ad preces domini et avonculi nostri archiepiscopi
predicti sigillum nostrum presentibus appendisse in testimonium
premissorum. Actum et datum Moinstermeynfelt, feria sexta post
festum beate Margerete virginis, anno domini millesimo tricen-
40 tesimo.

3. König Albert bestätigt die Statuten der Stadt Koblenz.
1302, März 1. Oppenheim.

Original mit wohl erhaltenem Siegel im Stadtarchiv.

Albertus dei gracia Romanorum rex semper augustus universis sacri Romani imperii fidelibus presentes litteras inspecturis
‖ graciam suam et omne bonum. Dum vota fidelium benigne pro-
sequitur regie benignitatis assensus famosius eius decoratur im-
5 mensiltas et circa eum fides accenditur fervencius et devota de-
vocio subjectorum: hinc est, quod ex parte prudentum virorum
scabinorum ‖ et universitatis civium de Confluencia dilectorum
nostrorum fidelium nobis exstitit humiliter supplicatum, quod que-
dam statuta per eos edita confirmare de benignitate regia digna-
10 remur. Nos igitur ipsorum civium de Confluencia devotis suppli-
cacionibus, ut ad nostra et imperii ac communis pacis negocia
procuranda inveniantur promptius, favorabiliter inclinati statuta
huiusmodi prout in litteris confectis super hoc continetur plenius
auctoritate regia confirmamus, nostris et imperii iuribus nobis sal-
15 vis. Nulli ergo omnino hominum liceat, hanc paginam nostre
confirmacionis infringere aut ei ausu temerario in aliquo contraire,
quod qui facere presumpserit, nostram indignacionem se noverit
incursurum. In cuius nostre confirmacionis testimonium hanc
litteram exinde conscribi et maiestatis nostre sigillo fecimus com-
20 muniri. Datum in Oppenheim, kalendas Marcii, anno domini millesimo trecentesimo secundo, indicione XV, regni vero nostri anno
quarto.

a) Die Worte von *et approbata* — *et consuetudine* finden sich am
Schluss von B von derselben späteren Hand nachgetragen. b) *B poterint in*
poterunt geändert.

4. Schiedrichterlicher Vergleich zwischen dem Erzbischof Diether von Trier und der Stadt Koblenz.

1303, September 15. Koblenz.

Original auf Pergament im Stadtarchiv; von den drei Siegeln ist nur das des Domkapitels erhalten, die Siegel des Erzbischofs und der Stadt fehlen.

Auszugweise gedruckt Günther III, 109.

Universis presentes litteras inspecturis. Nos frater Gerardus de Juliaco, doctor decretorum, ordinis hospitalis sancti Johannis Jerosolomitani, fratres Petrus de Monasterio et ‖ Arnoldus de Serayn, ordinis fratrum predicatorum, Wernerus advocatus de Ludinsdorf, Syfridus de Lapide et Dudo de Andernaco, milites, sa- 5 lutem et cognoscere ‖ veritatem. Noveritis, quod cum reverendus pater dominus Dyetherus, dei gracia Trevirorum archiepiscopus, in nos Gerardum, Petrum et Arnoldum, fratres predictos, militesque scabini et tota ‖ universitas opidi Confluentini in nos Wernerum, Syfridum et Dudonem, milites predictos, de omnibus querelis causis 10 et questionibus compromiserint tamquam in arbitros arbitratores et amicabiles compositores inter se hinc inde exortis et quibuscunque factis ex quibuscunque causis in scriptis sive non scriptis consistentibus et articulis omnibus et auctoritatem et plenariam potestatem nobis contulerint ordinandi et per omnia consummandi 15 et perficiendi, ita tamen, quod si contingat aliquem de predictis tribus compromissariis legitime impediri et interesse non posse, duo alii loco illius possint et debeant alium assumere tercium, qui cum duobus aliis potestatem habeat per omnia consimilem in premissis, et quidquid dicti sex a die nativitatis beate virginis, 20 quo assumpti fuerint, usque ad octavas eiusdem duxerint ordinandum et perficiendum pro dictis et nomine predictorum domini archiepiscopi et opidanorum Confluentinorum, promiserunt ipsi dominus archiepiscopus et opidani sepedicti bona fide et sub pena sex milium marcarum monete currentis in Confluencia solven- 25 durum, parti arbitrum tenenti a parte arbitrum non tenente, inviolabiliter observare sive de iure sive de amicicia tam de alto quam de basso qualitercumque de huiusmodi concorditer duxerint ordinandum, expresse hinc inde renunciato, quod non valeat compromissum in religiosos factum vel quod compromissum in se auc- 30 toritate suorum superiorum vel sine in se suscipere non possint quoquo modo. Nos igitur compromissarii predicti ex parte domini nostri Trevirensis archiepiscopi absente et interesse non posse(!) fratre Petro de Monasterio predicto loco eius fratrem Conradum suppriorem fratrum predicatorum Confluentinorum, nos vero com- 35 promissarii assumpti ex parte opidi Confluentini predicti Gobelinum de Peschil militem assuminus loco Werneri advocati predicti absentis. · De communi igitur et unanimi consensu concorditer in nomine domini pronunciamus in hiis scriptis tamquam arbitratores

40 et amicabiles compositores, quod ab hac die et deinceps sit pax
et concordia et amicicia inter dominum nostrum Dyetherum Trevirensem archiepiscopum et suos successores et dictos opidanos de
omnibus quibuscumque exortis usque ad hodiernum diem a temporibus retroactis, et quod idem dominus suique successores dictum
45 opidum et opidanos permittant iuribus suis et consuetudinibus ap-
probatis ab antiquo libere frui et gaudere, et quod eos contra
quoscumque tueantur pro viribus et defendant, et si habeant
causam vel questionem contra quemcunque hominem dicti domini,
postquam idem a prefato domino fuerit semel vel bis monitus, et(!)
50 coram eo velit stare iuri et hoc recusaverit, ex tunc dominus prefatus dictis opidanis assistere teneatur. Nec idem dominus aliquem de inimicis eorum in aliqua sua municione scienter recipiet
vel tenebit; nec eciam idem dominus nec aliquis suo nomine seu
cuiuslibet alterius aliquem opidanum invadet in persona vel rebus
55 nisi secundum ius et consuetudinem in Confluencia hactenus approbatam et per iudicium scabinorum ibidem, predicti eciam opidani viceversa subiecti erunt et fideles amici dicto domino nostro
suisque successoribus et iura sua in ipso opido conservabunt illi-
bata et eisdem iuribus eum similiter gaudere pacifice permittant,
60 et ad hoc dent operam efficacem eidemque domino assistant contra
quemcunque salvis iuribus et consuetudinibus eorum et eum fide-
liter adiuvabunt, nec aliquem inimicum predicti domini scienter
in suo opido receptabunt. Item pronunciamus, quod consules, qui
nunc sunt, cessent et officium sive auctoritas consulatus deinceps
65 in Confluencia nullatenus habeatur, nisi de voluntate et consensu
domini archiepiscopi et opidanorum dicti opidi communiter procedat. Poterunt tamen opidani predicti inter se convenire, quando
et quociens eis videbitur expedire, et de bono statu opidi ordinare.
Poterunt eciam idem dominus castrum suum in Confluencia et dicti
70 opidani muros et portas ipsius opidi edificare et reedificare, prout
eis videbitur expedire. Item pronunciamus, quod omnes littere
domini Henrici bone memorie quondam archiepiscopi Trevirensis
et domini D. nunc archiepiscopi eiusdem loci dictis opidanis
concesse vel contra eos date nullius sint de cetero firmitatis, sed
75 littere dicti domini Henrici contra eos date ipsis opidanis sine
dilacione reddantur et statuta ab ipsis opidanis edita, que littera
domini D. predicti confirmare videtur et ipsa littera pro nullis
penitus habeantur et littera dicti domini D. et statuta, que confirmare videtur, eidem domino restituantur sine mora. Item pro-
80 nunciamus, quod opidani, qui occasione dicte discordie inter ipsum
dominum et ipsos opidanos suborte sunt extra opidum, sive sint
clerici, sive laici, ad ipsum opidum pacifice revertantur. Item
pronunciamus, quod omnes iniurie, querele, cause sive questiones
inter utramque partem usque nunc mote per predicta totaliter so-
85 piantur et ex nunc pro extinctis habeantur. Hec autem omnia
supradicta volumus a partibus firmiter observari, dolo et fraude

exclusis. Et nos frater Dyetherus, dei gracia sancte Trevirensis ecclesie archiepiscopus, nomine nostro et successorum nostrorum ac capituli et ecclesie Trevirensis, nos eciam milites, scabini totaque universitas opidi Confluentini dictum arbitrium et pronunciatum 90 arbitrorum seu arbitratorum vel amicabilium compositorum et compromissariorum predictorum hiis presentibus approbamus, ratifi- camus et promittimus in perpetuum inviolabiliter observare; renunciantes hinc inde per presentes expresse omnibus accionibus, paccionibus, defensionibus et excepcionibus iuris utriusque et facti 95 cuiuslibet necnon litteris confectis vel conficiendis, impetratis ac impetrandis et cuiuslibet alterius suffragio, quo vel quibus posse- mus nunc aut in posterum hinc inde venire contra predicta qualibet arte aut ingenio aut eorum aliquid in parte vel in toto. In quorum omnium testimonium et firmitatem perpetuam nostrorum 100 archiepiscopi et opidanorum supradictorum sigilla nostra una cum sigillo capituli maioris ecclesie Trevirensis presentibus sunt appensa. Et nos .. decanus et capitulum ecclesie memorate predicta omnia ratificantes et approbantes sigillum capituli nostri apposuimus presentibus ad evidenciam pleniorem. Actum pronunciatum et datum 105 in Confluencia anno domini millesimo tricentesimo tercio, in crastino exaltacionis sancte crucis.

5. Ritter, Schöffen und Gemeinde von Koblenz geloben, sich dem Ausspruche der zur Entscheidung ihres Streites mit dem Erzbischof Diether gemeinsam aufgestellten Schiedrichter zu unterwerfen, und stellen zur Sicherheit namentlich aufgeführte Bürgen und zwar den Grafen Heinrich von Solms, 4 Ritter, 16 Wepelinge, 9 Schöffen und 45 Bürger mit der Verpflichtung zum Einlager in Andernach bis zur Zahlung von 3000 Mark an den Erzbischof. 1304, Mai 28.

Original auf Pergament im Stadtarchiv. Die 5 Siegel fehlen.

[N]os .. milites .. scabini totaque universitas opidi Confluentini cupimus fore notum universis presentem litteram || inspecturis et audituris et publice profitemur per presentes, quod nos unanimi consensu et bona voluntate super omnibus || articulis, in quibus reverendus pater et dominus, dominus D(ithertus), dei gracia sancti 5 Trevirensis ecclesie archiepiscopus, nos contra ipsum et ecclesiam || Trevirensem dicebat deliquisse, in virum nobilem dominum [Henricum] comitem de Solmese, et Henricum de Lapide, militem, tamquam in arbitros arbitratores seu amicabiles compositores, ac in nobilem virum dominum Emichonem comitem de Nassowe, tam- 10 quam in superiorem compromisimus et compromittimus in hiis scriptis, promittentes eciam fide prestita corporali ratum et firmum

habere et inviolabiliter observare, quicquid dicti arbitri una cum
nobilibus viris domino R(uperto) comite de Virnenburg et domino
15 Th. de Bruch, arbitris ex parte prefati domini nostri archiepiscopi
electis et assumptis, concorditer seu dominus Emicho superior predictus, si non potuerint concordare, duxerint seu duxerit ordinandum statuendum et pronunciandum in dictis articulis per viam
amicicie sive iuris, dolo et fraude penitus exclusis. Ad maiorem
20 autem securitatem ipsi domino nostro archiepiscopo certos consti-
tuimus fideiussores, videlicet dominum Henricum comitem predictum, Richardum de Schonenberg, Henricum de Lapide, Johannem
de Vaitzberch, Johannem de Insula, milites, Wilhelmum de Porta,
Henricum de Archa, Henricum de Bacheym, Henricum Waitsae,
25 Enolfum, Rifridum et Heydinricum fratres de parva Confluencia,
Heydinricum ibidem, Henricum de Leye, Welterum de Paffindorf,
Engilbertum dictum Wale, Svellepage, Bertramum dictum Hallere
de Wise, Cristianum de Guntravia, Leonium de Dyvelich, Adam
dictum Print, armigeros, Sifridum juniorem, Jordanum de Wildungen,
30 Fridericum Zacharie, Richolfum, Welterum scriptorem, Fridericum
Paganum, Henricum de Cellario, Godebertum, Thilmannum de
Mulene, scabinos, Trutwinum, Hermannum de Treveri, Henricum
Ecstein, Hunoldum, Petrum eius fratrem, magistrum Henricum dic-
tum Munich, fabrum, Gutmannum, Syfridum dictum Fulvis[che],
35 Clementem, Erwinum, Gisilbert[um de] Bedindorf, Albertum Floren,
Hermannum filium H(enrici) dicti Munich, Fritzhonem, Cristianum,
Henricum Nigrum, Henricum de Heyere, carnifices, Johannem
Zacharie, Henricum de Mude, Johannem Emmilrich, Hartungum
pellificem, Johannem Ulmemere, Arnoldum de Speye, Sifridum de
40 Munriam, Johannem Eymodi, Petrum dictum Hase, Henricum de
Mude calcificem, Aplonem de foro bladi, Johannem tectorem, Gerardum Altquendere, Henricum Schurlebein, Johannem Abel, Henricum Welle, Ludewicum eius fratrem, Ludewicum Goismar, Welterum Wenke, Hellewicum Fitzirre, Everardum de Mude, Gobe-
45 linum de Nassowe, Conradum de Mulene, Henricum Sunichin, Henricum de Ire seniorem, Hartbernum et Thilmannum, aurifabros,
et Gerardum Corner, opidanos Confluentinos, qui pro nobis fide-
iusserunt et se efficaciter obligaverunt una nobiscum sub pena infrascripta, ita quod si contra pronunciacionem et arbitrium dictorum
50 arbitrorum, si concordaverint, seu superioris prefati, si non concordaverint, aliquid fecerimus et ipsum arbitrium non observaverimus, ut est promissum, nostri fideiussores prefati a dictis arbitris concorditer seu superiore predicto moniti intrabunt Ander-
nacum ad iacendum ibidem more bonorum fideiussorum, inde nul-
55 latenus recessuri, nisi dicto domino nostro archiepiscopo de tribus
milibus marcarum puri argenti, eidem nomine pene solvendarum,
fuerit plenarie satisfactum, quam penam una cum nostris fideius-
soribus in nos eligimus, si non observaverimus arbitrium et pronunciacionem arbitrorum seu superioris predictorum. Nos vero

fideiussores prenotati recognoscimus nos fideiussisse et una cum 60
militibus scabinis et universitate predictis sub pena predicta ele-
gisse, premissum arbitrium inviolabiliter observare, ut superius est
expressum. In cuius rei testimonium sigilla nobilium virorum dominorum videlicet R. de Virnenburg, Emichonis de Nassowe, H. de
Solmese, comitum, et Th. de Bruch, predictorum, apponi rogavimus 65
isti scripto una cum sigillo nostro, quod eidem est appensum, quibus sigillis nos fideiussores prefati pro nobis specialiter utimur in
hac parte. Nos vero Rupertus, Emicho, Henricus, comites, et Th.
de Bruch predicti recognoscimus, nos tam ad peticionem militum
scabinorum et universitatis quam suorum fideiussorum predictorum 70
sigilla nostra presentibus appendisse in testimonium premissorum.
Actum et datum feria quinta post festum beati Urbani episcopi,
anno domini MCCC quarto.

6. Ritter, Schöffen und Bürgerschaft von Koblenz bekunden,
dass der Streit zwischen ihnen und ihrem Erzbischof beigelegt
sei und dass sie ihm die Ausübung der geistlichen und weltlichen Gerichtsbarkeit und anderer hergebrachten Rechte in
ihrer Stadt und Mark zugeständen. 1304, Juni 20.

Original auf Pergament. Vom Siegel die Hälfte abgebrochen.

Gedruckt Hontheim II, 25.

In nomine domini amen. Universis presentes litteras inspecturis nos milites, scabini, opidani totaque communitas ‖ opidi Confluentini Trevirensis dyocesis notum esse volumus tenore presencium publice recognoscendo, quod inter ‖ reverendum patrem et
dominum nostrum, dominum D(itherum), sancte Trevirensis ecclesie 5
archiepiscopum, ex una parte et nos ‖ et opidum nostrum predictum
ex altera super controversia et guerra ac aliis nostris discordiis
concordia et amicabilis compositio intercessit, ita videlicet, quod
permittemus de inceps, reverendum dominum nostrum predictum
suosque successores et ecclesiam Trevirensem uti et gaudere libere 10
tam iurisdictione spirituali quam seculari ac aliis quibuslibet suis
iuribus in opido Confluentino predicto et eius districtu, secundum
quod sui predecessores sunt usi hactenus et gavisi, et recognoscimus similiter per presentes, quod astrinximus nos per fidei da-
cionem et sollempne iuramentum per nos et nostram communi- 15
tatem corporaliter prestitum ad observanciam omnium premissorum. In cuius rei testimonium sigillum nostri opidi duximus
presenti apponendum ad eternam rei memoriam et evidenciam
pleniorem. Datum sabbato ante festum nativitatis Johannis Baptiste anno domini MCCC quarto. 20

7. Erzbischof Diether bekundet seine Sühne mit der Stadt
Koblenz. 1304, Juni 21. Stolzenfels.

Original auf Pergament im Stadtarchiv. Gedruckt Günther III, 112.

In nomine domini amen. Universis presentes litteras inspecturis nos frater Ditherus, dei gracia sancte Trevirensis ‖ ecclesie archiepiscopus, notum esse volumus tenore presencium publice recognoscendo, quod inter nos ex una ‖ parte et opidum no-
⁵strum Confluentinum ex altera super controversia guerra ac aliis
nostris discordiis con cordia et amicabilis composicio intercessit,
ita videlicet, quod nos permittemus deinceps, dictum opidum
nostrum et opidanos eiusdem gaudere et frui libere omnibus suis
iuribus in dicto opido et eius districtu secundum quod sub prede-
¹⁰cessoribus nostris archiepiscopis Treverensibus sunt hactenus usi
retroactis temporibus et gavisi. In cuius rei testimonium sigillum
nostrum duximus presentibus apponendum ad perpetuam rei memoriam et evidenciam pleniorem. Datum apud Stolzenvels anno domini MCCC quarto, dominica ante nativitatem beati Johannis
¹⁵Baptiste.

8. Die Stadt Koblenz huldigt dem neuen Erzbischof Kuno.
1362, September 6.

Abschrift im Kopiar 1 des Stadtarchivs, Nr. 18.

In dei nomine amen. Per hoc presens publicum istrumentum
cunctis pateat evidenter, quod anno ab incarnacione eiusdem MCCC
sexagesimo secundo, indictione quintadecima, pontificatus sanctissimi
in Christo patris et domini nostri, domini Innocentii divina pro-
⁵videncia pape sixti, anno decimo, die Martis, sexta mensis Septem-
bris, hora terciarum vel quasi, coram reverendo in Christo patri
ac domino Conone, electo seu proviso ecclesie Treverensis, in mei
notarii publici ac testium infrascriptorum presencia constitutis
honestis personis Wernero dicto Suck de Develich, armigero, et
¹⁰Henrico Erkelen, schabino, magistris civium, nec non Johanne Wal-
podone, milite, Symundo die Burgdorn, armigero, Henrico de Ire,
Ruperto de Alto Amore, schabinis, Henrico aurifabro, Henrico
Holtzechger, Johanne die Revenaco, Gerhardo Staidman, magistro,
Arnoldo calcifice, Craftone de parva Confluencia, Cristiano Hole,
¹⁵Hermanno dicto vom Eynrich, magistro, Johanni Kannengusser,
Philippo pistore, Johanne Bertram, calcifice, Jacobo de Moißbach,
cerdone, Johanni Smaltz, carnifice, Petro Schirliete, vincatore, consulibus, necnon Rutgero de Bachem, Lamberto de Cimiterio, militibus, Johanne de Hamersteyn, Conone de Wynnenberg, Engellone
²⁰de Lilio, Lodowico de Vroichte, schabinis, ac populo tocius opidi

Confluentini Treverensis dyocesis ad publicum sonis campane con-
gregatis universitatis (!) seu communitatem ipsius opidi ut dicebatur
facientibus, discretus vir Bartholomeus de Coverna, notarius con-
sulis (!) et opidi predictorum, tenens in manibus suis quandam cartam
papiream in vulgari theutonica lingua conscriptam, eam de verbo 25
ad verbum alta et intelligibili voce de mandato et iussu dictorum
magistrorum civium vice ac nomine ipsorum ac hominum et per-
sonarum seu universitatis eiusdem opidi legit et pronunciavit in
dicta vulgari theutonica lingua publice, cuius tenor talis erat:

Wir der rait und burgere gemeynlichen der stadt zu Cove- 30
lentz heischen und inbeden uch burgermeister, daß ir in namen
und von wegen unserer vorgenanten stede von Covelentz und
burger gemeynlich hulde don solt deme erewerdigen in gode vader
und hern, hern Conen erzbischof zu Triere, unserm lieben gnedigen
hern, getruwe und holt zu syn und in zu warnen vor syme 35
schaden, so wu man den freyscheit, mit beheltnise unser stede
rechts fryheid und gewonheit, die wir stad von Covelentz und
burgere gemeynlichen wol her han bracht von der zyte, vor der
neman gedenken in kan, biß an diesen hudigen dag, unde so wie
uns unser vurgenanter herre funden hait und auch myt behelt- 40
nisse unsers egenanten hern herlicheit und deß stifts zu Triere
recht fryheit und gewonheit, sonder alle argelist und geverde.

Qua karta sic per eundem notarium lecta et pronunciata
prefatus Henricus Erkelen, magister civium et schabinus, sui ac
Verneri, magistri civium, et consulum, militum, schabinorum et 45
populi seu universitatis ipsius opidi predictorum et cuiuslibet ipsorum omnium vice et nomine promisit fide prestita corporali sollempniter stipulacione in manum dicti reverendi domini Cononis,
electi seu provisi, fidelitatem et legalitatem, prout in dicta carta
pappirea, salvis tamen ipsis magistris civium, consulibus, schabinis 50
et opidanis predictis omnibus et singulis iuribus consuetudinibus
et punctis, ut supra schribitur, in ipsa carta ibidem tunc lecta
contentis, et in continenti idem Henricus Erkelen vertens se versus
orientem erectis publice et duobus digitis anterioribus manus sue
dextre vice et nomine quibus supra iuravit solempniter in hec 55
verba: Ea que iam fide prestita promisi, firmiter et legaliter obser-
vabo, sic me deus adiuvet et omnes sancti. Quibus ita factis dictus Henricus Erkelen vice et nomine quibus ante requisivit pre-
fatum dominum Cononem, electum seu provisum, ut ipse promitteret
econverso ipis magistris civium, consulibus ac opidanis dicti opidi, 60
quod eos promittere deberet, gaudere iuribus et consuetudinibus
eorum antiquis iuxta tenorem carte supradicte. Qui dominus Cono
electus seu provisus respondit, se hoc libenter facturum, videlicet
quod eos gaudere promitteret iuribus et consuetudinibus antetactis
in carta predicta. 65

Super quibus omnibus et singulis prefati magistri civium et
consules requisiverunt, sibi a me notario suprascripto fieri publi-

cum instrumentum. Acta sunt hec anno domini, indictione, pontificatus, mense, die et hora predictis, in foro dicti opidi ante do-
mum appellata(!) Heuhuyß, presentibus viris specta(bi)libus ac
nobilibus dominis Adolpho de Nassauw et Wilhelmo de Wida,
comitibus, Girlaco et Salentino dominis de Isenburg et honorabili
viro domino preposito ecclesie sancti Mauricii Maguntinensis, Theodorico de Hademair seniore, Theodorico juniori eius fratre, Em-
merico de Lainsteyn, Gerlaco de Leser, Johanne Monsterer, militibus,
Gerlaco Bruer et Hermanno Stoverauch, opid(an)is Andernacensis(!),
Nicolao die Gilßdorff, Johanne Wynmar, Daniele de Molenheym,
Heynone Roickarno, Heynone Andree, opidanis Bonnensis(!), testibus
ad premissa vocatis et rogatis.

Et quoniam ego Henricus de Wyningen, clericus Confluenti-
nensis, Treverensis diocisis, publicus imperiali auctoritate notarius, supradicte carte pappirie lectioni seu pronunciacioni necnon promissioni et iuramenti presticioni requisioni et respon-
sioni supradictis una cum testibus antenominatis presens interfui
ac eas fieri vidi et audivi, idcirco presens instrumentum publicum exinde confeci, propria manu scripsi, subscripsi et signo
meo consueto signavi desuper specialiter requisitus.

9. Die Bürger der Stadt Koblenz beschwören auf dem Rathhause Monrean die erzbischöflichen und städtischen Rechte und
Freiheiten und geloben, sich aller Parteiung und Zwietracht
zu enthalten. 1366.

Neuere Abschrift im Staatsarchiv.

In goitz namen namen. Wir scholstezze ritter scheffen burgermeister und rath gemeinlichen der statt zu Covelentz erkennen
vur der wairheit, want nit bessers en ist in steden und in allen
enden, dan fried und eindrechtigkeit zu befesten und zu bestedigen,
so hain wir angeseen unsers heren gotz lif und ere zuvorentz, und
darna dienst und gehorsamheit unsem herrn von Trier und seynem
stift zu doin und zu beden, als wir das zu recht schuldig syn zu
doin, und unser vorgenanter stede beste vorzukeren, na unser
mogen und na unsen besten synnen, die uns gott verluwen hat,
und umb den spiegel des unfriden, uneindrechtigkeit und ungehorsamheit zuverhoeden, der geschiet und geseen ist under den
burgern zu Andernach, alle gemeinlichen, die umb ungehorsamheit
ires hern und ire verbunt stede nuwe und alt und umb homoit
ires selbs und dummer synne in verderfliche schande und schaden
komen seind und uß der schanden und schaden ubel komen
mogent, gott en helf ine den darumb, so hain wir eindrechtlichen
mit gudem eygem willen gentzlichen uberdragen und uberkomen

mit vorbedachtem wolberadem mude mit alle unsern burgern,
edlen und unedlen, arme und reiche, junk und alt, als die herna
alle mit namen geschrieben steent und zu der zyt alle zu iren 20
tagen komen waren, die wir daden verboden und darna funf
sundage ader seße na einander daden rufen an unsern offin hei-
raiden zu unser eindrechtigkeit zu komen, als sy doch alle qwamen
in der zeit, so vor so nae, zu Monreain in unser rathhuiß und
schworen alda alle unser burger, als sy by einander versamlet 25
steent, eynen eyt uf den heiligen, die wir alle leifliche gerurt hain,
der von wort zu wort alsus gestaift wart: Von dießem dage vort
und dießen tagen allen solt du getrewe und holt sein her Conen
erzbischofe zu Trier und der stede Covelentz und salt sy warnen
vor irem schaden, so wa du den freisch, und salt die brief halden 30
dy die stede under ein gegeben haint sunder argelist, als (dir)
gott helf und die heiligen. Under demselben eide geloboden wir
und alle unse burger, die hernachgeschrieben steent, keine partie
noch uneindrechtigkeit nummer zu machen, die wider unsern hern
von Trier und wider unsere statt mochten sein und wa und wanne 35
wir der eynicher unser nachgeschriebener burger das gewar wurden,
der partcien oder uneindrechtigkeit, das der oder die, die es gewar
wurden, zu stund an unsen rat sollent brengen, der zu zeyden ist und
so welche unser burger kinde, die noch nit zu iren tagen weren
komen oder die usser land gewest seind, die sollent zu stund so 40
balde sie zu iren tagen komen oder die usser lande weren wider
heimkoment und auch alle diejene, die da von in bußen in unse
statt will, bynnen jars frist denselben eid schweren und das halden
als vurgeschreven steet. Und so were des nit endede und den eid
nit welde schweren und auch oder ymans were, er were so were 45
er were, der bei uns gienge oder gegangen hett und der itzvur-
genanten nit gethain enhett, der en sall kein unsers burgerrechtes
geniessen, want dieß umb das gemeine beste alle unser burger
mit willen und gehenknus unsers hern von Trier geschiet ist in
den jaren unsers herren gotz do man schreif dusent druhundert 50
und seß und seßich, na dem heiligen pingstag obermitz den rat,
dy zu der zeit saß, die hiebei waren und mit volgungen und be-
stedicheide des raths, der darna saß na dem rade, als sie herna mit
namen geschrieben steent. Zu dem ersten seind dit die von dem
vordersten rade, mit namen: Friderich von Kane, scholtezze, Rut- 55
ger von Bacheim, ritter, Johan von Hamerstein, Cristian Hole von
Wyß, Crafft von Lutzerroblentz, die scheffen Roprecht von der
Hohermynnen, Engel von der Lylien, die burger Heyman Schnabel,
Gerhard Stadman, Cristian von Dutze, Thiel von Aech[a], Cristian
von Ire, von der vleißeuwern Henne Hanarbeyn[b], von den webern 60
Herman von dem Eynrich, von den beckern Johan Burl[c], von den

---

a) Die Vorlage hat *Echele von .luch.*   b) eine andere Quelle *Henn
Haberbein.*   c) eine andere Quelle *Burler.*

schomachern Johan Peltz, von den schmieden Peter Kannengusser, von den loeren Gerlach Porre, von den wingartleuden Johan Flessenbart und Bartholomeus der stede schreiber. Der alde rat, 65 mit namen: Friderich von Kone, scholthes, burgermeister Symon von dem Burgdorn und Class von der Hohermynnen, Johan Waltpode von Bassenheim, ritter, Schillink von Kechyll, Henne Crafft von Wyß, Cone Remey von Winnenburg vor die von Lutzercoblentz, dy scheffen Heyman von Ire, Gobbel von Bopart, die burger Werner 70 Pleysch, Jacob Ludinger, Johan Kellner, Henne Schnabel, Hentze Roprecht, von den fleischheuwern Johan Scheler, von den webern Thiele von Alßbach, von den beckern Herman Heymans soin in der Lere, von den schomachern Johan Bertram, von den schmieden Peter Voißgen, von den loeren Heintze Cristians soin, von den 75 wingartleuden Peter Frentze und Bartholomeus der stede schreiber.

IV.

Das Koblenzer Stadtrecht.

A. Die Rechte, Freiheiten und Gewohnheiten der Stadt Koblenz[1].

1. Einleitung.

In diesem Abschnitt sind 57 Sätze über die Rechte, Freiheiten und Gewohnheiten der Stadt Koblenz verzeichnet, welche sich zusammengefasst als das Koblenzer Stadtrecht bezeichnen lassen. Sie beziehen sich zum Theil und der Art ihrer Entstehung entsprechend auf das Verhältniss der Stadt zum Erzbischof und auf die Rechte und Pflichten ihm gegenüber; dann aber vor allem auf den Kreis des Rechtwesens. Im allgemeinen haben hier nur die Rechtstoffe Erwähnung gefunden, welche bereits zur Zeit der Aufzeichnung in der Art ihrer Behandlung von dem allgemeinen Gerichtgebrauche abgewichen waren, oder welche eine im besonderen Sinne stadtrechtliche und örtliche Eigentümlichkeit aufwiesen. Viele davon finden dann in dem alten Gerichtsbuche eine dem praktischen Zwecke desselben entsprechend eingehendere Erörterung. Die Aufzeichnung

---

[1] Ich bemerke hier, dass ich die unter A 2 abgedruckten 57 Sätze der Rechte, Freiheiten und Gewohnheiten der Stadt Koblenz bei Anführungen in diesem Buche kurzweg als „Stadtrecht" bezeichnet habe, die unter B 2 veröffentlichte Stadtrechtquelle als „das alte Gerichtsbuch".

dieser Rechtsätze ist zu verschiedenen Zeiten erfolgt. Sie fand statt, wie das fast immer bei Aufzeichnung von Rechten und Gebräuchen der Fall zu sein pflegt, zu einer Zeit, als ihre Gültigkeit angezweifelt oder gegen ihre Bestimmungen gefehlt wurde. Die Aufzeichnung erfolgte in der Absicht, den Inhalt der Rechtgewohnheiten der Stadt festzustellen, um gelegentlich eine Berufung auf dieselben zu ermöglichen, zum Theil auch, um sie durch die ausdrückliche oder stillschweigende Genehmigung des Gemeindeherrn bestätigt zu sehen.

Von diesem Gesichtpunkte der erfolgten Aufzeichnung aus setzt sich das Koblenzer Stadtrecht aus drei Theilen zusammen:

1. Im Jahre 1362 war Kuno von Falkenstein Erzbischof von Trier geworden. Am 6. September des genannten Jahres hatte ihm im Auftrage des Rathes der Bürgermeister Heinrich Erkelen in öffentlicher Versammlung auf dem Markte vor den „Heuhuyß" gehuldigt. Nach abgelegtem Eide bat der Bürgermeister den Erzbischof, auch seinerseits zu versprechen, dass er die Stadt bei ihren althergebrachten Rechten belassen wolle. Der Erzbischof gab dieses Versprechen ab. Bei dieser öffentlichen Huldigung wird dem Rathe die Einsicht gekommen sein, dass ein solches Versprechen von viel grösserer Bedeutung sein würde, wenn es auf schriftlich festgelegte Rechte bezogen werden könnte, statt auf den dehnbaren und unbestimmten Begriff der althergebrachten Rechte und Freiheiten. So zeigte sich auch thatsächlich schon in der ersten Zeit der Regierung des neuen Erzbischofs eine auseinandergehende Auffassung in Angelegenheiten des Koblenzer Ungelds, die erst im August des folgenden Jahres zum Austrag gebracht wurde. Wir gehen nicht fehl, wenn wir annehmen, dass solche Bedenken den Rath bewogen, die wichtigsten städtischen Rechte schriftlich zu fassen. Im März 1363 fand eine solche Aufzeichnung statt. Im Bürgerhofe Monreal erschienen vor zwei kaiserlichen Notaren die beiden Bürgermeister Werner Sack von Dievelich und Heinrich Erkelin. Der Letztere hielt ein Papier in der Hand, auf dem in 29 Sätzen die Rechte der Stadt verzeichnet waren, welche durch glaubwürdige Männer beschworen werden sollten. Der Schluss des Notariatinstrumentes und damit eine Nachricht über die Art dieses Beweises fehlt. Aber schon der Eingang der Urkunde und ihr Vorhandensein überhaupt, sowie ferner die Aufnahme derselben 29 Rechtsätze in andere und spätere Aufzeichnungen und die Berufungen auf sie beweisen, dass sie als althergebrachtes Koblenzer Stadtrecht damals thatsächlich anerkannt worden sind.

2. Am 7. April 1388 hatte der Erzbischof Kuno von Ehrenbreitstein aus, wo er sich mit seinem demnächstigen Nachfolger Werner von Falkenstein befand, an den Rath zu Koblenz eine päpstliche Bulle gesandt, durch welche Werner von Falkenstein als Nachfolger des Erzbischofs bezeichnet wurde. Er forderte den

Rath auf, demselben die Huldigung zu leisten[1]. Der Rat gab zunächst die Erklärung ab, wenn ein Erzbischof stürbe, so sei das Domkapitel sein Herr bis zur erfolgten Neuwahl. Gleichwohl kam man schliesslich doch überein, Werner zu huldigen, ihm aber zugleich eine Anzahl Sätze über städtische Rechte mit der Bitte vorzulegen, dem Rath über deren Anerkennung eine Urkunde auszustellen. Die für diesen Zweck aufgestellten 12 Rechtssätze wurden dem Erzbischof und seinem Nachfolger auf der Burg vorgelesen. Werner lehnte eine schriftliche Anerkennung mit der Begründung ab, dass auch die früheren Erzbischöfe sich dazu nie herbeigelassen, erklärte aber, dass der Inhalt der 12 Sätze durchaus billig sei und versprach seinerseits dieselben halten zu wollen. Damit gab sich die Stadt zufrieden und versprach die Huldigung, wenn auch der Erzbischof der Stadt huldige. Diese Huldigung erfolgte dann am 10. April Seitens des Bürgermeisters Simon von dem Burgdor. Heinemann Schnabel stabte ihm den Eid[2], den der Bürgermeister mit erhobener Hand und gegen die Sonne gewendet leistete. Hierauf gelobte dann auch Werner in Simons Hand, der Stadt Gerechtsame zu halten. Den Inhalt der bei dieser Gelegenheit aufgestellten 12 Rechtssätze anlangend, so ist von den 29 Sätzen des Jahres 1363 keiner wieder aufgenommen. Man hat also vermutlich solche Punkte nachgeholt, die man früher ausser Acht gelassen und deren Aufnahme durch Vorkommnisse in der Zwischenzeit wünschenswerth geworden war. Jene Ausserachtlassung der 29 Sätze von 1363 aber ist ein Zeichen dafür, dass deren Anerkennung gegen jeden Zweifel gesichert war. Die 12 Sätze des Jahres 1388 sind im Abdruck den 29 Sätzen des Jahres 1363 als 30(1)—41(12) angefügt worden.

3. In der Zeit zwischen 1366 und 1424 veranlasste die Stadt eine Aufzeichnung der Gewohnheiten des Schöffenstuhls. Das von ihnen angelegte Buch wurde bereits in der ersten Hälfte des 16. Jahrhunderts als „das alde gerichtsboech" bezeichnet. In 23 Abschnitten werden die Gewohnheiten und das Herkommen des Koblenzer Gerichts behandelt. Wie das üblich, wurden dann in das Buch weitere für die Kenntniss der Schöffen wichtige Sachen eingetragen. Es folgen einige Weisthümer von 1424 und 1425; dann der hier in Betracht kommende Abschnitt von 27 Rechtssätzen unter der Bezeichnung: Diß hernachgeschreben seynd die rechte unsers gnedigsten hern von Trier zu Coblents und darnach freyheyt, guite gewoinde und herkomen der stede und burger daselbs. Hierauf folgen wieder Weisthümer von 1443, 1451 usw. bis 1496.

---

[1] Die obigen Vorverhandlungen sind gedruckt im Archiv für rheinische Geschichte, herausg. v. Reisach und Linde, II, 106 ff.

[2] Von diesem tage vorrerter und diesen dag allen salt du getruwe ind holt sin vor dich ind die ganze gemeynde der stede zu Coventze hern W., erzbuschof zu Triere. und symo styfte und salt sie warnen vor yren schaden, wa du dan freißes, ane argelist, sa dir got helfe ind die heiligen.

Alle diese Aufzeichnungen besitzen wir nur in einer Abschrift aus dem 16. Jahrhundert. Wenngleich also durch Schriftbeurtheilung nicht festzustellen ist, wann die einzelnen Abschnitte zur ersten Niederschrift gelangt sind, so ist doch soviel als höchst wahrscheinlich anzunehmen, dass die Eintragungen nach und nach und nach der Zeitfolge gemacht sind. Einzelne ganz wenige und ganz kurze Aufzeichnungen, welche ausser der Zeitfolge stehen, sind eben in dem einstigen alten Gerichtsbuche am Rande vermerkt gewesen und, wie das so oft geschieht, bei der Abschriftnahme in den Text gelangt. Wir dürfen daher mit annähernder Sicherheit annehmen, dass die Niederschrift jener 27 Rechtssätze oder richtiger ihre Aufnahme in das Gerichtsbuch nach 1425 und vor 1443 erfolgt ist. Von diesen 27 Rechtssätzen stimmen 11 mit Sätzen des Stadtrechts von 1363 überein. Die übrigen 16, welche nach Inhalt und Form abweichen, sind im Druck den obigen 41 unter D als 42 bis 57 angereiht worden.

Ueber den Inhalt dieser 57 stadtrechtlichen Sätze wird das nachstehende kurze Sachverzeichniss einen Ueberblick geben; die beigefügten Zahlen beziehen sich auf die Abschnitte des Stadtrechts.

Amtmann des Erzbischofs, seine Befugnisse und Rechte 1, 5, 6, 7, 11, 14, 15, 16, 19, 20, 21, 27, 32, 34, 35, 36, 40, 41, 46, 48.
Baumaterial, zu eigenem Gebrauche in Koblenz gekauft, ist zollfrei 54.
Bedepflicht der Stadt 44.
Befestigungrecht der Stadt 33.
Bergegut (in Kriegsgefahr nach Koblenz geflüchtet) ist zollfrei 25.
Bürgeraufnahme 57.
Bürger, deren Gerichtstand 1, 2, 3, 7, 9, 10, 12, 15, 35, 41.
Bürgermeisterbefugnisse 6, 21, 28, 29, 32, 35, 40, 46, 49.
Bürgerrecht, Verlust desselben 3.
Eckerrecht 28, 39.
Eid 20, 34.
Erbrecht 4.
Erzbischof von Trier 6, 16, 21, 23, 26, 27, 28, 29, 36, 41, 42, 43.
Excesse bei Nacht (nach Läuten der Weinglocke) 35.
Frohnbote 12, 23.
Gastgericht für fremde Kaufleute 21.
Geleit 32, 46.
Gericht, weltliches und geistliches, vor demselben wird verhandelt, je nachdem von dem einen oder dem andern zuerst geboten oder geladen ist 23.
Kriegdienstverpflichtung der Stadt 26, 30, 31, 45, 50, 51.
Kummerfreiheit an bestimmten Tagen 37.
Marktgut der Fremden ist frei vom Eingangzoll 25; zollfrei auf dem Rheine 55.

Die handschriftliche Ueberlieferung ist folgende:

A. Pergamenthandschrift von 10 Blättern in Quart, 15. Jh., Anf., im Staatsarchiv, als „Weisthum der Stadt Koblenz" bezeichnet. Dieselbe enthält:
1. Aufzeichnung über einen im Bürgerhofe Monreal i. J. 1363 verfassten Notariatakt über die von den Bürgermeistern verlesenen 29 Sätze von den Rechten, Freiheiten und Gewohnheiten der Stadt.
2. Eine Darstellung der von der Stadt dem Erzbischof Werner geleisteten Huldigung und der Vorverhandlungen über sie, 1388, April 7—10. Gegenstand der Vorverhandlungen waren besonders 12 Artikel über städtische Freiheiten, welche die Stadt vom Erzbischof schriftlich gewährleistet wissen wollte. Sie folgen im Abdruck den obigen 29 Artikeln angereiht.
3. Beschreibung der von der Stadt dem Erzbischof Otto von Ziegenhain 1418 geleisteten Huldigung.
4. Auszugordnung für das Koblenzer Aufgebot.
5. Ordnung über das Gewicht des Brodes 1405.
B. Papierhandschrift von 30 Blättern in Quart, 15. Jh. Ende, Kopiar 1 des Stadtarchivs. Die Blätter 20—23 enthalten die unter A 1 genannte Aufzeichnung

der städtischen Freiheiten, jedoch in 36 Artikeln, dergestalt, dass 1—29 mit A 1 übereinstimmen und 30—36 sich mit 2, 3, 4, 5, 6, 7 und 11 der unter A 2 genannten 12 Artikel decken.

C. Abschrift des Koblenzer Stadtrechts im ältesten Koblenzer Rathsbuch, 15. Jh., Bl. 276 ff., unter der Ueberschrift: „Diß synt die artikel der stede", aber ohne die Einleitung.

D. Im Koblenzer Rechtsbuch, Papierhandschrift im Staatsarchiv 16. Jh., finden sich Bl. 56 ff. unter Abtheilung III „Das alde gerichtsbuech" 27 Artikel verzeichnet unter der Ueberschrift: „Diß hernachgeschreben synd die rechte unsers gnedigsten hern von Trier zu Coblentz und darnach freyheyt, guite gewoinde und herkomen der stede und burger das selbs." Von diesen 27 Artikeln stimmen folgende mit dem Stadtrecht von 1363 überein:

Altes Gerichtsbuch	5	mit Stadtrecht 1363		1
„	„	6	„ „	„ 19
„	„	8	„ „	„ 5
„	„	9	„ „	„ 6
„	„	10	„ „	„ 12
„	„	11	„ „	„ 15
„	„	12	„ „	„ 24
„	„	13	„ „	„ 25
„	„	14	„ „	„ 28
„	„	16	„ „	„ 29
„	„	18	„ „	„ 8

Diejenigen Artikel, welche das Gerichtsbuch mehr bietet, sind im Abdruck dem Stadtrecht unter D. angefügt. Die Abweichungen sind nur da angegeben worden, wo die Fassung des Gerichtsbuches sachlich abweicht.

E. Abschrift von A 1 auf Papier, Folio, 5 Bl. 16 Jh. im Staatsarchiv.

F. Uebereinstimmend mit einigen Sätzen des Stadtrechts sind endlich die Anführungen in den Klagen der Stadt Koblenz über Rechtverletzungen des Erzbischofs Otto von Trier, nach dessen Tode dem Domkapitel eingereicht, 1430. Vgl. unten IV, A 3, Beilage.

Gedruckt A 1—5 im Archiv für rheinische Geschichte, herausg. von Reisach und Linde, Thl. II S. 99 ff. Günther, Topographische Geschichte der Stadt Koblenz S. 101 ff. giebt Auszüge aus den 36 Artikeln des Stadtrechts nach B.

2. Die 57 Sätze des Koblenzer Stadtrechtes.

In goitz namen amen. It sie kunt allen den die diese genewerdige uffinbair schryft an sehent oder horent lesen, daz in dem jaire na Christus geburte, do man zalte dusent druhundert und zwey ind seeßich[1] jaire, in dem roemschen gesetze, daz man zu latine nennet indiccioue prima, des dages in dem Mertze umb 5 die zyt desselben dages in der burger hobe zu Covelentze, den man nennet Monreail, erschienen alda vor uns Johan und Heinrich, uffinbaren gesworen schribern des roemschen riches, und vor den gezugen, die herna geschreben steent, die erbere bescheiden man Werher Sack, wepeling, und Heinrich Erkelin, scheffen, des jairs 10 burgermeystere zu Covelentze, und hatte derselbe Heinrich Erkelin in synre hant eyn papyr, da ynne beschreben stonden recht, friheit und gewonheit derselbe stede zu Covelentze, die sie wail her braicht haint van der zyt der nyman gedenken enkan, als die-

[1] Nach Trierer Stil, denn das Jahr 1363 hat die Indiction I.

¹⁵ selbe burgermeystere sprachen und vermaißen sich dieselbe burgermeystere, van der vorgenanten stede wegen zu Covelentze zu bewysen die vorgenante recht, friheid und gewanheit mit erbern,
berven mannen, die herna beschreben steent, die auch alle mit
eynander hende uf die heiligen laichten und sworen, die wairheit
²⁰ daruf zu sagen, uf die artikele, da ynne die vorgenanten recht,
friheid und gewanheit ynne beschreben steent, in dem pupire, daz
der vorgenant Heinrich Erkelin in synre hant hatte und sint dit
die artikel und getzuch, dar uf van punten zu punten und van
worten zu worten beschreben, in all der wys, als herna geschreben
²⁵ steit etc.

1. Der erste artikel ist alsus, daz keyn unsers heren amptman nyt ensolent gryfen noch tasten bynnen unser stat noch bynnen unsers heren gerechte zu Covelentze an keyns mans lyf noch
goit, it ensy erdeilt mit ordeil der scheffen daselbes oder mit dem
³⁰ rade, und derselbe amptman, der zu zyden ist oder wirt, der sal
uns[a] allewege behalden by rechte, friheide und gewanheid, als wir
alle wege herkomen sin, und daz sal der amptman zu den heiligen
sweren zu done[b], ee wir yn entphien.

2. Der zweite artikel ist daz keyn unser burgere den andern
³⁵ bußen unse stat nyt laden insal, it enwere dan mit eynre appel-
lacien, daz er sich eyns ordels beroffen mach.

3. Der drytte artikel ist daz keyn unser burger deme andern
sin lyf noch sin goit kroden noch kommeren ensal[c] umb keyne
scholt noch umb[d] byzoicht, dan umb eigen und umb erbe mach
⁴⁰ eyn[e] iglich burgere deme ander zusprechen und kommeren in den
gerechten, da[f] daz goit gelegin ist, und[g] welch burger daz dede
und nyt abe[h] inwulde laßen[i], der were erfallen[k] in eyne pene
van zichen marken Brabentze ind were darzu verlustlich sins burger rechtis etc.

⁴⁵ 4. Der vierte artikel ist so wa eyn mentzsche ein testament
macht und stirbet, da sal der neeste erbe in daz[l] gode verliben
sytzen, bys yt yn mit rechte angewonnen wirt und da by sal die
erben daz gerechte als lange behalden.

5. Daz funfte artikel ist daz der rait und unse stat mogen[n]
⁵⁰ alle heymail[m] und alle eynunge setzen, hoyn ind nydern, sunder
die eynungen[o] der wunden, der waifen, und van den wunden und
den[p] waifen eynungen hait unser here van Triere daz dryttedeil
und unse stat zwey deil[q], und die eynungen van den wonden und

van den waifen sal man setzen, hoen ind nydern, mit unsem rade und mit unsers heren amptman. 55

6. Der seeste artikel ist, so wanne man heben sal maßen, gewichte oder broit[a], so[b] sal man heben mit den burgermeysteren, mit unsers heren amptman und mit den scheffen, an den cleynen maißen und den[c] cleynen gewichten und van dem cleynen brode hait unser here zu den eynungen zwei deil und die stat 60 eyn deil und des sal man die[d] scheffen umb daz sie mit geent entlene van unsers heren deile[e]; auch mogent unse burgermeystere alleyne den snyt beseben van deme brode und yren brant van den maißen und yre stedezeygen von den gewichten, und da ane enhait unser here keyne eynunge. 65

7. Der siebende artikel ist, daz keyn unsers heren amptman keynen unsen burger an gerechte dringen ensal sunder den eleger umb eynehe bruche oder wet, die yman gedain hette[f], ave[g] van wonden, und daruf getzuch zu done sal keyn amptman auch nyman dringen. 70

8. Der echte artikel ist, daz man keynen unsen burger angryfen noch tasten insal, der eynen doitslag dede, weder an sin lyf noch an sin goit, als lange als der gewonte den atem hait, und wert sache, daz der man sturbe, so sal man des mans, der den doitslach gedain hait, wyf ind kint ind gesynde laissen sitzen 75 in yrem huys und daz ire eßen ind drinken mogen die dry dage ind seeß wuchen all uß, want daz gerechte mach wal eyne hode darby setzen bys an die zyt, daz sich der morder[h] verantwert, verantwert hie daz eyne, so verantwert hie auch daz ander.

9. Der nuynte artikel ist, daz man keynen unsen burger an 80 werentlichem gerechte bereden enmach umb schult oder byzoicht, dan mit burgeren, die yre ere haint.

10. Der zichende artikel ist, daz man nyman in unser stat kampes[i] an enmach sprechen, der dode enste geenwertich du.

11. Der eylfte artikel ist, so wa man eynen dief begryft, den 85 sal unsers herren amptman in eynen stock slaen und sal den stock darzu halden und machen, und des solent den dief die ghene boden, die daz stockguyt da van haint, bys an den neesten dingdag.

12. Der zwoilfte artikel ist, daz man vor scholt nyman in 90 unsers heren burch voren ensal, dan in des froueboden huys, als der scheffen wyst und daz[k] recht ist.

13. Der druziente artikel ist, daz keyn man selber penden

ensal umb keynerley zinse, want alremenlich mach uf sine zinse
95 an gerechte dingen und auch sine rechte wette da van nemen, als
it recht ist.

14. Der vierziente artikel ist, da eyn man an unsers heren
gerechte den andern fredebruche^a sade, da sal unsers heren amptman dyme clegere eynen friden begaden, den fredeb(r)echer zu
100 vertzelen, und sal des nyt verziehen boben die dry viertzienacht,
und brech^b aber der cleger selber eynen frieden, da sal man
deme clegere auch recht laißen zustunt wederfaren unverzogentlich.

15. Der funfziente artikel ist, daz keyn amptman keyn unsen
burger, it sie umb doitslach oder umb keyne bruche^c, die hie in
105 unser stat begangen oder gedain hait, in eyme andern gerechte
angryfen oder besweren (sal)^d.

16. Der seeßiente artikel ist, daz eyn iglich amptman sal
abe gaen van unser stede rade, als sich die sache triffet tuschen
unseren heren van Triere ind uns.

110 17. Der siebenziente^e artikel ist, so wa man levert eynen
man vor schult, der ensal den man nyt furen bußen unsers heren
gerechte, dan er sal yn behalden bynnen unser stat, als it recht ist.

18. Der echtziente artikel ist, so wa eyn man ober eynen
rauber oder morder schrue, da sal man den kleger und den reufer
115 oder morder by y^f eyn sleissen uf daz recht.

19. Der nuynziente artikel ist, daz eyn yelich amptman in
unser stat sal salf viertem synre dienere mit swerten gaen^g und
nyt me.

20. ¹Der zwenzichte artikel ist, so wa eyn man deme andern
120 borget eyde van slagen als van dem freden, daz an pluderwerk
triffet, wil die^h man die heiligen eren und wilⁱ nyt sweren, der
mach abe treden mit sees punt haller, deme cleger dru punt, dem
amptman dru punt und iglichem scheffen ziehen penning.

21. Der eyn und zwenzischte artikel ist, daz unse stat van
125 Covelentze van alders eyne gewanheit und eyn fryheit her hait
braicht in dem besten und umb des martz willen van fremden
kaufluden und umb daz yn die zevelicher^k gerechte und ende
werde und den mart die lever und die baß mogen gesoichen, also
daz eyn iglich kaufman, der fremde ist, mach bekentnusse nemen
130 van unsen burgeren urkunde der burgermeystere oder zweyer
burgere vor sin gelt und vor sine schult uf eyne zyt under eynre
penen gastrechtes, dat ist also zu verstane, so wanne der fremde

a) C fredebruichich.   b) E brechte.   c) D umb einiche bruichte
aler aebergrif die er in der stat Coblentz begangen.   d) D dan im gerichte, dae soilchs gescheen.   e) E Der siebenzehent artikel ist, das der
amptman niemand in die burg fueren insall, it insy mit unsers rats
wissen und volge. Darnach ist Artikel E 18 = A 17 u. s. f.   f) y fehlt in
C und E.   g) E sall gain.   h) C der.   i) C wil fehlt.   k) Am Rande
von späterer Hand id est furderliger.

¹ Dieser § stimmt wörtlich überein mit Gerichtsbuch § 11, Schlusssatz.

kaufman na syme dage komet und gerne bezalt were und der
burger yme sins geltz nyt engebe, so mach der fremde kaufman
an die burgermeystere gaen und mach yn elaen van den burgern[a], 135
des sal der burgermeyster die burgere vor sich verboden und sal
anspraiche in antwerte verhoren und sal darna na anspraichen ind
antwerten den fremden kaufman und die burgere verslechten, abe[b]
hie mach[c], und enmoichte des nyt geschene und daz der fremde
man gerecht wolde sin, so solen unsers heren amptman, unse bur- 140
germeystere und zwene scheffen den fremden man rechten, daz
heißet gastgerechte, und van der rechtungen[d] und weldigaiten hait
unser here daz dritteil, die burgermeystere dritteil und die scheffen
daz dryttell.

22. Der zwey ind zwenzichste artikel ist, so wanne eyne heym- 145
soiche in unser stat geschyt, da sal der cleger, abe hie die heym-
soge clain wil, des neesten dinedages alsi geschiet ist volforen.

23. Der dru und zwenzichste artikel ist, want unse here geistlich ind werntliche gerechte zu Covelentze ynne hait, so ist it in
eynre guder gewanheit herkomen, so wa daz gebot van deme 150
froneboden e geschege, dan die ladunge, so sal die sache an
werntlichem gerechte vorgank han, geschege[e] aber die ladunge e,
so sal die sache an geistlichem gerechte vorgank hain.

24. Der viere ind zwenzischte artikel ist, daz unser burger
gewaß zolfry gaen sal uß und yn an unsers heren zollen zu Mosil 155
ind zu Ryne zu Capellen[f].

25. Der funf und zwenzichste artikel ist, daz alreley mart goit,
daz in unse stat gefoirt wirt, nyt ensal zollen, were it aber suche,
daz man daz goit weder[g] uß foirte, daz sal synen zoll geben, als
it recht ist, und auch solich guit, daß uß den dorfen umb uns by 160
uns gefloit wurde umb des lantz unfrede willen, und auch solich
guit, daz nyderwert[h] der zolle in unser stat gefoirt wirt und weder
uß, soliche goit solen[i] auch nyt zollen; auch[k] soliche karren, die
kaufmeschaf und goit in unse stat brengent, die ensolen auch nyt
zollen, were it sache, daz die carren eynge ander goit oder kauf- 165
meschaf weder[l] uß furten, des sal yglich pert eynen alden turnoiß
geben zu zolle und nyt me und so waz zu rucke dreit, daz sal
nyt zollen uß noch yn.

26. Der sees ind zwenzichste artikel ist, so wanne unser here
von Triere uns zu syme dienste bedet, als sine vurfaren allewege 170
haint gedain, mit unser halber stat, und in soilchem dienste, den

---

a) *E* burgern in burgenn geändert.   b) A fälschlich *oder.*   c) *E oder
mag.*   d) *E* rechoingen und weldegaten.   e) *E* am Rande: *und mit
solichen worten, damit der frit in vertzelt, dabei sall unsers herrn gerechte den die den todschlay gethan hat behalten und sall ime das lassen
unverzuglich geschein und wiederfaren sonder alle argelist.*   f) zu Capellen von anderer Hand; am Rande: *nu zu Engers; B* und *C haben zu
Engers im Text. D Capellen Rine nu Conen Engers zu Coblentz zu
Mosel. E zu Capellen* fehlt.   g) *E weith.*   h) *E niederwere.*
i) *C solich goit sal.*   k) *auch* bis zum Schluss fehlt in *D.*   l) *E weither.*

wir yme da doin, da pleit man unse burgere zu leveren nach
bescheidenheit und sie zu furen uf wagen zu lande wert vort ind
weder[a], und ensolen nyt ußfaren, it englhe dan den stift an und
115 da unser herre mit sins selbes lybe vurfert, auch hain wir alle
wege van unsen vurfaren horen sagen, daz wir den dienst plegen
zu done mit der sonnen uß und mit der sonnen weder yn uf
eynen dach.

27. Der seben ind zwenzich artikel ist, daz unse welde gene
180 syte Rins und dy site Rins unser stede sint und nyman anders,
und wir daruf gebeden ind hain geboden allewege, ind nyman
me, und wir die welde alle wege behoit und bevurstert hain und
noch hoden und bevorsten[b] und nyman anders, und so wer hulz
wulde haben, her were wer her were, daz it der[c] alle wege for-
185 dern und heischen moiste an me rade, want unser here und sin[d]
amptman moichten allewege unschedelich·brohulz furen zu yre
noitdorft.

28. Der echt ind zwenzichste artikel ist[e], daz unse here van
Triere uns nyt besweren noch oberladen ensal mit zappen dan mit
190 soilchem wine, die van alders zu der kelrien zu Covelentze gehorich sint, und denselbin win sal unsers herren kellener beweren,
als wir selber dun vor unsen gesworen[f] oder vor den burger-
meystern.

29. Der nuyn ind zwenzichte artikel ist, daz uns unse here
195 by friheit, by rechte und by gewanheit halden sal, als wir herkomen sin van der zyt, der nyman gedenken enkan, und so wie
hie uns funden hait[g], und sal auch allewege der burgermeyster,
der zu zyden ist, van der burger und der stede wegin huldin dun
ind ensal keynen unsern burgern hoher drengen noch besweren,
200 dan yme der scheffen daselbes zu wysent.

30. (1.) Zu dem ersten, abe unse gnedige here unser halber
stede zu sins stiftes node bedarf, yme zu folgen[h] mit ußferte, sa
sin wir schuldich zu lihen vierziehen dage mit halber stat[i], und
zu stunt na vierziehen dagen sal man die halbe stat mit der ander
205 halber stede ersetzen und unse here sal uns perde zu schiffe ind
wane ind perde geben overlant und ist dat allewege also herkomen
weder ind vort, ind[k] ensal uns unser herren darboven nyt me
nodigen mit schuczen noch eynichem andern dienste.

31. (2.) Item gnedige here[l], sa ensin wir unsem herren keyne
210 schutzen schuldich zu lihen, wie doch, dat wir myns heren genaden

a) E und vort und wider.   b) C fursten.   c) C der daß.
d) C eyn.   e) Dieser Artikel lautet in D Item sall unß unser gnedigster
her in unsern waelden jenerseit und disserseyt Reins mit schweinen nit
oebertreiben noch eckern, boven das er zu seiner kellerey zu Coblents bedarf, und auch nit mit einigem weyn zapfen beschweren noch oeberlaeden,
dan in die selbige kellerey gehoirich seind on gererde.   f) E herrn.
g) Hier schliesst E.   h) yme zu folgen übergeschrioben.   i) mit halber
stat steht am Rande.   k) ind bis zum Schluss nachgetragen.   l) Die Anrede hier und in den folgenden Artikeln fehlt in B.

zu andern zyden schutzcn geluwen hain, des wir doch van rechte
nyt schuldich sin, dan wir dat umb fruntschaft unsers gnedigen
herren gedane hain und^a ny keyme vorsten geschene ist.

32. (3.) Item so hain wir eyn recht und eyn guit alt herkomen, dat man keynem menschen vurwerte sal geben in unser 215
stat, der unseren burgern schuldich ist, man sulle den burger
darumb fragen, abe yme dat lief sy, ist yme dan dat lief, so sal
eyn amptman und eyn burgermeyster zu zyden den menschen
sementlichen vurwerte geben, als der stede recht ist, dat ist also:
wer die stat, unse heren noch dat verbunt nyt geraufet noch ge- 220
brant hait, und unsen burgeren nyt dat yre genomen hait, were
sache, dat ymo vurwert were gegeben, und funde man, dat hie
duser vorgenanter punte^b eynt gedain hette, so were die vurwerte
nyt, die yme were gegeben, it enwere dan sache, dat hie hette
zu dedingen mit unsem heren oder mit der stede. 225

33. (4.) Item gnedige herre, so hain wir allewege herbracht, dat
wir unse muren, thurne ind graben^c hain gemacht, gebessert und
der stede nutz da myde gedain und wir daz allzyt woil her bracht
hain van der zyt, des nyman gedenken mach enbynnen ind enbußen. 230

34. (5.) Item gnedige here, so hain wir eyne gude alde gewende,
abe dat sache were, dat eynich man dem anderen an werentlichem
gerechte zuspreche und wulde yn der anspraichen bereeden, dat
eyn amptman die bereetz lude nyt en ist schuldich darzu zu
dringen, dat sie deme helfen zugen, is ensy dan ir eygen moitwille. 235

35. (6.) Item so hain wir eyn recht, daz zu welcher zyt dat man
winclocke ludet, wen eyn burgermeyster oder der stede knechte
vyndent ane liecht^d, oder wer die wirte oversitzet boven yren
willen, oder dreit messer, swert, spees oder kluppil, oder sweret
bose, ungewenliche eide, oder stichet oder sleit eyne wunde, dat 240
man den nymmet und slußet in daz halsysen bys des morgens,
triffet aber die buße, die hie verschuldiget hait, an den heren und
an die stat, so lievert man yn des morgens in die burch, ist is
aver eyn burger, den sleit man nyt in daz halsysen, dan man sal
yn roegen an der heynreiden^e und sal sine buße da van nemen, 245
ist is aber umb des burgermeysters eynunge, dat eyn fremde man
also in dem halsysen steit, den mach eyn burgermeyster des morgens ußlasen bußen den amptman, als verre die roegen rechtlich
an yn bracht werdent, iß sie dag oder nacht.

36. (7.) Item so ist eyne gude gewende herkomen, dat zu wel- 250
cher zyt eyn montze meyster eyn werk hait gemaicht, daz als dan
myns heren amptman mit zweyn scheffen, gesworen gultsmede und
eyme wardeyne geent in unsers heren montze und setzent daz
gelt uf und asseyerent^f dat, ist sache, dat man dat gelt zu swach

---

a) *und* bis zum Schluss fehlt in *B.*   b) fehlt in *B.*   c) *platz ind*
plane in B hinzugefügt.   d) *B licht uf der straissen.*   e) *B harreyden.*
f) *B asserent.*

²⁵⁵ findet, su brenget cyn amptman dat an den heren, so mach der here dan leven^a so wie hic wilt.

37. (8.) Item so hain wir cyn alt herkomen, dat aller menlich fryheit hait zu Covelentze, der schult schuldich ist, dat man yn nyt kommeren noch kroden mach uf prediger kirmiß dag, unser ²⁶⁰ frauwen kirmiße, der barfoßen kirmiße und in der fryheit, dan die morder, budelsnyder enhaint dan keyne fryheide, oder weder unsen herren noch die stat nyt gedain hait.

38. (9.) Item sa ist und alle zyt gewest ist, dat unse cynige burger solich gewas, dat yn gewaßen ist, vorent vor den zollen Cap-²⁶⁵ pellen und Mosil zolle enwech ane wiederspraiche, wa sie dat behaldent, als daz recht ist.

39. 10.) Item sa ist cyn recht, dat iglich ingesessen burger weys sine zale swyne in der stede walt zu eckeren, er sie ritter, knecht, scheffen, burger, hantwerk, arm oder rich; nu werden wir over-²⁷⁰ dryben van den, die gheyn recht darzu haint, und wirt gesprochen, die swyn sin unser heren. Bieden wir unsen heren, dat hie uns ungenaden entree, dat des nyt me noit geschie, dan so wat unse here wile eckeren zu syme urbar, dat uns unse here wille dun saen, uf dat keyne zweyunge under unsern burgern daruß falle.

²⁷⁵ 40. (11.) Item so hain wir cyne gude alde gewende, abe cynich unse burger sinen son oder anders umb zuchtunge in den thurn dede legen, zu welcher zyt den burger guit dunket, so sal man yme den menschen weder uß geben, sunder wederspraiche cyns amptmans, und dasselbe, abe cyn mensche umb der stede cynunge ²⁸⁰ wurde in den thurn gelacht, und sal dat geschene overmitz den rait und burgermeyster.

41. (12.) Item so hain wir allzyt cyn alt recht und herkomen gehaift, abe dat sache were, dat cyniche unse burger cynen menschen wonte bys an den doit, dem burger sal der amptman noch ²⁸⁵ nyman von des gerechtes wegen nyt an lyf noch gude tasten, als lange der gewonte den adem in dem lybe hait, und so er doit ist, so sal der here keyne besserunge nemen, dem kleger ensy van erste gnoich geschiet, is enwere dan sache, daz keyn kleger were, so sulde der amptman clayn und moichte auch dan die ²⁹⁰ besserunge van unsers heren wegen nemen und uf den manslechtigen vertzigen und sal unse here numme darzu dun.

Aus D.

42. (1.) Item zum ersten seynd beide rechte, geistlich und werntlich, unsers gnedigsten hern und ensall er noch niemant von seinen wegen keinen unsern burgern, so der gesynnet, versagen noch kuirtzen noch lengen anders dan der gerecht recht ist.

⁵ 43. (2.) Item das ungeld zu Coblents ist unsers gnedigsten hern und der stede gemeinde, ewerseit halb und halb.

a) *B leven de myt.*

44. (3.) Item ist die stadt Coblents unserm gnedigsten hern alle jare schuldig zu bede funfzig mark pagament: oeber diß sall unser gnedigster her die stadt noch keinen unser burger hocher scheezen noch beschwaeren mit einigen sachen buissen noch bynnen der stadt.

45. (4.) Item seynd die burger zu Coblents unserm gnedigsten hern schuldig zu volgen mit halber stede zu thienste und noeten des stifts, als er sein gesinnet: dae sall er sey zu lande pferden und wagen und zu wasser weder und fort faeren und nit boeben die halbe stadt uszehen und ie zu fierzehen tagen eine halbe stadt mit der ander halber stadt zu ersetzen, abe sich des noite gepuirt, ane geverde, und sal unser gnedigster her heroeber uns nit noedigen mit schuitzen ader einigen andern thiensten.

(5.) = A 1.

(6.) = A 19.

46. (7.) Item sall keiner unsers gnedigsten hern amptman zu Coblents einigem menschen vorworte ader geleide geben buissen unsern burgermeister, alß das recht ist.

(8.) = A 5.

(9.) = A 6.

(10.) = A 12.

(11.) = A 15.

(12.) = A 24.

(13.) = A 25.

(14.) = A 28.

47. (15.) Item suillent auch die ingesessen burger zu Coblents keine schetzong in den duirfern, dae ire gude in gelegen seind, gelden, dan ihre rechte alde weinbede und zinß, so daruf gelegen seind.

(16.) = A 29.

48. (17.) Item sall ein jeklich amptman zu Coblents die burger afflerwarren, das der stede noch den burgern kein schaode darvon komme bey dem vorgenanten eide.

(18.) = A. 8.

49. (19.) Item ob ein burger zu Coblents eim andern seine zapffrey und zolfrie wein verkaufet und die vor ein burgermeister ader orlaubgeber frehette, alß dan gewoinlich ist, und die selbige burger, so dan die wein gegulden hetten, die forter eim frembden und außmerker verkauften, so ist es biß her gehalten, das der burger, so den letsten kauf gethoin hoit, die weine am zoll freien sall.

50. (20.) Item alle gewaehse, so ein apte von Romersdorf wirdet aufm hofe zu Weiß, das soll auch zolfrei und zapfrei sein und deshalb thuit ein apt unserm gnedigsten hern und der stadt einem mirklichen thienst, besunder als die von Weiß zu den burgern von Coblents gehoirich seind unserm gnedigsten hern thienen mit reisen und ausziehen, so moiß ein apt den von Weiß einen reißkessel

bestellen und zwei panczer und anders, alß den von Weiß das
kundig ist; auch gibt ein apt von Romersdorf auf den Mosel zol
zu Coblents ein kalp und oley.

51. (21.) Item ein apt zu sanct Martin zu Coln sein gewachs sall
auch zolfrei sein, darumb thuidt er auch, das in gemeinen nucz
der stadt Coblents kommet, besunder zum geschucz, dao mit man
unserm hern und dem stift thienet, und zum bue graeben und
muiren[1].

52. (22.) Item alle kaufmanschaft, so die burger zu Coblents im
martschif zu markt thun fueren, die suillent auch zolfrei faeren
auß und in, weder und fort.

53. (23.) Item alle pfenningwert und kaufmanschaft, so die
werklude burger zu Coblents von irem gezuige machen, suillent
zolfrei gefuiret werden an unsers gnedigsten hern zoln von Trier.

54. (24.) Item alle kaufmanschaf, die die burger zu Coblents
ader ander leute, wie die weren, binnen Coblents zu orver, nucz
und behube irer huißer etc. und nit auf vorkauf kaufeten, suillent
zolfrei und ungehindert auß allen und jeklicher pforten der stadt
Coblents faeren.

55. (25.) Item alle kaufmanschaft und guiter, so den Rein auf
ader abe zu Coblentz gefoiret werden, sey werdent dae selbs verkauft ader nit, suillent und moigent weder hinder sich auf den
Rein zolfrei gefoiret werden.

56. (26.) Item haben die von Coblents ein genaede, freiheit
und herkomen, daß sey von iren guiten buissen Coblentzer gericht gelegen keine schaczoung ader thienst gaeben ader thaeten
plichtig.

57. (27.) Item die von Coblents haben ein alt herkomen, das sey
moigen zu burger nemen und entpfaen edel und unedel, und wene
sey also zu burger nemen, des gewachs sall auch zapfrei und
zolfrei sein an unsers gnedigsten hern zoln; auch entpfaet man
niemants zu burger, es geschee dan mit guitem vorrade, das man
des stiftes und der stede bestes darinne meine. Und alß man einen
guiten man von arde geslosset ader ungeschlosset zu eim burger
zu Coblents entpfaet, der schwirt den burger eyd, in dem man
unsern gnedigsten hern und seinem stift vor ain schwirt getrewe
und hold zu sein und iren schaeden zu waernen etc., damit wirdet
eo der stift gebessert, want die guite main des eides halber dem
hern und stift bewant.

---

[1] Vgl. die Beschwerde der Stadt hinsichtlich dieser Zollfreiheit unten
Abschnitt VI, 3 Nr. 13.

3.

Beilage.

Klagen der Stadt Koblenz über Rechtverletzungen des Erz-
bischofs Otto von Trier, nach dessen Tode dem Trierer
Domkapitel eingereicht. 1430.

Abschrift oder Entwurf auf drei Papierblättern in Quart, 4½ Seite beschrieben. Auf der letzten Seite findet sich ein Registraturvermerk über den
Inhalt des domkapitularischen Antwortschreibens, durch welches dasselbe die
Klagen der Stadt als gerechtfertigt anerkannt und eine Abhülfe bei dem zukünftigen Erzbischof zu befürworten versprochen hat.

Abgedruckt sind nachstehend nur die eigentlichen Klagepunkte, d. h. diejenigen Sätze des Stadtrechts, denen eine Beschwerde angefügt ist. Die übrigen
ohne Beschwerde aufgeführten Rechtsätze sind beim Abdruck nicht berücksichtigt, aber durch einen Verweis auf die betreffenden Abschnitte des obigen Stadtrechts kenntlich gemacht worden.

1—3 stimmt überein mit Stadtrecht § 30—32, S. 52 u. 53.

4. Item so han wir allewege herbracht, dat wir unse mure,
turne ind graben han gemacht, gebessert ind der stede nutz da
mede gedain van der zyt, dat nyman ander gedenken mach enbynnen ind enbuyßen[1].

Dieser artikel ist overfaren in duser maißen: unser neheste
her selige hait uns dick ind vil ersucht ind zum lesten dar zu
bracht, dat wir yme eynen bref gegeben han, sulden wir sine
gunst ind gnade behalden, als uns dat vurgelaicht wart, in deme
wir uns verschreven ind bekant han, daz wir zugesynnen ind zu
geheisse syn der porten ind des tornes vur uf der brucken an die
rinkmure van der stat als vil abedoen ind brechen sullen doen,
als yme sine nakomen ind stifte dan redelich ind zytlich dunkt
syn, so we der bref dan ynne helt[2].

In glicher maißen han wir moißen erkennen, daz wir keynen
nuwen buw oder buwe uf muren, graben ind gemeynen pletzen
bynnen Covelentz dun oder gescheen sullen laissen buyssen willen,
wissen ind virhenkenis sin, sinre nakomen etc., wie wail unse vor-
faren ind wir by allen hern bis an yn moegde gehabt han na
lude des egenanten artikels ind auch die scheffen in eyner ge-
meyner gankgeleiden uffenberlich gewyst hant, daz alle gemeyne
pletze bynnen Covelentz der gemeynden sin ind die stat die vir-
buwen moge, der stede gemeyne beste da mit zu dun, ind ist dat
auch also gehalden worden bys an yn.

Item her hait uns auch in glicher maißen dar zu bracht, dat
wir yme erkennen moisten der nutz ind gevelle half, die dan
fallen ind werden mogent van dem nuwen kaufe ind danzhuse,

---

[1] Vgl. Stadtrecht § 33, S. 53.
[2] Im Stadtarchiv und im St.-A. findet sich ein Bericht vom April 1429
über die Verhandlungen des Erzbischofs Otto von Trier mit der Stadt Koblenz
wegen Errichtung eines grossen Thurmes und einer Brücke an der Burg zu
Koblenz nach der Moselbrücke zu.

daz wir ind die gemeyne kostelich ind swerlich han doen buwen
zu eyme gemeynen nutze hern, ritterschaf etc. uns vorter arm ind
30 rych, ind uif eynich nutz davon queme, daz wort varter in gemeynen nutz der stede gekert ind hait keyner unser hern deil
dar an gehuibt oder dun gesynnen, an er alleyne.

In glicher maißen han wir yme mußen erkennen uf dem
vischmart an der visch wagen etc., da syne vurvaron unse hern
35 zmale nyt gesunnen oder gehaben hant, want der rait zu Covelentz
hait bis an yn den vischmart bestalt ind versoget, also daz dem
raide dar van zmail nyt worden in ist van der wagen, dan welcherley nutz da van quam, der bleif deme geme, dem dan der
rait die wage zu zyden bevolen hait.

40 Item ist zu Covelentz eyn krane zu eyme gemeynen nutz
eyns iclichen, der des bedarf, an dem unser her selige bis an yn
deil noch gemeyne gehabt haint, dan er hait sich dar yn gebrochen,
also daz er halben nutz davon haben wulde ind hat auch den also
doin heben ind nemen.

45 5. Item han wir eyne gnade ind herkomen gehaibt by allen
vursten, dat unser burger gewais zolfry gaen sall uß ind yn an
unsers hern zullen zo Mosel ind zu Ryne[1], ind is dat selbe auch
ein zyt by yme geschicht. Dan dar na, do hie wolde, da hait
her uns dar zu braicht, dat wir yme van eyme gewenlichen stuck
50 eynen alden torneß ind van eyme halben stuck eynen halben tornes
zu zolle geben musten, glich als sulch bref da van sprechen in
heldet, den wir van yme nemen moisten, des wir uns nyt erweren
kunden.

6. Auch hatten die burger zu Covelentz eine gude fryheit
55 ind her komen by allen fursten, daz sy van yren guden, die sy
dan buyssen Covelentz gerichten in andern des stiftz gerechte
ligen hatten, keine schetzunge ader dienste gaben oder daden[2].
Er hait die van Covelentz dar zu gedrungen, dat sy van sulchen
guden, die sy dan in sulcher maißen in synen gebeden lien hatten,
60 schetzunge geben musten ind hetten sy sich des gerne erwert,
dar umb verhengde her daz die burger zu Covelentz vaste ind vil
geunwilligit ind beswert wurden, daz bedurlich wer zu sain.

7. Dieselbe burgere hant ein gnade bis her gehaibt etc., dat
sy van yren kaufmanschaf ind penwert, dye sy dan selber machent
65 ind verkeufen, keinen zol plagen zu geben[3]. Da enboven hait
unse neste her die burger gedrungen ind zol van yn genomen.

8. Item daz unse welde geensyte Ryns ind dys syte Rins
unser stede sint ind nyman anders ind wir daruf gebeden ind han
geboden alle wege, ind nyman ine, ind wir die welde alle wege
70 behoit ind befurstet han ind noch huden ind befursten ind nyman
anders, ind so wer hulz wulde haben, her were wer her were,

[1] Vgl. Stadtrecht § 38, S. 54.
[2] Vgl. Stadtrecht § 56, S. 56.
[3] Vgl. Stadtrecht § 53, S. 56.

daz it der alle wege fordern ind heischen muste an dem raide,
want unse her ind syn amptman mochten alle wege unschedelich
bruhulz furen zu yrer noitdorf[1].

Duser artikel ist by dusem selbin hern groifelich overfaren, [75]
want die welde sint schedelich virhauwen aen noit, ind han wir
darumb unsern hern dick ind vil angeroifen ind gebeden, daz sine
gnade daz anders stellen wulde, daz dat nyt geschege, ind uns
wart etwen eyn antwort, des in sulde numme gescheen, ye doch
geschach yt ye me ye me, also daz die welde verhauwen sint [80]
schedelichen, me dan sy vur ye wurden, alles van den synen, ind
kunden des nyt zu ußdrage myt dem hern komen.

9. Item daz unse her van Trere uns nyt besweren noch over-
laden in sall mit zappen, dan mit sulchem wyne, die van alders
zu der kelryen zu Covelentz gehorich sint, ind denselben win sal [85]
uns hern kelner beweren als wir selber dun vur unsen gesworen
oder vur den burgermeistern[2]. Duser artikel ist auch overgriffen.

10—15 stimmt überein mit Stadtrecht § 34, 35, 37, 39, 40
und 41 auf S. 53 u. 54.

16. Item dat uns unse herre by friheit, by rechte ind by [90]
gewonheyt halden sall, als wir her komen sin van der zyt, der
man gedenken in kan, ind so wie hie uns vunden hait, ind sal
auch alle wege der burgermeister, der zu zyden ist, van der burger ind der stede wegen hulden doen ind in sal keinen unsern
burgern hoer dringen noch sweren, dan yme der scheffen daselbs [95]
zu wiset, ind was parthien van sachen an dat gerechte vur scholtes
ind scheffen koment in gerichtz wise umb yrer eyme dem andern
recht zu doen, die en sol der her nyt dannen nemen oder heissen,
it in sy dan mit guden willen beider partien.

17. Auch sint die van Horchem unse mitburger van dusen [100]
nehesten unsern hern seligen in vaste vil sachen beswert vorter
ind anders, dan is an yn komen ind gehalden was, daz man wail
ereleren sall abe des noit geburt.

18. Auch hait unser her selige uns overbuwet mit dem torne
uf der brucken ind deme nuwen buwe an der burch nest an der [105]
brucken porten ind han wir unsern hern dick ind vil gebeden,
daz er uns sulches buwes erlaiße, wir han auch sine reede, sine
frunde geistelich ind werenclich dick ind vil an geroifen ind gebeden, daz er sulch buwe abe wete ind zum lesten auch unse hern
vam dome angeroifen, daz en mochte alles nyt helfen, er wulde [110]
buwen ind hait gebuwet ind waren ire reede ind versorgen hie
ynne, darumb dat sy meynten, daz die buwe nyt gut weren herna
geschreben.

Zum irsten were sache, daz die buwe geschegen, dat were
eyn anderonge, da van eyn groiß unwille, zweydracht ind verderf- [115]
lich schade gescheen, komen ind intstaen mochte, want die ge-

[1] Vgl. Stadtrecht § 27, S. 52.
[2] Vgl. Stadtrocht § 28, S. 52.

meynde mochte willen sagen, so wie daz wir der stede ind gemeynden gesworen weren ind weren sunnich ind unachtbar, also
dat geschegen etliche sachen, die ungefugelich ind ungewonlich
120 weren ind mit gnaden Ind wiseit zu verhalden weren, da mit die
stat und sy in eyn gantz gemeine lantgeruchte quemen, da myt yn
an yren eren ind guden alden wesen abeginge, ind mochten uns
unser eide schuldigen ind da van mochte dan eyn groiß unwille
intstaen.

125 Anderwerf mochten wir beruchtiget werden, daz ander hern
ind stede ind besunder unse umbsesser meynen ind sagen mochten,
daz wir mit uwern gnaden in unwillen oder in ungehorsamcheit
weren, daz uwer gnade uns dar umb zu unwillen ind zu weder-
moide solchen buwe doen dede, da ynne hetten wir eyn groisse
130 beswerunge, na dem unse vurvaren ind wir unserm hern zyden
alle wege gerne zu willen gewest weren ind wir noch hudestages
ye nyt anders begriffen oder uns anders bewisen willen oder en
sollen, dan as arme, birve, getruwe ind gehorsam lude sich int-
gain yren hern billich bewisen sollent ind mochten wir also den
135 luden in den mont komen ind eyn gemeyne sprechwort werden,
des hetten wir scheinde ind wurden darumb zu achten, want die
burger van Covelentz noch bis her in andern hern landen ind
steden vurnemlicher gewest sint dan alsus ander lude.

Auch gnediger her, so meynen wir, daz uwer gnaden sullich
140 buw nyt noit ind weder uwer gnaden stifft ind stat sy, want uwer
gnaden burch ye sicherre, vester ind bas bewart were an sulchen
ganck dan mit dem gange, want van alsulchem gange mochte uwer
stede ind burge nu oder hernamails schade oder schemode geschien, der alsus ain den ganck nyt wail gescheen kunde; auch
145 huit uwer gnade sulches ganges nyt noit, nach dem uwer gnaden
frunden ind dieneren alle porten geuffent werdent nacht ind dach
zu uwer gnaden behuf.

Ouch gnedige her, geschege sulch buwe, daz were eyn grois
scheuersell, dann hette ymans willen, van andern landen ind steden
150 in uwer gnaden stat zu zehen, da zu wanen umb sicherheit, schirms
oder fredens willen, der mochte gedenken inde versorgen, wat
saltu da doen, du bis da unsicher dyns lyves ind gutz besorget,
na dem der herre sy an allen enden verbuwet ind na syme willen
uß ind yn komen mach, aen verhoide ind wer der stede; die selben
155 die ytzunt da sint, die mochten dat selve willen virsorgen ind
dannen zehen, dat machte eyne wuste stat inde landschall, ginge
auch die van Lutzelcovelentz noit an, also dat sy unser hulf be-
durften, were dan sulch torne uf der brucken beslossen, so kunden wir in nyt zu hulfe komen etc. oder sie uns.

160 Lieben gnedigen erwirdigen hern, duse vurgeschreben punte
ind artikel, iclicher unser ind der stede van Covelentz gnade, herkomen ind gewonheit ynhaldende ind vorter, wie die dan in leben
unsers nesten hern seligen van yme ind den synen overgriffen

sint, wie dan vurgeschreben ind underscheiden ist, overgeben wir
uwer erwirdiger wisheit ind bidden dieselben uwer wisheit umb ₁₆₅
goitz, des rechten ind unsers ewigen dienstz willen, dat ir uns dar
ynne besorgen willint, dat uns alsulche beswerunge vurgeschreben
ind ander, die doch hie nyt begriffen sint, der ir wail gewar werden solent, abe des noit geburte, abe gedain werden ind daz wir
by gnaden, friheide, herkomen ind alder guder gewonden verliben ₁₇₀
mogen, so sal man uns getruwe, gehorsam, birve, frome Jude vyn-
den eyme unserm hern zu doen, so waz wir billich ind mogelich
dun soelen ind mogen.

62

B.

Das alte Gerichtsbuch.

1. Einleitung.

Der Erzbischof von Trier ist Herr des Gerichtes in Koblenz. So vielfach auch die Stadt in anderen Fragen mit dem Erzbischofe über die Grenzen ihrer beiderseitigen Rechte in Zwiespalt lag, die Gerichthoheit desselben ist von der Stadt nie bestritten worden. Der Satz, dass der Erzbischof von Trier Herr des geistlichen und weltlichen Gerichtes in Koblenz sei, kehrt in allen Urkunden wieder, welche die Abgrenzung stadtherrlicher und städtischer Rechte behandeln. Die Ausübung der weltlichen Gerichtsbarkeit handhabte, wie überall in der Immunität, der bischöfliche Vogt[1]. Mit der Koblenzer Vogtei waren die Grafen von Nassau vom Erzstift belehnt. Diese ernannten zur Leitung der weltlichen Gerichtsbarkeit einen scultetus. Als dann das Erzstift die Vogtei zurückerwarb[2], liess der Erzbischof seinerseits die Leitung des Gerichtes durch einen von ihm ernannten Schultheiss ausüben. Die Urkunden bezeichnen ihn als villicus[3], judex, scultetus, später Schultheiss und auch Amtmann. Den Schultheiss ernannte der Erzbischof. Die Stadt hat nie einen Einfluss auf die Bestellung dieses wichtigen Amtes gewonnen. Koblenz gehört vielmehr zu der geringen Zahl der Städte, in denen der Landesherr vollständig einseitig und ohne jede Mitwirkung der Bürger den Stadtrichter, den Schultheiss,

---

[1] In den ältesten Koblenzer Urkunden kommt das Wort advocatus auch in anderer, in allgemeinerer Bedeutung vor. In der Zeit von 1193—1216 wird ein Cuno advocatus genannt, sein Sohn Wichard ist scultetus, es wird derselbe Cuno advocatus sein, dessen Söhne (Mittelrh. U.-B. II, 328) als Ministeriale von S. Maximin bezeichnet werden. Als der öffentliche Beamte des eximirten Gerichtbezirkes ist dieser Vogt natürlich nicht aufzufassen, sondern es ist hier advocatus eine Beamtenbezeichnung schlechthin. Wahrscheinlich ist er Beamter des Erzbischofs gewesen, vielleicht der economus der Urkunden von 1042, 1138 und 1162. Im J. 1198 kommt übrigens neben diesem Cuno advocatus auch ein Guntramus advocatus vor. Mittelrh. U.-B.
[2] Am 25. Juli 1253. Mittelrh. U.-B. III, 887. Vgl. oben Abschn. II S. 11.
[3] Diese Bezeichnung villicus für scultetus kommt im 13. Jahrhundert mehrfach vor. Vgl. oben Abschnitt I S. 5 u. 6. Dass der villicus der scultetus ist, geht deutlich aus einigen Urkunden von 1202 und 1203 hervor, wo ein Henricus scultetus genannt wird, der bald darauf (1203—12) Henricus antiquus villicus und 1214 Henricus antiquus scultetus heisst. Mittelrhein. U.-B. II, 329 u. III, 24. Villicus und scultetus kommen nie zusammen vor. Die Urkundeneingänge von 1246 ff. lauten immer scultetus scabini et universi cives und nur einige Male 1248 und 1282 Villicus milites scabini.

bestellte. So wird er auch stets als „der erzbischöfliche Schultheiss"
bezeichnet. Seit dem Verschwinden des advocatus und dem allei-
nigen Auftreten des scultetus im 13. Jahrhundert ist dann die Verwaltung des Gerichtes nicht mehr ein Lehn, sondern ein Amt. Der
Schultheiss ist ein vom Erzbischof eingesetzter Beamter. Er wird
als solcher regelmässig aus den Ministerialen-Geschlechtern des
Erzstifts genommen. In der allerersten Zeit, im 13. Jahrhundert,
gehören die Schultheissen Koblenzer Ministerialenfamilien an: von
Bachem [1], von der Arken [2] begegnen uns, oder aus der Nähe von
Koblenz 1275 der Ritter Dithard von Pfaffendorf. Um die Wende
des Jahrhunderts ist ein Mitglied der vornehmsten trierischen Mi-
nisterialenfamilie Schultheiss, Ritter Hermann von Helfenstein, so
genannt von der gleichnamigen Burg unter Ehrenbreitstein. Im
folgenden Jahrhundert finden sich unter den Schultheissen Namen
wie von Güls, von Dieblich, Mund von Nuwenstatt, Sutze u. a. m. [3].
Ueber die Amtsdauer eines vom Erzbischofe ernannten
Schultheissen haben sich Angaben nicht gefunden. Da in dem
13. Jahrhundert der Wechsel der Namen häufiger erscheint, ist die
Dauer des Amtes in dieser Zeit wohl eine kürzere gewesen. Eine
bestimmte, herkömmlich festgesetzte Dauer ist auch keinesfalls anzunehmen, denn der Dienstmann musste, wie er zur Uebernahme
des Amtes verpflichtet, so auch von demselben zurücktreten, sobald
der Herr die Aufgabe verlangte. Wahrscheinlich hat sich die Besetzung des Amtes durch Todesfall des Erzbischofs oder des Beamten geregelt, in einigen Fällen auch durch Beziehungen ge-
schäftlicher [4] oder persönlicher Art zwischen beiden Theilen. Eine
schriftliche Verpflichtung des Neuernannten gegenüber dem Erzbischof fand im allgemeinen nicht statt. Ausser einer einzigen
habe ich keine gefunden. Diese eine Verpflichtung aber lässt sich
nicht sowohl aus der Uebertragung des Schultheissenamts herleiten,
als vielmehr daraus, dass der Aussteller zugleich Gläubiger des
Erzbischofs war und das Schriftstück die Behandlung dieser Angelegenheit zum vornehmsten Zweck hatte. Die Urkunde [5] ist vom
29. Dezember 1335: Franzoiz von Güls erklärt, der Erzbischof
Balduin habe ihn zu seinem Knecht und Schultheiss zu Koblenz
gemacht, erwähnt die ihm zustehenden Gefälle und verpflichtet
sich, ein gleicher Richter zu sein dem Armen wie dem Reichen
und die Bussen gnädig, unter Berücksichtigung der Lage des Armen, einzutreiben. Er hat dem Erzbischof 500 Gulden geliehen
und soll vor deren Rückzahlung nicht vom Amte entsetzt werden.

---

[1] 1271: scultetus Henricus miles dictus de Bacheym.

[2] 1279 Ritter Engilbert von Archa.

[3] 1333 strennuus vir Wernerus dictus Sutze, armiger, scultetus Confluen-
tinus; 1335: Franzoiz von Güls; 1337: Wepeling Franz von Dyvelich schultheiß.
St.-A. Koblenz, Ae. u. O.

[4] Vgl. die unten behandelte Urkunde vom 29. Dezember 1335.

[5] Gedr. bei Lamprecht, Deutsches Wirthschaftsleben im Mittelalter, III,
S. 158.

Wird er nach dem Tode des Erzbischofs entsetzt, so sind ihm für diesen Fall vom Erzbischof Balduin dessen Einkünfte in Güls verpfändet worden. Aus dieser Urkunde geht betreffs der Dauer des Amtes eines Schultheissen für das 14. Jahrhundert hervor, dass dasselbe nur auf Zeit in Aussicht genommen wurde, dass der Schultheiss durch den Erzbischof entsetzt werden konnte und dass das Amt schon damals gewissen geschäftlichen Beziehungen zwischen Herr und Diener zur Unterlage diente.

Nicht selten waren die Geschäfte des Schultheissen dem eigentlichen landesherrlichen Verwaltungsbeamten, dem Amtmann, mitübertragen. Dass Beamte der Verwaltung zugleich die Obliegenheiten des öffentlichen Gerichtes wahrnehmen, dafür finden sich auch anderwärts Beispiele [1]. Dass in Koblenz der Amtmann häufig zugleich Schultheiss war, erhellt aus dem Umstande, dass die Quellen, voran das alte Gerichtsbuch, in vielen Fällen von „Amtmann oder Schultheiss" oder auch vom „Amtmann" allein sprechen, wo nur von der Thätigkeit des Schultheissen die Rede sein kann. Da das Schultheissenamt mit Einnahmen verbunden war, wurde es wohl dem Amtmann, der sein Amt nicht selten als Gläubiger des Erzbischofs erhielt, zur Erhöhung der Einkünfte mit übertragen. In solchem Falle wurde dann zur Wahrnehmung der Gerichtgeschäfte ein Unterschultheiss ernannt. So z. B. 1424, wo gleichzeitig Ritter Friedrich Waltpotte als Amtmann und Godhart von der Hohenninne als Unterschultheiss erscheint [2]. Dieser Unterschultheiss wurde wahrscheinlich aus der Zahl der Schöffen genommen. Denn der Fall, dass der Schultheiss zugleich Schöffe ist, findet sich im Gerichtsbuch an hervorragender Stelle, da wo von den Vereidigungen die Rede ist, ausdrücklich vorgesehen [3].

Der vom Erzbischof ernannte Schultheiss hat einen Eid zu leisten und zwar gegenüber dem Gericht, vertreten durch den Schöffenmeister. Dieser scheint ihm auch den Eid gestabt zu haben, denn die im Gerichtsbuch [4] angeführte Schwurformel: Was du in usw. deutet darauf hin, dass ihm die eigentlichen Schwurworte vorgesprochen worden sind. Der Eid des Schultheissen hat zwei Formen, je nachdem er gleichzeitig Schöffe ist oder nicht, d. h. ob er aus der Zahl der Schöffen und zwar vermuthlich als Unterschultheiss entnommen worden ist. In diesem letzteren Fall behält er dann, wenn er nicht als Schultheiss thätig ist, gewisse Schöffenobliegenheiten bei. Er tritt durch seine Ernennung zum Unterschultheiss nicht aus der Zahl der Schöffen heraus. So ist es auch zu erklären, dass er von gewissen den Schöffen zufliessenden Gebühren seinen Antheil erhält.

Mit dem Amte des Schultheissen waren Einnahmen verbun-

---

[1] v. Below, Entstehung der deutschen Stadtgemeinde S. 32.
[2] Gerichtsbuch § 24.
[3] Gerichtsbuch § 2.
[4] Gerichtsbuch § 2.

den, Gefälle nennt sie das Gerichtsbuch. Sie flossen nicht immer
in die Tasche des Schultheissen. Nach dem obenerwähnten Schein
des Franzoiz von Güls ist demselben nur ein näher bezeichneter
Theil der Einkünfte zugewiesen; das übrige erhält der Kellner
des Erzbischofs von des Herrn wegen, d. h. es wurde in die Kasse
der erzbischöflichen Kellereiverwaltung abgeführt.

An der Spitze des Gerichtes stand der Schultheiss als der
beauftragte Träger der Gerichtgewalt. Er eröffnet die Sitzung
und handhabt den Frieden in derselben. Ohne seinen Urlaub
darf Niemand das Wort nehmen. Er ertheilt dasselbe, sowie auch
die Erlaubniss zu allen Handlungen vor Gericht. Er giebt den
Parteien auf Wunsch den Vorsprecher und den Eidstaber. Auf
die Rechtsprechung selbst hat er keinen Einfluss. Er verkündet
nur das Urtheil, das die Schöffen auf seine Frage gewiesen haben.
Im Behinderungfalle wurde er durch einen Schöffen vertreten.
Schon in einer Urkunde vom 25. Januar 1249 erscheint als sein
Vertreter Heimo scabinus loco sculteti presidens [1].

Die Anzahl der Schöffen betrug bereits im 13. Jahrhundert
14. Die Schöffenreihen in den Urkunden jener Zeit beweisen das
zur Genüge. Diese Anzahl wurde beibehalten auch in der Folgezeit. Das Gerichtsbuch nennt die gleiche Zahl mit der weiteren
Angabe, dass zum Urtheil wenigstens 7 Schöffen gehören. Weniger
als 7 können kein rechtverbindendes Urtheil sprechen, ausser
wenn die Parteien sich damit einverstanden erklären. Diese sind
daher vorher zu befragen. Neben ihrer eigentlichen Thätigkeit,
dem Finden des Urtheils, sowie neben den weiteren eigentlichen
gerichtlichen Handlungen, wie dem Ausstellen der Schöffenbriefe,
den Ortbesichtigungen usw. versehen die Schöffen auch gewisse
Dienste für die Parteien: sie können als deren Vorsprecher auftreten. Infolge ihrer Vertrautheit mit den Formen des Gerichtes
wurde ihre Beihülfe auch vornehmlich begehrt. Sie pflegten ferner
den Parteien den Eid zu staben. Hier war eine grosse Vertrautheit mit den vielen Förmlichkeiten der Eidesleistung umsomehr
erwünscht, als in Koblenz noch die strenge Behandlung des Eid-
wesens in Gebrauch war, derzufolge die Mangelhaftigkeit des Eides
Verlust des Rechtstreites und Zahlung der Gerichtwette zur Folge
hatte [2]. Im übrigen sollen die Schöffen vorsichtig sein und in
Sachen, die vor Gericht gezogen werden könnten, Niemandem
ihren Rath ertheilen, damit sich der Betreffende nicht beklagen
könne, ein Schöffe habe ihm dies und jenes gerathen. In solchen
Fällen sollen sie sich des Rathes ihrer Mitschöffen bedienen.

Die Schöffen ergänzen sich selbst durch Wahl auf Lebenszeit,
aber sie sind dem Erzbischof als dem Gerichtherrn durch Eid verbunden. Der neue Schöffe stellte dem Erzbischof einen sogenannten Schöffenrevers aus, in welchem er treu, hold und gehorsam

---

[1] Mittelrh. U.-B. III, 735.
[2] Gerichtsbuch § 14.

zu sein gelobte, des Erzstifts Schaden warnen und wenden und
das Recht der Erzbischöfe zu Koblenz und ihrer Amtleute fördern
zu wollen. Eine Verpflichtung in dieser Form enthält der Schöf-
fenschein des Tylman von Ems gegen den Erzbischof Balduin vom
3. April 1337 [1]. Gerade zur Zeit dieses Erzbischofs fanden Rei-
bungen zwischen ihm und den Schöffen statt. Der Stadtherr
musste die Politik verfolgen, einen Einfluss auf die Schöffen zu
gewinnen, um in ihnen ein Gegengewicht gegen den städtischen
Rath zu haben. Aber die Schöffen fühlten sich andrerseits zu
sehr als Bürger der Stadt, um sich in einen solchen Gegensatz
hineindrängen zu lassen, im Gegentheil, sie standen mit ihren Ge-
fühlen auf Seiten der städtischen Verwaltung. Sie scheinen zu
dem Ende einen festen Zusammenschluss untereinander und mit
dem Rathe, dessen Mitglieder sie zum Theil waren, gesucht zu
haben. Ein Schöffenrevers, der nur wenige Jahre jünger ist als
der obige, unterscheidet sich in gewissem Sinne sehr wesentlich
von diesem. Am 22. April 1352 [2] geht Lodewich von Frücht zunächst dasselbe Gelöbniss ein, gelobt auch besonders die Förderung
des geistlichen Gerichtes in der Stadt und gelobt endlich, ausser
dem dem Schöffenstuhl von alters her zu leistenden Schöffeneide
Niemandem, weder den Mitschöffen noch einem Andern einen Eid
zu leisten, welcher dem Wohle des Erzstifts zuwiderlaufen könnte.
Daraus geht hervor, dass die Schöffen das Bestreben hatten, eine
Einigung zu suchen, deren Zwecke den Interessen des Erzbischofs
nicht entsprachen. Es ist kein Zweifel, dass sich jenes Verbot des
Erzbischofs besonders auf die Theilnahme der Schöffen an der
städtischen Rathpolitik bezog und auf die damals noch streitige
Bildung dieser Körperschaft. Der Gegensatz zwischen dem Erzbischof und den Schöffen wurde dann immer grösser und erstreckte
sich im folgenden Jahrhundert namentlich auf deren Wahl und
Einsetzung. Ich erinnere daran, dass die Schöffen in der Folgezeit, wie wir oben gesehen [3], sämmtlich dem Stadtrath angehörten.
Schon deshalb musste dem Stadtherrn ein Einfluss auf ihre Wahl
erwünscht sein. Zu einem Abkommen hierüber kam es erst i. J.
1501. Damals trafen der Schultheiss Johann Munt von Nuwenstatt
und 10 namentlich aufgeführte Schöffen, welche alle vom Erzbischof Johann bereits „gesetzt und gemacht" waren, einen Vergleich über die Frage [4]. Danach sollten für die zur Zeit und
später erledigten Schöffenstühle die übrigen Schöffen mit Rath des
Schultheissen binnen 3 Monaten 3 taugliche Männer, 24 Jahre alt,
eingesessene Bürger, dem Erzbischof schriftlich benennen. Unter
diesen solle dann der Erzbischof einen erkiesen und zum Schöffen
machen. Träfen sie innerhalb jener Frist keine Wahl, so solle der

[1] Vgl. Beilage 3.
[2] S. Beilage 5.
[3] Vgl. S. 25.
[4] Urkunde vom 6. Oktober 1501. Gerichtsbuch § 28.

Erzbischof ohne Mitwirkung der Schöffen selbständig die Ernennung vornehmen. Die neu ernannten Schöffen haben dem Erzbischof zu schwören und versiegelte Briefe zu geben.

Der zu wählende Schöffe musste gewisse Vorbedingungen erfüllen. Solche waren: ein gewisses Alter, 24 Jahre bestimmt der obige Vertrag. Der Schöffe musste eingesessener Bürger sein. Auch in Bezug auf seinen Beruf unterlag er gewissen Vorbedingungen. Er soll kein Handwerk treiben und auch keine „unreine Kaufmannschaft feil halten", nicht Salz, Schmalz, Oel, Rüben, Leder und dergleichen verhökern. Er darf endlich keine Wuchergeschäfte treiben[1].

Der neugewählte Schöffe wurde vom Schultheissen in Eid und Pflicht genommen und namens des Gerichtherrn eingesetzt. Er gelobte Schöffenfreiheit zu halten und sich der Geschäftordnung des Schöffenstuhls zu unterwerfen. Sein Eid[2] erstreckte sich ferner auf die vornehmsten seiner Obliegenheiten. Nach Ableistung desselben heisst ihn der Schultheiss an den Stab des Fronboten tasten, welcher dem Schöffen Bann und Frieden thut. Die Person des Schöffen gewährt Freiheit, ebenso sein Haus: hält sich Jemand an seinem Rocke fest oder geht er mit ihm in sein Haus, so darf ihn der Fronbote und die Stadtknechte nicht pfänden noch verhaften[3].

Aus der Zahl der Schöffen heben sich die Schöffenmeister heraus. Sie wurden von ihren Genossen vermuthlich nach dem Alter oder andern hervorragenden Eigenschaften gewählt. Im Gericht, d. h. bei der Rechtsprechung treten sie nicht hervor. Ihre Thätigkeit beschränkt sich vielmehr auf die Körperschaft der Schöffen als solche und auf den Kreis der Gerichtverfassung. Es giebt 2 Schöffenmeister, der jüngere hat die einkommenden Gerichtgelder und zwar die den Schöffen zustehenden Gefälle aufzuheben und unter die am Gericht anwesenden Schöffen zu vertheilen[4]. Ist der jüngere Schöffenmeister nicht anwesend, so besorgt sein Geselle die Vertheilung der Gelder[5]. Die Schöffenmeister haben ferner eine gewisse schiedrichterliche Befugniss zum Zwecke gütlicher Beilegung von Streitigkeiten der Schöffen untereinander. Solche Streitigkeiten sollen nämlich entweder vor den beiden Schöffenmeistern in Gegenwart der übrigen Schöffen in Güte beglichen werden oder vor dem Schultheiss mit Rath der Schöffen. Vor fremde Gerichte sollen die Schöffen einander nur ziehen, wenn es sich um Güter handelt, die in fremden Gerichten liegen. Die

---

[1] Gerichtsbuch § 1. Als Beutelschneider bezeichnet solche Leute das Stadtrecht.
[2] Gerichtsbuch § 3.
[3] Gerichtsbuch § 1.
[4] Im J. 1471 beschlossen die Schöffen, dass die ihnen zustehenden Gefälle gleichmässig vertheilt werden sollen unter alle Schöffen, gleichviel ob dieselben bei der betreffenden Verhandlung anwesend gewesen oder nicht.
[5] Gerichtsbuch § 1.

Schöffenmeister werden endlich den Vorsitz bei den geheimen Berathungen der Schöffen geführt haben. Auch Ehrenämter pflegten
ihnen übertragen zu werden. So verwalten sie nach Angabe des
Gerichtsbuches infolge eines Testamentes die Almose im Nonnen-
bergerhof unter Beirath ihrer Mitschöffen [1].

Die Schöffen beziehen für ihre amtliche Thätigkeit fest bestimmte Gefälle. Das Gerichtsbuch zählt dieselben nahezu er-
schöpfend auf [2]. Sie haben ferner wie alle Bürger, jedoch in her-
vorragendem Maasse, Antheil an den Nutzungen der städtischen
Almende und haben endlich schutzgeldfreie Wohnungen [3]. In alledem stehen sie auf gleicher Linie mit den adligen Bürgern.

Als Beamter des weltlichen Gerichtes ist endlich noch zu
nennen der Frone. Nur unter diesem Namen, als Frone oder
Fronbote, erscheint er in den Quellen des Koblenzer Stadtrechts [4].
Ueber seine Wahl und Ernennung giebt das Gerichtsbuch keine
Auskunft. Die Thätigkeit des Fronen umfasste hauptsächlich die
Ladungen [5] vor das Gericht, die Pfändung oder Festnahme von
Personen und die Beschlagnahme von Vermögensstücken. Da er
durch sein Amt bei den Verhandlungen und Gesprächen der
Schöffen vielfach gegenwärtig ist, so ist ihm über die dadurch
gewonnene Kenntniss Verschwiegenheit zur Pflicht gemacht [6].
Betreffs der Festnahme von Personen und Sachen ist ihm durch
seinen Eid ausdrücklich vorgeschrieben, dass er in Edelmann-
und Schöffenhäusern — ausser in einer Weinwirthschaft — keine
Kummerungen vornehmen darf, auch nicht, wenn der zu Verhaf-
tende oder zu Pfändende sich in der Begleitung eines Edelmanns [7]
oder eines Schöffen befindet. Da von Fronboten oder auch „stede-
knechten" [8] einigemale die Rede ist, so ist anzunehmen, dass der
Fronbote zu seiner Unterstützung Gesellen hatte. Für die einzelnen Gerichthandlungen erhielt er Gefälle [9].

Das Verfahren vor Gericht war ursprünglich nur mündlich.
Aber im Umfange des Stadtrechtes mit seinen verwickelteren
Rechtverhältnissen begann sich bald der Mangel schriftlicher Auf-

[1] Gerichtsbuch § 1. Auch anderweitig und aus späterer Zeit wird diese
Angabe bestätigt. Am 2. August 1480 kauften Johann von Honingen und Lodewich Clinge, die beiden Schöffenmeister, einen Jahrzins namens und von wegen
der „almoosen Nonnenberger hoifs". Urkunde im Stadarchiv.
[2] Gerichtsbuch § 7.
[3] Gerichtsbuch § 1.
[4] In der oben öfter behandelten Urkunde von 1209 wird er bezeichnet
als nuntius villici Confluentinorum, qui preco ville nuncupatur. Mittelrh. U.-B.
II, 280.
[5] Nach dem Sprachgebrauche des Stadtrechts richtiger die „Gebote", denn
Stadtrecht 23 unterscheidet Gebote vor das weltliche Gericht und Ladungen
vor das geistliche Gericht.
[6] Gerichtsbuch § 5.
[7] Vgl. die Urkunde vom 20. August 1337, Beilage 4.
[8] Gerichtsbuch § 27.
[9] Dieselben sind aufgeführt im Gerichtsbuch § 9.

zeichnung fühlbar zu machen. Aus diesem Bedürfnisse entsprangen die Stadt- und Gerichtsbücher. Wir werden weiter unten die Einrichtung eines Koblenzer Gerichtsbuches zu berühren haben[1]. In dasselbe wurde der Inhalt wichtiger Gerichtsverhandlungen eingetragen[2]. Ursprünglich nur zu dem Zwecke eingerichtet, den Schöffen die Erinnerung an stattgehabte Verhandlungen zu erleichtern und ihr Zeugniss zu ermöglichen, wurden diese Bücher bald selbst zur Beweisurkunde. Die Berufung auf das Buch, „wetten uf das boich", findet im alten Gerichtsbuche öftere Erwähnung. Die Führung desselben war daher ein wichtiges Amt. Sie lag dem Schreiber ob, dem Schöffenschreiber, wie er auch genannt wird. Er hat die Eintragungen in das Buch zu vollziehen. Ueber den Inhalt desselben darf er Niemandem Auskunft geben, er hat es nur den Schöffen auf deren Erfordern zur Einsicht vorzulegen. Diese haben auch denen, welche sich bei Gerichtsverhandlungen auf das Buch berufen, den Inhalt durch Einsichtnahme zu vermitteln. Auch die Schöffenbriefe hat der Schreiber zu verfassen. Wie der Frone, so ist auch er zur Amtverschwiegenheit verpflichtet[3]. Ueber die Art seiner Bestallung wissen wir nichts; ebensowenig giebt das Gerichtsbuch über die Art seiner Besoldung Auskunft. Als „ein alt Herkommen" erhält er zu Martini von jedem Schöffen 1 Flasche Wein und zu Ostern ein Essen, dessen Bestandtheile das Gerichtsbuch genau aufzählt[4].

Vor dem Koblenzer Stadtgericht haben alle Eingesessenen des Gerichtbezirkes ihren ordentlichen Gerichtstand[5]. Ausgenommen sind für die älteste Zeit die Ministerialen und Hörigen des Bischofs und der geistlichen Genossenschaften. Mit der fortschreitenden Entwickelung der Stadt, mit der Theilnahme der Ministerialen am Bürgerrecht und mit der Erwerbung von Stadtgut und Gut zu Stadtrecht trat auch hier eine Abschwächung der früheren strengen Scheidung ein. Noch zur Zeit des alten Gerichtbuches gehören Brodgesinde und Diener des Erzbischofs grundsätzlich vor das Hofgericht. Aber ein Durchbrechen dieses Grundsatzes lässt doch schon die folgende Bestimmung des Gerichtsbuches[6] möglich erscheinen. Wenn nämlich ein Mann des Erzbischofs vor dem weltlichen Gericht verklagt wird, so hat derselbe das Recht, den Kläger durch seinen Vorsprecher zu veranlassen, die Sache vor dem erzbischöflichen Hofmeister anhängig zu machen. Bringt aber der

---

[1] Vgl. unten S. 73.
[2] Die Eintragungen, welche vielleicht auch nur auf Wunsch einer Partei erfolgten, kosteten 2 hl., später, seit 1471, wurde die Gebühr verdoppelt. Vgl. Weisthum von 1471. Gerichtsbuch § 26.
[3] Gerichtsbuch § 4.
[4] Gerichtsbuch § 27.
[5] Die Betrachtung der geistlichen Gerichtsbarkeit bleibt hier natürlich ausgeschlossen.
[6] Gerichtsbuch § 1.

Hofmeister die Angelegenheit nicht innerhalb eines Monats zum
Austrag, so sollen sich beide Parteien wiederum vor das Stadtgericht begeben. Immerhin ist auch in diesem Falle das Verfahren
gegen den Mann des Erzbischofs ein von dem sonst üblichen ab-
weichendes. Will nämlich der Hofmann sich durch einen Eid
reinigen, so soll der Schöffe mit den Parteien vor das Gerichthaus
gehen und dem Schwörenden ausserhalb der Gerichtstätte den Eid
staben und zwar „sonder fare". Und eben zu letzterem Zwecke
wurde die Handlung ausserhalb des Gerichtortes vorgenommen,
damit nämlich die Eidesleistung abweichend von der bei dem
Koblenzer Gericht üblichen Weise stattfinden könne, derzufolge
eine Mangelhaftigkeit der Form des Eides den Verlust des Rechtstreites zur Folge hatte.

Die Koblenzer Gerichtstätte wird sich in den ältesten Zeiten
auf einem freien Raume befunden haben. Nach Lage der ältesten
örtlichen Verhältnisse wird der Hof der Florinskirche als der
ältesten Kirche — S. Kastor lag ausserhalb — der Gerichtplatz
gewesen sein[1]. Aber schon aus dem 12. Jahrhundert ist uns eine
Nachricht überkommen, dass die gerichtlichen Verhandlungen unter
Dach stattfanden, im weltlichen Gerichthause, laicale pretorium.
Als der Erzbischof Arnold von Trier i. J. 1182 in Koblenz persönlich anwesend war zur Schlichtung jenes Streites der Stadt mit
dem Stift S. Simeon in Trier wegen der Zolleinnahmen, fand die
Verhandlung im laicale pretorium statt, in welchem alle Koblenzer
Bürger zusammengekommen waren[2]. Später baute die Stadt aus
städtischen Mitteln ein neues Kauf- und Tanzhaus. Dieser Bau
wird im 14. Jahrhundert aufgeführt worden sein[3]. Schon unter
dem Erzbischof Otto von Trier wurden die Einnahmen aus diesem
zu allgemeinen städtischen Zwecken erbauten Hause ein Gegenstand des Streites mit dem Erzbischof, welcher die Hälfte derselben beanspruchte. In den Klagepunkten, welche die Stadt 1430
beim Domkapitel einreichte, geschieht auch dieser Beschwerde Erwähnung[4]. Dieses neue Haus wird dann in der Folgezeit mehrfach
als die gewöhnliche Gerichtstätte bezeichnet[5].

Der Oberhof des Koblenzer Gerichtes war Trier, wie aus
einigen Angaben des Gerichtsbuches hervorgeht[6]. Eine allgemeine

---

[1] Auch in andern Städten pflegt das der Fall gewesen zu sein. In Hannover ist die Marktkirche die älteste der Stadt; auf ihrem Kirchhofe lag die
Gerichtstätte.

[2] Urkunde v. 1182. Mittelrh. U.-B. II, 92. Vgl. oben S. 6.

[3] Vgl. über das neue Haus oben S. 28.

[4] Vgl. die Klagepunkte von 1430 oben IV, A, 3 S. 57.

[5] So im Kopiar 1 Nr. 38 des Stadtarchivs: „im neuen Hause, an unserer
gewöhnlichen Gerichtstatt".

[6] Gerichtsbuch § 1 und besonders § 16. Natürlich kann man für die ältere
Zeit hier nur an das Trierer Schöffengericht denken. Durch die kurfürstliche
Verwaltung trat dann eine Aenderung ein. Nach einer Urkunde vom 13. April
1491 (St.-A. Koblenz) ist das dann inzwischen eingerichtete kurfürstliche Hof-

Angabe, we'che einen Rechtzug von Koblenz nach einem andern Orte zur Voraussetzung hat, findet sich in § 7 des alten Gerichtsbuches, wo von den Gefällen der Schöffen die Rede ist, wenn sie ein Urtheil „zu heufte holen". Diese Oberhofeigenschaft von Trier wird sich aber, wie man annehmen darf, weniger auf eine Rechtübertragung gründen, als auf besondere Verwaltungsmaassnahmen des Erzbischofs[1]. — Andererseits war Koblenz Oberhof für Münstermaifeld, Leudesdorf und Ley[2].

Neben diesem weltlichen öffentlichen Gericht bestand als ein Untergericht zu Koblenz das Bauding. Der Abschnitt 20 des alten Gerichtsbuches handelt sehr ausführlich von diesem Bauding. Folgendes sind die wichtigsten Nachrichten, welche wir in jenem Abschnitt verzeichnet finden:

Schultheiss und Schöffen des weltlichen Gerichts halten das Bauding ab und zwar in Koblenz im neuen Hause, an der gewöhnlichen Gerichtstätte[3]. Auf demselben sollen anwesend bezw. vertreten sein alle die Feuer und Flamme haben, „ausgenommen Pfaffen, Dienstleute und Juden"; ferner sollen anwesend sein die Heimburgen, das sind die Gemeindevorsteher, und die ganze Gemeinde der Dörfer Moselweiss, Lützelkoblenz und Neuendorf. Es soll endlich anwesend sein der Bürgermeister der Stadt von der Gemeinde wegen, damit nicht die ganze Gemeinde persönlich am Bauding zu erscheinen braucht, wie es eigentlich der Fall sein sollte. Vor das Bauding gehören kleine Vergehen, welche in den Dörfern vorgekommen sind, wie Waffengeschrei, Messerziehen usw.; ferner der Zustand der Fahrschiffe auf dem Rhein, welche den Uebersetzverkehr vermittelten, und der bauliche Zustand der Häuser in der Stadt, also gewissermaassen die Baupolizei, Aufsicht und Rügen über Ueberbau, Vorbau und Wegebau. Endlich aber muss den gerichtlichen Auflassungen eine Verbudigung des Gutes am Bauding vorausgegangen sein. Wenn einer Zins vor dem öffentlichen Gericht eingeklagt und der Schöffe ihn angewiesen hat, er solle das Gut „under sine rat" schlagen, so soll er es am Bauding verbudingen. Wenn einer Gut verkauft hat und besorgt Ansprüche von Freunden und Magen, so soll er solch Gut verbudingen vier Baudinge nacheinander. Hat keiner dagegen Einwendungen zu erheben, so mag der Verkäufer einen Baudingbrief von den Schöffen nehmen und dann frei sein. Vor dem öffentlichen Gericht geschah die gerichtliche Auflassung, vor dem Bauding wurde die Besitzveränderung verbudingt.

Es entsteht nun die Frage: welcher Natur ist dieses Bauding?

gericht zu Trier-Koblenz der Oberhof, richtiger wohl die höhere Instanz für das Koblenzer Stadtgericht.

[1] Vgl. über eine solche Maassnahme gegenüber der Stadt Münstermaifeld unten die Anmerkung bei § 7 des alten Gerichtsbuches.

[2] Gerichtsbuch § 7.

[3] Kopiar 1 Nr. 38 des Stadtarchivs.

Ein hofrechtliches Gericht ist es nicht, denn die Dienstleute nehmen nicht an ihm Theil und freie Schöffen besitzen es; es ist aber auch kein öffentliches Gericht, denn Dienstleute und Juden sind ausgeschlossen. Es kann vielmehr nur ein gemeinderechtliches Gericht sein, es ist die Fortführung und zeitgemässe Formung des alten Burdings der Markgenossenschaft Koblenz, Lützelkoblenz, Moselweiss und Neuendorf. Es heisst in den Quellen „des Erzbischofs Bauding", „das erzbischöfliche Bauding", „unseres gnädigen Herrn Bauding", weil der Erzbischof ja auch wirklich der Gemeindeherr ist und als Obereigenthümer der Almende auch Herr des alten Burdings gewesen. Dass nur die Schöffen des öffentlichen Gerichtes das Bauding besitzen, ist erklärlich: die ländlichen Heimburgen würden des Entscheids z. B. städtischer Bausachen nicht mächtig, weil der städtischen Verhältnisse nicht kundig, gewesen sein[1]. Dass der Schultheiss des öffentlichen Gerichtes zugleich der Vorsitzer des Baudings ist, kann noch weniger die Thatsache ändern, dass das Bauding ein Gericht privater Natur, dass es das alte Burding ist. Denn nichts hinderte den Erzbischof, sein Bauding durch seinen Schultheiss verwalten zu lassen. Geschieht es doch oft, dass dem öffentlichen Beamten zugleich grundherrschaftliche Obliegenheiten übertragen werden[2].

So würde für Koblenz die gleiche Erscheinung nachzuweisen sein, die sich in anderer Form auch in andern städtischen Gemeinwesen findet. Das Institut des alten gemeinderechtlichen Burdings hat sich auch nach dem Auswachsen eines Theiles der Markgemeinde zur Stadt erhalten. Es hat gewisse Obliegenheiten, wie die Ordnung über Maass und Gewicht, die Verwaltung der Almende usw. abgegeben an den städtischen Rath, es hat mit den veränderten Verhältnissen neu übernommen die Rechtsprechung über kleine Vergehen, über die unter Stadtrecht stehenden Bausachen, die Veränderung im Grundbesitz u. dergl. Während aber in Koblenz nur das Institut als solches erhalten geblieben ist und im Bauding eine zeitgemässe Umformung erfahren hat, so dass der Schultheiss und die städtischen Schöffen das Bauding besitzen, sind in anderen Städten, wie z. B. in Soest, auch die Personen jenes gemeinderechtlichen Gerichtes erhalten geblieben. Auch in Hannover ist der Bauermeister des hannoverschen Rechtes gleich denen des Soester eine aus den dörflichen Verhältnissen in die städtischen übergegangene Beamtung[3].

Der Unterschied zwischen dem öffentlichen Koblenzer Stadt-

---

[1] Es ist dies ein ähnlicher Fall wie in Elberfeld, wo Richter und Schöffen dieselben sind im öffentlichen wie im privaten Gericht. Vgl. v. Below, Zur Entstehung der deutschen Stadtverfassung, Historische Zeitschrift 58, 235.

[2] Vgl. v. Below, Entstehung der deutschen Stadtgemeinde S. 32 und Historische Zeitschrift 58, 235. Hardt, Luxemburger Weisthümer S. 170.

[3] Frensdorf, Stadtverfassung Hannovers, Hansische Geschichtsblätter, 1882, S. 9.

gericht und dem ursprünglich gemeinderechtlichen Bauding tritt
übrigens im alten Gerichtsbuch selbst noch deutlich zu Tage durch
die Bestimmung, dass vor Eröffnung des Baudings ein „gemeyn
gericht" gehalten werden soll, „abe yemants des not hette".

Das Bauding ist endlich noch zuständig für die Behandlung
der Stockgüter. Wer Stockgut besitzt, soll am Bauding entweder
selbst oder durch einen Vertreter anwesend sein. Stockgüter sind
nach Abschnitt 20 des alten Gerichtsbuches unzweifelhaft von der
erzbischöflichen Hofverwaltung herrührende Güter. Ihre Inhaber
haben die Verpflichtung, die im Stock sitzenden Missethäter zu
bewachen. Auch im Stadtrecht[1] wird bestimmt, dass der Amtmann einen Dieb in den Stock bringen soll, „und des solent den
dief die ghene hoden, die daz stockgut da van hant". Die Inhaber
der Stockgüter gaben einen ganz geringen Zins von 1 hl. jährlich
an den erzbischöflichen Kellner, also wohl nur als eine Anerkennung-
gebühr. Zuwiderhandlungen gegen die sonstigen Bestimmungen des
Stockgutes hatte der Kellner vor dem Bauding anhängig zu machen.

Am Schluss des Baudings giebt der Amtmann den Schöffen
ein Essen. Auch Mitglieder des Rathes soll der Amtmann dazu
laden. Der Bürgermeister aber soll den Wein zu dem Essen geben
von der Gemeinde wegen[2]. Letzteres aus dem Grunde, weil der
Bürgermeister persönlich auf dem Bauding anwesend sein soll als
Vertreter der Gemeinde, damit nicht die ganze Gemeinde, „als
seyn solte", auf dem Bauding zu erscheinen braucht.

Der Umstand, dass die nachfolgenden Abschnitte des in Koblenz üblichen Gerichtgebrauches als „das alte Gerichtsbuch" bezeichnet werden, lässt mit Sicherheit darauf schliessen, dass jene
Aufzeichnungen eingetragen worden sind in das zum Zwecke der
Eintragung gerichtlicher Handlungen angelegte Gerichtsbuch. Dieses
Buch nannte man eben das Gerichtsbuch und da es das älteste oder
eins der ältesten war, später das „alte Gerichtsbuch". Als man
dann die über die Gerichtgebräuche handelnden Abschnitte für
den Handgebrauch besonders abschrieb, nannte man den Inhalt
der neugewonnenen Abschrift gleichwohl ebenfalls das alte Gerichtsbuch. Dass übrigens ein solches Buch zum Zwecke der Eintragung gerichtlicher Handlungen auch wirklich in Koblenz wie
anderwärts vorhanden und in Gebrauch gewesen ist, wird mehrfach ausdrücklich gesagt[3]).

[1] Stadtrecht § 11. Vgl. oben S. 49.

[2] Später wurde dieser Gebrauch genauer umschrieben: Item uf samstag
vor trium regum ist man im rade overmytz ald und nuve rayt oberkoemen, so
man buwdingt und eyn amptman deß raitz frunde zu gast ladet, so manchen er
uß dem rade zu gast hait, so mainch kann wyns sal eyn burgermeister von deß
raitz wegen dem amptman in syn huyß schenken. Actum anno etc. LXXXI,
more Treverensi. Aeltestes Rathsbuch im Stadtarchiv Bl. 38.

[3] Z. B. Gerichtsbuch § 4, § 7 u. a. m.

Das alte Gerichtsbuch, mit welchem Namen im folgenden eben jene Aufzeichnung des Koblenzer Gerichtgebrauches bezeichnet werden soll, umfasst insgesammt 29 Abschnitte. Von diesen sind jedoch nur die ersten 23 Abschnitte als das eigentliche Gerichtsbuch anzusprechen. Die folgenden Abschnitte enthalten Weisthümer, Rechtgewohnheiten, Berichte von stattgehabten Gerichthandlungen und vertragmässige Bestimmungen, welche nach und nach um ihrer Bedeutung willen gleichfalls Aufnahme in das Gerichtsbuch gefunden hatten. Während die ersten 23 Abschnitte sich als solche inhaltlich streng von einander scheiden und den Ueberschriften entsprechen, erscheinen die Abschnitte 24 bis 29 nur äusserlich als solche zusammengefasst, wie z. B. 24 und 26 in gleicher Weise eine Zusammenstellung von Weisthümern enthalten, während andrerseits der Abschnitt 29, ein Verzeichniss der von 1503—1515 erwählten Schöffen, sich inhaltlich einer Aufzeichnung von Rechtgebräuchen schon gar nicht mehr einfügen will[1].

Uebrigens sind auch in den Text der ersten Abschnitte nachträgliche Einfügungen gemacht worden. Im ersten Abschnitt finden sich Schöffenbeschlüsse von 1471 und 1508 eingefügt, durch welche bisherige Gebräuche eine Abänderung erfuhren. Dieselben sind vermuthlich in der ursprünglichen Vorlage am Rande der Niederschrift vermerkt gewesen und später bei der Abschrift in den Text hineingelangt. Ob überhaupt und inwieweit solche späteren Zusätze auch in den übrigen Text gelangten, lässt sich natürlich nicht mehr feststellen.

Ueber das Alter des Gerichtsbuches und die Zeit seiner Abfassung lässt sich eine Vermuthung auch nicht annähernd aufstellen. Für eine solche bietet der Inhalt nur verschwindend geringe Anhaltpunkte. Aber auch wenn man auf Grund eines solchen einer Zeitfeststellung nachgehen würde, so müsste der etwaige Erfolg für das Ganze schon deshalb fraglich sein, weil man in Ermangelung der ursprünglichen Vorlage nie wissen kann, welche Theile des Gerichtsbuches, welche einzelnen Sätze desselben spätere Nachträge und Einschiebungen sind.

Im allgemeinen aber darf aus dem Umstande, dass hinter dem Abschnitt 23 einige Weisthümer von 1424 und 1425 folgen, mit annähernder Wahrscheinlichkeit geschlossen werden, dass die Niederschrift der Gewohnheiten des Koblenzer Gerichtes vor 1424 erfolgt ist. Andererseits wird im Gerichtsbuche, § 1, erwähnt, dass die Koblenzer Schöffen Mitglieder des Rathes sind. Zur Zeit des Bürgerschwurs auf dem Rathhause i. J. 1366 war das noch nicht der Fall[2]. Diese Bestimmung musste also erst nach dem Jahre 1366 in das Gerichtsbuch Aufnahme gefunden haben und dieser

---

[1] Dieser Abschnitt, der übrigens nur bruchstückweise erhalten ist, ist, weil er auch zeitlich über den Rahmen dieser Veröffentlichung hinausgeht, ausgeschlossen worden.

[2] Vgl. oben S. 23.

Theil nach jenem Jahre niedergeschrieben sein, wenn nicht auch hier die Möglichkeit vorläge, dass gerade diese Erwähnung eine spätere Einschiebung darstellt. Das ist um so eher möglich, als z. B. der Abschnitt 22, der von der freien Zeit handelt, entschieden höheren Alters ist. Die freie Zeit, in der keine Gerichtsverhandlungen wegen des Marktfriedens stattfanden, lief danach vom 7. September bis zum 1. Oktober. Die Messzeit wurde aber schon i. J. 1356 auf das Frühjahr verlegt[1]. Der § 22 muss daher in der überkommenen Fassung bereits vor dem Jahre 1356 zur Niederschrift gelangt sein. Immerhin würde auch bei einer Annahme der Entstehung des alten Gerichtsbuches in der Zeit zwischen 1366 und 1424[2] berücksichtigt werden müssen, dass durch die Niederschrift nicht etwa neues Recht geschaffen worden ist, dass vielmehr die weitaus meisten Bestimmungen des alten Gerichtsbuches einen seit langer Zeit gebräuchlich gewesenen Rechtzustand zur Darstellung bringen.

Die handschriftliche Ueberlieferung ist folgende:

A. Eine Papierhandschrift aus der 1. Hälfte des 16. Jhs. in gross Quart im Staatsarchiv, 74 Blätter, enthält

I. Erzbischof Richards von Greifenklau „Reformation und ordenounge deß werntlichen gerichts zu Coblentz", Ehrenbreitstein 1515, Okt. 1 auf Bl. 1—22.

II. Desselben Erzbischofs „Ordenounge, wie es in allen schuldsachen das itztkomend jar lang in unserm churfürstenthuumb bis widderumb uf s. Martinstag im winter gelegen gehalten werden soll", Montabaur, 1529, November 13 auf Bl. 23—25.

III. „Das alde gerichtsboech", Bl. 26—74. Dasselbe umfasst 29, zumeist mit den entsprechenden Ueberschriften versehene Abschnitte. Wo solche Ueberschriften fehlen, sind sie im Abdruck von mir ergänzt worden.

B. Papierhandschrift in klein Quart von 128 Blättern im Staatsarchiv G. 11. Dieselbe enthält A III und A I, sowie eine Polizeiordnung des Erzbischofs Johann für die Stadt Koblenz von 1562, April 18 und ist vom Koblenzer Schöffen Adam Kurtzer 1570 geschrieben. Die Abweichungen von B sind nur dann vermerkt worden, wenn sie sachlicher Art waren.

2.
Das alde Gerichtsboech.

1. (Gewohnheit und Herkommen des Gerichtes zu Koblenz.)

In dem namen deß hern amen. Gode zu lobe und zur eren Marien, syner wirdigen muitter, zu hulf und beystand deß rechten

---

[1] Vgl. unten Abschnitt VI, Einleitung.

[2] Für diese Annahme spricht übrigens auch der Umstand, dass die entsprechende Niederschrift des Stadtrechtes (Abschnitt IV A) ebenfalls in der zweiten Hälfte des 14. Jahrhunderts entstanden ist. Es liegt nahe, sich beide Niederschriften, als aus demselben Bedürfniss entsprungen, auch zu gleicher Zeit entstanden zu denken.

ist angeschreben ordenunge und lauf, gude lobliche gewonheit und
alt herkomen deß gerichtes und scheffenstoils zu Coblents, so wie
daß auch von langen jaren herbracht und von den alden zu den
jungen in irer underweisunge geleret, geoebet und verstanden ist
5 und alle zeite forthine von den selben gegenwirtigen nach alle iren
besten synnen geoebet und volnbracht werden sall.

Dweyl nu die memorie und gedechtnuß der menschen kurtz
und aebnemlich von jaren zu jaren wird und sollche alde loeb-
liche ordenunge deß gerichts nit indenkich ader behaltlich in syn-
10 nen von eim jedern behalten werden mach, ist dise ordenunge angeschreben ettlicher maissen nach lauf gewoinhelt und herkomen
deß gerechts zu Covelents.

1. Item zum ersten sall seyn der scheffen fierzehen zu eim
follen scheffenstule deß gerichts und seben zu eim halben scheffen-
15 stule" und wanne der scheffen under seben ist, so moigen sye
kein haftig urteil sprechen sunder bewilligunge der parthien, hier-
umb soillen sye fragen, ob die parthien an inen ein genuigen
haben mit irer zale ader nit sunder flussich urteil.

2. Item gelobt ein jeklicher scheffen, der dae scheffen wird,
20 scheffen freyheit zu halten mit worten und mit werken, alß die
hern in den stiften thunt, daß keiner boven den eldesten in dem
scheffenstule sitze ader gae, doch ungeverlich.

3. Item sullen alle scheffen zu Covelentz nach iren scheffen
eyden zu rade gaen und sall ein amptman ader schultheiß den
25 scheffen in den rait brengen und ime seyne stadt dae geben, ist
er wole vorhin nee zu rait gekoren, edoch sall er forter verbott
werden alle zeit mit dem alden raide, er en werde dan in den
neuen rait gekoren; der amptman ader schultheiß suillen dem
rade sagen, der sye scheffen wurden und synen scheffen eid und
30 dynst gethan, er sulle seyn raits eyd thun alß andern und soilchs
sall der rait nit weigern.

4. Item ein scheffen sall auch soilche gift und gaben vom
rait haben gleich eim woilgepornen des raitz mit bucholz, stickholz,
bepen, schweynzale zu eckern, schutzgelds freye und frye wonun-
35 gen alß von alterß herbracht ist und ist ein gabe holz zu buen
eim scheffen 12 eichen holzer und 12 buichen und die zale der
schwein ist jairß zu eckern eim scheffen ader scheffen wedefrauen
25 und ein gabe ader zail hepen ist jeklichen 6.

5. Item sall kein scheffen mit dem andern zoirnen uf der
40 gassen ader vornemen mit unwisen worten, hette einer mit dem
andern zu thun, es were umb schuld ader umb einiche andere
sach, sall einer den andern vornemen vor zweyen scheffenmeistern
in beywesen der andern scheffen und dae zuversehen, ob man sye in
der guitlicheit underrichten kunne, und moigen die scheffen sye

a) und — scheffenstule fehlt in B.

nit vereinigen, sall einer dem andern zusprechen in byewesen deß
schultheisen und daß sall gescheen in der camern und dae recht
nemen und geben, und were sach, daß einer den andern dae er-
woinne mit recht, soll der schultheiß ine rechten alß ein andern,
ader die rechtunge sall heimlich gescheen mit rade der scheffen. 5

6. Item hette ein scheffen mit dem andern zuthun an andern
gerichten umb guide, die am gericht[a] legen, so mach einer daß
ersuchen an dem gerichte, dae die guide ligent, und auch zu
sprechen und sunst umb kein andere sach nit.

7. Item sullent die scheffen keinen kaufbrief siegeln, die 10
elige huisfrauen ader die elige kinder nae eins tode ader nesten
erben haben soilchen kauf usgangen ader bewilliget vor zweyen
scheffen ader eime, anderß sye moigen alle zeite wieder sulchen
kaufbrief sagen und die scheffen zu last und kroede stellen, alß
ferre der kauf eigen und erbe beruret. 15

8. Item so wanne ein urtheil gestempt ader gesatzt wirdet
ader zu Trier geholt wurde, daß selb urtheil sall man halten und
helen und nyemants uffenbaeren, er sye freund ader malg, iß en
sye dan uffenbare ußgesprochen, dann einer mach mit seynem gesellen in irer heimlicheit davon reden. 20

9. Item sullent die scheffen kein urtheil sprechen oeber die
geistlichen ader sye dringen an werntliche gericht ader jemants
laissen sunder irem willen gerichts pflegen oeber sye am werntlichen gerichte, die geistlichen moigen aber ein werntlichen mit
werntlichem gerichte zusprechen und dingen nach lauf deß rechten. 25

10. Item alle wedwen und weisen und testamentsachen moigen
heischen und begeren an geistliche gerichte, deß soll der scheffen
inen auch gunnen und dar weyßen mit urtheil, ob sye daß begeren.

11. Item der scheffen sall auch keime kein erkentnuß ader
urkunt schuldig seyn langer zu behalten sunder scheffen breve 30
dan vierzehen tage ader auf daß lengest einen monat.

12. Item were sach, daß einig geld an dem gericht wurde
ader von gerichts wegen, es were wenig ader vyl, daß sall der
jungst scheffenmeister aufheben und seynen gesellen rechte dei-
longe thun, den selben, die am gerichte seynd, bey seynem eyde, 35
und were der jungst scheffenmeister nit dae, so sall seyn geselle
daß geld aufheben alß vorsteet.

1471. 13. Item haben die scheffen gemeinlich bewilliget anno etc.
LXXI jare, daß nu forter ire gefelle alle vom scheffenstule, daß
dem scheffen zugehoirt und gebuirt von gerichts lauf[b] und boissen, 40
sye samentlich gleich theilen sullen, einer sye gegenwertig ader
nit, inheimisch ader ußwendig, eim jeklichen seyn deyle und ge-
buire nach der zale.

1508. 14. Item auf fritag aller selen tag anno tausent funfhundert
achte haben sich die scheffen gemeynlich verdragen und be- 45

a) *B an den gerichten.* b) *B stauff.*

schlossen, woe es sich begebe, daß nu hinforter einiger scheffen
ader mehe krank und allhie zu Coblents krank ligen wurden, also
daß sye nit zu gericht gaen moichten, daß jeklichem der selben
scheffen syne krankheide uß von allen deß gerichts gevelle gedigen
5 folgen und durch einen scheffenmeister zu ziten gelebert werden
sall alles und jedeß, weß einem scheffen, der anheimsch ist und
deß gerichts wartet, von soilchen gevellen gepuirt und wirdet,
alleß getruelich und ungeverlich . . . . .ᵃ.

15. Item ein jeklicher scheffen sall sich mit fleiß hoeden, daß
10 er in einer ansprachen ader antworten laiß luden seyne wieder-
parthye, deß zu bezuigen ader deß zu bekunden, seyne parthye
moiß anderß scheffen gezuige ader scheffen kunde ader scheffen
brief haben, dac durch sye zu schaeden queme, hetten sye aber
soilchs, so moichte es also woil luden, dann zu bereden mach man
15 mit zweyen erbarn unversprochen mannen ader manß namen thun,
die auch ein gericht leyden mach, also daß sye nicht in bennen
ader deß gleichen seyen etc., ader dore ader die zu zeiten irrent
ader kynczentᵇ ader auch unelich weren, auch mit keinen frauen
ader megden mach einer ein berednuß thun alß recht ist.

20 16. Item sall kein scheffen jemants ratgeben ader reizen zu
einiger hadeleye, daß anß gericht komen mag, bußen seinen gesellen umb deß wyllen, daß nyemants klagen doirf, die scheffen
haben eine daß geraeden, abe er gewoinne ader verloire.

17. Item aeb jemants queme zu einem scheffen und wuilde
25 sich erfaeren umb einige sache, die zu urtheil komen mach, sall
er nit bescheiden bußen seiner gesellen rait.

18. Item ist ein freiheit und alte herkomen der scheffen, aeb
einer mit eime scheffen ginge und hiltet sich an seinen mantel ader
rock, daß er die weyle frey seyn sall und mach ine der frone nit
30 koimmern noch die stadtknecht nit aingreifen und ginge er mit
dem scheffen in deß scheffen huiß, ist er aber freye, want der
scheffen wonungen sein freye, also das man dar innen nit pfenden
sall ader richten von stadtknechten ader froinen und nemants dar
in angreifen an leib ader guide.

35 19. Item suillen alle scheffen zu Covelentz die wont eynunge
roigen, so woe sye soilchs sehen werden bey iren eiden und aeb sey
einige wunden beschen wurden, alß inen daß gepuiret, die ruchpar
werenᶜ auch vorbrengen und roegen laeßen, als gewoinlich ist.

20. Item suillen zwene scheffenmeister hanthaben die almoße
40 in dem Nonnenberger hofe nac lude eins testaments, daroeber
sprichet, mit rade irer mitscheffen und nac iren besten synnen
und vermoigen.

21. Item sall kein scheffen kein hantwerk treiben noch thun,
alß lang er lebet.

a) Folgen die Namen der Schöffen, welche diesen Beschluss gefasst und
derjonigen, welche krank gewesen.   b) *B oder kundschaft kundscheit oder.*
c) fehlt in *B.*

22. Item sall kein scheffen kein unreine kaufmanschaft feyl haben alß die verhoiker salz, schmalz noch oley, roeben, leder uf keiner finstern feil haben.

23. Item sall kein scheffen keine woucherey treiben, es sey mit gelde ader mit einiger kaufmanschaft, davon woucher aeh s kommen mach.

24. Item aeb ein broit gesinde ader thiener unsers gnedigsten hern von Triere vorm werntlichen gerichte alhie vorgenomen wurde, mach der selbig heißen durch seinen vorsprecher an unsers gnedigsten hern holfmeister zu ußtrage der sachen, und der cleger 10 sall soilchs auch folgen, dan es also herkomen ist, und sall der holfmeister soilche sachen bynnen ein monat volnenden und außrichten nach ansprach und antwort etc., abe suilchs nit geschee ader ausgerichtet wurde ader vereiniget, sulden beyde parteien weder an werntliche gericht komen und nemen und geben aldae 15 waß recht ist.

25. Item ein man unsers gnedigsten hern mag heischen am gerichte seine unschuld zuthun, alß ime geburlich ist, alß dan sall der scheffen mit beyden partien vur daß gericht huiß gaen und aldae die unschuld dem man staben und thuin und daß sunder 20 fare, herumb geschicht suilchs.

2. Diß ist deß schultheissen eyd, der nit scheffen ist.

1. Sall ein schultheiß, der nit scheffen ist, einem scheffenmeister schweren, daß gericht in eren zu halten und daß recht zu rechten zeiten zu besitzen und einem jeklichen seinen rechtlichen tag recht zu bescheiden, er sey frembde ader heimisch, 25 und ab einige partye nit recht behalten hette, so daß sie zweifelten, so sall inen der schultheiß sagen, wie er die partie bescheiden hat und sall daß gericht schirmen, und waß der scheffen vor recht wiset und rechtet, sall der schultheiß schirmen und fort hanthaben und sall die scheffen noch daß gericht nit forter be- 30 schweren an dem gericht ader buißen dem gerichte, dann es von alterß herkomen und gewonheit ist, und sall daß geloben und na schweren ut sequitur: Waß du in guiten treuen gelobt hoist und wie dir mit worten underscheiden ist, saltu fest und stede halten, sunder argelist, so dir gott helf und seine heilgen. 35

2. Item ist der schultheiß aber scheffen, so darf er nit schweren, dann er soilche geloebde thuit bey seym eyd, daß gericht zu schirmen, alß es von alters herkomen ist.

3. Von disem tage forter saltu zu gericht gaen und deme gericht gehorsam seyn und salt eins jeklichen menschen wort 40 thuin, der deß an dich gesynnet, und salt deß niemants versagen und dem seyn wort thuin und bestes raeden nae deinen besten synnen, und salt recht urkunde entphaen und recht gezeuch tragen in allen sachen, darzu du geruifen wirdest alß ein scheffen,

und salt recht urtheil sprechen nac zweyer mann bestelnuß nach
deinen besten synnen, die dir gott verluen hoit, und salt daß urtheil auch helen und halten biß auf die zeit, daß es uffenbarlich
gesprochen wirdet, und salt deß nit laeßen durch furcht, draue,
⁵ freuntschaft ader machschaft, liebde ader niede, durch gott, silber
ader durch einige sach, die menschen herz erdenken mach, so daß
recht irren mach und daß unrechte fordern, on argelist.

3. Der scheffen eyd.

1. Von disem tage an und von disem tage fort saltu zu gericht gaen und eim jeklichen seyn wort ᵃ thuin nae deinen besten
¹⁰ synnen und vernunft und ein seyn bestes zu raeden und salt
recht urtheil weisen nae deinen besten synnen und recht urkund
entphaen, recht gezeugnuß tragen, alß du deß gemant wirdest und
solt daß nit laeßen umb lief noch umb leyd, umb draue, umb
forcht, umb freuntschaft, umb machschaft, umb gold, umb silber,
¹⁵ umb einige gewinn nach umb keinerley sachen, die daß recht
irren mach, ane argelist, so dir gott helf und die heilgen.

2. Und wanne der eyd gescheen ist, so sall der schultheiß
den selben scheffen, der den eyd gethuin hoit, heischen tasten an
den fronen staff, so sall dan der frone dem selbigen scheffen ban
²⁰ und freden thuin.

4. Deß schreibers eyd.

So gelobt ein schreiber alle anspralchen und alle andere
widderreden recht inzuschreiben, alß von alterß herkomen ist an
dem gerichte, und alle scheffenbrief recht zu schreiben na seynen
besten synnen und wie ime die scheffen und die partyen anbrengen
²⁵ und heischen schreiben und die zu bessern und nit zu ergern, und
abe er etwas hoiret von scheffen, daß sye heimlich redeten, daß
sall er schweigen bey seym eyde und daß gericht eren und in
eren halten, und aebe jemants wetten wuirde auf daß boich und
ine jemants fraeget, wie es in boich stuinde, sall er nyemants be-
³⁰ scheiden bey seynem eyde, dann wuilten die scheffen daß beschen,
so sall er gehorsam seyn.

5. Der froenen eyd.

Eyn frone gelobt recht kommer zu thun und daß nyemant
zu weigern, er sey frembde ader heimisch, und abe zwene ader
drie auf einen kummerten ader auf seyn guit, daß suillen sey be-
³⁵ halten, were der erst sey, und ire verbot und botschaft zu rechten
zeiten zu thuin und die nit zu hinderhalten und suillen gezuig
tragen in iren kummer und in irem geboeden und kein geld hinderhalten, daß sey von der scheffen wegen ufheben, dann wann
sey daß geld aufgehaben haben, so suillen sye es lebern eim

ᵃ) *B recht.*

scheffenmeister, es sey wenig ader vyl, und ab sye etwaß hoirten
von den scheffen in irer heimlicheit ader sunst von irer ein theil,
daß saltu schwigen bey dem eyde und salt die scheffen in eren
halten und wirdigen; du en salt in keins edelmans huiße noch in
keins scheffens huiße kummeren noch richten, es were dan sache, [5]
daß er weyn feyl hette, auch saltu an niemants kummern ader
richten, der mit eim edelmann ader scheffen gaet ader reydt, er
erlaub dirß dann.

6. Der juden eyd.

Deß dich N. ainzihet, deß bistu unschuldig, so dir genaedt
got, der selbige got, der dir zu leben gepuitet und ließ werden [10]
hemel und erden, berge und thael, laub und graß, das ee nit waß,
abe du unrecht schwuirest, daß du die ee nummer behalten muißes
noch die zehen gepot, die gott Moises gaf auf dem berg Synay
an zweyen marmorsteinen taflen, abe du unrecht haebest, das du
zu eim salzsteine werdest, alß Lottes weib geschag, die zu eim [15]
salzsteine ward, doe sye hinder sich sage, abe du unrecht habest,
so moiß dich die erde verschlingen, als sye Datam und Abireu
thede, abe du unrecht habes, so muiß dich daß selbige feuer ver-
brennen, daß Babylonien verbrennet und zweyhundert man, abe
du unrecht haist, so muiß Lucifer zu deiner rechten seyten stain [20]
und muiß failschlich vom gericht gaen, deine kinde weisen, dein
weib widwe, dir selbe zu freysam, abe du unrecht hoist, so muiß
dich soichte an gaen, alß sye Jhesie anging, do er die gabe von
Naan enphienge, abe du unrecht haist, so moisse deyn gryß nummer kommen zu andern gryß unsers hern Abrahams: den eyd, so [25]
ich gethain habe, der ist ware und recht, so dir helf der heilge
namen unsers hern Adonay, der oberste, sprich amen.

7. Diß ists gefelle der scheffen vom gerichte ut sequitur.

1. Item haben die scheffen vom hoisten wette zwei theil [a] und
eim amptman ein drittheil von gunst der scheffen und ist sulche
wett 27 mr. brab. [30]

2. Item uf daß boich zu wetten, soilche wette ist der scheffen
alleyn, und ist auch 27 mr.

3. Item von eim fredebroch haben die scheffen 12 alb.
myn 4 hl.

4. Item von eim ganggeleyde bynnen der stadt Covelentz [35]
haben die scheffen 12 alb. und die fronen 2, macht 14, sall jekliche partie geben 7 alb.

5. Item von eim gangeleide buissen der stadt 24 alb., doch
sall jekliche partie geben 14 alb., machet 28 alb., der ist der
fronen 4 alb.; an disen zweyen ganggeleiden gebuirt dem schult- [40]
heiß nichts, er sey dann scheffen.

a) *B zweiwett.*

6. Item von gassengericht haben die scheffen 14 alb. und ein schultheiss 2 alb. und fronen 2 alb., machet 18 alb., sall jekliche partie geben 9 alb.

7. Item von eim jeklichen urkunde haben die scheffen 2 alb.

8. Item von eim jeklichen scheffenbriefe zu siegelen haben die scheffen 1 alb. von schreiber und der amptman sall geben daß segel wags vom sein theile der boessen von den friedebruichen buissen uß dem cruicz theile der boessen und (die) scheffen haint daß ander halbe theil.

9. Item von einer jeklichen kuntschaft zu siegelen, von jeklichem siegel 1 alb.

10. Item von eim scheffen briefe zu siegelen buyssen der segel zeite den scheffen 12 alb.[a]

11. Item ein zurbrochen scheffen siegel zu erneuen den scheffen 2 fl. ader genade, so ferre daß cruiczgen im siegel ganz ist.

12. Item von einer rechtonge bynnen der stadt den scheffen 6 hlr.

13. Item von einer rechtonge buissen der stadt in der mark den scheffen 1 alb.

14. Item von einer ussenrichtoung in eim andern gericht alß zu Bopart, Leye, Revenach etc. haben die scheffen 8 alb. und schultheiß 4 alb. und die fronen 3 alb., machet 15 alb.

15. Item von einer richtonge zu Capellen haben die scheffen 20 alb., ein schultheiß 6 alb. und die fronen 4 alb.

16. Item von eim urtheil zu heufte zu hoelen den scheffen zu urtheil gelde und zerounge 14 fl., und welche partie daß urtheil gewyndt, geben die scheffen ire urtheil geld wieder mit namen 14 fl.

17. Item von eime eyde zu staben am gerichte, den scheffen von eime jeklichen 1 alb.

18. Item vom gerichte zu bessern 1 alb.

19. Item von dem freden deß eyds den scheffen 1 alb.

20. Item von einer jeklichen anspraichen inzuschreiben in daß gerichtsboich in die boesse[b] 4 hl.

21. Item von jeklicher insatzonge in daß gerichtsboich 4 hlr.

22. Item von jedem gulden beken geldes inzusetzen in daß gerichts boich 4 hl. ader 2 ungeverlich[c].

23. Item von jedem marksteyn zu setzen die scheffen 4 alb. ader 1 firtel weins[d].

24. Item von einer wunden zu besehen ab eye ruppar sey ader nit haben die scheffen 2 alb.

25. Item mag allezeit ein schultheiß und burgermeister mit 2 scheffen daß broit aufheben und dar nae weigen alß von alters, davon sall ein schultheiß den scheffen geben 2 alb.

a) Dieser Satz fehlt in B.   b) B buchß.   c) B oder ein viertel weinß.   d) Dieser Satz fehlt in B.

26. Item haben die scheffen von eim urtheil, den scheffen von Moinster[1] zu geben, 24 alb., in gleicher maissen von den scheffen von Ludesdorf 24 alb., auch von den scheffen von Leye 24 alb.[a].

27. Item haben die scheffen von einer richtlicher thelounge s von erbschaft ader gereide 2 fl.

28. Item haben die scheffen von eime wirt ader gasthalter, der ein pferd an gericht uf buidet, daß verleist ist, 4 alb.

8. Daß gefelle eins amptmans.

1. Item hait ein amptman von deß gerichts wegen an fredebroch 20 alb.   10

2. Item hait ein amptman am hoisten wette ein drittheil.

3. Item hait ein amptman an der wunden einunge ein theil und der rait zwey theil.

4. Item hait ein schultheiß vonß amptmans wegen von einer innerrichtonge $2^1/_2$ alb., von einer usserrichtonge 5 alb., von eim 15 kommer 1 alb.

5. Item hait ein amptman an der broitroigen 2 theil und an dem gewicht, wagen, maissen, weigen etc. auch 2 theil und der rait daß drittheil.

6. Item hat der amptman an dem fredebroch wispenning[b], der so in daß cruiczgin der boessen kompt, ein half theil und von jedem scheffenbrief zu siegeln $1^1/_2$ hl., deß[c] sall er daß segelwachs bezaelen.

9. Daß gefelle der froenen.

1. Item haben die froenen von eim kommer 6 hl.

2. Item von dem burgfreden 4 hl.   25

3. Von einer verbodoung[d] 6 hl.

4. Item von einer usserverboedoung von der meilen 2 alb.

5. Von einer richtonge[e] 6 hl.

6. Von einer usserrichtonge in der marken 1 alb.[f].

7. Von eim scheffengeleide 2 alb.   30

8. Item von eim stanende[g] gericht 2 alb. .

9. Item wan die scheffen die boeß[h] uf thun 2 alb.

---

a) Dieser Satz fehlt in B.   b) Fehlt in B. In der Vorlage A steht *wispu.*   c) Fehlt bis zum Schluss in B.   d) B *innerverbotung.* e) B *innerrichtung.*   f) B 6 alb.   g) B *stehenden.*   h) B *buchs außthun.*

[1] Hiernach war Koblenz Oberhof von Münstermaifeld. Es muss also eine Aenderung des früheren Zustandes stattgefunden haben, nach welchem der Rechtzug von Münstermaifeld nach Trier ging. Am 15. November 1277 setzte Erzbischof Heinrich von Trier 14 Schöffen in Münstermaifeld ein mit gleicher Freiheit, wie die in Koblenz, und bestimmte, dass dieselben über die Urtheile, „der si nit wise sint und sich daruss nit gerichten kunnent, vor unsern Trierschen scheffen rait und gewisheit schuldig sullent sin zu suchen." St.-A. Koblenz. Aemterbuch der Stadt Münstermaifeld Bl. 73b.

10. Von eim gangeleide buissen Coblentz 4 alb.[a].

11. Item von einer usserverkundigung an eim andern gericht von der meilen 2 alb.

12. Von einer richtonge buissen diß gericht 3 alb. und darzu von der meilen wie obg. und zu Capellen 4 alb.

13. Item wanne andere scheffen hie urtheil holen 2 alb.

14. Item geet der frone stab zu Coblentz an disse ende hernach geschreben mit namen: Duisberg, Bonne, Erpel, Andernach, Bopart, Wesel mit irem zugehoire der doirfer etc. Horcheim, Paffendorf, Capellen, Revenach, Guilß, Winningen, Leye, Treiß.

15. Item were sach, daß sich einer rechten wuilde zu Capellen, gaet der fronen staf biß an daß bechelgin vor der neder daß daels und nit forter noch bynnen die mure, und sall ein schultheiß mit zweyen scheffen und fronen daer faeren in deß clegers kost und den dae richten, alß zu Coblentz gewoinlich ist.

16. Item mach niemantz richten an eins burgers leif, dan alleyn an seyn guit boben dem gurtel, gereit und ungereit, eigen und erbe etc., er en sall aber nichts selbs nemen, der fronebot en gebe ime dan, er queme anderß zu schwaerlichem schaeden, abe soilchs von ime gethain[b] wuirde; er mag aber den fronen woil weisen, daß und daß giff myr, alß lang alß er es findet, oder daß und daß froene myr.

17. Item ab einer ein pferd verleist in einer uffenbaer herberg bey eim wirt, sall der wirt soilche pherd reiden laessen an gericht und sall es ufbeden an gericht durch seinen vorsprecher also: her schultheiß, diser wirt buidt soilch pherd uf aß recht ist und fraeget, wie er ime forter thun sall? Sall der schultheiß die frage stellen auf einen scheffen; daruf die scheffen weißen suillen, er sulle soilche pherd nocht halten drie tage unverlustig und alß dann moige er es verkaufen vor syn eygen guit.

10. Von dem kummer.

1. Item abe einer den[c] andern kummert, bleybt de gekummert auß after 12 uren, sall der cleger mit zweyen scheffen zu dem schultheisen gehen[d] und urkunde[e] der zweier scheffen erfolgen seynen kummer, ußgescheiden dem gekummerten gottes gewalt und herrn noit; alsdan sall der schultheß den cleger bescheiden an daß neste gericht und mag er dann weldicheit heischen auf soilche erfolgnuß, alß den scheffen kundig sey etc. und mach dar nac sich richten, alß gewoinlich ist, an seyn guit bobenwendig dem gurteil ader sunst so woe er deß seynen weiß ader ankomen mach bynnen dissem gericht stabe und were sach, daß der cleger daß guit nit ankomen mochte, soll er an daß neste gericht komen

---

a) *B 2 alb.*   b) *B geclagt.*   c) *A der.*   d) **fehlt in** *A.*
e) *A verkunden.*

und aldae fraegen, so wie er dan forter nae gaen suille, soll daß
gerichte ine bescheiden nae alter gewonheit, er moige ine an seyn
leib richten.

2. Item abe einer gereit habe* in kummer lecht, sall er
darauf dringen[b] drye tage und sehes wochen, die drie tage suillen [5]
nae gaen, kompt der antwurter bynnen sehs wochen, so sall der
cleger seine ansprache thuin und der antwurter mach darauf antwurten, er sey der ansprachen unschuldig ader jae ab neyn, und
alsdan sall der schultheiß beyden parthyen iren richtlichen tag
bescheiden zu nest 14 tagen, so verre man gericht heltet seiner [10]
unschuld, bekennet aber er ime, so soll der cleger weldicheit heischen und richten und dem nae gaen, alß der scheffen weist daß
recht sey, daß ist, er soll suillich guit versetzen ader verkaufen
urkunde zweyer scheffen uf daß duirste, gebricht ime, sall er
mehe suichen, obert ime, sall er wieder geben; were aber etwaß [15]
von jemant anderß gekummert, dar an sall sich disser nit richten,
abe er mehe souchen sult, deweil es in deß kummer staet. Queme
aeber der cleger nit und der antwurter queme bynnen den drien
fierzehen tagen, alß bescheiden were, und wuildt sich verantwurten
durch[c] seynen vorsprechen, so mach sich der antwurter loyß [20]
deylen[d], der cleger queme dan zu dem schultheisen vor der 12.
uren, so suildo der schultheiß beyde parthien an daß neste gericht
bescheiden.

3. Item wirdet eyner gekummert und bescheiden an gericht,
kompt der gekummert an gericht und der cleger bleybt ussen after [25]
12 uren, so mag der gekummerte urkunt zweyer scheffen sich loß
deilen[d] vor dem schultheißen und ob er wylle an daß neste gericht komen und den cleger fredebroichich sagen, so ferre er ein
burger ist.

4. Item ist einer gekummert und hait burgen gesatzt an gericht [30]
zu komen und kompt an gericht und hoeret[e] die anspraiche, sall
sein vursprech sprechen ee er sich verantwurt verzeigte uf unsere
burgen, sall deß clegerß vurspreche antworten dar uf auf rechte
antworte, also zu verstaen, aeb der gekummerte nit auf die anspraiche richtlich antwortet ader von dem gericht unverantwortet [35]
hyn weg ginge, daß alsdan die burgen noch verhaftet weren und
nit queyt geschulden.

5. Item ist einer gekummert und kompt an gericht und hoeret
die anspraiche und wirdet der unschuldig und bescheidet der
schultheiß ime ein tag der unschuld, wyll der cleger ime dan nit [40]
glauben, dem schultheisen hantgeloibte zu thun uf sine ere und
landrechte, seynen richtlichen tag zu hoeden etc. ader auch keinen
burgen vur ine nemen wyll, dem[f] cleger nit bequeme duichte
seyn, mag der cleger durch seiner vursprechon sprechen, er wartet

a) *B gereit gut oder habe.*   b) *B dingen.*   c) *durch — der
antwurter* fehlt in *B.*   d) *B dedingen.*   e) *B hat.*   f) *A zweimal dem.*

deß mans an dem froenen und der frone sall sein sicher werden, glaubt ime der frone aber und queme er nit weder an gericht, muist der frone dem cleger genoichte thuin vor den jenen, neme auch der schultheiß geloebde von dem gekummerten buissen wyllen ⁵ deß clegers, sall der schultheiß dem cleger genoichde thuin, der schultheis mag aber von gerichts wegen schreiben an daß gerichte eim amptman ader schultheisen, dac der gekummert gesessen ist, daß er ime handgelobde gethain haebe und bleybe ussen.

6. Item einen usserburger sall man nit kummeren an seyn ¹⁰ leib sunder an gerichte gepicten, aber seyn guit und habe mach man kummern, alsdan mag er an gericht kommen und seyn guit usser kummer heischen durch seynen vorsprechen nae altem herkomen und seynen leib vor seyn guit setzen zu verantworten und keinen burgen, wan wirdet er erwonnen, mach man sich richten ¹⁵ durch unsern froenen an seyn gericht, dae er burger ist.

11. Von dem freden.

1. Item aeb ein burger den freden von eim andern burger claget, so sall er daruf clagen drie tage vor und 6 wochen nach und kempt der antwurter bynnen den drien fierzehen tagen und wyll sich verantworten durch seynen vorsprech und kompt der ²⁰ ansprecher nit bynnen der zwoilfter uren, mag sich der antwurter urkunde zweyer scheffen vor dem schultheisen loiß thedingen und den cleger am nesten gericht fredebruichig sagen, kompt aber der cleger, und der antwurter nit nach den drien tagen und (ses wochen)ᵃ, so mach der cleger den antwurter fredebroichich sagen ²⁵ und mach wieder clagen drie tage und ses wochen, alß dar nae mag er seyne anspraiche erfolgen, so ferre der antwurter nit kompt.

2. Item so were den freden clagt von eim burgerᵇ, daß pluderwette ist, und ob sye darnae nach der clagen gesoenet wur-³⁰ den durch ire freunde, ee doch sall soilcher der geclagt hatᶜ den fredebruich geben und bezaelen, alß gepuirlich ist, er en sey dann gesoenet, daß seyne wiederparthie den fredebruch gelden suille; vollenclagt aber der cleger und gaet dem frede nae seine zeit uß, so sall der antwurter den fredebruch gelden, er en thede ³⁵ dann den eyd darvor, daß er deß unschuldig were des pluderwetsᵈ.

3. Item ist ein fredebroch 2 reinische guilden 4 alb. myn 4 hl., deß soll dem cleger werden vor hyen 20 alb. und eim amptman von unsers gnedigsten hern wegen 20 alb. und den scheffen ⁴⁰ 12 alb. myn 4 hl. und der cleger sall alle zeit vorbezalet seyn, abe er es haben wyll.

---

a) fehlt in *A, B* vollständig.   b) *B von eim burger des underwas und ob sie.*   c) *B soll der cleger.*   d) *das er des underwets unschuldig were.*

4. Item so wanne einer fredebruichig worden ist, sol der den fredebroich geben an stund deß tags und er soilchs nit thede, so welche scheffen ine darafter sehge und zu ime spreche: gib und bezael den fredebroch ader gang in die borg, gibt er daß geld nit ader gaet auch in die burg nit, ist er von stund umb 27 mr.,⁵ gaet er in die burg ist er auch vor 27 mr.ᵃ und alß dick ein scheffen ine siehet ist er vor 27 mr.; auch moigen die scheffen einen froenen zu ime schicken und den fredebroch laissen heischen, gibt er den fredebroch nit, sall der froenebot sprechen: kom und gang myr nae in die burg; thuit er iß, ist er umb die 27 mr.,¹⁰ thuit erß nit, ist er auch umb die 27 mr., alß dick daß geschicht.

5. Item so wanne einer einen fredebruichig sagen wyll am gericht, sall er geben 2¹/₂ alb. und seyn vorsprecher sall wieder den schultheißen sagen: her schultheiß, disser sagt den fredebroichig. Alß dan sall der fronebot sagen: den selbigen sage ich ¹⁵ fredebrochig von meynß gnedigsten hern von Trier, der ein vogt und lehenher ist, von der scheffen wegen und von meynent wegen, so wer den raufet ader schlegt, daß der kelnen freden an ime verbrichet.

6. Item pluderwetteᵇ ist, so wanne sich zwene ader drye ader ²⁰ mehe raufent, schlagent, werfent ader stoissent ader der gleichen, daß nit roppar ist, herumb sall die dritte ader zweyte anspraiche eins jeklichen burgers seyn alle zeit der eyd von dem freden, daruf sall deß antwurters vorsprecher antworten, alß daß wuilt er noyde gethaen haben; ist er schuldig, das kundig ist, so mag er ²⁵ den eyd nyt darvon gethain, dan er moiß sich fredebroichig laessen sagen und deß fredens in gaen, ist aber nichts darvon jemantsᶜ kundig, ee doch mag dochᶜ daß gericht den eyd vom antwurter fordern.

7. Item¹ so eyn man dem andern borget eyde vom schlagen ³⁰ alß vom freden, daß einᵈ pluderwerk triffet, wyll der man die heilgen eren und nit schweren, der mag aebtreten mit 6 pfund hellern, dem eleger 3 pfunt, dem amptman 3 pfunt und jeklichem scheffen 10 pfening.

12. Von gedinkniß.

1. Item aeb einer dinget vor zynß auf guiter, der selbige ³⁵ sall dingen drie tage und ses wochen, und die drie tage suillent nae gaen, und sall der eleger die wiederparthyen verboten durch den froenen, kompt der antwurter bynnen ses wochen, sall der eleger seyn erdinknuß erfolgen und mag dar nae heyschen waildi-

---

a) *gaet* bis hierher fehlt in *B.*   b) *B pluderwerk.*   c) fehlt in *B.*
d) *B an.*

¹ Dieser folgende Satz stimmt wörtlich überein mit § 20 des Stadtrechts von 1363.

guit und richten, alß recht ist, und dem nac gaen, alß der scheffen weiset alß recht ist. Daruf der scheffen richten[a] sall, daß er soilch guit under seyne ruede mag schlagen und sall daß verbuedingen, daß ist, kompt der schuldener bynnen jairs frist und
5 gibt dem cleger seynen zinß mit dem verseß und gerichts schaeden, so sall er ime seyn erbe weder geben, kompt er aber nit bynnen jairs frist, so sall der cleger einen buedinges brief nemen von den scheffen und mag soilich guit behalden vor sein eygen.

2. Item dinget einer uf pfende und werden sye nit verant-
10 wurt, so sall der scheffen wysen, daß er sey versetzen soll uf daß hoeste ader verkaufen urkunde zweyer scheffen, gebreche ime, so sall er mehe pfande hoelen mit dem fronen, oberet ime, suille er wieder geben, weren es aber essen phande, alß pferde, koe, so sall man sey weysen drie tage nac zu halten und alß dan sall
15 man sey verkaufen urkunde der[b] scheffen und soilchs gelt hinder daß gericht legen und daruf dan dingen.

3. Item abe einer guede mit recht allie inerwonnen hette vor schuld und der scheffen geweyst hette, sey zu versetzen ader zu verkeufen, so mag er seines guedes also vyll versetzen ader
20 verkaufen urkunde der scheffen, alß vor seyn geld, und daß andere guit ime selbst dar vor behalten alß vyll alß vor seine schuld.

4. Item hette einer guit inerwonnen zu versetzen ader zu verkaufen, ist es eigen und erbe, so sall sey der kaufer nac halten
25 ungeverlich[c] fierzehen tage.

5. Item so wanne einer kisten pfande uf beudet alß recht ist, sall ein schultheiß den bescheiden, die parthie an gericht zu verboeten laessen und die pfande fierzehen tage halten unverlustig, dar nac mag er fraege, so wie er deme vorter nac gaen suille
30 und nit eher.

6. Item so wanne einer gedinget hette vor zynse uf erbe hurich und verseß nach lude seyner brief ader register und der antwurter spreche, er were der ainspraich unschuldig vor den verses und hurichen zynß, mag er die unschuld thun ader sall
35 dem cleger genoung thun, thut er des nit, mag der cleger seyn erdinknuß erfolgen und daruf weldigait heischen und sich richten, wulde aber der antwurter deß zynß leunen und ganz nit schuldig seyn, sulde der selbige soilch[d] unschuld thun selb sebentem, das ist, das sehes erbar man mit ime zu den heylgen soilchs beweren
40 suillen, alß recht ist, das der soilchs zynß unschuldig sey, auch[e] nehe geben sey, alß inen got helf und die heilgen. Soilchen eyd sall der antwurter thun, die sehes gezeuge suillen behalten, das soilchs waer sey, alß er geschworen habe, so inen got helf und die heylgen.

a) B weisen.   b) B der zweier.   c) B unverlerlich.   d) B sein unschuld.   e) auch — sey fehlt in B.

13. Erfulgnusse.

Item so wanne eyner seyne ainspraich erfolget hait, thut er
fraegen durch seynen vorsprechen einen schultheisen, wanne seyne
wiederparthie ime bezaloung thun suille; ist die wiederparthie ein
burger, so sall der scheffen weysen, (das er inen bezalen soll in-
wendig vierzehen tagen, ist er aber nit burger, soll der scheffen [5]
weisen)[a] daß er sall burgen setzen und bezaeloung thun binnen
sonnen scheyn, were es aber, daß der cleger nit thede fraegen,
so mag er kommen an daß neste gericht und uf soilche erfolgnusse weldigait heischen, alß den scheffen kundig ist und sich
rechten, einer sey burger ader frembde. [10]

14. Von dem eyde staben.

1. Item so wan einer einen eyd thun sall an gerichte und
hinder den heylgen steyt und seyn vorsprecher ime den eyd
staeben[b] soll, sall seyne vorsprecher heischen zwene scheffen zu
ime und suillen samenklich den eydthaeder underrichten, under-
weysen und lernen, wie soirglich ein eyd seyn mag und deß- [15]
gleichen und wyll der eydthaeder ee den eyd thun, so sall der
vorsprecher dem den eyd heymlichen in beywesen der zweyer
scheffen vorsagen nae luit der anspraichen; dar nae sall der vorsprecher sprechen wieder die parthien: offent unß die ansprache!
Und wanne die ainspraiche geluyt[c] hait, sall der vorsprecher [20]
sprechen: her schultbeiß, ich underdingen disen man, abe ich ine
scumich machte mit worten ader werken, daß er sich deß erholen
moichte durch einen andern scheffen ader mich selbst, ee dan der
man zu verlost queme. Mach der schulthoiß sprechen: ich erlaube
ime alles rechten. Dar na sall der vorsprecher zwene foirderste [25]
finger nemen an der rechten hand deß, so den eyd thun sall, und
sprechen: her schultheß, mit urlob legen myr uf die finger[d] und
sall die finger uf den heilgen halten, biß so lange er die claeger
gefraeget, aeb er uf den eyd verzeigen wuille; mach daß dan nit
gescyn, so sall der vorsprecher seyne hand von den heylgen thun [30]
und vorsprechen: so alß myr N. zugesprochen hoit, daß ich ime
schuldig sey zehen[e] gulden, deß byn ich unschuldig, so alß myr
got helf und alle sein (heilgen)[f]; ader: so alß myr N. zugesprochen hoit, daß ich ine geschediget haebe an seyner eren
und gelimpf und kere ime daß nit, daß schaede ime 40[g] gulden, [35]
deß schaedens byn ich unschuldig, so myr gott helf[h] und die
heylgen; ader: deß mich N. zeiget, daß ich ine beschediget
haebe an seym leib ader an seiner gesuntheit und kere ime deß
nit, daß schaede ime 10[i] gulden, deß schaedens byn ich unschuldig etc. Und alßbald sall der vorsprecher mit seiner hand [40]

a) (—) fehlt in A.   b) B vorstaben.   c) B verdeutet.   d) die
finger fehlt in B.   e) B hat N.   f) fehlt in A.   g) B 50.
h) B helf etc.   i) B hat N.

deß finger uf den heylgen behalten und sprechen: her schultheiß, mit urlob legen myr abe.

2. Item abe einer hinder den heylgen stunde und zu der unschuld komen were und were der ansprache schuldig und wulde sich laessen erfolgen, sall der vorsprecher sprechen: her schultheiß, ist es mit euerm willen, so wyll diser aebtreten und sich lueßen erfolgen; daß mach die wiederparthie verurkunden und mach* zu urthel stellen, nast dem der aebtreten ist von den heilgen und sich wyll laessen erfolgen, bynnen waß zeit er ime ußrichtoung thun suille, nae lude seiner ansprachen; sall der scheffen darauf weißen, so der aebtreter ein burger ist, suille er ine ußrichten bynnen 14 tagen, ist er aber nit ein burger, sall er ine ußrichten bynnen sonnen scheine deß tags und sall ime darvor burgen setzen, darnae mag seine wederparthie uf soilche erfolgnusse weldigaito heischen, alß gepurlich ist, am nesten rechtstage darnae und mach sich darnae rechten.

3. Item abe einer seym vorsprecher nyt ganz nae ader lude spreche, ader die finger ee zeit uf ader von den heilgen thaede, und stellet die wiederparthie durch iren^b vorsprecher soilchs zu rechten, so sall der seine anspraiche und dar zu dem gericht 27 mr. verloeren haben.

15. De feriis^c.

1. Item after halffaste sall ein schultheiß eyde und urtheil ufslagen byß uf deß zweiten fritags nest nach ostern und ein frone sall soilchs oeberlude am gericht sagen; aber fluissige urtheil molgen die scheffen ussprechen darbynnen.

2. Item vor dem ernde an biß sanct Jacobs tag uf nesten gerichts tag.

3. Item vor dem advent an biß nae geschworen mointag.

4. Item vor vincula Petri an biß uf acht tage nach assumptionis Marie.

5. Item in dem herbst.

16. Ortheil.

1. Item abe die scheffen ein urtheil zwuischen zweyen parthyen geben suilten und die zael der scheffen nit alle darbey gegenwertig weren, ader abe daß ortheil mit einen scheffen anginge, suillen die scheffen alß dan die parthyen vor fraegen, ab sey einen genuegen aen der zael haeben etc., und abe ein parthie antwurten ließ, ire genueget alß recht were, suillen die scheffen alß dan soilch urtheil nit ussprechen sunder beyden^d irer mit gesellen, wan irer seben ist ader daroeber, were der scheffen aber weniger dan seben im lieben ader abe daß urtheil den sebenten

a) B es.   b) B seinen.   c) B Von den freien.   d) B erwarten.

scheffen mit anglenge, suillen die scheffen alß dan heischen von
beyden parthyen ire urtheilgeld beyzulegen bynnen den nesten
fierzehen tagen und soilch urtheil fort zu heubde hoelen, abe einer
parthien nit genueget an der zael sunder alß recht were.

2. Item mach der scheffen zu Coblents eins urtheils beract **s**
nehemen drie fierzehen tage nae ein und ist er seyn dan noch nit
weyse, sall der scheffen beyden parthien am gericht sagen, sey
seyen soilchen urtheil nit weyse, sey wuillen anspraich, antwurt
und urtheil beschreben nemen und daß ein jekliche ire urtheilgeld beylege, der scheffen wuill faeren an seyn oberhaupt und alß **10**
dae urtheil hoelen und alß darnach sall jekliche parthie 14 reinisch
gulden bynnen den neesten fierzehen tagen an gericht brengen
und soilch urtheilgeld durch ire vorsprechen beylegen. Alßdan
sall der scheffen anspraiche, antwurt und gestaldt urtheil vor dem
gerichte und parthien laeßen leßen und darnae zwene von den **15**
scheffen suillen mit schrift und gelde an ire oberhaupt faeren,
mit namen zu Trier, und den scheffen aldae anspraiche, antwurte
und gestaldt urthel muntlichen und darnae schriftlich vorbrengen
und getruelich mit ganzem ernst soilch gewonnen urtheil behalten
und heymbrengen und ausprechen, nae gewoinheit und lauf deß **20**
gerichts, daß ist nae gesynnen der parthyen, auch sall alwegen
daß gericht alhye eine aebschrift hinder ine behalten der anspraichen und gestaldt der urtheil.

3. Item mag ein parthie frist heischen ires gelds beyzulegen
durch iren vorsprechen am gerichte noch 14 tage nae dem ersten, **25**
abe eine parthie ire geld bey gelachte hett hinder daß gericht, ee
doch sall man die frist gunnen der ander parthien.

17. Hoichst wette.

1. Item so wanne zwene am gerichte wetten uf daß boich,
daß der eine spricht, seyn richtlich tag sey ufm mitwoch, der
ander spricht, er sey ufn freitag und der gleichen, ader die an- **30**
spraich sey 200 gl. geweßen und der ander spricht 100 und ge-
zehen sich deß ufs boich, soilche wettoung sall kosten 27 mr., so
were in unrecht funden wirdet sall die boiß gelden den scheffen
alleyn und darumb sall man* neymant deß boichs heymlicheit
ufnbaeren und seyn alle zeit gar naue achte nemen. **35**

2. Item so were verbricht dem gericht vor daß hohste
wette, daß ist 27 mr. brab., die boiß sall alleyn seyn der scheffen,
alß von alters herkomen ist, aber die scheffen moigen von genae-
den eim amptman daß drittheil von der boißen gunnen, uf daß
er inen dester williger sey und sey helf schirmen und boiß zu **40**
heben.

3. Item so were also frebel were und straefet ein urtheil
falsche an eim ufm^b gerichte ader daß er deß mit erbarer kunt-

a) fehlt in *B*.　　b) fehlt in *B*.

schaft beredt wurde, daß er soilchs frevel geredt hette, auch der
einen scheffenstoil straefet uffenbaerlichen ader ein rechtounge
frevelich mit der hand bestunde zu weren ader etwaß, daß ge-
froenet were, frevelichen mit muitwillen hynweg foert ader thede
5 sunder wyßen und erlaubnuß deß gerichts ader deß claegers ader
mit einiger gewalt eim andern daß seyne neheme, abebrech ader
verwustet, dar inne er mit zweyen scheffen begangen were, dise
vorgenante puncten mag der scheffen weysen in deß hern genaede
und ungenaede und dem gerichte vor daß hohste wette und der
10 puncten und frevel gleich auch also.

4. Item so were einer huißreumoung ader erbs nit gehorsam
und daroeber mit den scheffen begangen wurde, item so wer frevelichen ader mit wissen sunder seynen vorsprechen vor gerichte
(stunde und)[a] sunder erlaubnusse deß schultheißen redt ader
15 floichte ader oeberspreche seiner wiederparthien ader jemant anderß,
ader so were hinder den heylgen stunde und seym vorsprechen nit
volget mit worten ader werken nach lauf deß rechten[b] ader ab
einer sich rechte mit dem froenen an ein unrecht underphand,
soilche broichte und hohste wette suillen seyn deß gerichts und
20 nit in gnaeden und ungenaeden des hern.

18. Volgericht.

1. Item so wann von eym burger geclagt ist und uf den letsten
tag außbleibet, daß ist[c] nach den drien ses wochen, sall alßdan
der cleger uf den burger erfolgen, so moiß ein schultheiß vol[d]
gericht halten, kompt der antwurter alsdan nit vor der zwoilften
25 uren bey den schultheisen, so mag der cleger mit zweyen scheffen
bey den schultheisen komen nae der zwoilfter uren und mit
urkunde den burger erfolgen vor ein somme etc. und dar nae
weder an gericht komen und weldigaidt heischen auf soilche erfolgnusse, als den scheffen kundig ist, und sich darnae rechten un
30 seyn guit.

2. Item blebe ein burger auch auß, so wan er zur unschuld
komen were und ansprache geleden hette, suilt soilche erfolgnusse
auch mit dem volgericht zugain alß ferre der letste tag des burgers gewesen were nach ordenounge deß fredenß, daß ist der
35 letste tag der dritten clagen deß fredens nach den drien sehes
wochen und den drien tagen, anders mag der burger nit erfolget
werden dann fredebruichig gesagt, were aber der letste tag nach
den ersten sehes wochen und drien tagen ader[e] nae den zweiten
sehes wochen und drien tagen, so suilde der burger nit erfolget
40 werden, sunder er moichte fredebroichig gesagt werden, abe die
parthie wuilt, und zu den letsten drien sehes wochen mag einer
erfolgen alß vor geroiret ist.

a) fehlt in A.   b) B der clecht.   c) daß ist fehlt in B.
d) B ein voll.   e) ader — tagen fehlt in B.

3. Item abe einer eim beysesser ader usser burger ader frembdem an gericht gepoedt ader gekommert hette und blebe der ussen uf seynen bescheyden gerichts tag (des frones nach zwolfter uhren und nach der bescheiden gerichts tag)[a] nach der unschuld, so mag der cleger mit zweyen scheffen nach der zwoilfter uren[5] ader nae ufstaen deß gerichts vor dem schultheisen mit urkunde den erfolgen, alß ferre der nit vor der zwoilfter uren beym schultheisen gewesen were, den ein schulthes dan wiederumb bescheiden mag an daß neste gericht und auch den claeger seyne anspraiche zu thun, aeb er deß vorbescheiden were gewesen, wulde aber der[10] schultheiß nit vol gericht halten, so moichte einer auch nit uf den tag uf eyn burger erfolgen vor der zwoilfter uren.

4. Item diß ist die ordenounge deß volgerichts: so wanne schultheiß und scheffen vol[b] gericht gehalten haben bynnen den vier benken, alß gewoinlich ist, zu letst mach ein scheffen fraegen[15] einen schultheisen, abe er vol gericht halten wuille; ist es dann seyn wylle, so sall ein frone sprechen oberlude: alle gericht uf alß recht ist, menlich kalle durch seynen vorsprecher. Dann sall der frone fraegen einen jeklichen scheffen nae ein, aeb einer jemants zu ruifen haebe; sprichet der scheffen: ruif myr den etc.,[20] sall der frone ruifen oeberlude: Heinz ader Konz, biß du irgen hye? zu drien maelen, ist er dan nit dae, so mag der cleger uf den erfolgen myt urkunde alß vor underscheiden ist.

19. Gassengerichte.

1. So wann einer, der nit burger ist, mit eim fremden zu schaffen hoit und ine kummert ader seyn guit und begeret eins[25] stuenden gerichts ader gassengerichts, sall ein schultheis zu seinem gesynnen die scheffen bey ein laessen verboeten, alß vyel alß man die zeit ankomen mag, und beide parthien und jekliche parthie sall von den scheffen einen vorsprecher dem schultheisen heischen ainsprach und antwurt[c] thun, alß gewoinlich ist, und von[30] stund mag einer dem andern die unschuld thun also: der antwurter[d] sall dem schultheisen handgeloebde thun, daß er der anspraichen unschuldig sey, alß die geluydt haebe. Darnae sall er zwene finger aufrecken und seym vorsprecher naesprechen, so waß er in guiten treuen gelobt haebe, daß sey ware, alß ime[35] gott helf und seine heilgen, und soilcher eyd sall gescheen sunder fhare. Bekennet er aber der ansprachen, so sal er den andern ausrichten deß tags und darvor an stund burgen setzen ader in behalt des froenen bleiben. Were es auch, das der ansprecher die wiederparthie seyner anspraichen bereden wuilde und soilche[40]

a) (—) fehlt in A. b) fehlt besser in B. c) B ansprach, antwort und forderung. d) B ansprecher (!).

bredtnuß nit bey ime hette[a], mag ein schultheis nach seyner
begerden beyden parthien nae gelegenheit ire tage setzen, des berednuß handgeloebde ader burgen von beyden parthien nehemen,
irer gerichtstage zu waerten, were aber daß berednuß gegen-
5 wertig, suilde von stund gefoirdt werden[b] mit der geloebde und
eyde vorgeschreben.

2. Item sollche staende gerichte moichte auch ein burger
gesynnen und begeren zu haben mit eim frembden, aber ein
frembder mag der burger nit dar zu dringen, sunder ine vor-
10 nehemen, alß ime daß gepuirt.

3. Item abe ein frembder soilchs staenden gerichts begeret,
er were gekummert ader hette den andern gekummert, und der
ander wuilde ime daß nit volgen, alßdan moichte er sich deß
kummers entschlagen vor schultheis und scheffen ader seynen
15 kummer erfolgen uf den andern, alß hoe er den gethoin hette
urkunde der scheffen.

20. Buedink.

1. Item sall man alle jair unsers gnedigsten hern bueding
besitzen uf tag Catherine, uf geschworn mointag, uf mointag nach
der osterwochen und sal ein amptman zu Coblents den scheffen
20 die kost[c] thun uf die vorgenante buedinge und mag auch etliche
vom raede darzu lueden und sall die scheffen bey ein setzen
nach irer ordenounge, eyn burgermeyster sall den weyn geben
von der gemeyn wegen zum essen.

2. Item sall man um die neuente ure des morgens die haerret
25 klock lueden driemael nac eyn und suillent alß dan heymburgen
und ganze gemeyn der doirfer Weyß, Lutzercoblents und Neuendorf beym bueding seyn im neuenhuße und keiner sunder urlob
deß schultheißen außbleyben, der inheymsch ist, er sey burger
ader nit, er were dan betsiech.

30 3. Item sall auch dae seyn ein burgermeister von der gemeyn
wegen, uf daß sich die ganze gemeyn persoinlich nit doirf erzeihen
am buedinge alß seyn suilte, sall ein burgermeister persoinlich
sich erzeihen von der gemeyn wegen und sall alsdarumb den
weyn geben zum essen der buedinge.

35 4. Auch suillont etliche zunftmeister am buedinge seyn, neb
ein schultheiß sey fraegen wurde beyn eyden, neb sye es wuissen,
daß roppar und geweltliche sachen weren, die under irem handwerk gescheen, vorzubrengen.

5. Item ist alle insetzunge am buedinge 18 hl., es sey von
40 kummer ader gebode, von jeklicher anspraichen 18 hl., auch von
einer verbuedingunge 18 hl., und soilch geld ist der scheffen alleine.

---

a) *B bei ime nit stedt hett.*   b) *B soll es an stund gefrönt werden.*
c) *B den costen.*

6. Item ist einer von den doirfern ader zunftmeistern, der nit am buedinge ist bussen urlaub, den tag umb 10 hl., den andern tag umb 20, den dritten umb 40ᵃ und also forter gedoppel, biß alß lange er bezaelet, und soilche boiß ist eins amptmans; auch alle geweltliche boissen, die an den bueding vorbracht und geroget werden, es en were dan vor hyen gerogt wurden an der harreiden, daß in die wundeinonge gehoeret, dar ane ein amptman ein theil hoit und der rait zwey theile.

7. Item mag man gemeyn gericht halten vor dem buedinge, alß gewoinlich ist, abe yemants deß noit hette.

8. Item darnac sall ein schultheiß einen scheffen fraegen, abe es zeit sey, unsers gnedigsten hern buedinge zu besitzen? Sall er darauf antwurten: es ist zeit deß und aller guiter dinge zu beginnen. Sall ein schultheiß einen andern scheffen fort fraegen, we man dem buedinge forter nae gaen suille? Sall er darauf antwurten: man sall dem buedinge ban und freden thun. Sall ein schultheiß den froneboten beischen ban und freden thun dem buedinge. Sall der frone sprechen: ich thun dem buedinge ban und freden von unsers gnedigsten hern wegen, von der scheffen wegen und von meynent wegen, daß niemants rede, niemants ufstae ader niedersitze sunder uriob. Darnae sall ein schultheiß einen andern scheffen fraegen, wie man dem buedinge forter nae gaen suille? Sall er darauf antwurten: man sall die scheffen fraegen, wereᵇ hute zu tage an meynß gnedigsten hern buedinge seyn suille? Sall ein schultheiß deß fraegen einen andern scheffen. Sall er darauf antworten: suillent alle die hie seynd, die feuer und flamme haltent, ausgescheiden pfaffen, dinstlude und juden. Sal ein schultheiß einen andern scheffen fraegen, wie man dem buedinge vorter nae gaen suille? Sall er daruf antwurten, man sulle die heymburgen fraegen und maenen beym eyde, ob sey etwaß wuissen, daß an meynß gnedigsten hern buedinge treff. Sall ein schultheiß den fronen heischen die heimburgen ruifen. Sall ein frone sprechen oberlude: ire heymburgen von Weiß, Lutzercoblents und Neuendorf, kompt herinne. Alsdan sall ein schultheiß wieder jeklichen heimburgen sprechen: ich manen dich bey deim eyde, den du moym gnedigsten hern und der stadt gethoin haist, ob du it wissest, daß an meynß gnedigsten hern bueding treffe, es sey mit waeffen geschrey, doerenstoissen, messerzehen, klupfelschlage, steynwurfe adert daß dan den bueding treffe, daß du daß vorbrengest und aeb du hie seyest mit deinen nachpurn, alß du saldst, und bey dem selbigen eyde, saltu sey maenen, aeb sey it weyssen, daß an meynß gnedigsten hern buedinge treffe in gleicher maissen. Daruf suillent sich die heymburgen mit iren nachpurn besprechen und alß dan wieder an den bueding komen und heyschen dem schultheisen einen vorsprecher von den scheffen.

a) A 60.   b) A wie.

Der scheffen sall sprechen: her schultheiß, sall ich des heimburgen wort thun von Weiß? Mag ein schultheiß antwurten: ich erlaub dir, ime seyn wort zu thun. Sall der scheffen sprechen: her schultheiß, der heymburger begeret sich mit myr zu beraeten. Mag ein
5 schultheis antwurten: ich erlaubs ime. Alsdan sall der scheffen sprechen: her schultheiß, mit urlaub staen ich uf und sall sich beraeten mit dem heymburgen und staende seyn wort thun also: her schultheiß, wuillent ire den heimburgen von Weiß hoeren und mich in seyn wort? Mach der schultheiß antwurten: jae. Sall
10 der scheffen sprechen: hie staet der heymburg von Weyß und ich in seym wort und sprichet, er sey mit seynen nachpuren hey alß er sall, seynd sey anders doe und hat sey gefraeget und gemaynt bey dem selbigen eyde, alß ire ine gemaent hapt, ab sey etwas wuissen, das an meynß gnedigsten hern buedinge treff, es sey mit
15 waeffengeschrey, doirenstoissen etc. und sprichet er mit inen, sey wyssen nichts dan von[a] oberbue, want ire und die scheffen vorgaet, wuillen sey nae gaen und weysen alles, so ropar und oberbue sey, daß ist sey suillen die scheffen weysen[b], woe gebrech sey; item wuisten sey aber, das ropar were ader gewalt sache aintreff, das
20 sey gesehen ader gehoirt hetten, suillen sey vorbrengen durch iren vorsprecher, auch so were nit dae ist.

9. Item darnae sall der schultheiß sprechen weder die scheffen: seyd gemaynt. Sullent die scheffen mit urlob ufstaen und sich mit eyn beraeten, ab sey etwas wyssen, das ropar ader oberbue
25 sey; wyssen sey ichts, suillent sey vorbrengen. Durnae suillen sey[c] sitzen und sall der elteste scheffen roegen und sprechen: her schultheiß, myr roegen auf[d] sches faerschiff am Reyne, drue genseyt Reyns und drie disseyt Reyns, ab meyn gnedigster her ader die stadt noit hetten, daß sey alle zeit bereidt weren nachts
30 ader tags, so wan deß nit en ist, so ists roper.

10. Item am deutschen ort steet ein pfort uf der gemeyn und von dannen langs die mure sall es unbelacht (sein)[1].

11. Item hinder sanct Castor choir staet ein huiß uf der stede muren und ist roper und langs die mure sall es offen seyn
35 und unbeschlossen, das man uf der muren frey gaen moige.

12. Item sanct Nicolaes gesgin und umb s. Castors chore sall es unbeschlossen seyn und offen.

13. Item hinden langs die stede mure sall es frey seyn unbelaicht und alle wichhuser suillent offen seyn unbelacht, wan des
40 nit en ist, so ists roper.

14. Item s. Castors plane sall frey[e] seyn unbelacht und die Castors gasse heruß alle usgain grede, alle ußschlaen finstern, alle

a) *nichts von.*   b) *fehlt in B.*   c) *B sie wider.*   d) *B euch.*
e) *B offen.*

[1] Vgl. Ganggeleid v. 1533 im Städtischen Diplomatar 1 Bl. 27.

steyle in der gassen, alle seuestelger, alle miss in den[a] entwer-
gassen ist ropar.

15. Item Alde graben uß des gleichen und uf der Firmyngs-
gassen hoit Jacob Schloisser ein huysgin laessen machen, steet uf
der gemeyne vor zu und ist ropar. 5

16. Item die loirgengaß usgaende grede, alle ußschlun finstern,
alle steyle, alle schweynstelger, alle myst in den gassen, alle ent-
weergesger suillen offen seyn, langs den' walle und stede mure
sall es frey sey(n) alles hinden langs.

17. Item der Plane sall frey seyn, dye Leer auß den Graeben 10
abe[b] die Wissergass auß alle usgain grede, alle ußlain finstern,
alle steyl ist ropar, alle entweergassen suillen offen seyn. In der
Weyssergassen hoit Tylman Sewegin[c] ein werkhuiß gebuet beyneben seyner wonungen und beyneben der deutzschen hern huis-
gin, das werkhuiß steet vor[d] uf der gemeyne und ist ropar. 15

18. Item an der von der Arcken hof steet ein gesgin, sall
offen seyn unbeschlossen, das man zu noiten auf die mure der
stad komen moigt.

19. Item bey der Weyssergassen in dem graeben steet ein
kochen und im graeben beym burgthorn und im graeben beym 20
kornmarkt, seynd ropar.

20. Item alle noitstelle ufm Graeben seynd ropar[c].

21. Item durch den Burdern ufm Altenhof hoit Thiel von
Homberg seyn huiß Lauenberg und eins darbey mit den stock-
wenden heruß gefaeren wyder dan von alters, herumb ists ropar. 25

22. Dye Judengaß umb s. Floryns hof und die andere gassen
alle ußschlaen finstern als vor ist ropar, die stile uf s. Florins
markt vor den Ulners huißern seynd ropar.

23. Durch den Postern oeber den herinkmarkt soll es offen
seyn, hinder s. Florins kirche langs die mure sall es uffen seyn, 30
das man zu noiten dar durch gaen moige und der schornsteyn
due selbs steet uf der gemeyne und ist ropar.

24. Als darnae sall der scheffen sprechen wieder den schultheißen: der scheffen weiß uf dis mail nichts mer, dan wan ire
vorgaet, wyll der scheffen nae gaen und weysen alles das 35
recht ist.

25. Item hette einer gedinget uf guide von zynß, daruf der
scheffen geweßen hette, das er die guide under seine rat schlagen
moige und suill sey verbuedingen, sall er die guide auch an den
buedingen verbuedingen. 40

26. Item aeb einer guit verkauft hette und sich besorget
hernachmails anspraichen von etlichen freunden ader magen, so
sall einer soilche guide verbuedingen (vier bueding)[f] nach einander und am ersten bueding sall ein schultheiß bescheiden die
parthien laessen zu verboten und sall soilche erben ader wieder- 45

a) B der. b) B als. c) B Swegin. d) fehlt in B.
e) Diese Zeile fehlt in B. f) nach B.

Max Bär, Urkunden u. Akten. 7

parthien mit dem fronen laißen verboten uns bueding, aeb sey
etwas darwieder sagen wuillen, komen sey aber nit ans[a] bueding,
so mag der[b] einen buedings brief nemen von den scheffen uf
soilche guide und sall dan frey seyn mit den gueden gleich
5 seinen eignen gueden.

27. Item so were stockguit hoit, der sall seyn an eim jeklichen buedinge ader jemants von seynen wegen, der sich vor
einen keller erzeihen sall etc. und uf den tag Catherine sall ein
jeklicker geben eim[c] keller einen heller.

10 28. Item so were sich nit uf die buedinge erzeihet ader jemants anders von seinent wegen sunder erlaubnuß eins kellers
ader uf tag Catherine den heller nit gebe eim keller von unsers
gnedigsten hern wegen und des stockgults, der das hoit, der ist
den tag umb 10 hl., den andern tag umb 20 hl., den dritten tag
15 umb 40[d] hl. und alles doppel biß einer soilche boiß bezuelt.

29. Item sall alle stockguit ganz frey seyn unbeschweret mit
einichem zynse, schulden ader guilde, were es aber, das soilche
beschee, mag ein kelner uf soilch stockguit dingen alß recht und
gewoinlich und soilchs wider ine erdingen ledig und loß und
20 unbeschweret, alß es auß erluen ist eime erzbischof vor
zeiten etc., der gleichen ab einer ungehorsam were deß stocks zu
huiten mit andern, so wan seyn noit ist, mag auch daruf gedinget
werden.

30. Item sall man geben den huedern eines missethaedigen
25 menschen im stock sitzende eine nacht zu hueten einen kroich
mit weine von unsers gnedigsten hern wegen, so groisser so lieber
und nit mehe.

21. Gankgeleyde.

1. Item aeb einer eines gankgeleyts an die scheffen gesinne
und die wiederparthie nit, ee doch soll das gericht des gehorsam
30 seyn und beyde parthien mit dem froneboten bescheiden uf eine
ure, so wanne es schultheisen und scheffen gelegen ist, und
soilchen gebrechen besehen und verhoiren, es sey an huisern, erbe
und anders und wan soilcher gebrech versehen eigentlich und
verhoiret ist, sall der scheffen sprechen zu beyden parthien: hapt
35 ire einigen brief, kunde ader kuntschaft, die unß oeberrichten[e]
moigen oeber dissen gebrech, die brengent unß vor unß, wyssen
darnae zurichten; hetten ire ader wisseten etwas und hinderhielten
es nu, so brengt es euch keinen scaeden[f] hernach. Ist aber kein
brief, kunde ader kuntschaft hinder beyden parthien, so suillen
40 die scheffen soilchen gebrech underscheidtlichen weyßen nach iren
besten synnen, vernunft und guitbedank und soilchs sall auch von
beyden parthien also uf genommen und gehalten werden.

a) B an die baugeding.   b) der keufer.   c) B dem.
d) A hat 60.   e) B underrichten.   f) B schaden.

2. Item were soilcher gebrech au beuen, huißern ader muren, darbey man verstendiger werklude begeret ader behuifte, suillen die parthien ader irer eine die eldelste und verstendigste werklude von zymmerlueden, steymmetzen ader leyendecker ader andere auch darbey bitten und bescheiden und der scheffen mag iren[s] rait ader bedunken in dem gebreche verhoiren und sich durnach richten, uf das niemant zu kurz beschee.

3. Item aeb eine parthie soilchem wystumb nit gehorsam ader genoung thede, mag die andere parthie soilchs laißen beschen und begain mit zweyen scheffen und deß seyn urkunde geben[10] und darnae komen an das veste[a] gericht und seyne wiederparthie beclagen und bekunden mit den[b] scheffen, das er dem gangleide nit volnthoin haebe, alß das gericht geweisset haebe[c] und erfindet sich soilche clage an den zweyen scheffen, so ist der ander umb das hohste wett dem gericht verfallen. [15]

4. Item aeb jemants were unwillig mit seinen bruedern, suistern ader maegen, zu theilen erbschaft ader gereide habe, die sey aenerstorben und zutheilen, moichte der ader die an gericht kommen und gesynnen theiloung mit urkunt alß recht were, alß dan suillen die scheffen von gerichts wegen den parthien thei-[20]lounge thun von erbschaft und gereyder habe nach allen iren besten synnen und loischen den parthien alß gewoinlich und alß dan jeklicher parthien geben sein theil, und von soilchem sals gericht haben 2 gulden und nit mehe.

5. Item aeb unser gnedigster her eins gangleits gesunne an[25] die scheffen, es were bynnen ader bussen Coblents, sall seyne gnade den scheffen die kost thun; in gleicher maissen der rait, ab er eins gesinne.

22. Freye zeyt[1].

1. Alwegen uf unser lieben frauen abent nativitatis zu vesper zeit gaet aen die frey zeit zu Coblents, und alß balde suillen die[30] froneboteir ein hoilzen creuz mit eine schwerde und einer hand[d] darain gehangen uf sanct Florins hof ufstellen und auch eins also uf sanct Castors hoif, zum zeichen, das es alsdan frey ist, also das man darafter niemants mehe kummert noch ain gericht beutet noch den freden claget und kein urtheil weiset und keinen eyd[35] thuit, keiner mag sich auch loiß deylen[e] ader den andern frede-bruchig sagen zuschen vorgenanter zeit biß uf den neesten gerichts tag nach s. Remigii[2]. Ist aber etwas mit gerichte vor der vor-

---

a) *B* fehlt.   b) *B zweien.*   c) *alß — habe* fehlt in *B.*   d) *und einer hand* fehlt in *B.*   e) *B dedingen.*

[1] Gedruckt, aber nach anderer Vorlage, bei Roisach und Linde, Archiv II, 106.
[2] Vgl. wegen Verlegung der Meßfreiheit 1356, Dez. 13.

genanten zeit angehaeben, mag ein jeklicher seiner tage waerten
in zu setzen laissen alß vor, anspruch und antwurt mag man thun
und das vor dem gerichts huiß, eyde und urtheil sal man aber
fortweysen alß vorgeroirt.

2. Item so were bynnen der vorgenanten zeit frevel an der
wondeinounge, der gildt dubel boesse, ist die boisse der zeit 5 mr.,
so ist sey dan 10 mr.

3. Item die duppel wonteinungen die ropper seynd gehoerent
dem amptman und dem rade zu, aber alle andere frevel seynd
des gerichts, und die boisse ist 27 mr. alß toidschlag und gerichts
frevel.

23. Wondeynoungen.

1. Item ist ein wonteinounge zu Coblents von einer roppar
wounden eins mittelsten fingers des mittelsten gledes tief und am
haupt also lang 15 mr. brab., daß zwene scheffen beschen und
messen[a] sullen und roegen.

2. Item suillent alle edelleute zu Coblentz, zum raede ge-
hoerig, und alle scheffen und die von neuem rade von burgern
und hantwerkern und die geschworen in der fleischschaeren[b] alle
frevel roegen der dae roppar ist, den sey sehen gescheen ader
die scheffen beschen an den wounden und anders niemant.

3. Item suillen alle baertscherer zu Coblents bey iren eyden
den scheffen alle wounden vorbringen, die sey bynden, die ge-
hauen, gestochen ader geschlagen seyn, und sey laessen beschen,
aeb sey roppar seyen ader nit, noch dem ersten gebende.

4. Item ist eine wounde roppar und beschen von den scheffen,
suillen sey alsdan den selbigen bescheiden an das neste gericht,
die wonde zu behalten bey dem eyde und am gericht[c] sal ein
scheffen dem selbigen die finger auf die heilgen legen und sall
der selbige ime nasprechen also: umb die wounde, die myr ge-
scheedt ist, sal ich niemants unschuldig besaegen, so myr gott
helf und seine heilgen. Und alsdan sall der scheffen ine fraegen,
wer ime die wounde geschlagen ader gestochen habe; sall er ine
alsdan nennen und will der gewondte, mag er alsbald den freden
von ime claegen.

5. Item ist ein frevel aber nit ropar und wirdet[d] nit geschen
von den, so zu roegen gepuirt, so ist er auch nit die[e] boisse
schuldig in vorgenanter maissen, dan einer mag den freden von dem
andern claegen und den brengen umb das wette des pluderwerks.

6. Item ist ein messerzehen ein frevel, wan es geroeget
wirdet, 10 mr. brab.

7. Item ein degen zehen in[f] frevel 10 mr.

8. Item ein steinworf bedeude 5 mr.
9. Item ein steinworf geworfen in frevel 10 mr.
10. Item ein kloppel schlagen in frevel 5 mr.
11. Item ist ein messerstich ader haue aen roppar wounde in frevel 10 mr. und alle frevel der gleich alß ferre es geroiget⁵ wirdet.

24. Actum sub Ottone archiepiscopo Trevirensi, comite de Zeegenhane.

1424,
März 20.

1. Zu wissen, das im jare so man zalt nac Christ gepurt 1423, nach Trierscher gewonheit zu schreiben, des 20. tags Martii, in zeiten hern Otten Zeegenhagen erzbischoven etc., haben die scheffen zu Coblents ein ganggeleyde gangen umb den oberbue ¹⁰ von geheisch des egenanten hern Otten, der diß ghapt wulde ᵃ, und waeren von syner gnaden wegen dar bey her Friederich Waltpotte ritter, amptman zur zeit zu Coblents, Schillingk von Lainsten, Johan Stridt ᵇ, kelner zu Erenbreitstein, und die scheffen zu Coblents von gerichts wegen, mit namen Godhart von der ¹⁵ Hochenmynnen, underschultheiß, Simon von Bechel, Peter Meyener, Simon von dem Burgedor, Johan Ludinger, Johan Sael, Henrich von Nasteeden, Heyman Stademan, Henrich von Bechel, Godthart Brandt, Johan Wilcken, Johan von Ley, alle scheffene, und weyseten wie hernachgeschrieven: ²⁰

2. Item das alle overleufen, die von der erden overwerts nederer seynd dan 11 foiß, also fiel des ist, das sey zu neder, und also viel die selbigen overleuben die breyde außwerts zu den gassen zu breyder seynd dan drithalben foiß, das sey zu breyt seind und das sey roichbar und begingen die vorgenanten scheffen ²⁵ die huißer zu Coblents mit soilcher maissen die von hochden und breyden und weisten auch was rochpar waer in vorgenanter maissen und begunden anzuheben zu sant Castor an geistlichen und werntlichen etc.; auch weisten die scheffen allen overbue alß er pfleget zu weisen am buedinge. ³⁰

3. Item weyseten auch die selbigen scheffen vor recht, das wege, stege, plaetz und plane buissen des reichs straessen bynnen der muren zu Coblents seyen der gemeyne und molge man der gemeyne beste darmit thun und was darvon kome, suille man in der gemeyne nutz keren, dan niemants suille sey in sunderheyt ³⁵ verbuen.

4. Item dede der vorgenant erzbischof den genanten scheffen oeber soilche weistum den kosten und die jenen, so rochbar aingezeichet, waeren willich, soilche oeberbue aebzubrechen, dan keine schatzounge wulten sey dem hern alß darvor geben, herumb ⁴⁰ bleeb es biß zu der zeit unzurbrochen austun ᶜ und auch umb

---

a) *B der solchs gehet woll haben.*   b) *B Stredt.*   c) *B anstain.*

anderer guiter underweysung wuillen, dem hern beschagen, dann die scheffen weyseten keine geldbuisse dem hern^a ober soilche oeberbue dan soilchs aebzubrechen ader auß gnaeden staen zu laissen.

5. Item ist eine elemaiß zu Coblents zwene foiß, machet 11 ᵴ foiß von der hochden 5¹/₂ ele.

6. Item uf die selbige vorgeschrebne zeit des nesten mointags nach quasimodogeniti zu Coblents am weltlichen gerichte, dae der sebultheiß und scheffen waeren den bueding zu besitzen, alsdae erschein am gericht Johan Strydt von Laynstein, kelner der zeit zu Erenbreitstein, und fraeget der schultheiß von unsers gnedigsten hern wegen von gesynnen des kelners die scheffen in eim rechten urtheil, alß man ein ganggeleyde gaen suilde umb den oeberbue, so were dan schuldig wer, den kosten zu thun dem schultheißen, scheffen und dazu gehoirig? Daruf weisten die scheffen: were es sach, das eine gemeynde de gangeleide gesunne, suilde ein gemeyn den costen verlegen, dweyl aber nu unser gnedigster her der gangleide gesunne, suilten seine gnaden den kosten auch thun.

7. Item darnach im selbigen jare, mointag nach epiphanie domini, so der geschworen mointag genant, zu Coblents am werntlichen gerichte, dae der schultheiß und scheffen waeren, den bueding zu besitzen, erscheine daeselbs am gerichte her Frederich Waltpode von Ulmen ritter, amptman zu Coblentz egenant, Schillingk von Laynstein und der egenante kelner, alß von unsers gnedigsten hern wegen, und fraegede der schultheiß von unsers gnedigsten hern wegen die scheffen, so weme^b man den buedink bekennet und den oberbue und die bruchte vom oberbue? Daruf haben die scheffen geweyset, den buedink bekennen sey unserm gnedigsten hern alß eim hern und schirmer des landes und gerichts und eim jeklichen zu seinen rechten. Und gesan der schultheiß, das man ime soilchs ein schrift gebe, unserm hern die forter zu begeben. Daruf antwurten die scheffen, das ire vorfaeren und sey biß an den tag alle urtheil vor uffenrichte uffenbaerliche, dae jederman zuhoeren moichte, der dan dae gewesen was, haben und daruber niehe keine schrift geben.

8. Item alß umb den oberbue und die bruichte darvon, des naemen die scheffen beraet 14 tege; nemlich uf sanct Thimootheen tage, dae quamen an gericht der scheffen, die scheffen und die obgenanten, mit inen her Chonraidt Cluyr^c, zolschreiber zu Conen-engers, und erneuet der schultheiß die egenante fraege, so weme sey die oberbue bekenten und die bruich darvon? Daruf weysten die scheffen, das der oberbue uf der gemeynde stunde und sind

a) *dem hern* fehlt in *B.*   b) *A wann.*   c) *B Claur.*

unrecht und stehe uf gnaeden, darumb die bruichte vom oberbue
(der gemeynde sein); daruf weiset der scheffen, also lange alß der
oberbue uf gnaeden stehe und nit ergangen und erweyst sey, so
en sey noch keine bruichte.

9. Da(r)uf fraget der schultheiß die scheffen, seynt sey ge- 5
wesen hetten, das der oberbue uf der gemeynde stunde und were
unrecht und stunde von gnaeden, so were das unrecht rechten und
die gnaede thun moichte? Antwurten die scheffen und weyseten:
dweil unser gnedigster her schirmer und her des gerichts ist und
der gangeleide gesunnen und suilte man die thun, und waß sich alß 10
dan erfunde, das oeberbue were, das moichte unser her heischen
abe[a] thun ader von gnaeden laißen stain, auch abe ein gemeynde
des gesunne an unsern gnedigsten hern und das gerichte, das
suilte auch in gleicher maiß also gain.

10. Alle disse vorgeschrebne artikel haben die scheffen ge- 15
weyst nachs dem sey von iren vorfaeren verstanden haben und
nach iren besten synnen.

25. Diß hernach geschreben seynd die rechte unsers gnedigsten
hern von Trier zu Coblents und darnach freyheyt, guite
gewoinde und herkomen der stede und burger daeselbs.

[Der Abdruck dieses Stückes findet sich unter IV A 2 als §§ 42—57
des Koblenzer Stadtrechts. Vgl. oben S. 54 ff.]

26. (Weisthümer.)

1443.
Febr. 18. 1. Zu wissen, das im jair nach Christi gepurt tausent vierhundert fierzich zwei, nach Trierscher gewoinheit zu schreiben,
nestmointags vor Cathedra Petri, zu Coblents am werntlichen ge- 20
richte, dae der schultheiß und scheffen waerent, das gericht zu
besitzen, ist daeselbs erschenen Johan von Langenawe, amptman
zu Coblents, Henrich vom Walde, den man nennet Brant, und
Sibrecht von Hoiningen, burgermeister zur zeit dae selbs zu Coblents, als von wegen unsers gnedigsten hern, der stede und ganzer 25
gemeine vurgenant, (und fraeget der schultheiß) die scheffen in
eim rechten urtheil also, als unser gnedigster her und die stadt
Coblents zu einer zeit die fleischscharren aebgebrochen habent in
nutz und urbaer unsers gnedigsten hern, der stadt Coblents und
ganzer gemeinde, abe sey des nit moichten und macht hetten zu 30
thun und zu laessen und was darumb recht sey? Darauf haben
die scheffen geweiset mit rechtem urtheil, das unser gnedigster
her und die stadt Coblents moichten und maicht haeben in urbaer
und nutz der ganzen gemeinde.

a) A ader.

1443.
Febr. 18.
2. Item anderwerbe auf den selbigen mointag am egenanten
gericht, dae schultheiß und scheffen waessent das gericht zu besitzen, dae erschienen Henrich vom Walde obgenant, Sibrecht von
Hoiningen, burgermeister, alß von der stede und gemeinden wegen,
und fraeget der schultheiß die scheffen, aeb die stadt nit maicht 5
hette, uf gemeinen platzen zu buen und aeb zu brechen in nutz
und urbair der stede und ganzer gemeinden? Daruf haben die
scheffen geweiset vor recht: nachsdem das die pletz gemeinden
weren, so hetten sey macht zu buen und aeb zu brechen in nutz
und urbair der stede und gemeinden und waß man von der ge- 10
meinden neme, das laecht man wider an gemeine, nach altem herkomen und gewoinden.

1451.
Okt. 5.
3. Item im jaire des hern doc man zaelet 1451, dinstags nach
Michaelis, wart ein geleide gangen uf der schartwesen by langes
dem Reine und bey langes der Mosel von den schultheisen und 15
scheffen zu Coblents in beywesen burgermeister und raitzmannen
und eins unsers gnedigsten hern keller zu Erenbreitstein, mit
naemen Johan Dufenbach, und Keller Hennen, keller zu Coblents,
und etlicher andern mit naemen hernachgeschreben und weiset
schultheiß und scheffen vorschreben vor recht: die welde in der 20
Lachen ober dem graeben biß an die weidgarten[a] fur ein gemeine
pferdweide[b] der gemeine von Lutzelcoblents und die weide auf
der andern seiten des grabens zuschen den weidgarten[a] und fel-
den und dem Reine biß an die Mosel, von der Moseln furt hinuf
biß zu den weidgarten[a] der teutschen hern biß fur Lutzelcoblentzer 25
kirche were ein gemeine pferdweide[b] der von Lutzelcoblents und
unsers gnedigsten hern veye von Trier biß zu der zeit, das unser
gnedigster her laeß in den widgarten[c] zu Lutzelcoblentz anginge,
so moichte alßdan die gemeine zu Lutzelcoblents ire gemein[d] vehe
darauf treiben, besunder das kein vehe in die widgarten[a] gaen 30
suille. Hiebei seind geweßen Heiman Staidman, schultheiß und
scheffen, Johan Ludinger, Johan von Sonnenberg, Peter zum Horn
der alte, Henrich[e] Ludinger, scheffen, Henrich Brant von Renß
und Johann Suerborn genant Widenbach, burgermeister, Johan
vom Kirchoffe, Ludwich Suerborn, Sibrecht von Hoiningen, Am- 35
melung Speck, Peter von Bechel, Jacob Mag, Bruder Henne, Ul-
rich zum Kelterhuß, Heu Holbach, raitzman; item Bruder Eber-
hart von der Wage, huißkommetheuer und bruider Johan von
Koiningsdorf, saelmeister des teutschen huiß zu Coblents; item
Erwin Henne Franken soin[f], heimburge zu Lutzelcoblents, und die 40
gemeine daselbs.

1450.
Aug. 12.
4. Im jair tausent fierhundert funczig neihen, sontags vor
assumptionis Marie, schloge Thiel Becker zu Lutzelcoblents Damer

a) B wickarten.   b) B pfadtweide (!).   c) B weingarten.   d) B fehlt.
e) B Reinhart.   f) B Frankenstein (!).

Tholeschtz und dinstags vor decollationis Johannis starb der vorgenante Damer, mitwoch darnae sandt unser gnedigster her von Trier, erzbischof Johan von Baden. drie seiner thiener anß gericht und thaede den moirder beschreien. Doe droge man den todten man auf sanct Florins hoif uf die Hoinergaß vor die linde[a], doe s schicket das gericht zwene scheffen daer und besaegen den man und die wonden. Doe die scheffen den besehen hatten, wulten unsers gnedigsten hern thiener den todten beschreien und hieschen dem schultheissen[b] ein vorsprecher; der schultheiß gab inen einen. Doe namen sei hern Petern zum Horne den alten und beschreen 10 den morder und zogen auß drie blosser schwerdt und sagten irem vorsprecher nae und riefen: „waefen, waefen, waifen ober den morder, der disen man und guiten freund ermordet und vom leben zum tod braicht hait und dae mit unserm gnedigsten hern von Trier und der stede freden gebrochen hoit." Doe taedten 15 sei ire schwert in scheiden. Do droge man den todten fort ser nae bey die linde[a] und satzent en ine neder, doe riefen sei abermail, wie vorgeroifen. Darnach droge man den todten fort ins neue huiß; doe beriefen sei abermail den moirder wie vor. Doe gunnet das recht den freunden, soilchen toidten man zu begraeben, 20 dan man moest die kleider. dae der todt man in gewondt waer, mit dem blode dem gericht geben und hinder das gericht legen umb des willen, aeb der moirder queme und wuilt sich verantwurten, das man ine die kleider weiset mit dem blode. Doe das alles bescheen, do thedingent meins gnedigsten hern thiener von 25 Trier drie tage und sehs wochen auf den moirder; doe soilche zeit umb waer, doe weiset das gericht oeber den moirder und weiseten got die seele, dem hern das gute, den kraen das fleisch, dem gericht das wette; fort sageten sei meins gnedigsten hern thienern, wuilt unser gnedigster her das guit nemen, so suilten 30 seine gnaden das gericht vor aeb leegen. Darnae ließ unser gnedigster her den man mit den freunden thedingen und ließ ine zu einer soenen kommen und nam inie nichts, dan er muist meym gnedigsten hern ein aebtrag thun und Thiel Becker gaeb dem gericht 27 mr. alß vor das wette. 35

1471. 5. Item im jair 1471 gesan unser gnedigster her, her Johan erzbischof etc., an schultheiß und scheffen der zeit eins gankgeleids eins neuen gebueten huiß in der Castorgassen gegen der hinden und dem nappe, abe darane seine gnaden bedunken wuilt, eins oberbues an dem huiß gescheen sein suilt. Daruf die scheffen 40 fast und fiel beraetens under sich und an andern steden, nemlich Bopart, Andernach und etzlicher von Trier, ersuchet und raits begeret, durch die und andern eltsten von Coblents die scheffen daeselbs in rade funden, das der selbiger scheffen vorfaeren bei zeiten erzbischof Otten loiblicher gedechtnuß oberbue zu Coblents gangen 45

a) B leuth. b) B vorsprecher.

und geweiset hetten, ein jekliche stockwant von der erden offart
biß an neesten obersatz des gebelks zur gassen (11 fuss hoch solt
und daruber und der neehst ubersatz des gebelks zur gassen)[a]
2½ foiß breit sein moichte und niet breiter und was darunder
were das (were)[a] oberbue und roppar, alß vorhien geschreben ist; 5
so waß aber die maiß der 12 fuisse[b] ader under der 2½ von
hoeden aber obersatz wer, das were nit oeberbue ader roppar,
dan der neest oebersatz seine maiß haben sal, alß vorgeruiret ist,
und alle andern seind nit zu achten nach altem herkomen unser
vurfaren.   10

Item soilche weistumb ist auf die zeit nit ausgesprochen
noch geweist, dan von bede wegen behalten. Hie bei und ain
seind gewesen Sibrecht von Hoiningen, underschultheiß, Thielman
Mei(en)er, Everhard Muntzenheim, Johan von Hoiningen, Johan
Mundt von Nuenstadt, Peter zum Horn, Johan Ruitter von Weiß 15
und Ludwig Clinge, scheffen der zeit zu Coblents.

1471,
Nov. 4.
6. Zu wissen das im vorgenanten 71. jair des fierten tags
Novembris hat unser gnedigster her Johan von Baden, erzbischof,
den ersamen seiner gnaden scheffen und thienern des werntlichen
gerichts zu Coblents bewuilliget und beliebet durch seiner gnaden 20
canzler, hofmeister und rait, nemlich hern Johan Kreidtweiß,
doctor, Wilhelm von Eltz und Bernhart von Pallant zu Erenbreitstein in gegenwertigkeit Sibrecht von Hoiningen, underschultheiß,
Thielman Meiener, Everhart Muntzheimers, Johan von Hoiningen,
Johan Mundt, Peter zum Horn, Johan Ruitter und Ludwig Clinge, 25
scheffen, also das sei nu forter haben, oeben und gebruichen
suillen und moigen eins staenden[c] stainds gerichts eim jeklichen
frembden, der sein begeren ader behoben were. Auch abe zwene
burger mit ein zu schaffen hetten und soilchs staenden ader gassen
gerichts beide begeren weren und willig, darvon zu geben, alß 30
daruf gesatzt und zugelaissen ist durch unsern gnedigsten hern
obgenant und seiner gnaden raede, inen alle zeit darzu willig und
bereit zu sein, alß daruf und zu gepuirlich ist.

7. Item ist bewuilliget durch unsern gnedigsten hern und
seiner gnaden raede obgenant, so were eins staenden gerichts ge- 35
sinnen were, das der an stund darvon geben sall 18 alb. und alsdan sal man ime an stund gefoilgich sein.

8. Auch ist bewuilliget, das keiner das werntliche gericht
an geistlich gericht dringen sall, einige kuntschaft zu tragen in
sachen, die vorhien an werntlichem gericht gehangen haben, dan 40
aeb einer einiger kuntschaft noit hette, moicht er mit eim notarien
deß geistlichen gerichts an werntlich gericht komen und gesinnen
und verhoeren, alß das dem scheffen von der sachen kundig were;
auch moicht ein geistlicher richter das werntlich gericht vur sich

---

a) (—) fehlt in *A.* nach *B.*   b) *B so wo aber uber die maß der 11
fuß* . . . .   c) steht am Rande, *B* hat nur *stahends gerichts.*

verboiten laißen in seinen hof ader andere bequemliche ende zu
verhoeren, so was dem clege(r) zu seiner knitschaft gedeigen
moichte, darzu die scheffen alle zeit willig sein suillen und ein
jeklicher sall sei nit citeren vur das offen gericht der schoelen,
alda zu eyden und zu sagen vur allermeiniglich nach eins jeg- 5
lichen guit bedunken.

9. Item ist auch bewuilliget durch unsern gnedigsten hern
von Trier, das ein jeklicher nu forter von einer jeglicher in-
setzoung in das gerichtsbouch geben sall 4 hl. von jeglicher ain-
spraichen, weldigaten, huißreumung, richtliche tag, beretnuß van 10
gulden und dergleichen nach lauf des gerichts, nichts außgeschei-
den, dae man vorhien pflag 2 hl. zu geben von einer insetzounge.

10. Auch ist bewuilliget, das ein schultheiß durch die gerichts froenen alle zeit bestellen und ordineren sall, das keiner
von gericht entweichen suilde, der durch recht und urtheil er- 15
wonnen were ader binnen den auszusprechen urtheilen entweichen
wuilte, es en sei dan mit willen seiner widerpartbien und des
schultheisen.

1471. 11. Item anno 71 ist gefraeget wurden am buedinge von
unsers gnedigsten hern wegen, aeb einig waffengeschreie ader ei- 20
nige weldige sach bescheen binnen Weiß, Lutzelcoblents, Nuendorf ader iren marken, die kundig ader offenbair wurden in gemeinem geruichte und heimburgen und gemein bei iren eyden
gefraeget weren, alß am bueding gewoinlich ist, und sei soilchs
nit vurbrechten, was die verwetten unserm gnedigsten hern? Dar- 25
auf die scheffen nach irem berade antwurten: aeb ein waffengeschrei ader ein geweltliche sach an den enden Weiß, Lutzelcoblents, Nuendorf ader binnen iren marken geschee, das heimburgen
und gemeinden der dorfer nit saegen ader hoirten, dae weren sei
auch nit schuldig zu ruigen ader vorzubrengen. 30

12. Item wart weiter gefraeget, aeb einer geweldiglich ain-
gefirtiget wurde und ein waiffengeschrei thede, abe der selbige
soilchs auch selbs roegen ader vurbrengen am buedinge sulte,
aeb er gemanet wurde bei seim eide? Daruf die scheffen geantwurt haben: einer sei nit schuldig sich selbs vurzubrengen ader 35
zu roegen.

13. Item wart auch gefraeget, aeb ein amptman ader schultheiß einige geweltliche sachen wuisten, die geschiedt were und
von heymburgen und gemeinden nit geroiget ader vurbracht wurden, so wie man dem nach gaen suilte? Daruf die scheffen ge- 40
antwurt haben: wuiste ein amptman ader schultheiß einige geweltliche sach von jemants, die nit geruiget nach vurbracht weren,
moicht ein amptman ader schultheiß den ader die mit recht vur-
nemen und gescheen laißen, was recht were.

1472.
Jan. 11. 14. Anno 72 auf geschworn mointag juxta stilum Tre- 45
virensem wart gefraeget am bueding von unsers gnedigsten hern

freunden durch den schultheisen an die scheffen, so wees das
werntliche gericht zu Coblents were und wem man es erkente?
Daruf die scheffen antwurt gaben: sei erkenten das werntliche gericht zu Coblents unserm gnedigsten hern von Trier.

15. Item wart auch gefraeget, so wie fern und weit unsers gnedigsten hern herlicheid und freiheid gienge? Darauf die scheffen beraed namen auf den nesten bueding darnac, also antwurten sei nach iren besten sinnen auf soilche frage: unsers gnedigsten hern herlicheid gieng also weit, alß Coblents mark, Wisser, Lutzelcoblentser und Nuedorfer mark, forter gepuirt inen nit zu wissen, alß sei beduichte.

16. Item wart auch gefraeget, was unsers gnedigsten hern herlicheit und freiheit zu Coblents were? Daruf die scheffen antwurten nach iren besten sinnen: unsers gnedigsten hern herlicheit zu Coblents were geistliche und werntliche gerichte, gewaltsachen und hoche boißen, nach weistumb der scheffen, beheltnuß doch den burgern irer freiheit und alten herkomens; also kurz wart geantwurt, wie woil viel zu erzelen were von der freiheid und herlicheit.

1473   17. Item im jair alß man schreib 1473 wart gefraeget am buedinge die scheffen von unsers gnedigsten hern wegen, so weme der scheffen soilch boiß zuweiste vom oberbue? Antwurt der scheffen darauf: so wan unser gnedigster her von Trier solch oberbue begaen ließ, alß recht were, so was dan der scheffen vur oeberbue beging und roichte, suilt aebbrechen laißen ader unser gnedigster her moicht es van gnaden stain laißen; soilchs moicht auch ein rait zu Coblents geschehen laißen in gleicher maißen.

18. Item wart auch gefraeget, der scheffen roeget am buedinge ses farschif am Rein, drie disselt Rheins und drie jenseit Rheins, so wan unser gnedigster her und die stadt noit hetten, das sei dan bereit weren nachts und tags, wan soilichs nit were, so were es roppar, und were soilichs zu handhaben hett? Antwurten die scheffen darauf nach iren besten sinnen: soilchs hette unser gnedigster her zu handhaben nach weisthumb der scheffen. Soilch antwurt haben geben Thielman Meiener, Everhardt von Muntzenheim, Johan Hoiningen, Johan Mundt, Peter zum Horne, Johann Ruitter und Ludwig Clinge, scheffen.

Aebschrift eins instruments scheffen weistumbs.

1445,   19. Im namen des hern amen. Overmits diß offenbare ge-
Febr. 18.   genwirtig instrument sei kunt allen, die es ansehent ader hoerent lesen, das im jar nach Christ gepurt tausent fierhundert fierzich zwei, der keiserlicher zale genant indictio im funften jair, nach

trierscher gewoinheit zu schreiben, nach kronunge des allerheilgsten
in got vatern, unsers hern, hern Eugenius, von gottes vursichtig-
keit bapstes des fierten im zwolften jure, auf moiutag des ach-
zehenten tags februarii, tzuschen neunen und zehenen uren vor-
mittag, haben gestanden zu Coblents im neuenhuiß, da schultheiß 5
und scheffen auf den genanten richtlichen tag zu gericht saessen,
seind erschenen am selbigen gericht der veste junker Johan von
Langenaue, amptman daeselbs, alß von unsers gnedigsten hern
wegen von Trier, und der bescheiden Sibrecht von Hoiningen, burgermeister, alß von der selbigen stede Coblents wegen, alß sei 10
beide sprachen, und haben den schultheisen, der dae selbs gesessen, gepeten, das er inen einen scheffen gunne und liche, der
ine ire wort thue. Der schultheiß antwurt: er gunnet es ine woil.
Also haben sei hern Johan Ludinger mit urkunde geheischen. Also
hoit derselbige Johan Ludinger den schultheisen gefraeget, aeb er 15
ire wort thun snill? Der schultheiß antwurt: er gunnet es ime
woil. Und dem nach der selbige her Johan Ludinger angehaben
und gesprochen: her schultheiß, hie steed junker Johan von Langenaue von unsers gnedigsten hern von Trier und Sibrecht von
der stede Coblents wegen und gesinnen, das ire inen einen scheffen 20
im rechten urtheil stellt, nach dem ein erzbischof zu Trier, burgermeister und rait von der stede wegen vur zeiten die alte fleischscharren zuschen den zweien zwengen*) gelegen binnen Coblents
umb gemein nutz der stede Coblents und dem gantzen lande aeb
haben thun brechen, aeb sei des nit von altem herkomen und ge- 25
woinheit der stede vorgenant macht gehapt haben. Darnach hoit
der selbig Sibrecht von der stede Coblents wegen an ein scheffen
und recht urtheil durch den selbigen scheffen thun stellen, abe
burgermeister und rait von der stadt wegen umb gemeinen der
stede und von altem herkomen und gewoinde der stadt Coblents 30
uit macht haben, aufm herings markt die selbige huiserger und
gaedem, die auf der gemeinden steen ader gestanden haben, aeb
zu brechen ader wider zu buen ader waß darumb recht sei. Die
urtheil hoit ein schultheiß an scheffen gestailt. Also seind die
scheffen nach des gerichts lauf und gewoinde ausgangen und ha- 35
ben sich auf die urtheil besprochen und seind widerumb anß gericht komen. Doe hoit der schultheiß den egenanten Johan von
Langenaue, amptman, und Sibrecht, burgmeister, in namen wie
obgemelt gerichtlich gefraeget, abe inen benoiget an den selbigen
scheffen, die zu gericht sitzent? Darauf der itzgenaut Johan und 40
Sibrecht „ja" geantwurt. Also hoit der scheffen, an den die urtheil in vorgemelter maißen gestaldt waren, gesprochen: her schultheiß, wuillent ire die urtheil hoiren? Der schultheiß hoit geantwurt „jae" und also hoit derselbige scheffen die urtheil gewesen
und sprach: alß mich mein gesellen underweiset haben und mich 45
selbs recht dunket, nachdem ein erzbischof vur zeiten, der unser

a) *B zwengeln.*

rechter her waer, und burgermeister und rait zu Coblents von der
stede wegen solliche alte fleischschaerren zuschen den zweien
zwengeln umb gemeinen nutz der stede und gemeinen landschaft
abe gebrochen haben, so weißen mir mit rechten urtheil, das sei
des von altem herkomen und gewonheit der stede Coblents woil
macht gehapt haben. Vurters der selbige scheffen hoit auch in
ein rechten urtheil geweißet, das die huisergen und gadame, die
auf dem heringmarkt staent und vur zeiten gestanden haben, der
gemeinde seind und gewesen seind und das burgermeister und
rait von der stede und altem herkomen wegen und gewonheit
macht gehapt haben, die zu buen ader aebzubrechen zu gemeinem
nutz der stede Coblents und waß daeselbs von kommet, das sall
auch zu gemeinem nutz genanter stede komen. Und alß die urtheil in vorgenanter maißen gegeben und außgesprochen waren,
doc haben die genanten Johan von Langenaue, amptman, und der
vurgenant Sibrecht von der stede wegen den scheffen und gericht
deß ire urkunt geben, das auch schultheiß und scheffen ent-
pfangen; und zu merer sicherheit haben die selbigen Johan und
Sibrecht in namen und von wegen wie vurstaedt unß beide offenbare nachgeschreben notarien gepeten und geheischen, das wir
inen und irer jeglichem besunder daroeber machen eins ader vil,
alß dick als noit sei, uffenbare instrument uf besserung und nach
gedichte eins jeklichen weisen menschen. Diße vorgemelten sachen
und ausgesprochene urtheil seind gescheen im jare keiserlicher
zuel, bischombs gewonheit, bapstskroinunge, tag, stunde und stede
wie vurstaedt, in beisen des strengen ritters, hern Friederichen
Waltpottens von Ulmen, Ameloung Specks, burger zu Andernach,
Jeckel Schmidts soin, scheffen zu Revenach, und Henne Moiskops,
vogt und scheffen[a] zu Gulse und vil merer frommer leute gerichtlich
dae gestanden zu kundtschaft und gezeugen herzu und bei gepeten,
geheischen und geruifen.

Und wan ich Bertholdus Were[b] von Altendorf, Mentzer
bischthombs, von bapstlicher und keiserlicher macht und gewalt offenbair und deß geistlichen gerichts zu Coblents, Trierschen bischthomps, geschworner notarie, bei allen vurgemelten
suchen und gesprachnen urtheilen, doc sei alß vurstaedt gescheen, mit den egenanten gezeugen und nachgeschreben notarien gegenwurtig gewesen bin, gesehen und gehoirt haben,
das sei wie vurstaedt ergangen seind, herumb so habe ich
diß gegenwurtig offenbair instrument vermitz einem andern
thun schreiben, daruber helfen begreifen und in disse gegen-
wurtige form helfen machen und mit meym gewoinlichem
namen und zeichen mit underschreiboung und zeichen des
erbarn Johans von Munster, der stede heimlich zu Coblents
schreiber und offenbair notarie nachgeschreben, underschreben

a) B die Worte von zu *Revenach* — und *scheffen* fehlen. b) B *Wera*.

und verzeichnet zu gezeugnuß aller vorgemelter sachen sunderlich gepeten und ermaenet.

1483,
März 12. 20. Zu wissen, das im jair 1482 secundo, nach gewoinheit
deß stifts zu Trier, mitwochs nach letare, haben die scheffen mit
namen Johan Mundt, schultheiß und scheffen, die vesten Ever- 5
hardt Lutter von Covern, Caspar von Mielem und Everhart von
Muntzenheim, Johan von Holningen, Ludwig Clinge, alle scheffen,
im scheffenstule zu gericht gesessen, ist daselbs erschenen der
veste junker Bernhart von Schauenburg, amptman zu Coblents,
mit dem siegler unsers gnedigsten hern und haben eine frage an 10
die scheffen gethoin, so weme man zuweise den oeberhue in der
stadt Coblents, gebot und verbot und gewaltsachen? Darauf sich
die scheffen besprochen haben und darnach den amptman gefraeget,
abe er ein genoigen an den scheffen haebe, die itzo seiend? Hoit
der amptman geantwurt: unser gnedigster her wuisse die gestalt 15
der scheffen woil, seinen gnaden suillen woil genoigen an zweien[a].
Also auf den oberbue hoit der scheffen geweist vur recht, das
alle oberbue stehen auf der gemein und seien unrecht und stehen
von gnaten. Auf das gepot und verbot hat der scheffen geweist
vur recht: dweil unser gnedigster her ein landfurst und ein schirm- 20
her des gerichts und der stede ist, so weißen mir ime gepot und
verbot, beheltnuß der stede ires heimels und alten herkomens.
Auf die gewalt hoit der scheffen geweist nur recht: dweil unser
gnedigster her ein landfurst und her ist, so weisen mir seinen
gnaden alle gewalt sach nach weistumb der scheffen, beheltnuß 25
der stede irer freiheit und altem herkomen.

[Es folgen zwei Weisthümer über die Scharfwiesen vom 6. Mai 1486 und
25. Mai 1496, welche inhaltlich mit dem obigen Weisthum von 1451, Oktober 5
(S. 104) übereinstimmen.]

27. Eyn alt herkommen und guite gewoinheit.

1. Item sal ein burgermeister zur zeit alle jair jeglichem
scheffen von des raits wegen geben Martini ein hone.
2. Item ein jeglicher scheflen sal auch jairs Martini dem
scheffenschreiber und iglichen froinen geben ein flesch weins.   30
3. Item sall iglicher scheffen jairs geben den froinen und
stede knechten zum neuen jair zusamen 3 alb.
4. Item sal auch ein jeglicher scheffen jairs geben dem
scheffenschreiber und fronen jeglichem zun ostern ein essen mit
namen ein stuck durren fleisch, ein stuck von einer schinken, ßer 35
cier, zwene weck und ein halben fladen.
5. Item sal auch ein scheffenmeister jairs geben auf geschworn mointag in des amptmans hauß den kuchenmagden von

a) *zweien* fehlt in *B*.

der scheffen wegen 6 alb. und ein burgermeister von des raitz
wegen auch 6 alb.

6. Item sal auch jairs ein burgermeister geben auf geschworn
mointag den scheffenfraen 2 fl. von des raitz wegen, dergleichen
suillen geben die deutzschen hern auf den tag den scheffenfrauen
3 gl. und die hern von sant Florin 1 gl.

28. (Vertrag des Gerichtes zu Koblenz mit Erzbischof Johann II
betreffend die Besetzung der erledigten Schöffenstühle.)
1501, Oktober 6.

Wir Johan Mund von Neuentsadt, schultheiß, Caspar von
Mielen gnant von Develich, Fredrich Bechel, Melchior von Meckeu-
heim, Joirg Bechel, Claiß von Merle, Johan von Merle, Johan von
Echsweiler, Huprecht Flade von Sant Vit, Claiß von Coln und Claiß
Koig[a] von Zelle, alle scheffen des werntlichen gerichts zu Coblents, von dem houchwirdigsten fursten und hern, hern Johan erzbischof und churfurst, unserm gnedigsten hern, gemacht und gesatzt, thun kunt, alß zuschen unserm gnedigsten hern iztgenant
eins und unß andertheil irrounge ist gewesen berueren, wan ein
scheffenstule ledig wirdet, wer dan den neuen scheffen vur-
zuschlagen ader zu benennen habe: da bekennen wir vur unß
und alle unser nackomen, scheffen zu Coblents, an dissem brief,
das wir des halb mit genantem unserm gnedigsten hern vur sich
und seiner gnaden nackomen guitlich vertragen seind nach-
geschrebner maissen, also: das zu den itzigen ledigen scheffen-
stuilen und so dick hernach einich scheffenstule zu Coblents ledig
wirdet, die uberige scheffen mit vurbetrachtounge und zeitigem
rade auch eins amptmans ader schultheisen zur zeit zu Coblents
binnen einen firtheil jares bei den eyden, sei dem stift und scheffenstule gethain haben, drie erbare redliche verstendige und doich-
liche mann, die eins erbarn namen standes und wesens, seins
alters fierundzwenzig jare, ingeseßne burger zu Coblents, dem
vurgenanten unserm gnedigsten hern ader seiner gnaden nachkomen in schriften benennen sullen und der also benanten drier
sal unser gnedigster her ader seiner gnaden nachkomen einen
kesen, den selbigen zum scheffen machen und ime den ledigen
scheffenstule ain und darin setzen. Wanne aber und so dick durch
unß ader unser nachkomen die drie menne zu benennen die vurgenant maiß nit gehalten wurde, so moigen seine gnaden oder
seiner gnaden nachkomen den scheffen benennen kesen machen uud
setzen sunder meniglichs inrede. Welche auch also scheffen gekoren
gemacht und gesetzt werden, suillent geloben und schweren, auch
ire versieglete brief, wie wir und unsere vurfaren gethain haben,

a) B Korhs.

dem obgemeltem unserm gnedigsten hern seiner gnaden nachkomen und stift geben, ausgescheiden alle geverde und argelist.
Und des zu urkunde haben wir unser genanten scheffen ingesegel
an dissen brief gehangen, der geben mitwochs nach Remigii
anno 1501.　　　　　　　　　　　　　　　　　　　　　5

3.

Beilagen.

1. Das Verbrecherbuch der Stadt Koblenz. 1317—.

Nicht ganz ohne einen gewissen Werth für die Ortsgeschichte,
aber doch für die vorliegende Veröffentlichung nicht bedeutend
genug, um abgedruckt zu werden, ist das Verbrecherbuch der
Stadt Koblenz.

Eine Pergamenthandschrift in kleinem Quart, im Stadtarchiv, 10
10 Blätter stark, von denen 7 beschrieben, trägt aus späterer Zeit
die Nummer 2739 und den Vermerk: Accusati criminum et infames.
Das Heft wurde, wie aus dem Eingang zu ersehen ist, durch Rathbeschluss vom 15. Mai 1317 angelegt, nachdem bereits ein gleicher
Beschluss am 13. März 1316 vorausgegangen war. Die Schrift auf 15
S. 1ᵃ ist ausgeschabt. Sie lässt sich jedoch unter Zuhülfenahme
der ähnlichen Eintragung auf den Seiten 1ᵇ und 2ᵃ vollständig ent-
ziffern. Die Blätter sind von 12 verschiedenen Händen beschrieben.

Eine Eintragung der neunten Hand erwähnt auf S. 4ᵃ die bei
Westerburg gefangen genommenen Koblenzer Bürger[1]. Der folgende 20
Theil ist daher nach der Westerburger Fehde, also nach 1347,
niedergeschrieben. Auf S. 6ᵃ wird Lamprecht vom Kirchhofe erwähnt. Da derselbe urkundlich nachweisbar zuletzt am 4. November
1378 auftritt — seine Wittwe Agnes von Rynberg urkundet am
23. Februar 1389 — so wird um diese Zeit etwa das Verbrecher- 25
buch abgeschlossen sein. Der Zweck der Anlegung des Buches
wird deutlich im Eingange angegeben: In nomine domini amen.
Nos scultetus, milites, scabini et universi oppidani Confluenses universis, ad quos presens scriptum pervenerit, dinoscere veritatem.
Noveritis, quod anno domini MCCCXVI in crastino beati Gregorii 30
pape, videlicet XIII. die mensis Marcii, indictione XV, per sonitum
campane in nostro diversorio congregati attendentes, quod omnes
ministri iusticie et rectores populorum ad deprimendam nequiciam
transgressorum tenentur maleficis maturis remediis obviare, volentes
igitur, quod in presenti libro malefici, fures, raptores, latrones, 35

---

[1] Item Th. de Eumezo pro eo, quod unus presbiter venit ad eum et petivit
tabelam, quod scriperet opidanos nostros captivos in Westerburch, quod hoc
consilio non revelavit, quod per hoc non bene fecit.

vinearum excisores conscribantur et qui ad actus civiles per ipsorum facinora perpetrata minus sunt apti et dispositi, ne mali et
boni pari iure gaudere videantur, sed suam pro meritis recipiant
porcionem.

Die Vermerke über die Bestrafungen scheinen nur für das
erste Drittel der Aufzeichnung angegeben zu sein und überhaupt
nur dann, wenn auf Todesstrafe erkannt worden ist. In diesem
Falle findet sich ein Kreuz hinter der betreffenden Angabe[1]. Solche
Kreuze finden sich einmal wegen Todtschlags, siebenmal wegen
Diebstahls, einmal wegen Raubes, fünfmal wegen Excesses gegen
die Stadt. Ausser einigen einzelnen Vergehen werden bis zu jener
Erwähnung der Westerburger Fehde, also bis 1347, aufgeführt:
5 Fälle wegen Raubes, 6 Fälle von Weinbergfrevel, 7 Fälle gegen
Leben und Gesundheit, 17 Fälle von Meineidigkeit — meist Ver-
letzung des Diensteides Seitens der Förster und Wächter durch
Unterlassung von Rügen[2] — und 42 Fälle wegen Diebstahls.

Die Eintragungen sind lateinisch. Mit der Mitte des 14. Jahrhunderts werden sie deutsch. Aus dieser späteren Zeit lasse ich
einige für die Stadtgeschichte vielleicht einmal werthvolle Eintragungen hier folgen.

Seite 6ᵃ: Item her Lamprecht von me Kirghobe, umb daz her
deme rade nyt gevolgich in ist geweist, na deme breve, den hie,
sin vader unde sin broder uber sich gegebin hant, den dye stede
Andernach unde Bopart unde myt dez werintlichs gerechtis ingesigil von Covelentz besigilt hant, dez hait her na deme breve ·
wyder den rait zu kurz gefaren na ynhaldunge dez brevis.

Item Jacob Stademan, daz her hern Friderich von Speie er-
mordit hait in den dyngen, daz her nyt myt yme zu schaffen
in hatte.

Item her Wilhelm von der Arken, want hie zu andern zyden
bynnen nachtis unde nebels Johanne Kuter na geyn unde yn
wunt sloich unde der rait yme daz umb dez besten willen vergeben hatte, unde nu anderwert ungehorsam ist geweist deme
rade zu iren geboden und in ire heymlicheide unde unsen
schutzen zu zweyn zyden gedrauwit hait, umb daz sy syne pert
unde zwyn ußer der burger schaden dreben und roichten.

S. 6ᵇ: Item Johan von Duytze wart geanzalt von deme rade,
dat he hette gesayt von reden unde sachen, dye in des heimil-
cheyde (!) waren durchgegangen: do antwerte he in eyme vollen
rade, he neme uf sinen eyd unde sine ere, den he mime herren
und der stede gedan hette, dat yme dat nyman gesayt hette,

<hr>

[1] „Signati cruce rei sunt mortis.“
[2] Auch der oben schon genannte Th. von Ems wurde angeklagt: Th. de
Enmeze, quod percussit H. Symonis manum ab inde in nocte merdando et fuit
tunc temporis scabinus et non accusavit se periurus. Vgl. über Tilman von Ems
Beilage 3.

want he zwene gebeden hette, dye he mit namen nante. Des
wolde yme der rayt nit lasen genugen unde sprach yme antverve
zu vor alde rade unde nuwen rade unde saß do anderwerve vor
den luden unde nam uf sinen eyd unde sine ere, den he mine
herren unde der stede gedayn hatte, dat he der eynen nit gebeden 5
hette und her umbe so hat des der rayt overkomen, dat er meyn-
eydlich ist gene den rayt.

Item Johan von Bunne, dat he zwene gefangen zu Covelentz
hat in den dingen, dat he des moge noch macht hette, buysen
schultheyse unde burgermeyster oder rayt unde slauss unde 10
turnede dye wyder der stede vryheyd unde hat da byde der
stede friheyd gebrochen.

Seite 7ᵃ: Item sa gyene derselbe Henne unde vyenck eyn
unser burgers knecht uf prediger kirmisdach, da mir sunderliche
friheyd han [1], unde vorte den in den turn unde hat da mide der 15
stede vryheyd gebrochen unde recht.

2. Die Stadt Bonn bekundet ein Abkommen mit der Stadt
Koblenz, demzufolge kein Bonner Bürger einen Koblenzer Bürger mit römischen Briefen aus der Stadt laden, vielmehr sein
Recht in Koblenz mit Hülfe des dortigen Bürgermeisters suchen
solle und umgekehrt. 1331, Juni 23.

Original auf Pergament im Stadtarchiv. Siegel erhalten.

In godis namen amen. Wir . . schultisse . . rittere . . scheffenen der . . rayt und die gemeynde von Bunna dun kunt ‖ allen
den die desin intgeenwordigen brief ane sient und horint lesin,
dat wir samenklichen mit eyner geluter ‖ klockin umbe vreden 20
und gemach inde unser stede beste han gemacht under uns eyn
recht heymal, also, ‖ dat wir noch nieman under uns noch van
unsin wegin sal ladin mit roymschin brievin die eirsomen lude,
unse lieve burgere van Kovelenzhe, uz der stat van Kovelenzhe,
noch keynen eren ingesessenyn burgere, den si vur ingesessin 25
haldint, umbe keynerleyge saghen, anc van geystlichen saghen,
want ist under uns jemanne, jed werris uf si oder uf keynen
erin burger, so mach der kleger komen des avinds zu Kovelenzhe
unde sal mit urkunde des burgermeysters nemyn den vronebodin
unde sal eme heyzzen gebiedin, deme he schult gyt, uf eynen 30
dynclichen dach des morgins, sal de kleger nemen den burgermeyster van Kovelenzhe, he sal eme hellin mit gerichte, dat eme
eyn endelichit recht geschie mit alle deme rechte, alz ir recht
geschaffin ist unde der scheffene deylit; dit selve solin wir unsin

---

[1] Nämlich den Marktfrieden. Vgl. Abschnitt VI, Einleitung.

burgeren van Kovelenzhe dun wyder in unser stat, wanne sys gesinnent, unde gelovin dit mit gudin truwen, ewelichin, stede zu haldene ane argelist. Inde zu eyner ganzer stedicheide geven wir unsin burgeren van Kovelenzhe desin brief besigilt under unseme 5 kleyneme heymelichme ingesigele, dat her ane gehangin ist. Dis brief wart gegevin uf sente Johans Baptisten avint, dat man heyzzit dat he geborin wart, na godis geburde druzienhundert unde eyn unde drissich jaer.

3. Verpflichtung des Tylman von Ems als Koblenzer Schöffe gegen Erzbischof Balduin von Trier. 1337, April 3.

Original auf Pergament im Staatsarchiv. 2 Siegel.

Ich Tylman von Omeße, eyn scheffen zu Covelentze, dun 10 kunt allen luden, daz ich deme erwerde||gen in gode vader und herren, mime herren, hern Baldewine ertzbischove zu Trire, globet han || und zu den heyligen gesworn und globen und sweren an diseme brive, daz ich ieme, sinen .. || nackkomen und dem stiefte zu Triere getruwe und holt und gehorsam sin sal und wil alle 15 zyt und sie ires schaden warnen und wenden, als verre als ich daz weiz und mag, und sal alle ire recht zu Covelentze und anderswo und ander ire stucke und irre .. amptlude von iren wegen vordern und mines herren von Trire willen dun, also verre als ich den weiz und iz mit gode gedun mag, uzgescheyden aller-20 leye argelist und geverde, und des zu urkonde han ich min ingesigel an disen brief gehenket und han gebeden und bidde an diseme brive Colyn, den schultheyzen zu Witlich, daz er sin ingesigel an disen brif welle henken; und ich Colyn von Witlich vorgenant bekenne, daz ich durch bede willen des vorgenanten 25 Tylmans von Omeße zu eyme getzugnisse aller diser vorgeschriebener dinge min ingesigel an disen brief han gehenket, der gegeben ist do man zalte nach Cristus geburte dritzenhundert jar und dar nach in deme syben und drizzegesten jare, des donrestages aller nehest nach mittevasten.

4. Erzbischof Balduin verleiht denen aus dem Adel und Ritter-
stande, welche sich zu Koblenz niederlassen, das Vorrecht, dass
kein weltlicher Richter in ihren Häusern wegen Schuldsachen
Verhaftungen und dergleichen vornehmen darf[1].

1337, August 20.'

Aeltere Abschrift im Staatsarchiv.

Baldowinus dei gratia sanctae Treverensis ecclesie archiepiscopus, sacri imperii per Galliam archicancellarius, notum facimus
universis, quod cum civitates et oppida nobiles et bone nationis
viros in eisdem civitatibus et oppidis commorantes in suis hucus-
que honoribus statu et iuribus prout experientia retro actorum 5
temporum non modica receperint incrementa, nos haec provide
pensantes tam propter honorem, commodum et utilitatem oppidi
nostri Confluentini, ad quod singularem affectionem habemus, et ut
nobiles et militares et bonae nationis viri ad inhabitandum idem
oppidum nostrum facillus invitentur, tam propter servitia per 10
nobiles et militares bonaeque nationis viros nobis et praedictae
ecclesiae nostrae hactenus saepius inpensa et in posterum impen-
denda, omnibus nobilibus et militaribus bonae nationis viris nobis
et prelibatae ecclesiae nostrae Treverensi attinentibus ac in dicto
oppido nostro Confluentino per residentiam personalem tanquam 15
oppidani eiusdem oppidi commorantibus et ipsum inhabitantibus
hanc duximus gratiam ad nostrum placitum duraturam specialiter
faciendam, ipsisque de speciali gratia ac speciali libertatis privi-
legio presentium tenore favorabiliter indulgemus, quam diu prefati
nobiles et militares in dicto oppido nostro Confluentino ipsum 20
inhabitando residentes fuerint ibidemque domicilium habuerint,
quod venientes ad eos in domibus, quas ipsi nobiles et militares
in dicto oppido nostro inhabitaverint, in eisdem domibus per
iudices nostros seculares eiusdem oppidi nostri occasione aliquorum
debitorum subditos nostros vel alios extraneos respicientium non 25
valeant arrestari, nec per aliqua citationum seu arrestationum
edicta in huiusmodi domibus coartari quomodolibet vel restringi.
In cuius nostrae concessionis premissorum evidentiam atque robur
sigillum nostrum presentibus est appensum. Datum Confluencie
anno domini MCCCXXXVII, quarta feria proxima post festum 30
assumpcionis beatae Mariae virginis gloriosae.

---

[1] Vgl. zu dieser Urkunde die Verpflichtung im Eid des Fronboten, welcher
mit der folgenden Bestimmung übereinstimmt. Eine Ausnahme findet statt, wenn
der Betreffende in seinem Hause Wein feil hält.

5. Verpflichtung des Lodewich von Frücht als Koblenzer Schöffe gegen den Erzbischof Balduin von Trier.
1352, April 22.

Original auf Pergament im Staatsarchiv. Zwei Siegel.

Ich Lodewich von Fruchten, eyn woilgeboren knecht und
scheffen zu Covelentze, dun kunt allen luden, daz ich dem erwirdigen ‖ in gode vader und herren, myme herren, hern Baldewine
ertzbisschove zu Triere, mit mynen truwen gelobet han und zu
5 den heiligen ‖ gesworen und geloben auch an diesem brieve, daz
ich yme und sinen nakomen und deme stifte zu Triere getruwe
holt und gehor‖sam sin sal und daz ich alle zyt sie yre amptlude
und ire stucke und sunderlich ire geistliche gerichte und was sie
mir sagent oder bevelent in allen sachen getruwelich furdern sal
10 und nit hindern in keynerhande wise; auch sal ich und wil yren
schaden warnen und wenden und ir bestes schaffen reden und
werben, als verre ich mag und iren rait helen. Ich ensal auch
keynen sunderlichen eyd sweren oder geloben mynen gesellen,
den scheffenen oder ymanne andirs, der wieder mynen vorgenanten
15 herren sinen stifft oder wider dise stucke in keynerhande wise
sin muchte, ane den uffenbaren eid, den man pliget von deme
scheffenstule zu swerene, als iz von alder her komen ist, ußgescheiden allerleie argelist. Des zu urkunde han ich myn ingesigel an diesen brieff gehangen und han gebeden und byden
20 mit diesem brieve den strengen ritter hern Johan Walpoden von
Baßenheym, daz er sin ingesigel zu deme myme zu getzugniße
der vorgeschrevener stucke au diesen brieff wulle henken. und ich
Johan Waltpode ritter vorgenant erkennen, daz ich umb bede
willen Lodewigis vorgenant myn ingesigel zu deme sime zu getzuge
25 der vorgenanten stucke an diesen brieff han gehangen, der gegeben
ist nach gots geburte drutzenhundert und tzwey und funftzig jair,
des nehesten sondagis vor sante Marcus dage des heiligen ewan-
gelisten.

6. Vermerk über eine Aussendung von Mitgliedern des Rathes von Koblenz an die Städte Bonn, Andernach, Boppard und Wesel zur Erörterung über die Austragung etwaiger Ansprüche der beiderseitigen Bürger an einander. 1412, April 12. 13.

Gleichzeitige Aufzeichnung im Stadtarchiv.

It sy zu wissen, dat in den jaren do man schreif XIV[c] ind
30 XII jair, in dem 12. und 13. dage [im] aprile, hatten die burgermeister, die wail geboren lude, die scheffen, die burger, die hant-
werkeslude, der rait alt ind nuwe der stat zu Covelentze ind was

zoe dem selben rade gohorich ist uß geschicket eyns deils yrer
frunde, zoe dem selben yrem rade auch gehorich, zu eren sament-
burgern zo Bunne, zo Andernach, zo Boparten ind zoe Wesel,
umb die zoe fragen ind in fruntelicheide zoe erfaren, ab eynich
yre burger, edel oder unedel, mit eyme manne von enbuissen, 5
wer der auch were, zo schicken oder zo schaffen hette oder
eynich ainspraich an yn zu legen umb leen, eygen, erbe oder
scholt oder gulde, so we die anspraiche geschaffen were, da der
burger den man von enbuissen nyet zo rechte brengen enmochte
ind eme rechtes uß ginge, ind der selbe burger dat dem rade 10
claide ind an yn braichte ind er syner anspraichen in der sachen
an deme rade gerne beliben wulde ind boede zoe verliben, wat
sy dan deme burger pflichtich ind schuldich weren zoe doen oder
zoe raden, so dat er zoe rechte queme ind recht gedien ind wederfaren mochte na anspraichen ind antwerten der sachen. Da synt 15
die selbe unse frunde, die dar uber uß geschicket waren, zoe
fragen, underwist worden, als sy daz auch weder an uns brecht
hant, ind sunderlichen von den von Boparten, we wol die ander
stede vurgeschreven des selben gelicheins ind uf den selben syn
auch gesaget hant, ind ir eyns deils strencklichen, welche ir bur- 20
ger by yn myt eynen manne von enbuissen zoe schicken oder zo
schaffen ader auch enich anspraiche an yn zu legen het, umb
lehen, eigen oder erbe, umb scholt, zinse oder gulde, ind der
burger den manne von enbuissen nyt zo recht brengen en mochte
ind der selbe burger dat an yren rait brechte ind in dat vur- 25
lechte oder claide ind sich erboede, der sachen des rechten by
yn zo verliben, ind begerde, daz sy daz vur yn bieden ind
schriben woelden, daz sy dan deme manne von enbuissen dry
virzendage na ein ander plegen ind plichtich syn, vur yren burger zu schriben ind zoe dage und zo rechte mit yren burger zo 30
komen, versleit er daz ind geit in dez uß, dat sy dan dem selben
yren burger beholfen und veredich sin soelen weder den man
von enbuissen mit alle yrer mogeden, so ferre dat sy den selben
man von enbuissen yren burger zo rechte brengen, ind wurde
der selbe burger da enbynnen dez mannes vyant von enbuissen 35
umb die selbe sache, unervolget ind aen ußdraiche, frage, wiß
oder geheiß yrs rades, dat sy dan dem burger nyet plichtich
noch schuldich en syn, enich sture oder helfe zoe doen noch er
sich nyet by in beholfen noch uß oder in ere stat ryden en soele,
dan welcherley schaden oder ansprach yn davon queme, dat 40
wulden sy an eme vordern ind er must yn daz aif legen, da by
wir auch zu ewigen dagen bliben willen ind also halden by
unsern eyde ane gefeerde.

V.

Einwohner und Bürgerrecht.

1.

Einleitung.

Die Einwohnerschaft zu Koblenz bestand ihrer Herkunft nach aus Alteingesessenen und aus Eingewanderten, ihrem Stande nach aus Freien und Unfreien, in ihrem Verhältniss zur Stadtgemeinde aus Bürgern und Nichtbürgern. Ueber die zahlenmässigen Verhältnisse innerhalb dieser drei Klassen lassen sich genauere Feststellungen mangels irgendwelcher überlieferten urkundlichen Unterlage nicht machen.

Dass eine der Entwickelung der Stadt entsprechende Einwanderung von aussen her stattgefunden hat, ist ohne weiteres anzunehmen und wird auch durch die schon im 13. und 14. Jahrhundert vorkommenden, von Ortschaften hergenommenen Personennamen bezeugt. Es sind aber vornehmlich Namen aus der nächsten Umgegend, denen wir begegnen. Zuzügler aus weiterer Ferne scheint die Stadt damals nicht angelockt zu haben. Dass übrigens die städtische Verwaltung selbst grossen Werth auf den Zuzug von aussen gelegt hat, geht aus den oben abgedruckten Klagepunkten der Stadt über Beschwerungen Seitens des Erzbischofs Otto von Trier hervor. Der Erzbischof hatte einen Thurm auf der Moselbrücke aufführen lassen und einen Anbau an der Burg. Die Stadt fühlte sich durch solche, den freien Verkehr hindernden Einschnürungen in hohem Maasse beschwert und machte als eine der Folgen solcher Verbauung die Befürchtung geltend, dass Leute aus andern Ländern und Städten nicht mehr nach Koblenz würden ziehen wollen: „wat saltu da doen, du bis da unsicher dyns lyves und gutz besorget, na dem der herre sy an allen enden verbuwet[1]."

Ein ungefähres Urtheil über den Umfang des aus der näheren oder weiteren Umgebung stattgehabten Zuzugs und über die Grösse der daraus hervorgehenden wirthschaftlichen und sozialen Anziehungskraft der Stadt kann allenfalls ein aus dem Jahre 1440 erhaltenes Schutzgeldverzeichniss[2] sowie das unten zum Theil veröffentlichte Bürgerbuch von 1469 gewähren. Jenes Schutzgeldverzeichniss ist eine unter den Bürgermeistern Johann von Bechel

---

[1] Vgl. oben S. 60.
[2] Papierheft in Schmalfolio von 12 Blättern im Stadtarchiv.

und Johann Ludinger im J. 1440 niedergeschriebene Aufzeichnung
über die Einnahme an Schutzgeld im genannten Jahre. In ihr
werden 580 schutzgeldpflichtige Einwohner aufgeführt. Von die-
sen Einwohnern stammen den Namen nach zu urtheilen etwa
110 aus den Orten der näheren Umgebung der Stadt, 30 aus den
Städten der weiteren Umgebung. Von den letzteren stammen vom
Rheine aufwärts und vom Maine je einer aus Oberwesel, Bingen,
Frankfurt und Würzburg, vom Rheine abwärts 1 aus Sayn, 2 aus
Engers, 3 aus Andernach, je 1 aus Ahrweiler und Bonn und 2 aus
Neuss. Von der Mosel 1 aus Merl, 2 aus Bernkastel, aus dem
Hinterlande zwischen Rhein und Mosel 3 aus Mayen. Vom Lahn-
gebiet endlich stammen 2 aus Limburg, 2 aus Hadamar, 1 aus
Solms und vom Westerwalde her 1 aus Hachenburg und 4 aus
Montabaur.

Die zweite Quelle, welche über den Zuzug aus anderen Orten
nach Koblenz ein einigermaassen zutreffendes Bild geben kann,
ist das Bürgerbuch von 1469. Dasselbe wurde in genanntem Jahre
angelegt zu dem Zwecke der Eintragung aller damals in Koblenz
lebenden Bürger und zu dem weiteren Zwecke der jährlichen Fortführung solcher Eintragungen durch Einzeichnung der in jedem
Jahre stattgehabten Bürgeraufnahmen. Beide, die einmalige Eintragung vom J. 1469 und die weitere Fortführung eigenen sich zu
einer Untersuchung der Zunamen der Bürger in Hinsicht auf den
Ort ihrer Herkunft. Ich berücksichtige hierbei für den Schluss
auf die Einwanderung von weiterher lediglich, wie oben, die Städte.
Die Personenzunamen, welche Dörfern entnommen sind, lassen
meist auf die Herkunft aus den in der Nähe gelegenen Ortschaften
schliessen. Im übrigen aber sind diese Dorfnamen nur schwer,
keineswegs aber sind solche Zunamen vollständig und mit Sicherheit
festzustellen.

Das Bürgerbuch von 1469 zählt als im genannten Jahre in
Koblenz angesessen 248 Bürger auf. Von diesen entstammen den
Namen nach etwa 66 aus Dörfern oder kleineren Städten der
allernächsten Umgebung von Koblenz; für 34 lässt sich ihre Herkunft aus folgenden Städten feststellen: Vom Rheine aufwärts, von
den Nebengebieten und vom Maine je 1 aus Boppard, Homburg,
Sobernheim, Frankfurt und Aschaffenburg, vom Rheine abwärts je
1 aus Andernach und Linz, je 2 aus Unkel, Ahrweiler und Brühl,
3 aus Köln, je 1 aus Neuss, Gladbach, Kaiserswerth und Mörs und
1 aus Westfalen. Von der Mosel je 1 aus Kochem und Bernkastel,
aus dem Eifelgebiet je 1 aus Mayen und Münstereifel. Von der
Lahn 1 aus Solms und vom Westerwalde je 1 aus Altenkirchen
und Hachenburg und 4 aus Montabaur.

Eine Vergleichung der beiden zu Grunde gelegten Verzeichnisse ergiebt:

1. Die Zahl der Namen, welche auf eine Herkunft von auswärts schliessen lassen, ist gewachsen. Im J. 1440 sind unter 578

Namen etwa 140, in dem Bürgerverzeichniss von 1469 unter 248 Namen rund 100, welche eine stattgehabte Einwanderung zur Voraussetzung haben. Das sind aufs Hundert gerechnet in jenem Falle 24%, in diesem Falle 40%.

2. Mit der Einwanderungzunahme hat sich auch das Gebiet derselben erweitert. Rheinaufwärts, an der Mosel und an der Lahn ist das Verhältniss im allgemeinen dasselbe geblieben. Rheinabwärts aber, wo 1440 noch Neuss die äusserste Grenze war, tritt jetzt auch Gladbach, Kaiserswerth und Mörs und Westfalen hinzu.

Diese Erweiterung des Bezirkes, welcher der Stadt Koblenz Zuzügler geliefert hat, tritt aber besonders deutlich hervor bei einer Beobachtung derjenigen Personen, welche in der Weiterführung des Bürgerbuches nach 1469 als aufgenommene Bürger verzeichnet werden.

Betrachten wir nun diese Fortführung des Bürgerbuches. Vom Jahre 1469 an bis 1500 sind 363 Personen Bürger geworden. Von denselben stammen aus Dörfern und kleineren Städten bei Koblenz rund 168 Personen und aus weniger oder mehr entfernten Städten und Ländern etwa 158 Personen. Der Kreis des Zuzuggebietes hat sich nach allen Richtungen hin erweitert. Rheinaufwärts, wo die Städte Lahnstein, Boppard, St. Goar, Wesel, Bacharach, Lorch, Ingelheim, Mainz, zur Seite Kreuznach, vertreten sind, sind weiterhin gewonnen Darmstadt, Weinheim, Oppenheim, Worms bis Speier; am Main Frankfurt, Hanau und Würzburg und darüber hinaus nach Baiern hinein Nürnberg und Regensburg. Aus Würtemberg hat Stuttgart, aus dem Elsass Zabern und Schlettstadt Zuzug geliefert, selbst 2 Schweizer sind nachweisbar. Dasselbe Bild an der Mosel. Hier war bisher Bernkastel die äusserste Grenze: neu erworben sind Wittlich, St. Wendel, Trier und Metz. An der Lahn war bisher Limburg die äusserste Entfernung: hinzugetreten sind Braunfels und Wetzlar und weiterhin Fritzlar und Kassel. Der Westerwald und das weitere Hinterland sind auch durch die Zahl der Zuzügler stärker vertreten: 5 aus Montabaur, 9 aus Hachenburg und weiter aus Dillenburg 2 und aus Siegen 8 Neubürger. Eine erhebliche Ausdehnung endlich hat das Gebiet rheinab erfahren. Hinzugetreten sind die Seitengebiete mit Jülich, Düren, Essen, das kölnische Westfalen und das Niederland mit Mastricht, Dortrecht u. a.[1]

Es ist oben berechnet worden, dass die Zahlen der Namen, welche auf Einwanderung schliessen lassen, zu den übrigen Namen im J. 1440 und 1469 aufs Hundert 24 bezw. 40 betrugen. Für die Zeit von 1469—1500 lässt sich eine solche Verhältnisszahl zwar bestimmen, sie würde bei rund 326 Eingewanderten von 363 Neubürgern 89,8% betragen. Aber diese Verhältnisszahl kann

---

[1] Auch Hamburg, Olmütz sind vertreten und ein Zuzügler des Jahres 1484 ist „us Ungeren".

trügen. Denn es ist einerseits in Abzug zu bringen die Zahl derer, welche mit dem Ortznamen zwar gezählt, aber doch als Söhne früherer Zuzügler anzusprechen sind. Andererseits liegt die Möglich-keit vor, dass in der Fortsetzung des Bürgerbuches überhaupt nur die Neubürger eingetragen wurden, die Söhne von Bürgern aber, welche in das Bürgerrecht hineinwuchsen, überhaupt nicht auf-gezeichnet worden sind. Letzteres ist bei der ganz auffallend seltenen Bezeichnung eines Eingetragenen als Sohn eines Bürgers sogar wahrscheinlich. Beide einander ausschliessenden Fälle wür-den jeder für sich jene obige Verhältnisszahl verändern. Immerhin deutet das sehr hohe Verhältniss von 89,8 aufs Hundert auf eine sehr bedeutende Verstärkung des Zuzugs von aussen her.

Die Zahlen, welche oben gegeben sind, sind nur als runde Zahlen zu verstehen. Das nur angedeutete Bild, welches sie ge-währen von der Verstärkung des Zuzugs sowohl, wie von der Er-weiterung des Gebietes, aus welchem die Neubürger der Stadt zusammenflossen, dürfte zutreffend sein[1].

Der Stand der Freiheit oder Unfreiheit des einzelnen Ein-wohners kam für sein Verhältniss zur Stadt wohl nur für die älteste Zeit als durchaus trennend in Betracht. Die Mehrzahl der Einwohner einer sich entwickelnden Stadtgemeinde mit dem Be-streben nach Ausbau einer eigenen Verwaltung werden wir uns zweifelsohne als frei oder frei geworden vorstellen dürfen. Denen gegenüber standen als zwar innerhalb der Stadtmauern, aber ausser-halb des Stadtrechts, im Hofrecht, lebend die Ministerialität und die anderen Hörigen des erzbischöflichen Hofes. Aber schon in früher Zeit sehen wir in Koblenz die bischöflichen Ministerialen an der Stadtentwickelung theilnehmen[2]. Und da es möglich war, dass auch der Unfreie innerhalb des Stadtgebietes und zu Stadtrecht freies Eigenthum[3] oder solches zu Erbleihe erwerben konnte, so musste es sehr bald einen Theil von Stadteinwohnern geben, deren Stellung derjenigen der Freien ähnlich wurde und deren Persön-lichkeit nur noch zu einem Theile vom Hofrecht abhängig war, zum andern aber auf Grund des Besitzes von Eigenthum zu Stadt-recht von diesem erfasst wurde. Die Möglichkeit allmählichen

---

[1] Es wäre erwünscht, einmal auf Grund des bis tief in die 2. Hälfte des 16. Jahrhunderts reichenden Bürgerbuches eine ganz genaue statistische Zusammen-stellung der obigen Verhältnisse in der Art zu erhalten, wie sie Karl Bücher in seiner Bevölkerung von Frankfurt a. M., Tübingen 1886, ausgeführt hat.

[2] Die Ministerialen waren bei der Erwerbung des Bürgerrechts von der Genehmigung ihres Herrn abhängig. Am 26. Juli 1351 stellte Johann von Oechten-dingen dem Erzbischof Balduin einen Schein aus, durch welchen er, da er ohne des Erzbischofs Willen Bürger von Koblenz geworden, auf diese Bürgerschaft verzichtete und versprach, auch bei der Stadt dahin zu wirken, dass sie eben-falls auf diese Bürgerschaft verzichte. Original im St.-A. Koblenz.

[3] Urkunde vom 2. Oktober 1338: Henricus pistor dominorum ecclesie sancti Castoris in Confluencia et Elizabet eius uxor legitima .... vendidimus pro nobis et nostris heredibus ein Stück Wingert an einen Koblenzer Schöffen.

Uebergangs von Unfreiheit zu Freiheit war auf diesem Wege gegeben. Bei den Ministerialen trat dieser Uebergang mit Rücksicht auf das Stadtrecht in Koblenz sehr früh ein. Schon im 13. Jahrhundert begegnen wir Mitgliedern von Ministerialenfamilien als Bürgern.

Von solcher durch Antheilnahme am Bürgerrecht oder durch den Besitz von Stadtrechtgut etwa geschaffenen Doppelstellung abgesehen, waren rechtlich die freien und unfreien Bewohner der Stadt getrennt. Jene standen unter dem öffentlichen Stadtgericht und soweit sie Bürger waren in gewissen Beziehungen unter dem gemeinderechtlichen Bauding. Diese aber, die Unfreien[1], hatten ihren Gerichtstand vor dem Hofgericht. Jene sind zu den städtischen Abgaben und Leistungen verpflichtet, diese von denselben befreit. Im allgemeinen mit dieser Scheidung der Personen übereinstimmend war auch der Grundbesitz zu Stadtrecht dem Stadtgericht und dem Bauding unterworfen, der Grundbesitz zu Hofrecht dem Hofgericht. Auf jenem ruhte ein Theil der städtischen Lasten, während dieser von denselben frei war.

Unabhängig von diesem persönlichen Stande der Einwohner theilten sich diese in Bürger und Nichtbürger oder Beisassen. Die Bürger unterschieden sich nach ihrem Stande in edele und unedele. Unter den ersteren waren die „wolgebornen“ Leute verstanden, eine Reihe adliger, zum Theil ministerialer Familien. Die Bürger schieden sich ferner in solche, die in Koblenz „ingesessen“ und solche, die „usgesessen“ waren. Jene, die eingesessenen Bürger, welche Feuer und Flamme in der Stadt hielten und in Koblenz wohnten, stellten die eigentliche Bürgerschaft dar. Sie waren die Träger des höchsten Maasses der verschiedenen durch das Bürgerrecht gebotenen Berechtigungen und Nutzungen.

Die ausgesessenen Bürger dagegen waren entweder die Mitglieder ganzer Gemeinden, wie die Dörfer Horchheim und Rübenach, oder geistliche Körperschaften, wie die Karthäuser bei Koblenz oder die Abteien Siegburg, Laach, Himmerode, Marienstadt, Romersdorf und die Klöster Vallendar und Oberwerth, oder endlich namhafte gräfliche und adlige Familien, wie die Grafen von Katzenelnbogen und Sponheim, die Boos von Waldeck, die von Elz, von Löwenstein, von Bassenheim, von Pyrmont u. a. m.

Die Rechte und Pflichten dieser ausserhalb der Stadt wohnenden Bürger waren nicht die gleichen. Ihr Umfang wurde vielmehr von Fall zu Fall bestimmt. Mit jedem derselben wurde ein besonderer Vertrag abgeschlossen, der sogenannte Bürgerbrief. Sie sind grundsätzlich ausgeschlossen von der Nutzung der Almende in Ansehung von Bau- oder Brennholz. Nur der Erzbischof von

---

[1] Ausser den Hörigen des Erzbischofs wird es natürlich auch noch einige Dienstleute in den in Koblenz belegenen Herrenhöfen oder den Höfen geistlicher Körperschaften gegeben haben.

Trier und die Karthäusermönche bei Koblenz dürfen jener nach Nothdurft Bau- und Brennholz dem Walde entnehmen, diese „aus Gnaden" ein geringes an Brennholz. Ebenso sind die Aussenbürger vom Eckerrecht grundsätzlich ausgeschlossen. Wiederum nur der Erzbischof bezw. sein Amtmann hat Theil an der Mastnutzung. Die Karthäuser dürfen einige Schweine im Koblenzer Walde eckern lassen, aber ebenfalls nur aus Gnaden. Das Recht des Weinschanks dürfen von den Aussenbürgern die folgenden ausüben: die Abteien Himmerode, Marienstadt, das Kloster Vallendar und die Herrschaft von Waldeck dürfen ihr eigenes Gewächs, soweit es in der Koblenzer Gemarkung gewachsen ist, verschenken, die Abtei Laach ihren Wein aus dem Hofe in Moselweiss. Bei einigen andern ist die Zapffreiheit auf eine gewisse Anzahl beschränkt, die Karthäuser und die Gebrüder Johann und Friedrich von Pyrmont dürfen 12 bezw. 2 Stück Wein in Koblenz verzapfen. Die Abteien und Klöster Laach, Himmerode, Marienstadt, Romersdorf und Vallendar haben der Stadt ein Pferd bei Kriegzügen zu stellen. Bei den „wolgebornen" Aussenbürgern wird die Hülfeleistung bei Kriegzügen selbstverständlich gewesen sein. In älteren Bürgerbriefen aus einer Zeit, die weit vor der Einrichtung des Bürgerbuches liegt, wird solche Bestimmung über den Umfang der Hülfeleistung ausdrücklich getroffen. Diese Bürgerbriefe waren meist Verträge, welche die Stadt in Zeiten äusserer Noth und Gefahr abschloss, so im Jahre 1304, zur Zeit des Kampfes mit Erzbischof Diether, mit dem Propst von S. Gereon in Köln, Heinrich von Schauenburg, für diesen und dessen ältesten Sohn. Die Stadt verlieh ihm das Bürgerrecht und zahlte ausserdem eine Jahresrente von 20 Mark. Der Propst dagegen versprach der Stadt mit 10 Mann in ihren Fehden zu helfen gegen Zahlung von 5 Mark für die Woche[1]. In den Jahren 1332 bis 1363 wurden ähnliche Abkommen getroffen mit Graf Wilhelm von Katzenelnbogen[2], mit den Herren von Merenberg[3], mit Dietrich Graf zu Lo, Herrn zu Heinsberg und Blankenburg[4], mit Else, der Wittwe des Johann Boos von Waldeck[5] und mit dem Grafen von Sponheim[6]. Dem Letzteren beispielsweise zahlte die Stadt jährlich 50 Mark, deren Zahlung aufhörte, nachdem ihm die Stadt im J. 1372 ein Darlehn von 500 Mark gegeben hatte[7]. Dietrich von Walteche öffnete der Stadt seine Burgen und übernahm Hülfeleistung in Fehden, wogegen

---

[1] St.-A. Koblenz. Stadtarchiv und Ä. u. O.
[2] 1332, April 14. Stadtarchiv.
[3] 1334, Mai 10. Stadtarchiv.
[4] 1338, September 1. Stadtarchiv.
[5] 1363, August 20. Stadtarchiv.
[6] 1362, September 7. Stadtarchiv.
[7] 1372, Juli 26. Original im St.-A. Koblenz. Graf Walram von Sponheim versprach hier, dass ihre geschlossene Freundschaft und Heimlichkeit bestehen bleiben solle. Wolle sein Sohn Graf Simon von Sponheim nicht in der Heimlichkeit bleiben, so müsse das Geld zurückgezahlt werden.

ihn die Stadt 12 Fuder eigenen Wachsthums verzapfen liess[1].
Von andern Aussenbürgern hatte die Stadt Einnahmen. Als die
Abtei Siegburg das Bürgerrecht erhielt, verpflichtete sie sich
zur jährlichen Zahlung von 8 Gulden, wofür sie von Ausfahrt, Bau
und Wachten befreit war und wogegen ihr die Stadt den Rechtschutz der abteilichen Güter zu Bendorf und Güls versprach[2].
Aehnlich war das Abkommen der Stadt mit der Abtei S. Martin
in Köln, der es ebenfalls um den Rechtschutz ihrer Güter in Moselweiss und Winningen zu thun gewesen ist. Sie ist gleichfalls frei
von Ausfahrt, Bau und Wacht, hat das Recht des Weinzapfs für
ihr Moselweisser Gewächs und zahlt 7 Gulden zum Stadtbau[3].

Aus diesen Anführungen ersieht man, wie verschieden die
Rechte und Pflichten der Aussenbürger der Stadt waren, wie diese
den jeweiligen Zeitumständen entsprechenden Abmachungen lediglich auf dem Boden der Leistung und Gegenleistung standen.

Die in Koblenz wohnhaften Bürger bestanden aus den Adligen
und Ministerialen[4], den Bürgern, den Geistlichen und den Juden.
Die letzteren beiden Klassen sind aber in gewissem Sinne von den
eigentlichen Bürgern abzuscheiden, insofern sie nicht als einzelne
Personen in das Bürgerrecht aufgenommen worden sind, sondern
als Körperschaften und Genossenschaft. Die Stifter S. Florin und
S. Kastor gehörten zu den ältesten Bürgern der Stadt. Das spricht
die Stadt selbst in zwei Urkunden aus dem Jahre 1358 aus, als
sie den Stiftern nach Zahlung von 250 Mark seitens derselben
einen Schirmbrief ausstellte: „die unsere eldiste burgere sind“[5].
Die Mitgliedschaft der Brüder vom deutschen Hause lässt sich
urkundlich bis ins Jahr 1301 zurückführen, wo die Stadt ihnen als
ihren Mitbürgern einen Schutzbrief ausstellte[6]. Wenig später nahm
die Stadt auch die Judenschaft daselbst, anscheinend auf Wunsch
des Erzbischofs, in ihre Mitbürgerschaft auf, nachdem dieselbe sich
zu einer jährlichen Abgabe von 20 Mark verpflichtet hatte. Ausser
vom Ungeld sollen sie von allen bürgerlichen Lasten befreit sein[7].
Uebrigens haben von den Juden abgesehen auch die geistlichen
Körperschaften nur ein beschränktes Recht. S. Florin und S. Kastor,
wie auch das Jungfrauenkloster in der Nonnengasse zur Leere,

[1] 1389, Januar 10. Stadtarchiv.
[2] 1365, September 30. Stadtarchiv.
[3] 1372, April 26. Stadtarchiv. Vgl. dazu Stadtrecht § 51.
[4] Voran die alteingesessenen geborenen Koblenzer Bürgerstämme der von
der Arken, vom Burgdor, von Bachem und vom Kirchhofe. Vgl. Bürgerbuch S. 136.
[5] 1358, November 16. Stadtarchiv.
[6] 1301, Mai 12. Gedr. Hennes I, 312. Deutsche Uebersetzung im Stadtarchiv, Kopiar 2 Bl. 91.
[7] Urkunde von 1307, April 20. Vgl. unten Beilage Nr. 1. Ein Zeichen von
Humor scheint es mir, dass die Juden diese Abgabe gerade am Feste der nativitas domini zahlen müssen, ein Tag, der sonst bei mittelalterlichen Zahlung-
terminen nicht gebräuchlich ist.

dürfen zwar ihr eigenes Gewächs, soweit es in der Koblenzer Gemarkung gewachsen ist, verschenken. Nutzung an der Almende haben sie nicht[1]. Die Deutschherren dürfen 14 Stück Wein jährlich in der Stadt verzapfen, aber nur aus Gnade haben sie das Recht, einige Schweine zu eigenem Verbrauch auf die Eckermast des Koblenzer Waldes zu treiben[2]. Zu anderen Lasten, besonders zu der des Ungelds, waren sie sowie die Geistlichkeit verpflichtet.

Somit bleiben als vollberechtigte Bürger übrig „alle ingesessen burger der stede van Covelentz, die fure und flamme bynnen der burgerschaft haldent"[3]. Zu ihnen treten ferner die Bürger von Moselweiss, Lützelkoblenz und Neuendorf mit demselben vollen Bürgerrechte wie jene[4]. Sie alle haben insgesammt und jeder für sich Theil an den Bestimmungen des Stadtrechts und des Gerichtgebrauches, wie dieselben in den „Recht, Freiheit und Gewohnheit der Stadt Koblenz" und in dem alten Gerichtsbuche ihre schriftliche Feststellung gefunden haben. Ein Einblick in diese beiden Stadtrechtquellen lehrt, dass jene Gerechtsame das gesammte öffentliche und bürgerliche Leben umfassen, letzteres in allen seinen Verzweigungen des Recht-, Erwerb- und Verkehrlebens. Jenen beiden Stadtrechtquellen tritt hier als dritte zur Seite das Bürgerbuch von 1469, in welchem die innerstädtischen Gerechtsame der Bürgerschaft zum Ausdruck gebracht worden sind. Diese bestehen in der Nutzung der Almende und in der Gerechtigkeit des Weinschanks. Da diese letztere für die Aussenbürger entweder auf eine bestimmte Stückzahl oder auf das in der Koblenzer Gemarkung erzielte Wachsthum ausdrücklich beschränkt ist, so ist anzunehmen, dass das Recht des Weinzapfs für die eingesessenen Bürger einer solchen Beschränkung nicht unterworfen gewesen ist.

Die Nutzung der Almende bestand in der Entnahme von Bau- und Brennholz und in dem Recht der Eckermast und Wiesennutzung. Die Regelung der Entnahme des Holzes stand dem Rathe zu[5].

---

[1] Vgl. unten Bürgerbuch 4, 5 u. 12.

[2] Vgl. Bürgerbuch 6. Vgl. dazu die folgende, aus dem Ende des 15. Jahrhunderts stammende Eintragung im ältesten Rathbuch der Stadt Koblenz Bl. 43: Dyt synt die puncte und artikel, dye duschen herrn halten sullen. So wanne wir die wyne laissen setzen und verbieden, daß sy die halden sullent glich andern unsern burgern, paffen, leyen, under der penen, daruf gesatz wirt. So ensullent sy keynen sunderlichen hirten yn unser marken haben, ir vehe darin zu dryben, dan als ander ingesessene burger. So ensullent sy geben ungelt von der fruchte, die sie verkeufent als ander paffen und leyen dunt und ensullent keynen sunderlichen messer noch maisse dar zu haben, dan der stodo mutter und gebrante maisse.

[3] Bürgerbuch 33.

[4] Bürgerbuch 47.

[5] Dass der Stadtrath die Aufsicht über die Almende handhabte, ist oben schon erörtert worden. Hier mögen noch einige Strafbestimmungen Platz finden, die der Rath zur Sicherung des Eigenthums in Feld und Wald unterm 24. Februar 1461 erliess: Wie der rait overcomen ist, das yderman dat syne in velde verlibe. Zu wissen, das ald und nuwe rait overmitz den amptman overcomen ind

An ihn hatte sich der Bürger, wenn er Bauholz brauchte, zu wenden. Die Zutheilung erfolgte nach Maassgabe der Persönlichkeit des Gesuchstellers und der Grösse seines Baues. Im allgemeinen betrug eine „gabe holzes" für die adligen Bürger 12 Stämme Eichenholz und 12 Stämme Buchenholz, für die Schöffen ebensoviel, für die aus den Bürgern hervorgegangenen Rathherren 8 und 8 Stämme, für die aus den Handwerkern hervorgegangenen Rathherren 6 und 6 Stämme und für den Bürger 4, 3, 2 Stämme Eichenholz und ebensoviel Buchenholz, jenachdem „der burger ader syn buwe ist nach bedunken des raytz"[1]. In der gleichen Weise wird auch der Verbrauch an Brennholz geregelt worden sein.

Das Eckerrecht regelte gleichfalls der Stadtrath. Hier sind die Sätze folgende: der erzbischöfliche Amtmann darf jährlich 50 Schweine eckern lassen, ein Schöffe oder die Wittwe eines solchen 25 Schweine, ein adliger Bürger dieselbe Anzahl, ein Rathherr von den Bürgern, bezw. Handwerkern 12 bezw. 8 Schweine und ein Bürger 6—1 Schwein. Für die Bürger bestimmt der Rath in jedem Jahre die betreffende Zahl nach den Umständen des Bürgers und vor allem nach dem Ausfall der Eckerernte. Auch hat der Rath die Befugniss, den Beisassen, welche Karrenführer sind, aus Gnade die Eckernutzung für einige Schweine zu gestatten[2].

Den Rechten der Bürger stehen die Pflichten derselben gegenüber. Sie bestanden in den Zahlungen der verschiedenen Steuern (Schatzung, Schutzgeld, Bede, Ungeld) und ferner in der Verpflichtung zum Kriegdienst (Ausfahrt, Heerfahrt), Wagendienst, Stadtbau und Wachtdienst. Von einigen dieser Lasten sind die wolgeborenen Rathmitglieder und die Schöffen frei. Nach dem alten Gerichtsbuche haben sie schutzgeldfreie Wohnungen[3]. Der eingesessene Bürger hat ferner die Verpflichtung, in Koblenz selbst mit seiner Familie zu wohnen. Als der Bürger Johann Wolf von

geslossen haint, uf das arm ind rych, die dan erve hie im velde haint, dat ere uf dem eren verlibe; wert id nu vort an sach, dat sich herna yemand vergesse ind eym anderen dat syne neme, id wer frucht, holz, stecken, druben, cruyt kole ind desglichen, id wem auch nuß, oppel, beron, kissen oder so wat oiItz, id were, wen die schutzen da van nu hinvoirter rogen, id sy man, frauwe, knecht oder mede, den sal man uf den kex setzen ind der sal alda bliven stain uf gnade des raitz; ind wat van kindern also geroecht wurde, die nyt zum heylgen sacrament gegangen hetten, die sullen syn in gnaden des raitz, wat der rait sy heyscht. — Auch sal nyeman syn koe, pert noch ander vehe nechtz nit in des anderen schaden driven noch gain laissen, ind wer dat dede, der van den schutzen geroecht wirt, sulde uch uf den kex gesat werden ind da bliven stain uf gnade des raitz. — Vort sal keyn gesynde geyn cruyt, lauf noch desglichen uß dyser marken ind gisten in ander marken oder plegen buyssen willen syns bischofs oder des, des dat erve were, der nu hinvoiter also von den wurde, der dat dede, sulde fur 5 mr. erfallen syn. — Actum et datum uf dinstach na Invocavit LX iuxta stilum Treverensem. Aufzeichnung im ältesten Rathbuch des Stadtarchivs, Bl. 3.

[1] Bürgerbuch 39.
[2] Bürgerbuch 46.
[3] Gerichtsbuch § 1, oben S. 76, Satz 4.

Güls im J. 1360 wegen der Krankheit seiner Frau unter Beibehaltung seines Bürgerrechtes mit seiner Familie und seinem Gesinde in Güls wohnen wollte, bedurfte er dazu der Genehmigung des Rathes, die ihm als eine Ausnahme vom Stadtrecht ertheilt wurde [1].

Jeder Koblenzer Bürger hat bei seiner Aufnahme den Bürgereid zu leisten, durch den er sich zur Treue gegen den Erzbischof und. zur Treue gegen die Stadt verpflichtet. Die Eidesformel ist enthalten in dem Bürgerschwur auf dem Rathhause vom Jahre 1366 [2]. Sie hat später eine sachlich wenig bedeutende Erweiterung erfahren in der Form, wie der Bürgereid in einer andern Quelle im folgenden Jahrhundert zur Niederschrift gelangt ist [3]. Die Vereidigung erfolgte öffentlich in der Heinreite [4]. Die Aufnahme eines Mannes als Bürger soll geschehen „mit guitem vorrade, das man des stiftes und der stede bestes darinne meine" [5]. Der Beamte, welchem die bei der Aufnahme von Bürgern nöthigen Obliegenheiten übertragen waren, war der Schutzmeister. Ihm lag auch die Rechnungführung ob über die vereinnahmten Schutzgelder [6].

Mit der Aufnahme war die Zahlung eines Aufnahmegeldes verbunden. Wir sind über die Höhe desselben leider nicht unterrichtet. Nur einige Ausnahmen finden sich an einigen Stellen des Bürgerbuches und sonst vermerkt. Bürger aus den Städten Boppard, Wesel, Andernach, Bonn und Duisburg, welche als solche schon auswärtige Mitglieder der Stadt waren, zahlen, wenn sie eingesessene Bürger in Koblenz werden wollen, 21 Turnos. Ein Zusatz von späterer Hand im Bürgerbuch giebt hierbei die Erläuterung, dass ein Turnos 18 hl. gelte [7]. Man darf annehmen, dass das Aufnahmegeld für Fremde höher gewesen ist als für jene, die doch bereits Aussenbürger waren. Zu demselben Schluss drängen auch einige andere Angaben. Zieht ein Bürgersohn von Koblenz fort und zeugt in auswärts geschlossener Ehe Kinder, so zahlen dieselben bei der Aufnahme in Koblenz ebenfalls 21 Turnos [8]. Ein Fremder, der zuerst als Beisasse in Koblenz gewohnt hat, zahlt 4 Gulden, seine Kinder aber, die ihm geboren sind, bevor er Bürger geworden, zahlen 21 Turnos. Hat ein Fremder eine Koblenzer Bürgerin geheirathet, so zahlen die Kinder, die er mit gebracht und die anderswo geboren waren, bei ihrer Bürgeraufnahme 4 Gulden. Dagegen zahlt ein Dienstknecht oder ein Fremder, der eine Dienstmagd heirathet, die eines Bürgers von

---

[1] Vgl. unten Urkunde v. 7. Januar 1360, Beilage Nr. 2.
[2] Vgl. oben S. 40.
[3] Vgl. unten die Diensteide Nr. 1.
[4] Akten der Kellerei Koblenz Nr. 49 im Staatsarchiv.
[5] Stadtrecht § 57. S. 56.
[6] Vgl. die Eintragungen im Bürgerbuch und die „Tafel so im Rath hängt" im Stadtarchiv.
[7] Vgl. Bürgerbuch 51.
[8] Bürgerbuch 52.

Boppard, Wesel, Andernach usw. Tochter ist, ebensoviel Aufnahmegeld wie ein Fremder[1].

Eine besondere Bestimmung wurde im J. 1406 in Anschung
des ferneren Standes der Adligen getroffen, welche Bürgerinnen
geheirathet hatten oder Kaufmannschaft trieben. Die Vereinbarung
darüber fand statt zwischen dem Rathe und dem Amtmann Friedrich von Saessenhusen, als betreffs des Standes einer Anzahl von
Adligen Zweifel entstanden waren. Es wurde vereinbart, dass die
Adligen, welche in den letzten 6, 8, 10 Jahren nach Koblenz gezogen und sich, wie oben, verheirathet, auch fernerhin die Rechte
der wolgeborenen Leute geniessen sollten. Für die Zukunft aber
sollten wolgeborene Leute von auswärts, welche eine Bürgerin heirathen würden, zu demselben Liebe und Leide sitzen wie die
Bürgerin, wenn sie dasselbe Lieb und Leid gebrauchen, also bürgerliche Lebensweise und Nahrung führen würden. Würden sie
sich aber als wolgeborene Leute halten und keine Kaufmannschaft
treiben, so sollen sie ebenfalls die Rechte der adligen Leute geniessen. Wolgeborene Männer und Frauen, welche von auswärts
kämen und Kaufmannschaft treiben würden, sollten zu demselben
Liebe und Leide sitzen als andere Bürger[2].

Ausgeschlossen vom Bürgerrecht sind unehlich geborene Kinder, auch von solchen Leuten, welche später das Bürgerrecht erworben haben[3].

Die Nichtinnehaltung wichtiger Bestimmungen des Stadtrechtes
zieht den Verlust des Bürgerrechtes nach sich[4].

Zum Schluss mag das nachstehend zum Theil veröffentlichte
Bürgerbuch von 1469 dem Versuch dienen, die Stärke der Koblenzer Einwohnerschaft oder doch der Koblenzer Bürgerfamilien zu
berechnen.

Solche Berechnungen der Einwohnerzahl mittelalterlicher Städte
können natürlich nur sehr ungefähre Zahlen bieten. Die Zwecke
und Ziele unserer heutigen Statistik kannte das Mittelalter nicht.
Zählungen um ihrer selbst willen wurden nicht vorgenommen. Die
im J. 1449 während des Krieges mit dem Markgrafen Albrecht
von Brandenburg erfolgte Aufnahme der Nürnberger Bevölkerung,
welche einestheils die ortsanwesende Bevölkerung, anderntheils die
vorhandenen Lebensmittelvorräthe umfassen sollte, steht einzig da,
nicht nur als solche, sondern auch in Ansehung des bewussten
Zweckes und der Genauigkeit ihres Ergebnisses[5]. Die dort ge-

---

[1] Vgl. Beilage 5.
[2] Vgl. die Bestimmungen vom 17. März 1406 in Beilage Nr. 3.
[3] Bürgerbuch 28.
[4] Eine solche ausdrückliche Bestimmung für einen besonderen Fall findet
sich im Stadtrecht § 3, oben S. 48.
[5] Man vgl. über diese Nürnberger Bevölkerungsaufnahme und ihre Bedeutung für die mittelalterliche Bevölkerungsstatistik Bücher, Die Bevölkerung
von Frankfurt a. M., Tübingen 1886, S. 31 ff.

wonnenen Zahlen über das Verhältniss der Anzahl der Männer zu der der Frauen, Kinder, Knechte und Mägde werden sich zweifellos auch auf die Koblenzer Verhältnisse übertragen lassen dürfen. Die Zeit jener Zählung im J. 1449 fällt nahezu zusammen mit der Zeit der Anlegung des Koblenzer Bürgerbuches im J. 1469. Gegen die Gleichstellung des Verhältnisses der Zahl der Bürger zu derjenigen der Frauen und Kinder kann auch die wissenschaftliche Statistik nichts zu erinnern haben. Höchstens darf zweifelhaft erscheinen, ob nicht in dem grösseren und reicheren Nürnberg die Zahl der Knechte (Geschäftsgehülfen, Gesellen) und Mägde in den Familien eine verhältnissmässig grössere gewesen ist, als in der kleinen und wenig bedeutenden Stadt an der Mosel. Aber auch hier darf daran erinnert werden, dass Koblenz gerade in jener Zeit eine an Wachsthum zunehmende Stadt war, von einem Markt- und Handelverkehr, der die Grundlage bot, dass die Stadt damals seit lange der Mittelpunkt eines ganzen Münzgebietes war[1], dass die Stadt ausser dem Marktverkehr auch eine stark Ackerbau, namentlich Weinbau treibende Bevölkerung hatte.

Die durch die Nürnberger Zählung gewonnenen Verhältnisszahlen sind nun folgende: Auf je einen Bürger kommen 1,17 Frauen, 1,64 Kinder und 0,87 Knechte und Mägde[2]. Die Familie eines jeden Bürgers umfasst also, ihn selbst miteingerechnet, 4,68 Personen. Lässt sich nun für Koblenz die Zahl der Bürger in einem bestimmten Jahre bestimmt feststellen, so müsste die Vervielfältigung dieser Zahl mit 4,68 die Zahl der Koblenzer Einwohner ergeben. Das im J. 1469 angelegte Koblenzer Bürgerbuch war zu dem ausgesprochenen Zwecke der Eintragung aller zur Zeit in Koblenz lebenden Bürger eingerichtet worden. Als solche finden sich 247 Namen eingetragen. Zu dieser Zahl müssen aber hinzugerechnet werden die vier Koblenzer Bürgerstämme, die Mitglieder der Familien von der Arken, vom Burgdor, von Bachem und vom Kirchhofe. Ich setze sie gering an mit 4 Bürgern. Es müssen ferner hinzugerechnet werden die im Bürgerbuche gleichfalls vor den übrigen Bürgern aufgeführten 4 wolgeborenen Leute. Somit stellt sich die Gesammtzahl der im J. 1469 in Koblenz lebenden und wohnenden Bürger auf 255. Die Vervielfältigung mit der obigen Verhältnisszahl 4,68 ergiebt eine ortsanwesende Bürgerschaft von 1193 Köpfen. Zu dieser zweifellos ungefähr richtigen Zahl treten nun aber die in Koblenz wohnende Geistlichkeit und die Judenschaft und besonders die Nichtbürger (Beisassen) hinzu. Diese letzteren drei Gruppen entziehen sich einer Berechnung.

Trotzdem will ich versuchen, wenigstens der einen derselben, den Beisassen, näher zu treten. Ich schicke aber ausdrücklich voraus, dass, während die oben ermittelte Zahl von 1193 Köpfen

---

[1] Vgl. Lamprecht, Deutsches Wirthschaftsleben im Mittelalter, Bd. 2.
[2] Bücher, a. a. O. S. 39.

bürgerlicher Bevölkerung auch von der statistischen Wissenschaft als einwandfreies Ergebniss wird betrachtet werden können, ich für den folgenden Versuch nicht die gleiche Hoffnung hegen darf. Das oben bereits erwähnte Verzeichniss von dem im J. 1440 in Koblenz gezahlten Schutzgelde will ich versuchen für eine statistische Berechnung nutzbar zu machen. In demselben werden 579 oder richtiger, da eine Frau mit ihrem Sohne namhaft gemacht wird, 580 Personen aufgeführt, welche Schutzgeld gezahlt haben. Zu dieser Steuer waren zweifellos alle in Koblenz wohnenden Vermögenssubjekte verpflichtet, abgesehen davon, ob sie selbstständig waren oder nicht. Unter den 580 Namen befinden sich 50 Personen weiblichen Geschlechtes. Es bleiben also 530 männliche Schutzgeldzahler übrig, Bürger und Nichtbürger, welche als verdienstfähig sämmtlich als solche anzusprechen sind, welche über 14 Jahre zählen. Nach der Bestimmung des alten Gerichtsbuches[1] hatten nun aber die Schöffen und die wolgebornen Rathmitglieder schutzgeldfreie Wohnungen. Zu obiger Zahl müssen daher die 14 Schöffen und die 8 adligen Rathmitglieder hinzugezählt werden. Das ergiebt 552 männliche Personen obiger Gattung. Es wird nun darauf ankommen, die denselben entsprechende Zahl der untervierzehnjährigen rechnerisch aufzufinden.

Die dazu nöthige Verhältnisszahl lässt sich nur durch die Ergebnisse neuerer Zählungen feststellen. Nach der Zählung der preussischen Bevölkerung von 1880 befanden sich unter 1000 Personen männlichen Geschlechtes 633 im Alter von über 14 Jahren und 367 von 14 Jahren und darunter. Die entsprechenden Zahlen der Bevölkerungaufnahmen von Frankfurt a. M. in den Jahren 1858 und 1875 waren 765 und 235 bezw. 704 und 296. Nach den Untersuchungen Schönbergs über die Bevölkerung Basels schwankt der Antheil der Untervierzehnjährigen an der Gesammtbevölkerung in den neuen Basler Zählungen zwischen 20 und 24%[2]. In Anbetracht der bekannten Thatsache, dass im Mittelalter die Zahl der am Leben verbleibenden Kinder eine erheblich geringere war, als heutzutage — in Nürnberg kamen 1449 auf einen Bürger nur 1,63 Kinder — wähle ich von den obigen Verhältnisszahlen die geringste: 765 und 235. Nach der Formel 765 : 235 = 552 : x ergäbe sich eine Anzahl von 170 Vierzehnjährigen und darunter, ingesammt also eine männliche Bevölkerung von 722 Personen. Auf 1000 Personen männlichen Geschlechtes kommen nach den neueren Zählungen durchschnittlich 1060 Personen weiblichen Geschlechtes[3]. Das würde für Koblenz auf 722 Personen männlichen 758 Personen weiblichen Geschlechtes ergeben, zusammen 1480 Einwohner, Bürger und Nichtbürger, aber

---

[1] Gerichtsbuch § 1, 4 S. 76.
[2] Vgl. Jastrow, Die Volkszahl deutscher Städte zu Ende des Mittelalters und zu Beginn der Neuzeit S. 52.
[3] Vgl. einige Angaben bei Bücher, a. a. O. S. 40.

ausschliesslich der Juden und der Geistlichkeit mit deren Anhange.
Der wissenschaftliche Werth dieser Berechnung ist oben vor Eintritt in dieselbe gekennzeichnet worden. Es ist aber auffallend,
dass diese auf einem ganz anderen Wege gewonnene Zahl von
1480 Bürgern und Beisassen sich der vorher gewonnenen Zahl
von 1193 Köpfen der Bürgerfamilien durchaus anschliesst und in
nicht geringem Maasse annehmbar erscheinen kann.

2.
Das Bürgerbuch von 1469.

Im Jahre 1469 wurde ein Buch angelegt zum Zwecke der
Eintragung aller Koblenzer Bürger, sowohl der in der Stadt selbst
wohnenden als der auswärtigen. In dasselbe sollten ferner alle
künftigen Bürger eingetragen werden. In Erfüllung dieses Zweckes
wurde es dann auch von verschiedenen Händen bis zum J. 1574
fortgeführt. Die 6 ersten beschriebenen Blätter des 54 Blätter umfassenden Quartbuchs enthalten die Aufzählung der damals lebenden Bürger, daneben auch einige werthvolle Bemerkungen über
gewisse Bürgerrechte, so über Weinschank und über Wald- und
Eckerrechte. In die Bürgeraufzählung, namentlich auf Blatt 2,
sind dann einige Nachträge von einer Hand des 16. Jahrhunderts
eingeschoben worden; sie sind beim nachfolgenden Abdruck nicht
berücksichtigt worden. Der Letztere umfasst lediglich die bis
auf Blatt 4ᵛ reichenden von einer und derselben Hand herrührenden Aufzeichnungen aus dem J. 1469; von einem Abdruck der auf
Bl. 4ᵛ bis 7 befindlichen ebenfalls von derselben Hand des J. 1469
eingetragenen Namen aller damals in Koblenz lebenden Bürger
habe ich der Raumersparniss wegen Abstand nehmen müssen.

Ordinacio der burger.

1. Zu wyssen, das in den jaren unsers heren, als man schreyf
dusent vierhondert sechtzych und nun jaer, angeschreben sint nach
ordenonge alle burger zo Covelentz gehorich, die uf diese zyt
inleben und indenckich sin, solichs auch vorthyn geschreben und
angezeichent werden sal von eyme stedeschryber zurzyt sonders
eynich sumenis, allezyt zu wyssen in und usgesessen burger der
stede van Covelentz und so weme soliche fryheit und zogehore
der burgerschaft zuzyden myt welden, wynschenken und anderer
gnaden byllich zostaen sal oder nyt, der zo genyssen als byllich
sin wyrt.

2. Item fryheit und gnade der burgerschaft fynt man eyns-
deyls beschreben yn den artiklen[1], dye andern sint berorende den
wynschank und dye welde, als hernach etzlicher maissen under-
scheyden ist.

5   3. Item ist burger unser gnediger here von Trier eyn erzbuschof zuzyden, also das dye syne soliche wyne, zo syner gnaden
kellerien alhie zo Covelentz fellich syn van wastum, schenken
mogen als ander burger, auch mach syne gnade holz doen hoelen
in Covelentzer welden nach noittorft, als herkomen ist, swyn zo
10 eckeren hait syner gnaden amptmanne zo Covelentz jaers eine
benante zale von syner gnaden wegen als solichs herbracht ist[2].
4. Item sint burger die canonich und vicarien zu sent Castor[3]
gemeynlichen, als ir burgerbrief uswyset, und myt solicher gnaden
und herkomen, ire brobenden und elter gewaiß zu Covelentz ge-
15 horich zo schenken, als sich das myt deme eyde geburt, besonder[a]
eynich buholz ader broholz zo geben, als anderen burgeren, ader
cyniche swyn zo eckeren, als herkomen ist.
5. Item desselben gelychs sint burger die canonich und vicarien zo sent Florine[4], als auch oben geschreben ist und nyt
20 wyder.
6. Item sint burger die Dutzenberen[5] zo Covelentz gesessen,
als ir burgerbrief uswyset, und mit solicher gnaden, yrs huyß
gewaiß 14 stuck wyns jaers zo zappen und nyt mehe, auch als
sich das myt deme eyde geburt zo beweren, als ander burger,
25 besonder eynich buholz ader broholz zo geben ader cyniche swyn
zo eckeren, als anderen burgeren, iß were dann van sunderlicher
gnaden etliche swyne zo eckeren, die sy alhye auch slagen und
essen wolten.
7. Item die Carthuser sint burger nach lude eyns briefs und
30 myt solicher gnaden, yrs gewaes 12 stuck wyns zo zappen jaers
und nyt mehe by yrem eyde, als sich geburt, auch keyn buholz
zo geben, dan van gnaden eyme icklichem priester by in wanende
jaers cynen wagen broholz zo geben, das eyn prior ader scheffener
jaers am rade van Covelentz von gnaden begern und heischen sal,
35 auch mach man in jaers eyn firtel swyn mehe ader myn van iren

a) ,besonder' ist durchstrichen und dafür am Rande ,ußgenomen' von
späterer Hand.

[1] Vgl. oben Stadtrecht.
[2] Vgl. oben die Klagepunkte der Stadt von 1430, § 8. 9. 8. 58 u. 59.
Stadtrecht § 27, 28. 8. 52.
[3] Schirmbrief der Stadt für das Stift S. Kastor, „die unse eldiste burgere
sind" vom November 1358 im Stadtarchiv.
[4] Desgleichen und mit derselben Bemerkung für S. Florin vom 15. November
1358, ebenda.
[5] Schutzbrief für die Brüder vom Deutschen Hause, Honnes, Urkundenbuch des deutschen Ordens I, 312. Vgl. oben S. 126.

hoefen gonnen van bede wegen zo eckern uf Covelentzer walde als anderen.

8. Item ist burger die apthye van Syberg nach lude eyns briefs[1] davan sprechende und verschreben jaers der stede van Covelentz 8 rynsche gulden uf eyme irem geluse gehen der Scharhen byneven deme Forst.

9. Item synt burger de heren vom Laich und moegent schenken iren wynwaiß, der in wist zu Wiß uf yrem hoif, und sullent dem rade, so sy ußreysen sullen, eyn reysich perd schicken[a].

10. Item sint burger dye Hymmelroder, ir gewais in Covelentzer burgerschaft in iren wyngarten gewassen jaers zo schenken als ander burger, wan die stat usreyst oder eyns perts noit hant, wan man des an in gesint, sullent sy sonder wieyeronge schicken[b].

11. Item sint burger dye Mergensteder und auch also[c].

12. Item sint burger die junfrauen in der Nonnengassen genant zu der Lere, auch also.

13. Item synt burger die heren van Romerßdorf und die sullent dat pert uch zu der stede noit senden[a].

14. Item ist burger graif N. van Wede, here zo Ronkel.

15. Item ist burger her Johan van Helffensteyn, erfmarschalk, rytter.

16. Item synt burger die junferen von Falender und schenken ir gewaiß, und so man reysen sall, geben sy eyn perde von yrem hoif Otzenhusen[e].

17. Item sint burger dye herschaft van Waldeck[2] genant die templer, und moegent ire gewaiß hy schenken, so verre sy ire burger eyde gethain haint[d].

18. Item ist burger Johan und Frederich gebroder herren zu Pyrmont und zu Erenberg myt solicher gnaden, icklicher jaers 2 stuck wyns irs eygen gewaiß zu fryhen und zo schenken als ander burger.

19. Item hait man sich im rade verdrain, daß die junferen uf dem obern Werde keynen wyne nyt hy zu Covelentz schenken sullen, dan ire gewaiß hy in der marken und zu Wiß und sullen de selbe wyne her in eren hoif foeren und da in schenken und nyt vom Werde her ober, und furten sy die vom Werde herober in iren hoif, sullen sy der nyt schenken. Actum 3a feria ante corporis Christi anno etc. LXXXVII°.

20. Item ist burger Johan van Eltz der alde nach lude eyns burgerbriefs[3], sprechende auch ober den hof in der Ryttersgassen

a) Einfügung von späterer Hand desselben Jahrhunderts. b) wan die stat — schicken späterer Zusatz. c) mit dem späteren Zusatz ‚dat pert senden'. d) und moegent — haint späterer Zusatz. e) Zusatz von späterer Hand desselben Jahrhunderts.

[1] 1365, Sept. 30 im Stadtarchiv.
[2] Vgl. 1363, Aug. 20 im Stadtarchiv.
[3] 1435, April 5 im Stadtarchiv.

genant her Romleaens hof, der der stede van Covelentz eygen-
tum ist.

21. Item ist burger Frank van Cronenberg, eyn waelgeborner.

22. Item ist burger Schillinck van Nederlainsteyn, eyn wael-
5 geborner.

23. Item sint^a burger dye stem^b van der Areken.
24. Item sint^a burger dye stem^b van deme Burgedor.
25. Item sint^a burger dye stem^b van Bachem.
26. Item sint^a burger dye stemhe^b vam Kyrchoife genant
10 vam Sale, alle flier geboren burgerstemme van Covelentz, myt iren
lyfs erben, kynden, brodern, sustern und huysfrauwen, als das
von alders herkomen ist zo gebruchen aller burger fryheit.

27. Item ist burger Ott Waltbode van Bassenheym, als syn
burgerbrief[1] inbelt und uswyset.

15 28. Item aif eyn geselle ader man, frauwe ader mayt eynichen bastart machen worden und soliches kynt nyt eelichen
worden were, is auch nyt eyn burger, aif sy wal burger weren
ader darna die burgerschaft keuften.

29. Item ist burger Conrait Kolbe der waelgeborner.
20 30. Item ist burger Conrait Reuber der waelgeborner.
31. Item ist burger Reynhart Schauffenberger der waelgeborner.
32. Item ist burger Wylhelm van Cleberg der waelgeborner.

33. Zu wyssen, das alle ingesessen burger der stede van
Covelentz, die fure und flamme bynnen der burgerschaf hal-
25 dent, alle fryheit nnd gnade der stede gebruchen mogen van
wynschenken, welden, eckeren und anders, als dye artikel inhaldent und herkomen ist, eyn iglicher nach syme geburhe,
sonder dye geistlichen, aber alle ander usgesessene burger,
dye nyt fure und flamme bynnen der burgerschaf habent ader
30 haldent, dye mogen auch nyt gebruchen solicher fryheit und
gnade der stede vorter, dan in verschreben ist und van alders
herkomen ist.

34. Item ordenonge der welde und ecker ist: Eyn iglicher
ingesessener wernelicher burger, der bynnen der burgerschaft
35 buwen wyl und bedt den rait zu Covelentz umb eyne gabe
holzes, mach eyn rait deme selben geben eyne gabe ader
mynner, nach gestalt des buwes, desglychen zu beden jaers
eyne zale swyne zu erleuben uf Covelentzer welden zu eckern,
mach eyn rait eyme erleuben eyne zale nach gestalt des eckers
40 und der lude, eyme iglichem nach synem geburc.

a) steht auf Rasur, vorher *ist*.   b) *dye stem* steht auf Rasur, vorher
der Vorname.

[1] 1451, Juni 25 im Stadtarchiv.

35. Item ist eyne gabe holzes den waelgebornen ingesessenen burgern 12 stemhe eychener holzer und 12 stemhe boichener.

36. Item ist eyne gabe holzes den scheffenen auch 12 stemhe als den waelgebornen.

37. Item ist eyne gabe holzes den raytzheren van der bur-5 ger wegen 8 stemhe eychener holzer und 8 stemhe boichener.

38. Item ist eyne gabe holzes den raytzheren van der hantwerk wegen 6 stemhe eychener holzer und 6 stemhe boichener.

39. Item ist eyne gabe holzes eyme ingesessenen burger zo Covelentz bussen raitz 4 stemhe, 3 stemhe, 2 stem eychener 10 holzer und alsovel boichener stemhe, darnach der burger ader syn buwe ist nach bedunken des raytz.

40. Item mach eyn amptman zo Covelentz jaers 50 swyn eckeren in Covelentzer welden van amptz wegen.

41. Item mach eyn iglicher scheffen ader scheffenwede-15 frauwe jaers 25 swyn eckeren in Covelentzer welden.

42. Item mach eyn iglicher ingesessener waelgeborner burger jaers 25 swyn eckeren in Covelentzer welden.

43. Item mach eyn iglicher raytzhere van der burger wegen jaers 12 swyn eckeren in Covelentzer welden. 20

44. Item mach eyn iglicher raytzhere van der hantwerk wegen jairs 8 swyn eckeren in Covelentzer welden.

45. Item mach und sal eyn rayt jaers eym iglichen burger buyssen raytz geben nach gesynnen 6, 5, 4, 2 ader 1 swyn nach gelegenheyt des eckers und der lude zu eckeren in 25 Covelentzer welden.

46. Item mach eyn rayt jaers eym bygesessenen dienstwayn ader karhen der stede van gnaden und verdinste geben etliche swyn zu eckeren nach gelegenheit des eckers und goitbedunken des raytz. 30

47. Item sint burger dye burger van Wyß, Lutzercovelentz und Nuwendorf myt aller gnaden und fryheyt als dye ingesessene burger bynnen Covelentz.

48. Item sint burger dye gemeyne van Hoyrcheym[1] als ander bysesser und mitburger sonder bruchonge des wynzappes, 35 welde und ecker und solicher fryheit.

49. Item desglychen sint mytburger dye gemeyn von Revenach.

50. Item sint mytburger die burger der stede van Bopart, Wesel, Andernach, Bonna und Duysberg[a], also das keyn burger 40 ader uswendiger an den steden und bynnen irer burgerschaf

a) Hinter *Duysberg* ist *Erpel* von späterer Hand eingefügt.

[1] Vgl. Klagepunkte der Stadt von 1430 § 17 S. 59.

eynichen burger der selben genanten stede kommeren sal ader mach, dan der fryheyt und burgerschaft zo gebruchen als an den steden geburlich ist und als auch dye verbontbriefe der stede uswysent und clerlicher inhaldent.

51. Und aif eynich burger van den vurgeschrebenen steden by uns zo Covelentz zoge wanende und begert der burgerschaft hie zo gebruchen, sulde er bybrengen, das er burger in der stede vurgeschreben eyne were, alsdan sulde man in auch alhie ufnemen myt dem unterscheide und gewonlichen burgereyde zo doen an der heynreiden und sal geben dem rade 21 thornis, macht eyn thornus 18 hl.

52. Item wer auch sach, daß eynicher burger eynen son zelet und der selbe son uß der stat zoege und sich anders wa wybet und kynder zelet und die kinder der burgerschaft zu Covelentz gesunnen, sal der selbe, der daß gesynnet, geben 21 thornes und vort den eyd doin als andern[a].

. . . .

Hierauf folgt die Aufzählung aller im J. 1469 in Koblenz lebenden Bürger, dann, bis zum J. 1574 fortgeführt, die Eintragung der in den einzelnen Jahren aufgenommenen Bürger.

. . . .

3.

Beilagen.

1. Ritter, Schöffen und Gemeinde der Stadt Koblenz nehmen die Judenschaft daselbst, nachdem diese sich zu einer jährlichen Abgabe von 20 Mark aus ihrem Kirchhofe an die Stadt verpflichtet, auf Wunsch des Erzbischofs in ihre Mitbürgerschaft auf, dergestalt, dass sie von allen bürgerlichen Lasten, ausser von der Accise, befreit sein soll. 1307, April 20.

Original auf Pergament im Stadtarchiv. Siegel sehr zerbrochen.

Universis presentes litteras inspecturis vel audituris nos . . milites . . scobini totaque universitas opidi ‖ Confluentini cupimus fore notum et subscriptam noscere veritatem, quod quia . . magistratus et universitas judeorum ‖ in Confluencia se salvo jure domini nostri archiepiscopi Trevirensis unanimiter et bona voluntate obligarunt ad redditus ‖ viginti marcarum denariorum usualium in Confluencia nobis seu nostro nuncio ad hoc deputato singulis annis

a) Zusatz von späterer Hand.

in festo nativitatis domini de cimiterio eorundem assignandos, prout in litteris ipsorum super hoc confectis plenius continetur, nos tamen non solum propter hoc sed magis ob reverenciam et honorem domini nostri predicti eosdem in nostram concivilitatem cum omni jure recipimus per presentes, ita quod eosdem tam con- 5 civilitatis ad exacciones nobiscum persolvendas nullatenus coarce- mus preter ad assisiam, quam de jure una nobiscum de rebus venditis et emptis persolvere debebunt, in premissis omnibus et singulis jure domini nostri predicti ipsi semper salvo. In cujus rei testimonium et perpetuam firmitatem sigillum nostrum commune 10 duximus presenti apponendum. Actum et datum feria quinta post dominicam jubilate, anno domini MCCC septimo.

2. Der Rath von Koblenz gestattet, als eine Ausnahme des städtischen Rechtes, dem Bürger Johann Wolf von Güls wegen der Krankheit seiner Frau in Güls zu wohnen, ohne dadurch des Bürgerrechts verlustig zu gehen. 1360, Januar 7.

Original auf Pergament im Stadtarchiv. Vom Sekretsiegel nur ein Theil erhalten.

Wir der raid gemeynlichen der stat von Covelentz dun kunt allen luden und erkennen ‖ uns offinbair der wairheid, want unser stede recht also geschaffen ist, daz ‖ unse ingesessen burgere ir 15 zyt, alz dy getyrmet unde gesast ist, sitzen und waynen sulent ‖ myt wyfen, kindern unde gesynde, dez han wir Johanne Wolfe von Gulse, unsem ingesessem burger, eyne sunderliche fruntschaff unde genade gedan, wil syne husfrauwe zu diser zyt swach unde crank ist, daz sin wif, kint unde gesynde solent blyven sitzen 20 unde waynen zu Gulse, also doch, daz derselbe Johan Wolff all- wege syne zyt halden unde sitzen sal unde don so waz unse ander ingesessen burgere pleynt zu done unde sal da myt auch al unser ingesessiner burgere recht geneissen; unde darumbe hait der selbo Johan Wolff uns und unser stede zu leifnisse geluwen 25 hundert marc brabentz, da myt wir gekauft han uf Johan den steynmetze von Gulse zeyn marc geltz zu loissen, alz dy breve haldent, dy dar uf gemacht sint, mit solichem vorwerten, so wanne der vorgenante Johann Wolff wyder by uns in unser stat waynen unde sitzen wil na sins wifs dode oder in irem leben, alz ander 30 unse ingesessen burgere doynt myt wyfen, kinden unde gesynde, so solent dy vorgenanten zeyn marc geltz gentzlichen verzien unde keyns rechts da ane me vermessen. Dez zu orkunde und wair- heid han wir unser stede secreyt ingesigil an diesen breif gehan- gen; datum in crastino epiphanie domini, anno eiusdem millesimo 35 CCCLX.

3. Bestimmungen, wie es mit zuziehenden wohlgeborenen Leuten, welche Bürgerinnen heirathen oder Kaufmannschaft treiben, in Ansehung ihres Standes gehalten werden soll. 1406, März 17.

A. Gleichzeitige Aufzeichnung im Stadtarchiv.
B. Abschrift im Kopiar 2 des Stadtarchivs, Bl. 93.

Notandum. Anno domini millesimo CCCC sexto, feria quarta post dominicam qua cantatur in dei ecclesia oculi: ist zu wissen, daz der raid zu Covelentze van dem zweytem dryttem und vierdem rade, wolgeborn lude, burgermeyster, scheffen, burger und
5 hantwerks lude obermitz den fromen strengen ritter hern Frederich van Saessenhusen, amptman daselbes, eyndrechtlichen ind mit gudem vuraide oberkomen synt, als umb die wailgeborn lude, die nuwelingen bynnen sees, echte ader ziehen jairen zu Covelentze komen synt ind burgerssen daselbes gekauft und sich gewybet
10 haynt, daz dieselben woilgeborn lude, er syn viel ader wenich, solent blyben mit yren wyben sitzen zu alle der fryheide, als die wailgeborn lude van enbynnen van alders gesessen haint ind noch sitzent; dan welch wolgeboren man nu vort after datum dieser vurschreven schryfte van enbußen in die stat Covelentze
15 queme ind eyne burgerssen, die biß an die zyt zu liebe ind zu leyde gesessen hette, zu wybe keufte ind sich desselben gebruychen wulde, als die burgerssc vur getane hette, die solent auch vort zu demselben liebe und leyde sitzen, als die burgersse vur gesessen hait, id enwere dan, daz sie sich sementlich hielden als
20 woilgeborn lude und keyne kaufmanschaft endreben, so solent sie des auch geneßen, als die andern wailgeborn lude vurschreven, ind abe auch eynich wail geboren man oder wailgeborn frauwe van enbußen in die stat koment wanen ind kaufmanschaft dryben wulden, die solent auch zu demselben liebe und leyde sitzen, als
25 ander burger van enbynnen sitzent. Diese vurschreven sache, so wie wir der oberkomen syn als oben geschreven steit, willen wir zu ewigen dagen also halden.

Dit⁽ᵃ⁾ is us dem roden boich, lyt zu Monreal in dem gewolve, geschreben.

4. Schutzgeld-Verzeichniss, 1440.

Papierheft in Schmalfolio von 12 Blättern im Stadtarchiv.

Registrum de schutzgelt de anno domini millesimo quadringentesimo quadragesimo, crastino Barnabe apostoli, sub magistris civium Jo(hanne) de B(e)chel et Johanne Ludinger.

30 Unter obiger Ueberschrift finden sich, nach Strassen gesondert, 579 Namen schutzgeldzahlender Einwohner aufgeführt mit

a) Nach B.

der Angabe des gezahlten Betrages. Die Anzahl der in den einzelnen Strassen wohnenden Schutzgeldzahler ergibt folgende Uebersicht:

Ohne Straßenangabe . .	59	Gorgengasse	86	
Sante Georgen	12	Ohne Strassenangabe . .	13	5
Hoemynnegasse . . .	12	Lere	47	
Rysengasse	15	Wildrichsgasse	52	
Badestoifegasse . . .	33	Wissergasse	14	
Nuwegasse[1]	18	Nuwegasse[1]	18	
Godebrechtsgasse . . .	20	Ohne Strassenangabe . .	48	10
Fyrmyngasse	7	Uf dem Aldenhove . .	62	
Nonnengasse	20	Melgasse	43	

Die Höhe der gezahlten Beträge schwankt zwischen 1 ß. und 4 m. Die am meisten gebräuchlichen Schutzgeldsätze sind 2. 4, 6, 8 und 12 ß. und 2 m. Insgesammt sind rund 450 m. Schutzgeld in jenem Jahre vereinnahmt worden. Die Anzahl der mit den einzelnen Schutzgeldsätzen eingeschätzten Einwohner ergiebt die folgende Uebersicht:

9	Personen haben gezahlt je			1 ß.	
6	,,	,,	,,	,, $1\frac{1}{2}$ ß.	20
114	,,	,,	,,	,, 2 ß.	
19	,,	,,	,,	,, 3 ,,	
82	,,	,,	,,	,, 4 ,,	
1	,,	,,	,,	,, 5 ,,	
1	,,	,,	,,	,, $5\frac{1}{2}$ ß.	25
115	,,	,,	,,	,, 6 ß.	
2	,,	,,	,,	,, 7 ,,	
41	,,	,,	,,	,, 8 ,,	
2	,,	,,	,,	,, 9 ,,	
21	,,	,,	,,	,, 10 ,,	30
62	,,	,,	,,	,, 12 ,,	
1	,,	,,	,,	,, 14 ,,	
3	,,	,,	,,	,, 15 ,,	
4	,,	,,	,,	,, 16 ,,	
22	,,	,,	,,	,, 18 ,,	35
3	,, .	,,	,,	,, $1\frac{1}{2}$ m.	
39	,,	,,	,,	,, 2 ,,	
6	,,	,,	,,	,, $2\frac{1}{2}$,,	
10	:,	,,	,,	,, 3 ,,	
2	,,	,,	,,	,, $3\frac{1}{2}$,,	40
13	,,	,,	,,	,, 4 ,,	

[1] Nicht dieselbe.

5. Einige Bestimmungen über Erwerbung des Bürgerrechts.
15.—16. Jh.

Aufzeichnung im ältesten Rathsbuch Bl. 36.

Item ist die alde gewonheit, abe sache were, daß eynich
burger eynen son zelet ader doichter, und der selbe son uß der
stadt zoege und sich anders wa wybet und kynder zelet, und die
kynder zu Covelentz quemen wanen, de selben sullent die burgerschaft gelden myt 21 thornes.

Item were auch sach, daß eynich dinstknecht ader fremder,
der nyt burger zu Covelentz ist, und eyn dinstmait daselbs zu der
ee neme, die eyns burgers doichter were van Bopart, Wesel, Andernach etc., der selbe sal syn burgerschaft gelden glich eyme fremden.

Item were auch sach, daß eynicher fremder eyn burgers zu
Covelentz zu wybe neme und anderßwae kynder gezelet hette und
die myt eme brecht, die selbe kynder sullent die burgerschaft
gelden myt 4 gulden.

Item were auch sach, daß eynicher fremder yn Covelentz
queme und vur eynen hysesser blebe eyn zyte sytzen und kynder
zelet, und dar na syner burgerschaft gesonne, sal er geben 4 gulden, aber die kynder, de er vur der burgerschaft gezelet hait,
sullen ir burgerschaft gelden myt 21 thornes.

VI.
Markt, Marktzoll und Ungeld.

1.
Markt.

Als im Jahre 1042 der Erzbischof Poppo von Trier den Koblenzer Zoll, und zwar den Durchgang- und Marktzoll, dem Stift
S. Simeon in Trier schenkte, behielt er sich einen Theil der Einkünfte vor durch die Bestimmung, dass zu Mariä Geburt die Hälfte
der Zolleinkünfte eines ganzen und zweier halben Tage an den
erzbischöflichen Hofverwalter abgeführt werden sollte[1]. Reichlich
zweiundeinhalb Jahrhunderte später verlieh König Heinrich VII
auf Bitten seines Bruders, des Erzbischofs Balduin von Trier, der
Stadt Koblenz einen Jahrmarkt, welcher am Tage vor Mariä Geburt
(7. September) beginnen und bis zum Remigiustage (1. Oktober)
dauern sollte[2]. Solche Verleihungen pflegen in den meisten Fällen
nichts anderes zu sein, als eine Bestätigung bereits bestehender
Verhältnisse. Unzweifelhaft aber wird diese Voraussetzung zutreffend sein für den vorliegenden Fall. Denn nur so wird es klar,
weshalb sich der Erzbischof Poppo im Jahre 1042 gerade die Zolleinnahmen von zwei Tagen um Mariä Geburt bei jener Schenkung
vorbehielt. Es waren jene Tage eben schon damals die Anfang-
tage des Koblenzer Jahrmarktes und die Einnahmen des Koblenzer
Zolles an eben jenen Tagen besonders hohe. Uebrigens war die
Wahl gerade dieser Zeit für die Abhaltung eines Marktes sowohl
im allgemeinen als für Koblenz im besondern eine hervorragend
günstige, insofern die Ernte der Feldfrüchte abgeschlossen war
und weil das Stift S. Florin, auf den Namen Mariae gegründet,
einen Zusammenfluss von Besuchern an jenem Festtage veranlassen
musste.

Jener älteste Koblenzer Jahrmarkt hat aber eine Zeit hindurch einmal eine längere Dauer gehabt, als in der Bestätigung
von 1309 ausgesprochen wurde. Nach der Zollrolle vom J. 1104[3]
erhielten nämlich die in Koblenz wohnhaften Schuhmacher den Zins,
welchen ihre auswärtigen Handwerkgenossen in Koblenz von Mariä
Geburt bis Martini, also während des Marktes, zu zahlen hatten.
Die Dauer des Marktes bis Martini ist auch durch die Zollrolle

---

[1] Mittelrhein. U.-B. I, 372. Vgl. oben S. 3 u. 4.
[2] Vgl. die Urkunde vom 13. September 1309, Beilage Nr. 2.
[3] Mittelrhein. U.-B. I, 468.

von 1209 bezeugt[1], nach welcher die Koblenzer Schuhmacher dem
Zöllner und den Schöffen nach dem Martinstage ein Essen geben.
Nach derselben Urkunde ist dann aber der Beginn des Marktes
gegen früher verschoben, insofern er nicht mehr mit Mariä Geburt,
sondern erst mit dem Remigiustage seinen Anfang nahm[2].

Jahrhunderte hindurch blieb dieser Koblenzer Jahresherbst-
markt als solcher bestehen, bis er im J. 1309 eine Bestätigung
und vermuthlich zugleich die Zurückverlegung auf den in früheren
Jahrhunderten gebräuchlichen Anfangzeitpunkt des Festes Mariä
Geburt erfuhr.

Erwähnenswerth ist hier die Beziehung der Marktzeit zur
Handhabung des Stadtgerichtes. Wie das Marktrecht den Inhalt
des Stadtrechts in hohem Maasse beeinflusst hat, so hat der Koblenzer Herbstmarkt auch auf die äussere Handhabung des Stadtgerichtes bestimmend eingewirkt. Am Abend vor Mariä Geburt
wurde zur Vesperzeit von den Frohnboten das Marktkreuz mit
Schwert und Hand auf dem S. Florinshof und auf dem S. Kastorhof errichtet und mit dieser Errichtung begann der Marktfriede
und die freie Zeit. Keine gerichtlichen Handlungen wurden während derselben vorgenommen bis zum Remigiustage, als dem Ende
des Marktes. Wer den Marktfrieden brach, wurde doppelt gestraft[3].

Eine Aenderung trat im J. 1356 ein. Damals erwirkte sich
der Erzbischof Boemund von Trier von dem im Dezember in Metz
weilenden Kaiser Karl IV die Ermächtigung zu einer Verlegung
des Koblenzer Jahrmarktes[4]. Die Veranlassung für den Erzbischof
war wohl der Wunsch, die Zeit unmittelbar nach der Ernte für
die inmitten stark Ackerbau treibender Gegenden gelegene Stadt
Trier frei zu halten[5]. Statt des bisherigen Herbstmarktes wurde
daher für Koblenz im Anschluss an die dann wieder eröffnete
Rheinschiffahrt ein Frühjahrmarkt eingerichtet und auf die Zeit von
3 Wochen nach Ostern bis zum Tage vor Pfingsten verlegt. Die
Aufhebung des alten nach Ablauf der Ernte stattfindenden Marktes
hat sich aber im Verlauf der Jahre als ein erheblicher Mangel
geltend gemacht und zu der Wiedereinrichtung eines grossen
Herbstmarktes gedrängt, die dann im J. 1442 auch wirklich erfolgt ist. Der König Friedrich verlieh auf Ansuchen des Erzbischofs Jakob von Trier der Stadt Koblenz einen Jahrmarkt vom
Feste der Kreuzerhöhung an bis zum Michaelisabend, also vom
14.—28. September[6]. Ausdrücklich wurde bei dieser Verleihung
auf die Freiheiten Bezug genommen, welche die Frankfurter Märkte

---

[1] Mittelrhein. U.-B. II, 282.
[2] De qualibet mensa et quolibet scragone, in quibus habentur res venales,
a festo s. Remigii usque ad festum s. Martini in qualibet feria fori quadrans.
[3] Gerichtsbuch § 22.
[4] Vgl. die Urkunde vom 13. Dezember 1356, Beilage Nr. 4.
[5] Vgl. darüber Lamprecht, Deutsches Wirthschaftsleben Bd. II S. 261.
[6] Vgl. die Urkunde vom 30. August 1442, Beilage Nr. 14.

genossen und jene auch auf den Koblenzer Markt und seine
Besucher übertragen. Wenig später wurde dann dieser Herbstmarkt auf die Zeit vom 1.—14. August verlegt[1]. Der Erzbischof
Johann von Trier erwirkte die kaiserliche Genehmigung zu dieser
Verlegung und veröffentlichte sie durch zwei Urkunden vom
25. Januar und 14. März 1480[2]. Der Erzbischof stellte in der
ersteren dieser Urkunden ausdrücklich fest, dass durch diese Verlegung auch die alte Koblenzer Freiheit, welche früher vom 7. Sept.
bis 1. Okt. stattfand, auf die Zeit dieses neuen Marktes verlegt
sein solle und zwar solle die Marktfreiheit währen 8 Tage vor
Beginn des Marktes bis 8 Tage nach demselben, also vom 25. Juli
bis zum 22. August. Betreffs der sonstigen mit diesem Markt für
den Verkehr und die besuchenden Kaufleute verbundenen Freiheiten bezog sich der Erzbischof auf diejenigen, welche den
Märkten zu Frankfurt, Nördlingen und anderswo im Reiche eigen
seien. Gleichzeitig mit dieser Verlegung des Jahrmarktes wurden
auch eine Reihe auf den Markt und den Handel bezüglicher Punkte,
die zwischen dem Erzbischof und der Stadt zu Streitigkeiten Veranlassung gegeben hatten, geregelt. Sie betrafen den gemeinschaftlichen Bau eines Kaufhauses, eines Krahnens, den Weinzapf, das
Ungeld, den Fischverkauf, das Stapelrecht und dergleichen. Die
verschiedenen Punkte fanden in den Urkunden eine ausführliche
Erörterung[3]. Der gesammte Inhalt dieser marktrechtlichen Bestimmungen und des Abkommens mit dem Erzbischof wurde am
5. Februar 1480 im Beisein der Trier'schen Räthe und des Rathes
der Stadt öffentlich in der „Heynret" bekannt gemacht.

Nach dem Obigen ergiebt sich als die Anfangzeit des Koblenzer Jahrmarktes für die frühesten Jahrhunderte der 7. September,
dann als Dauer der 7. September bis 11. November bezw. der
1. Oktober bis 11. November und der 7. September bis 1. Oktober,
eine urkundliche Festsetzung dieser letzten Zeitdauer erfolgte im
J. 1309; von 1356 bis 1442 fand der Jahrmarkt in der Zeit von
3 Wochen nach Ostern bis Pfingstsamstag statt; von 1442 bis 1480
vom 14. bis 28. September, seitdem vom 1. bis 14. August.

Ausser diesem grössten Koblenzer Jahrmarkt gab es nun
ferner drei grössere, wenn auch nur kurze Märkte, welche auf die
Kirchmessen der Liebfrauenkirche, der Predigermönche und der
Minnerbrüder fielen. Diese Tage werden erwähnt in den Urkunden
von 1396 und 1398[4], durch welche der Erzbischof Werner Be-

---

[1] Vgl. die Urkunden vom 25. Januar und 14. März 1480, Beilagen Nr. 22
und 25.
[2] Im Staatsarchiv Koblenz, Akten der Kellerei Koblenz Nr. 122, findet
sich eine mit der Urkunde vom 25. 1. 1480 übereinstimmende vom 25. 1. 1472.
Die letztere Datirung beruht aber wohl auf einem Schreibfehler, denn eine Ver-
wechselung der nach Trierer Stil aufzulösenden Jahreszahlen 1471 und 1479
ist leicht möglich (nuyn und siebenzig und einundsiebenzig).
[3] Der Inhalt dieser Vereinbarungen wird weiter unten noch berührt werden.
[4] Vgl. die Beilagen Nr. 7 und 8.

stimmungen über die auswärtigen Metzger und Schuhmacher traf, und in einer Urkunde von 1423[1], durch welche der Erzbischof Otto von Trier den Koblenzern Zollfreiheit gewährte für solche Waaren, die sie für ihren Hausbedarf und nicht auf Vorkauf gekauft hatten auf dem Donnerstagmarkt und auf den drei Kirchmessmärkten, nämlich Liebfrauen, Prediger und Minnerbrüder. Diese drei Kirchmessmärkte waren sogar bedeutend genug, um während derselben und zu Nutzen des Verkehrs eine Aussetzung des gerichtlichen Verfahrens in Schuldsachen eintreten zu lassen. Das Stadtrecht bestimmt, dass Kummerfreiheit ausser während der grossen Marktfreiheit auch herrschen solle an „predigerkirmeßdag, unser frauwen kirmiße und der barfoßen kirmiße[2].

Aus der obigen Urkunde vom J. 1423 und aus einer ganzen Reihe sonstiger Zeugnisse geht ferner hervor, dass am Donnerstag jeder Woche ein grösserer Wochenmarkt stattfand. Endlich fand aber auch an anderen Tagen der Woche auf dem Koblenzer Markte Kauf und Verkauf statt. Dienstag und Samstag erschienen die auswärtigen Fleischhauer in Koblenz und täglich standen die Koblenzer Metzger auf den ihnen angewiesenen Verkaufplätzen zur Feilhaltung ihrer Waare[3].

Zum Besuch der Koblenzer Märkte einschliesslich des Donnerstagmarktes[4] war Jeder berechtigt, sowohl die Bürger als die auswärtigen Kaufleute. Eine Verletzung des Marktrechtes hatte zeitweiligen Ausschluss vom Marktbesuch zur Folge[5]. Für den Verkauf an den gewöhnlichen Tagen und für gewisse Verkaufgegenstände dagegen bestanden Beschränkungen. Im allgemeinen durften nur die Koblenzer an denselben ihre Waaren zum Verkauf stellen. So findet sich in jener Markturkunde vom 25. Januar 1480[6] von neuem der alte Gebrauch mit dem Erzbischof vereinbart, dass kein Fremder ausserhalb des Jahrmarktes und des Donnerstagmarktes in Koblenz Waaren verkaufen darf. Eine Ausnahme machen nur die niederländischen Salzfischhändler und die Montabaurschen Weckkarren. Es war ein leicht erklärliches Bestreben der Einwohner der Stadt, den Handel ausserhalb der grossen Märkte auf die in der Stadt wohnenden Kaufleute und Handwerker zu beschränken. Dies Bestreben hatte mancherlei Streitigkeiten mit Auswärtigen zur Folge. Eine Regelung solcher Streitfragen mit den auswärtigen Metzgern und Schuhmachern erfolgte in den Jahren 1396, 1398 und 1410 durch den Erzbischof Werner von Trier, der von der Stadt selbst als Schiedsrichter angerufen worden war. Er bestimmte

---

[1] Vgl. die Urkunde vom 20. August 1423, Beilage Nr. 12.
[2] Vgl. Stadtrecht § 37, oben S. 54.
[3] Vgl. die Beilagen Nr. 7 und 8.
[4] Vgl. Beilage Nr. 12.
[5] Zuwiderhandlungen gegen das Koblenzer Stapelrecht hatten z. B. neben einer Geldstrafe die Ausschliessung auf ein Jahr zur Folge. Urkunde vom 25. Januar 1480, Beilage Nr. 22.
[6] Beilage Nr. 22.

damals, dass auswärtige Fleischhauer Dienstags und Samstags in Koblenz Fleisch verkaufen dürften und an diesen Tagen ganz wie die Einheimischen zu Markte stehen sollten. Die auswärtigen Schuhmacher aber dürften nur an den Donnerstag- und an den Jahrmärkten ihre Schuhe verkaufen[1]. Die Koblenzer Metzger erreichten aber schon nach wenigen Jahren eine Einschränkung der obigen Bestimmungen. Sie wurden dabei gewissermaassen unterstützt durch schärfer gehandhabte Bestimmungen des Fleischverkaufs in Ansehung des Gewichtes und Preises, auf die sie sich berufen konnten. Sie erreichten dadurch, dass 1410 der Marktbesuch der auswärtigen Metzger auf einen Tag in der Woche beschränkt wurde[2].

Zur Hebung des Marktverkehrs besass Koblenz seit alter Zeit ein Stapelrecht für Getreide, Vieh und Fische. Ausführlichere Mittheilungen über diesen Stapel sind uns zwar erst aus späterer Zeit gelegentlich der oben erwähnten Marktverlegung des Erzbischofs Johann von Trier vom 25. Januar 1480 übermittelt[3]. Doch heisst es in derselben ausdrücklich, „das der stappel .... in unser statt Covelentz gehalten sal werden als von alters“. Die Art der Handhabung des Stapels wird dann näher umschrieben. Zwischen Koblenz und den vier Städten Bonn, Wetzlar, Bingen und Wittlich durfte kein Viehtreiber oder Händler Vieh auf Vorkauf kaufen, dasselbe musste vielmehr auf den Koblenzer Markt gebracht werden. Ebenso sollte es mit allen Kornfrüchten gehalten werden. Auch für Fische, aber nur für grüne Fische, besass der Koblenzer Markt ein Stapelrecht: zwischen Platzenborn und Oberlahnstein am Rhein und die Mosel aufwärts bis Alken dürften keine Fische auf Vorkauf, wir würden sagen durch die Händler gekauft werden. Durch hohe Geldstrafen und zeitweilige Verweisung vom Koblenzer Markt wurden Zuwiderhandlungen gegen diese Stapelgerechtigkeit geahndet.

Für die Einführung wichtiger Handelgegenstände wurden besondere und eingehende Bestimmungen erlassen. Marktbestimmungen über den Verkauf von gesalzenen Fischen, der auf dem Fischmarkt stattfand, sind uns von einer Hand aus dem Ende des 15. Jahrhunderts überliefert[4], ferner Festsetzungen des Rathes über Salzeinfuhr aus den Jahren 1464, 1489 und ebenfalls aus dem Ende des Jahrhunderts[5]. Wir ersehen aus den letzteren, dass es besonders niederländische Schiffe waren, welche das Salz einführten. Die Salzeinfuhr unterlag mit Rücksicht auf die Ungelderhebung besonders strengen Mutterbestimmungen, Bescheinigungen des Rathes

[1] Vgl. die Beilagen Nr. 7 und 8.
[2] Urkunde vom 13. Oktober 1440, Beilage Nr. 10.
[3] Vgl. Beilage Nr. 22. Man vergleiche auch die Urkunde vom 28. August 1462, Beilage Nr. 16, nach welcher der Stapel zu Boppard und Engers durch eine Vereinbarung des Erzbischofs mit der Stadt abgestellt wurde.
[4] Vgl. Beilage Nr. 28.
[5] Vgl. Beilage Nr. 18.

zu Köln und zu Neuss über Menge und Herkunft des Salzes wurden
gefordert.

Die Handhabung dieser und zahlreicher anderer Bestimmungen über Ein- und Ausfuhr, über Kauf und Verkauf, sowie ferner
die Beaufsichtigung des Marktverkehrs für die Zwecke der Erhebung
von Marktabgaben war einer ganzen Reihe von Beamten übertragen.
Ich führe die wichtigsten hier auf. Dem Mittelalter besonders eigen-
thümlich war der Unterkäufer, d. i. der zwischen dem Verkäufer und
Käufer stehende und zwischen beiden vermittelnde Makler. Da eine
gewisse Sachkenntniss unentbehrlich war, gab es verschiedene Unterkäufer, so für den Weinhandel, für den Fischmarkt und den Viehhandel[1]. Bei dem Viehhandel waren ferner thätig der Viehmarktschreiber[2] und die Schweinebescher[3], welche letzteren die Schweine,
und zwar auf Grund des Aussehens der Zunge, zu untersuchen
hatten, ob sie rein oder unrein (finnig). Sie waren unter Umständen schadenersatzpflichtig. Für den Weinhandel kamen ferner in
Betracht der Roder[4], welcher die Grösse der Gebinde mit der Mess-
ruthe abzuschätzen, und der besonders beim Weinzapf in Thätigkeit tretende Urlaubgeber, welcher die Verzollung und die erfolgte
Ungeldzahlung zu bescheinigen hatte und vor welchem die Herkunft und die davon abhängende Zapffreiheit der Weine beschworen
wurde[5]. Bei einigen nach Trockenmaassen oder nach Gewicht
verkäuflichen Waaren traten die Mutter (Messer) in Thätigkeit.
Besonders für den Salzhandel der Salzmutter und neben ihm der
Salzschoeder, ferner die Mutter für Steinkohlen und Nüsse[6]. Die
Besichtigungen der gesalzenen Waaren übte der „Ufsleger" aus[7].
Die meisten dieser Marktbeamten hatten gleichzeitig das auf den
betreffenden Handelgegenstand gelegte Ungeld zu erheben und
an die Stadtkasse abzuführen. Im übrigen waren die verschiedenen
Marktplätze noch besonderen Marktmeistern unterstellt, so der Fischmarkt und die Stände der Fleischhauer[8]. Neben den Vorschriften
über ihre Dienstobliegenheiten war diesen Beamten auch eine gewisse Rücksicht in ihrem Verkehr mit den Kaufleuten, namentlich
mit den Fremden, zur Pflicht gemacht. Mit denselben sollten sie
weder auf deren Schiffen noch in ihren Häusern Verkehr pflegen
und keinen Schank von ihnen annehmen. Sie sollten ferner nicht

---

[1] Vgl. Abschnitt VII, die Diensteide Nr. 13, 32 und 33.
[2] Vgl. die Ordnung für die Viehmarktschreiber, Beilage Nr. 29, und die
Diensteide im Abschnitt VII.
[3] Vgl. Diensteide Nr. 4 und die dort in einer Anmerkung mitgetheilten
Bestimmungen über die Schweinebescher vom 28. Januar 1472.
[4] Vgl. die Diensteide Nr. 20 und die Anmerkung daselbst über die Vor-
nahme einer Aichungsprobe und die Anstellung eines Weinroders.
[5] Diensteide Nr. 34.
[6] Vgl. die Eide Nr. 16, 17, 21 und 29. Nach Nr. 16 war ein Mutter zugleich Thurmwächter auf der Liebfrauenkirche, wo er die Weinglocke zu läuten hatte.
[7] Diensteide Nr. 3
[8] Diensteide Nr. 12, 13.

selbst mit der betreffenden Waare Handel treiben noch auch nur den Verkauf für einen Andern übernehmen[1].

Der Marktverkehr hatte gewisse Einrichtungen und die Herrichtung von Räumlichkeiten auf Kosten der Stadt — zum Theil auch auf Kosten des Stadtherrn — nöthig gemacht. Der Bau von Kaufhäusern und von Buden und Scharren sollte den fremden Kaufleuten und den einheimischen Gewerbtreibenden die Ausstellung ihrer Waaren ermöglichen. Es ist wahrscheinlich, dass bereits in früherer Zeit die Stadt ihr Rathhaus Monreal zur Zeit des Marktes dem öffentlichen Verkehr frei gegeben und von der Vermiethung der Räume gewisse Einnahmen bezogen hat. Im 14. Jahrhundert hat die Stadt ein neues „Kauf- und Tanzhaus" auf dem S. Florinshof[2] auf eigene Kosten gebaut, was den Erzbischof Otto von Trier nicht abhielt, die Hälfte der Einnahmen aus diesem Hanse von der Stadt zu beanspruchen[3]. In diesem neuen Hause fanden auch die Gerichtverhandlungen statt. Ebenda fand aber zu Marktzeiten im unteren Geschoss der Verkauf der wollenen Tuche statt, das obere Geschoss wurde für die Krämereien hergerichtet[4]. Bei der gelegentlich der Verlegung des grossen Marktes zwischen Erzbischof und Stadt am 25. Januar 1480 getroffenen Vereinbarung wurde auch der gemeinschaftliche Bau eines gemeinen Kaufhauses auf dem Kornmarkt beschlossen. Im unteren Raume des Hauses sollte nach diesem Uebereinkommen die gemeine Wage hängen, ebenda sollten Flachs und Fettwaaren verkauft werden, der obere Raum sollte als Verkaufstelle für Leinwand dienen.

Andere Verkaufplätze für bestimmte Waaren sind durch noch heutigen Tages in Koblenz gebräuchliche Namen von Plätzen und Strassen kenntlich: Kornpforte, Fruchtmarkt u. a. Im 14. Jahrhundert sind Namen wie Fischmarkt, Häringsmarkt gebräuchlich. Die Stände der Fleischhauer, besonders der auswärtigen, werden in den Urkunden von 1396 und 1398 genau beschrieben[5]. Ihre Fleischscharren standen auf dem Graben und auf dem Wege von dort vorbei bei der steinernen Brücke, welche damals nach dem Florinshofe führte[6]. Der Salzverkauf fand in der Eselgasse statt. Die Salzschiffe mussten bei derselben anlegen und die Kaufleute daselbst den Markt abhalten. Alle acht Tage hatten die Frauen der Salzmutter die Gasse zu reinigen[7].

---

[1] So im Eid des Salzschroeders, Diensteide Nr. 22. Der Marktmeister und der Wagemeister vom Fischmarkt dürfen nicht mit Fischen handeln. Urkunde vom 25. Januar 1480. Beilage Nr. 22.
[2] In der mehrerwähnten Urkunde vom 25. Januar 1480, Beilage Nr. 22, ist gesagt, dass das Haus auf dem Florinshofe lag.
[3] Klagepunkte der Stadt v. J. 1480, § 4, oben S. 57.
[4] Urkunde vom 25. Januar 1480, Beilage Nr. 22.
[5] Vgl. Beilagen Nr. 7 und 8.
[6] Die Fleischscharren waren zum Theil auch in anderem Besitz. Im J. 1309 vererbpachtete das Nonnenkloster in der Leer seine Fleischbank. Stadtarchiv.
[7] Vgl. Beilage 18 (15. Jahrhundert).

Der Einrichtung einer städtischen Wage ist oben bereits Erwähnung geschehen. Sie wird natürlich seit lange und seit der Zeit bestanden haben, dass ein geregelter Marktverkehr stattgefunden hat. Die Aufsicht über Maass und Gewicht ist eine der ältesten Obliegenheiten, welche die Verwaltung der Stadtgemeinde von der früheren Landgemeindeverwaltung übernommen hat. Diese Aufsicht ist aber ohne Besitz gewisser Grundmaasse nicht denkbar. Eine öffentliche Wage mit als vorschriftmässig anerkannten Gewichten wird daher schon in sehr früher Zeit in Koblenz bestanden haben, ohne dass dieselbe ausdrücklich und urkundlich bezeugt ist. Neben der gemeinen Stadtwage[1] gab es noch besondere für einzelne Handelgegenstände. Die Fischwage war schon 1430 Gegenstand des Streites zwischen Erzbischof Otto von Trier und der Stadt, insofern jener einen Theil der Einnahmen beanspruchte[2]. In der öfter erwähnten Vereinbarung zwischen Erzbischof und Stadt vom 25. Januar 1480 wurde bestimmt, dass der Marktmeister auf dem Fischmarkt 2 Wagen haben solle. Ebenda wurden auch die Bedingungen der Benutzung einer gemeinen Kornwage erörtert. Gleichzeitig wurde den Bürgern verboten, in ihren Häusern grössere Wagen zu halten und grössere Verkaufgegenstände (grobe pennwert) auf denselben zu wiegen. Nur die gemeine Wage soll dazu benutzt werden. Auch diese Bestimmung ist, wie oft, nur die schriftlich festgesetzte und aus äusseren Gründen in Erinnerung gebrachte Handhabung einer bereits seit lange bestehenden Gewohnheit[3].

Ausser den städtischen Wagen gab es an allgemeinen Einrichtungen zu Nutz des Schiffverkehrs einen Krahnen. Ueber seine Lage in der ältesten Zeit sind wir nicht unterrichtet. Nach Uebereinkommen mit dem Erzbischof wurde später ein Hauskrahnen gebaut und zwar vor der Kornpforte, woselbst sich der dem städtischen Marktleben am nächsten gelegene Anlegeplatz der Schiffe befand. Andererseits ist aber auch von zwei Krahnen, von einem Rhein- und einem Moselkrahnen, die Rede. Die Ausdehnung der Stadt nach dem Rheine zu wird also die Anlage eines zweiten Krahnens am Rhein nöthig gemacht haben. Die Einnahmen aus dem Krahnen wurden unter dem Erzbischof Otto ebenfalls wie die

---

[1] Ueber den Bestand an Gewichten in der gemeinen Stadtwage sind wir durch eine Eintragung im ältesten Rathbuch, Bl. 2, zum Jahre 1464 unterrichtet: Dit ist dat gewecht, als der rait ytzunt in der wagen hait anno . . 63 zu halffasten na gewanheit des styftz von Trior: Item irst oynen steyn wiget 105 punt. — Item eynen steyn 104 punt. — Item oynen steyn 103 punt. — Item zwene yelicher 53 punt. — Item eynen van 40 ponden. — Item zwene van 26 ponden. — Item eynen 24 punt. — Item eyner wyget 20 punt*. — Item zwene van 16 ponden. — Item oynen van 13 ponden. — Item eynen van 8 ponden. — Item eleyn gewecht stuck wiget zusamen 28½ punt. Non est hie*.

[2] Vgl. die Klagepunkte der Stadt vom J. 1430, § 4, oben S. 58.

[3] Vgl. auch die Urkunde vom 13. Oktober 1410. Beilage Nr. 10.

a) Von späterer Hand.

anderen öffentlichen Einrichtungen ein Gegenstand des Streites mit demselben [1]. Aus dem Jahre 1461 besitzen wir eine Festsetzung der für die Benutzung des Krahnens zu zahlenden Gebühren [2]. Dass im Januar 1480 der Bau eines Hauskrahnens beschlossen wurde, ist bereits erwähnt. Wenig später, am 5. Juni, nahmen Erzbischof und Rath unter Zuziehung von Sachverständigen eine Besichtigung und Schätzung der beiden Krahnen vor [3]. Die Handhabung derselben war einem Krahnenknecht übertragen. Gelegentlich der Anstellung eines solchen Krahnenknechtes im J. 1492 werden wir auch über die Ausrüstungsgegenstände der beiden Krahnen unterrichtet [4].

Dem Verkehre des Marktes und zwar besonders dem des Wochenmarktes diente endlich die Einrichtung der Marktschiffe. Die Führer der „Martnachen" wurden besonders vereidigt [5]. Die Mosel aufwärts war eine regelmässige Verbindung mit Karden, Kochem, Merl und Zell eingerichtet, auf dem Rheine mit Oberwesel, Boppard, Engers, Andernach [6], Breisig und Remagen [7]. Die am weitesten von Koblenz entfernten Orte geben zugleich die Grenzen des Bezirkes an, für den der Koblenzer Wochenmarkt von Bedeutung war. Ueber ein Marktschiff für Köln sind wir besonders gut durch eine Urkunde von 1456 unterrichtet, durch welche der Rath die Führung desselben zwei Ehepaaren übertrug und nähere Bestimmungen über dieselbe traf [8]. Ausser diesen Marktnachen besass die Stadt sechs Fahrschiffe auf dem Rheine, drei diesseits und drei jenseits, welche den Verkehr der beiden Uferseiten vermittelten [9].

[1] Klagepunkte der Stadt vom J. 1430, § 4, oben S. 58.

[2] Anno LX primo. Van den wynen, wat die zu kranegelde geben. Ist der rait overmitz den amptman uf voirter weilbefallen overkomen als van dem cranen, also die wine, die nu hinvoirter gewonden werden sullent, sal yederman, der des zu doin hait, geben van eym stuck, dat eyn half voder helt, 9 hl. ind 2½ ame eymer me oder myn glich als vyl; vort 3½ amen, 4 amen, 4½ amen, 5 amen, 5½ amen, 6 amen und 6½ amen eymer me oder myn sal man van geben 18 hl., vort 7 amen, 7½ amen, 8 amen ind der glichen sal geben 2 alb., ind die uf des kaufmans angest winden; ind der herre ind rait sullen van eren wynen nyt geben als das van alders gehalden ist. Aeltestes Rathbuch Bl. 5.

[3] Vgl. Beilage Nr. 26.

[4] Ebenda.

[5] Vgl. die Diensteide Nr. 14 und 15.

[6] Ein Marktschiff zwischen Koblenz und Andernach ist schon für das Jahr 1341 bezeugt. Vgl. Lamprecht, Deutsches Wirthschaftsleben II, 254.

[7] Aeltestes Rathbuch Bl. 28.

[8] Urkunde vom 13. Juli 1456 im Kopiar 2 des Stadtarchivs Bl. 92ᵇ. Der Rath bestimmt, dass die mit dem Kölnischen Marktschiff belehnten beiden Ehepaare die Koblenzer Bürger und „die uns zu verantworten stehen" also die den Rechtsschutz der Stadt geniessen, mit ihrem Marktgut fahren sollen. Sie sollen das ganze Jahr hindurch am Sonntag von Koblenz abfahren und am Mittwoch Abend und Donnerstag Morgen wieder in Koblenz sein. Briefe und Geld, welches ihnen übergeben wird, sollen sie besorgen.

[9] Altes Gerichtsbuch § 20. Vgl. oben S. 50. Später wurden die „Swabeschyff" eingerichtet. Zwei Aufzeichnungen von 1476 und 1489 belehren uns

Der Gebühren für die Benutzung der zu Marktverkehrzwecken getroffenen Einrichtungen ist oben schon gedacht worden. Sie erklären sich von selbst durch die nothwendige Verzinsung und Abschreibung der zu diesen Einrichtungen aufgewandten Anlagekosten und darüber hinaus durch das Bedürfniss nach Geldeinnahmen. Ausser diesen Gebühren für besondere Benutzungen wurde aber von den zu Markt gebrachten Waaren eine Verkehrabgabe erhoben, der Marktzoll und das sogenannte Ungeld.

Wir betrachten diese Marktabgaben insgesammt und zwar zunächst den eigentlichen Zoll, besonders den Marktzoll, dann das Ungeld, welches sich aus jenem entwickelt hat.

2.

Marktzoll und Ungeld.

Ueber keine Stadt des Mittelrheins und der Mosel sind wir in Ansehung des Zolles so gut und aus so alter Zeit unterrichtet, wie über Koblenz. Bereits in der Einleitung ist zu anderem Zwecke von diesem Koblenzer Zoll die Rede gewesen. Hier mögen die wichtigsten Mittheilungen über denselben folgen.

Im Jahre 1018 hatte der Kaiser Heinrich II den Zoll zu Koblenz dem Erzbischof Poppo von Trier abgetreten[1], der ihn seinerseits im J. 1042 dem Stift S. Simeon zu Trier schenkte, und zwar sowohl den Durchgangzoll als auch den Marktzoll[2]. In dieser Weise blieb der Zoll, durch kaiserliche und erzbischöfliche Privi-

darüber: Item ist der rait alt und nuwo semtlich oberdrain umb etzlicher zwoydracht willen der burgermeistere und swaebere zu Valender, also daß die swabere nu vort den burgermeistern zur zyt jairs yglichem syn raitz holz umbsust und sonder lone fueren sullen myt dem swnebschiff, dewile sy solche gnade vnm rade haint, daß swaifschiff zu haben und zu fueren vur andern. Actum anno etc. LXX sexto. —

Item im jair alß man schreif dusent CCCC und LXXXIX hait der rait eyn swabeschiff doin machen, daß dan durch Kyrstgen Austeyn, zymeister zur zyte, vollenfort ist worden, und hait gekost an holz, dagelone und anders, waß darzu gehorich ist, zusamen gerechnot 82 gl. 2 alb. und 8 d., welche schiff den swaberen angesatzt ist worden, die dan sulche summe geltz dem rade weder lebern sullen zu termynen, nemlich bynnen 12 jaren alle jair zu sent Martyns dag 7 gulden, biß die vurgeschrieben summe bezailt ist, und sal die bezailung angain Martini nest ober eyn jair, dan sullen sy 7 gl. lebern. Actum anno ut supra uf donerstag nae Margarete. Aeltestes Rathbuch Bl. 28 und 52.

[1] Mittelrhein. U.-B. I, 293.
[2] Mittelrhein. U.-B. I, 372: theloneum, quod a pertranseuntibus navigio universis et in foro Confluentie solvitur.

legien bestätigt[1], nachweisbar bis in das 13. Jahrhundert[2] hinein
in der Hand des Stiftes. Trotz jener Bestätigungen trat aber
schon im 12. Jahrhundert eine Störung des stiftischen Besitzrechtes
ein, der eine nachhaltige Störung und schliessliche Aufhebung im
folgenden Jahrhundert folgen sollte. Jene, die Ansprüche, welche
die Stadt Koblenz gegen Ende des 12. Jahrhunderts an das Stift
erhob, sind schon oben in der Einleitung erwähnt worden[3]. Zum
Bau und zur Unterhaltung der Mauern verlangten die Bürger einen
Antheil an den Einnahmen des Zolles und erhielten durch den
Schiedspruch des persönlich in Koblenz anwesenden Erzbischofs
im J. 1182 auch wirklich eine einmalge Zahlung von 60 m., freilich gegen das Versprechen, dem Stift ferner keine Hindernisse
bei der Zollerhebung in den Weg zu legen[4]. Wie wenig rührig
übrigens anscheinend das Stift in der Ausübung seines Rechtes
gewesen ist, geht auch aus der bald darauf folgenden kaiserlichen
Erneuerung des Zolles im J. 1195 hervor, wo von dem Zoll gesagt wird, dass er diu neglectum fuit et intermissum[5]. Die weiteren Nachrichten über den Zoll betreffen, von der Neuaufstellung
des Tarifs im J. 1209 abgesehen, lediglich einige, infolge ein-
maliger Abfindungssummen ertheilte Zollbefreiungen: so 1185 für
die Abtei Eberbach[6], 1234 für die Abtei Kornelimünster[7], 1236
für die Abtei Himmerode[8]. Mit dem J. 1247[9] schliessen die auf-
findbaren urkundlichen Nachrichten über die Handhabung des Zolles
durch das Stift S. Simeon. Schon dieser eine Umstand, dass keine
weitere Nachricht über eine so wichtige Einrichtung uns überliefert ist, lässt darauf schliessen, dass bald nach jener Zeit der

---

[1] Als solche sind zu nennen: 1104, Juni 5: Kaiser Heinrich III bestätigt
zu Mainz auf Bitte des Erzbischofs Bruno von Trier dem Simeonstift daselbst
den von Erzbischof Poppo demselben geschenkten Zoll zu Koblenz. Beigefügt
ist der Zolltarif. Mittelrh. U.-B. I, 467.

1138: Erzbischof Albero von Trier bestätigt dem S. Simeonstift den von
seinen Vorgängern demselben verliehenen Schiff- und Marktzoll. Mittelh. U.-B.
I, 556.

1162: Erzbischof Hillinus von Trier Bestätigung des Zolles. Mittelrh. U.-B.
I, 693.

1195: Kaiser Heinrich VI bestätigt dem S. Simeonstift den in alter Weise
wiederhergestellten Zoll zu Koblenz. Mittelrh. U.-B. II, 185.

1209: Erzbischof Johann von Trier bestätigt den Zoll. Hierzugehörig die
Zollrolle von 1209. Mittelrh. U.-B. II, 325 und 280.

[2] Nach Lamprecht, Deutsches Wirthschaftsleben im Mittelalter, II, 299
bis mindestens ins 14. Jahrhundert. Es lässt sich aber keine Nachricht aus dem
14. Jahrhundert über den Zoll als dem Stift zustehend mehr beibringen.

[3] Vgl. oben S. 6.

[4] Mittelrhein. U.-B. II, 92.

[5] 1195, Sept. 17. Mittelrhein. U.-B. II, 186—188.

[6] Mittelrhein. U.-B. II, 113 und 114.

[7] Mittelrhein. U.-B. III, 397.

[8] Mittelrhein. U.-B. III, 438.

[9] 1247, August 25, Mittelrhein. U.-B. III, 680. Das Stift überträgt dem
stiftischen Zöllner Friedrich zu Koblenz einen Wingert, eine Verleihung, die mit
der Zollfreiheit der Abtei Eberbach in Verbindung stand.

letzten Erwähnung der Zoll in Abnahme gekommen ist. Der von
Lamprecht, Deutsches Wirthschaftsleben II, S. 321 abgedruckte
und in die Zeit um 1300 angesetzte dritte S. Simeonzolltarif kann
schon deshalb nicht gegen die obige Annahme sprechen, weil er
thatsächlich undatirt ist und ebensogut um ein Menschenalter
früher angesetzt werden kann[1].

Für die Annahme, dass der S. Simeonzoll schon in der zweiten Hälfte des 13. Jahrhunderts in Abnahme gekommen ist, das
folgende Jahrhundert aber ganz gewiss nicht mehr erlebt hat,
dafür sprechen ausser dem obigen Mangel jeglicher Nachricht über
seine Weitererhebung auch die nachstehend behandelten beiden
Umstände.

Es ist Thatsache, dass schon um die Mitte des 13. Jahrhunderts ein neuer erzstiftischer Zoll zu Koblenz eingeführt worden
ist[2]. Wann das geschehen, bleibt fraglich. Jedenfalls war diese
Einführung und die dadurch herbeigeführte Beeinträchtigung der
S. Simeongerechtsame bereits im J. 1266 zum Gegenstande einer
Beschwerde bei der Kurie geworden. Bei Hontheim findet sich
die bezügliche Verantwortung des Erzbischofs Heinrich II von
Vinstingen abgedruckt[3]. Die spätere Beilegung dieser Angelegenheit
wird vermuthlich durch eine einmalige Entschädigung an das Stift
für dessen Verzicht auf seine sonst nicht wohl angreifbaren Gerechtsame erfolgt sein, ohne dass wir über dieselbe eine Nachricht
hätten. Eine andere Möglichkeit der Lösung kann darin gefunden
werden, dass die nach dem alten Transportmittelsystem[4] ver-
anlagte Verzollung bei der Vergrösserung und Veränderung der
Transportmittel einen verhältnissmässig verringerten Gewinn ab-
warf, eine Erhöhung oder durchgreifende Veränderung aber vom
Erzbischof aus dem naheliegenden Grunde verweigert wurde, um

---

[1] Die theilweise Ansetzung der Zollgebühren in Brabanter Denaren würde
für Koblenz allerdings erst auf den Anfang des 14. Jahrhunderts schliessen lassen.
Es ist aber zu bemerken, dass nur diejenigen Ansätze in Brabanter Denaren aus-
gedrückt sind, welche auf dem Rheine erhoben wurden, wo schon früher der
Brabanter Denar Eingang gefunden hatte. Es waren hauptsächlich niederländische Schiffe, welche hier zu Berg und Thal verkehrten. — Die wirthschaft-
geschichtlichen Ergebnisse der Ausführungen Lamprechts werden durch diese
etwas frühere Ansetzung in keiner Weise beeinflusst.

[2] Vgl. Lamprecht, Deutsches Wirthschaftsleben II, 304.

[3] Hontheim, Historia Trev. dipl. I, 769. Excusationes archiepiscopi Trevirensis traditae Clementi papae IV: . . . . ad id vero, quod sibi imponitur,
quaedam de teloneo apud Confluentiam recepisse, respondet, quod dictum telo-
neum praedecessores sui, qui fuerunt pro tempore, perceperunt, et quod cum
ipse, confirmatione obtenta, ad ecclesiam accessisset, invenerit, praedecessores
suos fuisse in quasi possessione percipiendi eiusmodi teloncum, aliquibus asserentibus, quod hoc eidem ecclesiae competebat de jure, tam auctoritate privi-
legiorum temporalium, quam consuetudinis, cuius principii memoria non existit.
Aliis asserentibus in contrarium, quod sine peccato non poterat percipi etsi ab
imperatoribus sit concessum. — Ebenda finden sich S. 776—778 die Refutationes
responsionum et excusationum Henrici electi Trevirensis.

[4] Vgl. Lamprecht, a. a. O. II, S. 304.

selbst einen neuen Zoll unter Veranlagung desselben nach dem Werthe der Waaren einzuführen.

Auf jeden Fall aber wurde die Zurückdrängung des Stiftes fast zu einer Nothwendigkeit durch den weiteren Umstand, dass die fortschreitende Entwickelung der Stadt Koblenz und die im Anfang der zweiten Hälfte des 13. Jahrhunderts beginnende Neubefestigung derselben gebieterisch die Erschliessung einer neuen Einnahmequelle für die Stadt forderte[1]. Dieselbe konnte, wie auch andernorts zum Zwecke der Ummauerung der Städte, nur in der Erhebung eines städtischen Ungelds gefunden werden. Beide Umstände, der Wunsch des Erzstifts auf Rückerwerbung des durch den gesteigerten Schiffverkehr einer erheblichen Steigerung fähigen Zolles einerseits und die politische Nothwendigkeit einer Neubefestigung und Ummauerung der Stadt Koblenz andrerseits haben für die Aufhebung des S. Simeonzolles die Veranlassung gegeben. Auf diese Weise ist auch um so eher die anfängliche Bereitwilligkeit zu erklären, welche Koblenz bei Erhebung eines Ungelds auf erzbischöflicher Seite fand. Ich zweifle nicht, dass sich auf diese Weise die Zurückdrängung des Trierer Stiftes von der Zollerhebung vollzogen hat. Diese hat zu derselben Zeit und in demselben Menschenalter aufgehört, in dem der neue erzbischöfliche Zoll und die Ungelderhebung zur Einführung gelangten.

Auch durch eine weitere Beobachtung wird die vorstehende Erklärung annehmbar erscheinen. Der erzbischöfliche Zoll und das Ungeld bilden nämlich nur in ihrer Nebeneinanderstellung und in ihrer Zusammenfassung eine Fortsetzung des S. Simeonzolles. Dieser umfasste sowohl den Durchgangzoll als die Abgaben vom Koblenzer Markt. Jene, der erzbischöfliche Zoll[2] war lediglich Durchgangzoll, das städtische Ungeld aber traf den Markt und den Handelverkehr innerhalb der Stadt. Im Anschluss an diese Beobachtung verweise ich auf den sehr bemerkenswerthen Umstand, dass der oben berührte dritte S. Simeonzolltarif Abgaben vom Verkauf auf dem Koblenzer Markte überhaupt nicht mehr aufführt. Daraus geht unzweifelhaft hervor, dass für diesen Theil der Zollerhebung ein Abkommen zwischen den Inhabern des Ungelds, also der Stadt, und dem bisherigen Zolleigenthümer thatsächlich stattgefunden haben muss[3].

---

[1] Bär, Der Koblenzer Mauerbau S. 7.

[2] Wasserzolltarif, verabredet zwischen Kurmainz, Kurtrier und Kurpfalz für die mainzischen Rheinzölle zu Ehrenfels und Lahnstein, die trierischen zu Boppard und Koblenz und die pfälzischen zu Bacharach und Kaub. 1358. Gedr. Günther, Cod. Rhenomosellanus III Nr. 451. Ausführlich behandelt bei Lamprecht, Deutsches Wirthschaftsleben II, 308.

[3] Es scheint mir nicht unwahrscheinlich, dass dieser letzte S. Simeontarif aufgestellt worden ist, nachdem die Klage des Stiftes über das eigenmächtige Vorgehen des Erzbischofs Heinrichs II vom Papst als gerechtfertigt anerkannt worden ist, also etwa um 1270.

Im folgenden betrachten wir, da die weitere Geschichte des erzbischöflichen Zolles[1] der vorliegenden Veröffentlichung fern steht, lediglich die Entstehung und Entwickelung des Ungelds.

Die Geschichte dieses Ungelds ist zurückzuführen bis in die Mitte des 13. Jahrhunderts, zu welcher Zeit die Bürger von Koblenz ihre Stadt mit einer neuen und bedeutend erweiterten Befestigungsmauer zu versehen begannen. Die Mittel zu diesem Bau wurden entsprechend der gesammten mittelalterlichen Finanzwirthschaft durch eine lediglich für diesen Zweck eröffnete Einnahmequelle gefunden, durch die Erhebung eines städtischen Ungelds. Die älteste erhaltene erzbischöfliche Genehmigung zur Erhebung dieser Abgabe ist ausgestellt am 15. Februar 1259[2]. Der Erzbischof Arnold II von Trier gestattete den Stiftsherren von S. Kastor und S. Florin und den Rittern und Bürgern von Koblenz einen Zoll[3] bei Koblenz, Ungeld genannt, nach Bezahlung der für den Mauerbau bereits gemachten Schulden zum weiteren Bau zu verwenden. Es kann auffallend erscheinen, dass die Genehmigung dieser Acciseerhebung, welche als Fortbildung des Zolles unzweifelhaft Regal war, durch den Erzbischof erfolgte. Es ist aber, abgesehen von der etwas usurpatorischen Art des ganzen Vorgehens, hierbei vorauszusetzen, dass sich der Erzbischof als im Besitze des Zolles — ob mit Recht oder Unrecht ist nebensächlich —

---

[1] Der Vollständigkeit wegen muss ich hier im Anschluss an den erzbischöflichen Wasserzoll eines anderen im 14. Jahrhundert entstandenen erzbischöflichen Zolles Erwähnung thun, des Moselbrückenzolles. Um die Mitte des 14. Jahrhunderts entstand der sagenumwobene Bau der steinernen Moselbrücke des Erzbischofs Balduin, des gewaltigsten Brückenbaues im mittelalterlichen Rheinlande nächst der alten Römerbrücke zu Trier. Zu den Kosten und der Unterhaltung des Baues wurde ein Brückenzoll erhoben. Eine Aufzeichnung über die Höhe dieser Zollsätze findet sich in der Beilage Nr. 27. Nachrichten über die Brücke selbst finden sich bei Hontheim, Historia Trev. dipl. II, 155, wo die Indulgenz zum Bau abgedruckt ist, und bei Günther, Codex Rhenomosellanus IV, 646, wo sich die Genehmigung Kaiser Karl IV für Erzbischof Boemund vom 13. April 1353 findet, zum Besten der Moselbrücke 66 Jahre hindurch einen Zoll erheben zu dürfen. Im Anschluss an dies Privileg verringerte Erzbischof Bormund am 28. Juni die bisherigen Zollsätze und versprach die gänzliche Aufhebung des Zolles nach Verlauf der 66 Jahre, vorausgesetzt, dass die Brücke nicht etwa wieder zerstört würde. St.-A. Koblenz, Handschriften II, 29. — Die weitere Litteratur über die Brücke findet sich bei Lamprecht, Deutsches Wirthschaftsleben II S. 244 zusammengestellt.

[2] Quod ..... theloneum apud Confluentiam, quod vulgariter ungelth dicitur, canonicis sancti Castoris et sancti Florini, militibus et burgensibus Confluentinis remissimus ordinandum, ita quod iidem post solutionem debitorum, quo nunc contraxerunt in edificatione oppidi Confluentini, ipsum theloneum ad edificia oppidi predicti, si predictis congruum videbitur, convertant. Gedr. bei Günther, Cod. Rhenomos. II, 290 und Mittelrhein. U.-B. III, 1067.

[3] Theloneum, quod vulgariter ungelth dicitur. Schon aus dieser sprachlichen Bezeichnung geht hervor, dass das Ungeld eine Fortbildung des Zolles war Ueber die sonstigen Bezeichnungen vgl. Bär, Mauerbau S. 2.

befindlich glaubte und sich daher als berechtigt ansah, einen Theil dieses Zolles weiter zu vergeben [1].

Eine Reihe von Jahren wurde der Bau der Stadtmauer fortgeführt und dementsprechend auch die Erhebung des Ungeldes. Beides führte aber zu einem Streite zwischen der Stadt und dem gewaltsamen Nachfolger des Erzbischofs Arnold, dem Erzbischof Heinrich II (1260—1280). Das geht aus einer im deutlichen Gegensatz zum Erzbischof ausgefertigten Urkunde des Trierer Domkapitels hervor. Dasselbe bestätigte nämlich am 4. Juni 1276 auf Bitten der Stadt, des Klerus wie der Laien, die Weitererhebung des Ungelds, übrigens nur auf 5 Jahre, und fügte hinzu: non permittemus a domino archiepiscopo vel ab aliquo alio coartari [2].

So begann im J. 1276 die Ungelderhebung und der Mauerbau von neuem, mit dem letzteren zugleich aber auch der Bau einer erzbischöflichen Burg in der Stadt, bei welchem die Bürgerschaft Beihülfe geleistet hat, vermuthlich als Entgelt für die inzwischen auch vom Erzbischof ertheilte Ungeldgenehmigung [3]. Da die Stadt aber ein lebhaftes Interesse hatte, den eigenen Bau vor dem des Erzbischofs zu fördern, so waren die Keime zu Verdriesslichkeiten und Klagen naturgemäss von Anbeginn gegeben. Der Erzbischof schlug einen andern Weg ein, um zu der der Stadt auferlegten Gegenleistung auch wirklich in vollem Umfange zu gelangen: er liess eine Theilung der Ungeldeinnahmen eintreten [4]. Im August 1278 ist dieselbe eingeführt und seitdem im allgemeinen beibehalten worden [5].

Wir wissen, dass es in der Folgezeit zu offener Fehde zwischen dem Erzbischof und der Stadt gekommen ist [6]. Die oben behandelten städtischen Verfassungfragen und die auf Selbständigkeit gerichteten Bestrebungen hatten das Verhältniss zwischen beiden Theilen zu einem sehr gespannten gemacht. Der fortschreitende Bau der erzbischöflichen Burg liess dadurch umsomehr die Bürger die Gefahr einer innerhalb ihrer Mauern erwachsenden Zwingburg befürchten. Sie vertrieben die Arbeiter und weigerten den Leuten des Erzbischofs den Eintritt in die Stadt. Ein vorläufiger Vertrag im Mai 1281 war von keiner Dauer, im Gegentheil, es kam zu offenem Kampfe, der mit dem Siege des Erz-

---

[1] Zu bemerken ist übrigens, dass die Ungeldbewilligung des Erzbischofs zeitlich nicht beschränkt ist. Dieses Fehlen einer Beschränkung ist wichtig für die späteren Ansprüche der Stadt auf Erhebung des Ungelds auch nach längst erfolgter Fertigstellung der Mauer im 14. Jahrhundert.

[2] Günther, Cod. Rhenomosell. II, 416.

[3] Näheres darüber Bär, Mauerbau S. 8—10.

[4] Diese Theilung wird uns lediglich durch eine kurze Bemerkung in den über den Mauerbau erhaltenen Rechnungen beglaubigt: Anno 1278 proximo sabbato post festum assumpcionis beate Marie virginis divisa est assisia Confluentina. Bär, Mauerbau S. 64.

[5] Mit wenigen Unterbrechungen, über welche unten S. 158.

[6] Vgl. Mauerbau S. 11. 12. 16. 17.

bischofs endete und zur Verbannung seiner namhaftesten Gegner in der Stadt im J. 1283 führte. Während dieser Feindseligkeiten von 1281—1284 ruhte die Bauthätigkeit und die Ungelderhebung. Mit dem letzteren Jahre begannen beide wieder und währten nachweisbar bis 1289.

Die nächste Ungeldbewilligung, welche wir kennen, ist der Stadt vom Erzbischof Boemund im Juli 1298 ertheilt worden, aber auch nur auf Zeit, bis Martini 1299. Die Höhe der de rebus et bonis mercimonialibus universis zu erhebenden Abgabe soll durch die beiden Stifter und durch Schultheiss, Ritter und Gemeinde gemeinschaftlich festgesetzt werden[1]. Schon der Nachfolger Boemunds, der Erzbischof Diether, erneute die Ungeldbewilligung am 11. Dezember 1300 und verlängerte sie bis auf 6 Jahre. Die Art dieser Bewilligung ist dadurch vor allem bemerkenswerth, dass der Erzbischof nach dem Vorbilde des Erzbischofs Heinrich einen Theil der Ungeldeinnahme für sich beanspruchte und die Stadt zu einer jährlichen Zahlung von 100 m. verpflichtete[2].

Fast zwei Menschenalter hindurch erfahren wir nichts über das Koblenzer Ungeld. Erst ein im J. 1362 wegen desselben entbrannter Streit zwischen der Stadt und dem Erzbischof Kuno giebt wieder nähere Nachricht, aus der besonders hervorgeht, dass das Ungeld seit der obigen Zeit wohl ununterbrochen erhoben worden ist. Damals, 1362, verlangte der Erzbischof die Hälfte des städtischen Ungelds. Die Stadt verweigerte diese Theilung. Es kam zu lebhaften juristischen Auseinandersetzungen. Eine derselben, die Ausführungen des städtischen Sachwalters Johannes de Selandia sind uns erhalten[3]. Nach derselben behauptete der Erzbischof, dass die Stadt das Ungeld überhaupt nicht zu Recht besitze, dass auch Erzbischof Balduin die Hälfte des Ungeldes erhalten habe und dass für diese ganze Frage gewisse Verträge mit Erzbischof Heinrich II maassgebend seien. Der städtische Sachwalter führte dagegen aus, dass die Stadt ihr Ungeld zurückführen könne auf das Privileg des Erzbischofs Arnold und dass sie seitdem bis heute im Besitze des Ungeldes geblieben sei. Wenn Erzbischof Balduin[4] die Hälfte des Ungelds genommen habe, so sei das ohne kaiserliche Genehmigung geschehen und nur durch Gewalt, nicht mit Recht. Die vom Erzbischof angezogenen Briefe des Erzbischofs Heinrich habe Diether widerrufen als gegen Recht und Gewohnheit verstossend. — Zum Entscheid der Angelegenheit hatte der Erzbischof Kuno die Koblenzer vor sein

---

[1] Beilage 1.

[2] Günther, Codex Rhenomos. III, 93.

[3] Beilage Nr. 5. Die Ausführungen des Sachwalters sind nicht vollständig erhalten. Ueberdies gebe ich nur die für die Geschichte des Ungelds wichtigen Stellen in der Beilage, unter Weglassung der rein juristischen Ausführungen.

[4] Sehr treffend bezeichnet ihn der Sachwalter als vir pregrandis potencie et homo severus.

Manngericht geladen, die Bürger dagegen wünschten, dass die Sache dem Entscheide des weltlichen Gerichtes zu Koblenz anheimgestellt werde. Der Sachwalter untersucht auch diese Fragen, ob nämlich die Stadt vor dem Manngericht zu Recht stehen müsse und ob der Erzbischof sich dem Stadtgericht zu fügen habe. Er verneint beide Fragen. Nur der Kaiser oder der Papst bezw. deren Beauftragte könnten in diesem Falle als geeignete Richter angesehen werden.

Ueber die weiteren Vorgänge in diesem Streite sind wir nicht unterrichtet. Wir wissen nur, dass die Angelegenheit einem Schiedgericht zur Schlichtung übertragen wurde. Gerlach und Salentin, Herren zu Isenburg, Graf Wilhelm von Wied und Graf Salentin von Sayn entschieden im August 1363 den Streit der beiden Parteien: der Erzbischof Kuno solle das halbe Theil des Ungelds erhalten, wie Erzbischof Balduin[1].

Seitdem ist die Ungeldtheilung ununterbrochen im Gebrauch gewesen. Mehrere Zeugnisse beweisen diesen Rechtzustand[2]. Zeitweilig hat dann wohl die Stadt den erzbischöflichen Ungeldantheil geradezu gekauft oder in Pfandbesitz gehabt[3]. Streitig ist aber die Berechtigung des Erzbischofs nicht wieder geworden, ebensowenig die der Stadt. Die Erhebung des Ungelds ist vielmehr ein von beiden Theilen gemeinsam gehandhabtes Recht, dessen besondere Bestimmungen über Höhe und Art der Abgaben durch besondere Vereinbarungen zwischen Erzbischof und Stadt festgesetzt wurden.

Eine solche neue Vereinbarung fand im J. 1462 statt. Sie betraf vornehmlich die Art der Ungelderhebung. Während die frühesten Zölle nach dem Transportmittelsystem veranlagt waren, hatte sich später die Veranlagung nach dem Gewicht und nach der Stückzahl herausgebildet. Bei den eigentlichen Zöllen wurde der Tarifirung der gebräuchlichste Handelsgegenstand, der Wein, und der von dem Fuder zu entrichtende Zoll als Einheitsatz zu Grunde gelegt[4]. Anders bildete sich die Veranlagung des Ungelds aus. Hier kamen zunächst verschiedene Systeme zur Anwendung: der Zoll auf Transportmittel, das Standgeld und die Verkaufabgabe. Die letztere war als dem Wesen des Ungelds am meisten ent-

---

[1] Urkunde vom 5. August 1363. Beilage Nr. 6.

[2] Am 14. Mai 1409 verschrieb Erzbischof Werner seinem Koblenzer Amtmann Ritter Friedrich von Sassenhusen jährlich 200 Gulden aus seinem Theile des Koblenzer Ungelds. St.-A. Koblenz, Temporale des Erzbischofs.

[3] 1411, Juli 16: Erzbischof Werner verkauft der Stadt Koblenz seine Hälfte am dortigen Ungeld für 6000 Gulden. St.-A. Koblenz, Handschriften III[b] 520. 529. — 1411, August 16: Der erzbischöfliche Kellner zu Ehrenbreitstein quittirt der Stadt Koblenz über den Empfang von 6000 Gulden, für welche der Erzbischof der Stadt die Hälfte der Accise verkauft hat. Stadtarchiv. — 1423, Dezember 21: Erzbischof Otto verschreibt der Stadt Koblenz die Erhebung des vierten Theils des Zolles zu Engers und seines Theils des Koblenzer Ungelds bis zur Abzahlung der der Stadt schuldigen 4000 Gulden. Stadtarchiv.

[4] Vgl. Lamprecht, Deutsches Wirthschaftsleben II, 306.

sprechend auch am meisten entwickelungsfähig. Sie wurde anfangs
nach dem Gewicht, nach Maass oder Stückzahl erhoben. Auf diesem
Grundsatze beruhte hauptsächlich noch der Koblenzer Zollbrief,
der aus dem Anfang des 15. Jahrhunderts überliefert ist, der aber
vermuthlich noch die Erhebungweise des vorangegangenen 14. Jahrhunderts wiedergibt[1]. In diesem Tarife finden sich unter einigen
50 Posten 14 Ungeldsätze nach Standgeld, 25 nach Maass, Gewicht
und Stückzahl der Waaren und bereits 15 Ansätze nach Werthveranlagung. Ein weiterer Fortschritt in der Technik der Ungelderhebung war dann die Veranlagung allein nach dem Werthe.

Diese Veranlagung nach dem Werthe erscheint zum ersten
Mal vollständig durchgeführt in der im August 1462[2] getroffenen
Vereinbarung zwischen Erzbischof Johann und der Stadt Koblenz.
Dem Bedürfniss nach dieser einheitlichen Regelung des Ungeldtarifs verdankt wohl die Urkunde über die „neue Zise", wie man
sie nannte, auch in erster Linie ihre Entstehung. Nach dem Tarif
dieser Urkunde soll, soweit eine Veranlagung nach dem Werthe
in Frage kommt, der Fremde von der Mark 2 hl., der Bürger im
allgemeinen 1 hl. geben. In gewissen Fällen blieben für die Bürger noch die Sätze der alten Zise in Geltung. Die Einnahmen
sollen halb dem Erzbischof, halb der Stadt zukommen; nur aus
Gnade genehmigt der Erzbischof zu Gunsten des Bauwesens der
Stadt, dass dieselbe die nächsten 12 Jahre zwei Drittel des Er-
trages erhalte.

Auf demselben Grundsatze der Werthveranlagung stehen die
Ungeldbestimmungen, welche in der oben bereits behandelten den
Markt und den Verkehr betreffenden Urkunde des Erzbischofs
Johann von Trier vom 25. Januar 1480 enthalten sind[3]. Auch
hier soll der Fremde von allen Kaufmannswaaren vom Gulden
4 hl., der Bürger 2 hl. zahlen. In gewissen Fällen ist der letztere
ungeldfrei. Der Bürger zahlt ferner ein geringeres Ungeld von
Fischen, für welche noch eine Veranlagung nach Maass und Stück-
zahl in Gebrauch geblieben ist. Von den Einnahmen erhält der
Erzbischof und die Stadt die Hälfte.

Ich gehe dazu über, die über das Ungeld erhaltenen Tarife
inhaltlich durch eine Uebersicht wiederzugeben und zwar unter
Voranstellung derjenigen Bestimmungen[4] des alten Zolltarifs von
1209, als deren Weiterentwickelung das Ungeld anzusehen ist.

[1] Beilage Nr. 9.
[2] 1462, August 28. Beilage Nr. 16. Vgl. auch Nr. 17.
[3] Vgl. die Beilage Nr. 22.
[4] Die Abgaben vom Koblenzer Markt unter der Ueberschrift: Hec sunt
jura thelonei rerum venalium super forum Confluentie. Mittelrhein. U.-B. II, 282.

7

1. Koblenzer Marktzoll nach der Zollveranlagung vom Jahre 1209.

Art der Veranlagung.	Gegenstand der Veranlagung.	Höhe der Veranlagung.
Zoll auf Transportmittel:	Von jedem Rad eines zu Markt gehenden Geführtes mit Kaufwaaren	1 d. levis.
Standgeld:	Von jeder Krambude, de quolibet tentorio: cramh	1 ob. den Markttag in der Marktzeit vom 1. Oktober bis 11. November, 1 quadrans den Markttag vom 11. November bis 1. Okt.
	Von jedem Tisch und Schragen (de qualibet mensa et quolibet scragone)	1 quadrans wie vorher bezw. 1 quadrans für 2 Markttage vom 11./11.—1./10.
	Von Waaren, welche weder auf dem Tisch oder Schragen noch in der Krambude verkauft werden, als Häute, Flachs, Wolle, Tuch, Salz, Mehl	similiter.
	Waaren, welche auf der Erde ausgebreitet werden: Käse, Eier, Baumfrüchte, Gemüse	parvula portio juxta quantitatem, quam vendens apud se habet.
Verkaufsabgabe nach Stückzahl und Maass:	Vieh: Pferd, Maulesel, Esel . .	2 d. Col.
	Ochs, Kuh	1 ob.
	Schweine und Verwandtes	1 quadrans.
	Schafe und Verwandtes .	1 quadrans.
	Wein: de quolibet bodemone vasis, in Koblenzer Gesammtgemarkung gefüllt	der Fremde 1 d. Col.[1].

2. Koblenzer Ungeldsätze aus dem Anfang des 15. Jahrhunderts.

Standgeld[2]:	Von der Scharre, die Woche . .	2 hl.
	Vom Schragen, am Donnerstag, geben die Schuhmacher, Löher, Pelzer, Leineweber	2 Cov. hl.
	Desgl. die Fleischer	1 Cov. hl.
	Hockerinnen am Sonntag . . .	1 Cov. hl.
	Tische mit grünen Fischen die Woche	1 hl.
	Von jeder Verkaufstelle von rohen Häuten	1 Cov. hl.
	Fischnachen, die Woche	1 Cov. hl.
	Marktnachen, die Woche . . .	1 hl.
	Schiffe von stehenden Rödern . .	2 Cov. hl.

[1] exceptis civibus, die Bürger zahlen nicht.

[2] Karren und Nachen sind hier zur Standgeldveranlagung gerechnet worden, weil thatsächlich aus dem Nachen heraus und von den Karren, die auf dem Markte standen, verkauft wurde. Die Eier- und Brodkarren standen auf dem Florinshofe. Vgl. unten Beilage 19 die 1. Gruppe der Handelsgegenstände.

Max Bär, Urkunden u. Akten.   11

Art der Ver- anlagung.	Gegenstand der Veranlagung.	Höhe der Ver- anlagung.
Standgeld:	Schiffe und Nachen von Kochem	2 Cov. hl.
	Käse, der Karren	3 Cov. hl.
	Eier, der Karren	3 Cov. hl.
	Brod, der Montabaurer Brodkarren	3 Cov. hl.
	Holzkohlen, von jenseit des Rheins,	
	vom Fuder.	4 Cov. hl.
	Karrenfische, vom Fuder . . .	1 Schilling.
Verkaufabgabe nach Zahl, Ge- wicht und Maass:	Wein, vom Fuder	4 p. Cov. werung[a].
	Vom Ohm verzapften Weines . .	2 Viertel.
	Korn, Weizen, Gerste, Erbsen,	
	Wicken u. andere harte Frucht,	
	vom Malter	2 Cov. hl.[a].
	Hafer, vom Malter	1 Cov. hl.[a].
	Salz, vom Hut	2 Cov. hl.
	Scheeneysen, vom Pfund . . .	16 Cov. hl.[a][1]
	Baceysen, vom Hundert. . . .	4 Cov. hl.[a][2].
	Oley, den Fremde bringen, vom	
	Zentner.	2 p.[a].
	Schmalz, Pech, Unselt, Honig,	
	Butter, vom Zentner	2 p.[a].
	Leinentuch, vom Hundert . . .	2 d.
	Flachs, Hanf, Werg, Garn, vom	
	Zentner	2 p.[a].
	Fleisch, vom Zentner	2 d.[a].
	Korbfische	6 d.
	Häring, 1 Tone	2 Cov. hl.[a].
	Bücklinge, 1 Stroo	2 Cov. hl.[a].
	Schweine, 2 Stück	1 Cov. hl.
	Kühe, 1 Stück	1 hl.
	Schafe, Ziegen, 2 Stück	1 hl.
	Pferd, Esel, 1 Stück	2 d.
	Tuch, zu Koblenz gemacht, frei,	
	wer es auf Winnung kauft, giebt	2 p.
	Tuch	2 d.[a].
	Nüsse, vom Malter	1 hl.
	Wolle, ein Klaud	1 p.[a].
	Fässer, 4 Ohm gross oder 2 kleine	1 Cov. hl.[a].
Verkaufabgabe nach dem Werthe:	Steinkohlen . . . von einer Mark	2 p.[a].
	Kohlen von der Mosel „ „ „	2 p.[a].
	Stickholz u. Weiden „ „ „	1 p.
	Knoblauch, Ullauch, Kappes „	2 p.[a].
	Brod von ausserhalb der Bann-	
	meile . . . von einer Mark	1 p.
	Fische nach der Zahl verkauft, u. de	
	man enweche foret von einer Mark	1 p., zahlt der Käufer.

a) Verkäufer und Käufer je die Hälfte.

[1] der na vort daz ysen gilt, der sal geben von ydeme punde half ungelt.
[2] und der da vort gilt, der git vort ungelt.

Art der Ver- anlagung.	Gegenstand der Veranlagung.	Höhe der Ver- anlagung.
Verkaufabgabe nach dem Werthe:	Tonnenfische, nach der Zahl ver- kauft . . . . von einer Mark	1 p., zahlt der Käufer.
	Leder, gegerbt . „ „ „	2 p.ª.
	Parskese, de herabo koment und uf winnung verkauft werdent von einer Mark	2 d.ª.
	Nüsse, die zu Schiff von der Mosel kommen . . . von einer Mark	2 d.ª.
	Tuch von der Maas „ „ „	2 d.ª.
	Schiff, auf Winnung gekauft „	2 d.ª.
	Kalk . . . . . von einer Mark	2 d.ª.
	Schleifsteine . . „ „ „	2 d.ª.
	Mühlensteine . . „ „ „	2 d.ª.

3. Koblenzer Ungeldsätze aus dem Jahre 1462.

Standgeld[1]:	Eier, vom Karren . . . . 1 alb.
	Käse, „ „ . . . . 1 alb.
Verkaufabgabe nach Maass:	In Koblenz nicht zapffreier Wein, 1 Ohm . . . . 1 alb.
	Bier, 1 Tonne . . . . 3 alb.
Verkaufabgabe nach dem Werthe:	Der Verkäufer zahlt im allgemei- nen von allerhand Pennwerth und Kaufmannschaft, die in oder vor Koblenz auf Rhein oder Mosel verkauft wird, von jeder Mark 2 hl.

Besonders:

Vieh . . . . . von einer Mark	2 hl.[2].
Salz . . . . „ „ „	2 hl.[2]
Eingesalzene Waaren „ „ „	2 hl.[2].
Leinewand, Flachs, Hanf „ „	2 hl.
Wollentuch . . von einer Mark	2 hl.
Frucht . . . . „ „ „	2 hl. und Muthgeld[3].
Brod (die Fremden zahlen) „ „	2 hl.

a) Verkäufer und Käufer je die Hälfte.

[1] Das Standgeld für die Scharren der Fleischer u. dergl. wurde natürlich wie bisher erhoben.

[2] Bürger zahlen 1 hl.

[3] Bürger zahlen die alte Zise.

4. Koblenzer Ungeldsätze vom Jahre 1480.

Art der Ver- anlagung.	Gegenstand der Veranlagung.	Höhe der Ver- anlagung.
Verkaufsabgabe nach Maass, nur für die Bürger:	Häring, von der Tonne	1 alb.
	Korbfisch, „ „ „	1 alb.
	Bücking, von 1 Stroe	6 hl.
	Stockfische, vom Hundert . . .	1 alb.
	Schollen, „ „ . . .	6 hl.
Verkaufabgabe nach dem Werthe:	Von aller Waare, die zu Koblenz ver- kauft wird, zahlen von 1 Gulden	Die Fremden 4 hl., die Bürger 2 hl. [1].

Was die Verwaltung von Zoll und Ungeld anlangt, so war die Vereinnahmung und Verrechnung des erzbischöflichen Zolles in der Regel einem vom Erzbischof ernannten Zöllner übertragen. Daneben kam freilich schon früh eine Verpachtung des Zolles vor. Der Koblenzer Zoll wurde um 1339 vom Juden Mussem verwaltet[2]. Im Jahre 1345 pachtete eine Gesellschaft von Trierer Juden den Koblenzer Zoll für 655 Pfund alter Turnosen[3].

Anders gestaltete sich die Verwaltung des städtischen Ungelds. Sie wurde vom Rathe gehandhabt. Die Erhebung des Ungelds war jedoch nicht einem bestimmten Beamten, sondern mehreren übertragen. In der Regel hatten die für einen Handelgegenstand oder für eine bestimmte Oertlichkeit des Marktverkehrs angestellten Beamten gleichzeitig auch die Erhebung des Ungelds von dem betreffenden Handelgegenstand oder auf dem betreffenden Platze zu übernehmen. Für den Florinshof, den hauptsächlichsten Markt-verkehrplatze, war ein eigener Beamter angestellt: der zyscheber uf sent Florynshove[4]. Der Aufseher über die Ungelderhebung

---

[1] Der Bürger zahlt nichts von dem, was er in seinem Hause selbst macht oder verarbeitet: was der burger in syme huyß selbs machet und verwirket, es sy frucht, die in der statt verbacken wirdet, wollen doich, lynen doich, von isen, stahel, blyo, zynne, kopper, ledder und anders desglichen, das dem hantwerk zustoet, das alles sal fry syn und der burgere nit plichtig syn, icht davon zu geben; was aber sust uf den kauf gegolden und wider verkauft wirdet, davon sal der burgere geben von dem gulden 2 hl.

[2] Vgl. Lamprecht, Deutsches Wirthschaftsleben II, 285.

[3] Die Juden Michel von Byngen, Jakob, Daniels Eidam, und Samuel, Ysaaks sel. Sohn, zu Trier, beurkunden in Gemeinschaft mit dem Schöffen Gerhard von dem rothen Löwen zu Koblenz für 655 Pfund alter grosser Turnose, deren 15 einen Schildgulden, 14 einen Königgulden und 12 einen kleinen Gulden machen, den erzbischöflichen Zoll auf dem Rheine zu Koblenz von 15 alten grossen Turnosen auf 3 Jahre vom nächsten Mai an gepachtet zu haben. 1344, Gertraudentag. St.-A. Koblenz.

[4] Vgl. unten Abschnitt VII, die Diensteide, Nr. 30. Vgl. auch Nr. 31 den Eid des Ungeldschreibers.

vom Weine wurde jährlich von der Stadt dem Erzbischof zur Bestätigung vorgeschlagen[1]. Das erhobene Ungeld wurde von dem Einnehmer in eine vom Rath für diesen Zweck gelieferte Büchse gethan und nach bestimmtem Zeitabschnitt an den Rath abgeliefert. Bei den Ungelden, welche grössere Summen einbrachten, fand eine solche Ablieferung ins Rathhaus gleich nach der Erhebung statt[2]. Erst für die spätere Zeit haben wir Nachricht von einer theilweisen Verpachtung. Da es nicht eine Verpachtung des gesammten Ungelds war, so ist anzunehmen, dass die bisherigen Erheber die einzelnen von ihnen erhobenen Ungeldarten pachtweise übernommen haben. Uebrigens scheinen immer nur die weniger ertragfähigen Ungelde verpachtet worden zu sein, vermuthlich, weil deren stete Verrechnung einen im Verhältniss zu dem Erträgniss all zu grossen Zeitaufwand verursachte. Die Zise vom Wein z. B., welcher zweifelsohne den höchsten Ertrag geliefert hat, ist nie verpachtet worden. Nur einmal erfahren wir, dass ein grösseres Ungeld, das von der Wage und vom Kornmarkt, und zwar im Jahre 1477, für 280 m. brabantisch verpachtet worden ist[3].

Bei der Betrachtung von Markt, Zoll und Ungeld darf schliesslich nicht ohne besondere Erörterung bleiben, inwieweit die Koblenzer Bürger selbst von jenen Verkehrabgaben befreit waren oder inwieweit solche Befreiungen auch in Bezug auf Fremde zum Besten der Entwickelung des städtischen Marktes stattfanden.

Die Zollfreiheit ist überall ein wesentliches Stück der städtischen Freiheit gewesen und zwar eine der ältesten Gerechtsamen.

[1] Am 27. Januar 1500 erschienen vor dem Erzbischof Johann im Schlosse zu Ehrenbreitstein von Seiten des Koblenzer Rathes Friedrich Bechel, Friedrich Sauerborn und Beckerheune in der Lere und baten um die Bestätigung des vom Rathe als Ungeldaufseher auf 1 Jahr gewählten Johann von Merl, nachdem Ludwig Klinge gestorben war. Dieser hatte bisher das Amt gehabt, täglich Vor- und Nachmittags umzugehen, in den Kellern und sonst die Weinfässser, die gezapft werden sollten, anzusehen und aufzuzeichnen und wöchentlich zweimal, Mittwochs und Freitags, mit zwei Andern, einem vom Erzbischof und einem vom Rath Verordneten umzugehen und darauf zu sehen, dass solche zwei das Ungeld von dem gezapften Wein einfordern, aufheben und in die gemeine Büchse im Rathhaus liefern, um es dann vierteljährlich halb an den Erzbischof und halb an den Rath zu vertheilen. 1499, Dienstag nach Sebastian. St.-A. Koblenz, Handschriften III, 1310.

[2] Uebrigens wurde die Kasse der Stadt nicht im Rathhause verwahrt, sondern in der Liebfrauenkirche. Als die Stadt im J. 1390 zum Bau der Stadtbefestigung Geld brauchte, entnahm der Rath 1700 mr. brabantisch an Gold und Silber aus der Stadtkiste in der Liebfrauenkirche. Original im Stadtarchiv. — Ebenda wurde auch das städtische Archiv verwahrt. Das beweist ein Kopiar der Stadt, welches Abschriften von Urkunden des Stadtarchivs enthält und auf dessen Pergamentumschlag steht: Copien der brief im gewulb in der kirchen. Auf dem ersten Blatte steht: Hy in findet man abeschryft der breve, die in dem gewolf in der kirchen synt.

[3] Ich gebe unten als Beilage 19 eine Zusammenstellung von Ungeldverpachtungen aus den Jahren 1466 bis 1481.

Sie findet stets ihren Ausdruck durch ein vom Kaiser oder dem Stadtherrn den Bürgern ertheiltes Privileg, die landesherrlichen Zollstätten frei durchfahren zu können. Solche Zollfreiheit genossen auch die Bürger von Koblenz. Die vornehmste Quelle der städtischen Rechte und Freiheiten, das Koblenzer Stadtrecht, erwähnt dieser alten Gerechtsame an verschiedenen Stellen.

Vor allem ist zollfrei das Bürgergewächs, d. h. der Wein, der in der Gemarkung Koblenz-Lützelkoblenz-Moselweiss und Neuendorf gewachsen ist. Er ist frei von den erzbischöflichen Zöllen auf der Mosel und am Rhein zu Kapellen[1]. Auch die zoll- und zapffreien Weine, welche ein Bürger an einen andern verkauft und dieser an einen Fremden, dürfen von dem Bürger, der den letzten Kauf gethan, gefreit werden[2]. In diesem Falle musste der Bürger — solche Weine pflegten rheinab zu gehen — sich an den Zoll zu Engers begeben und sie dort durch die entsprechende eidliche Erklärung freien. Der Erzbischof Otto von Trier bestimmte, dass solche Weine auch am Koblenzer Zoll gefreit werden dürften durch Zahlung eines Turnos für ein Stück Wein. Der Koblenzer Zollschreiber sollte dann den zu Engers von der Zollfreiung benachrichtigen[3]. Die Bürger aber fanden in dieser Urkunde, die „wir von yme nemen musten, des wir uns nyt erweren kunden"[4] einen Gegenstand der Beschwerde[5]. Nach der dieser Beschwerde angefügten Erklärung des Zollschreibers war aber diese Einrichtung angeblich im Interesse der Bürger selbst getroffen, um ihnen die Hinüberfahrt nach Engers zu ersparen, wodurch freilich thatsächlich für die erzbischöfliche Zollkasse in anbetracht des Umfanges des Weinhandels eine Mehreinnahme erzielt wurde. Die gleiche Bestimmung traf übrigens später auch Erzbischof Johann von Trier[6].

Die Bürger genossen ferner Zollfreiheit für solche Waaren, welche sie in ihren Marktschiffen auf fremde Märkte führten und zwar für Hin- und Rückfahrt[7]. Diese Vergünstigung erneute auch Erzbischof Johann von Trier im Jahre 1460[8], jedoch mit der Einschränkung, dass von Salz, Wolle und Brettern Zoll entrichtet werden müsse[9]. Nur die zur Aufrüstung des Krams nöthigen Bretter sind in einer bestimmten Menge frei gegeben. Nach derselben Urkunde befreite übrigens der Erzbischof solches Marktgut auch vom

---

[1] Stadtrecht § 24, 38, 57. Der § 24 des Stadtrechts ist bereits 1362 niedergeschrieben worden. Noch 1344 war diese Berechtigung der Bürger nicht vollkommen durchgeführt. Vgl. die Urkunde vom 4. Oktober 1344, Beilage Nr. 3.
[2] Stadtrecht § 49.
[3] Vgl. die Urkunde vom 9. August 1423, Beilage Nr. 11.
[4] Klagepunkte der Stadt vom J. 1430, § 5. S. oben S. 58.
[5] Vgl. die Zollbeschwerden der Stadt (1439—1456). Beilage Nr. 13.
[6] Zollprivileg des Erzbischofs Johann von Trier für Koblenz vom 30. Juli 1460, Beilage Nr. 15.
[7] Stadtrecht § 52.
[8] Vgl. Anmerkung 6.
[9] Wohl weil dies nur Gegenstände des Zwischenhandels waren.

Zoll auf der Koblenzer Moselbrücke, wenn es zu den Kirchmessen nach Münstermaifeld und Mayen gebracht wurde. Zollfrei sind ferner alle Waaren, welche die Koblenzer Handwerker und Bürger selbst anfertigen[1]. Zollfrei darf endlich auch alle Kaufmannschaft aus der Stadt fahren, welche zu Nutz der Bürgerhäuser und deren Bedarf, jedoch nicht auf Vorkauf, gekauft worden ist[2].

Ausser den Bürgern genossen auch Fremde, aber lediglich zu Nutzen des Koblenzer Marktes, Zollfreiheit von allem Marktgut, welches nach Koblenz gebracht wurde[3]. Später wurde auch die Ausfuhr der auf dem Koblenzer Markt nicht verkauften Waaren für zollfrei erklärt[4]. Endlich war in Fällen von Kriegnoth und Gefahr das nach Koblenz geflüchtete Berggut von Abgaben an den erzbischöflichen Zöllen befreit[5].

In weit geringerem Maasse als bei der Erhebung der erzbischöflichen Zölle genossen die Bürger Freiheiten in Bezug auf das städtische Ungeld. Das Ungeld war eine städtische Verkehrabgabe, geschaffen zu dem wichtigsten Bedürfnisse der Stadt: zum Bau der Mauern. Schon die Wichtigkeit dieses Zweckes musste irgendwelche Erleichterungen ausschliessen. Alle Einwohner der Stadt, Geistliche und Laien, mussten in gleicher Weise zum Ungeld beitragen[6]. Erst in späterer Zeit, als das Ungeld weniger eine Einnahme zu einem bestimmten Zwecke des Augenblickes war als vielmehr zu einer städtischen Einnahmequelle in weiterem Sinne wurde, finden sich auch hier gewisse Erleichterungen. In sehr umfassender Weise ist das durchgeführt zur Zeit des Ungeldtarifs von 1462, nach welchem der Bürger für eine Reihe wichtiger Lebensmittel wie Vieh und Fische nur die Hülfte des Ungelds zahlt, das der Fremde als Verkaufabgabe nach der Werthveranlagung geben muss: für Körnerfrucht zahlt der Bürger nach den geringeren Sätzen der alten Zise, Ungeld für Brod zahlen nur die Fremden, und für alle Waaren, die der Bürger in seinem Hause selbst verwendet oder anfertigt, ist er vom Ungeld vollständig befreit. Dieses Bestreben, die Ungeldpflicht mehr und mehr auf die Schultern der fremden Marktbesucher abzuwälzen, ist dann vollständig durchgeführt durch die Ungeldvereinbarung von 1480, nach welcher der auswärtige Verkäufer vom Gulden 4 hl., der Bürger nur 2 hl. zahlte.

---

[1] Stadtrecht § 53. Ueber Beschwerden der Stadt wegen Zuwiderhandlungen gegen diese Bestimmung vgl. die Klagepunkte der Stadt vom J. 1430, § 7, oben S. 58 und die Zollbeschwerden der Stadt in Beilage Nr. 13.

[2] Stadtrecht § 54. Vgl. dazu die Urkunde vom 20. August 1423, Beilage Nr. 12.

[3] Stadtrecht § 25.

[4] Stadtrecht § 55 und Beilage Nr. 12.

[5] Stadtrecht § 25.

[6] Vgl. Bär, Mauerbau S. 3 und 4. Ferner in Abschnitt V, 1 die Anmerkung über die Deutschherren auf S. 127.

3.

Beilagen.

1. Erzbischof Boemund von Trier bewilligt den Bürgern von Koblenz auf deren Bitten zur Wiederherstellung ihrer Mauern und zu andern Bedürfnissen der Stadt die Erhebung eines Ungelds bis Martini 1299, dessen Höhe die Kapitel von S. Kastor und S. Florin und die Stadtgemeinde gemeinschaftlich festsetzen sollen. 1298, Juli 16.

Original auf Pergament mit einem Siegelbruchstück. Das Pergament enthält einige Löcher. Die dadurch entstandenen Lücken sind aus einer Abschrift des 15. Jahrh. (Kopiar 1 Bl. 1) ergänzt. Beides im Stadtarchiv Koblenz. Gedruckt Günther, C. Rh. M. II, 528, mit Lücken, und Bär, Der Koblenzer Mauerbau, S. 139.

Boemundus, dei gracia Trevirorum archiepiscopus, universis ad quos presentes littere pervenerint salutem et cognoscere veritatem. Noveritis, quod cum nostri opidani Confluentini predilecti in variis dissensionibus et guerris in regionibus circumquaque 5 exortis muris et aliis necessariis ad ipsum opidum spectantibus sint penitus inmuniti, ipsis nostris opidanis a nobis humiliter petentibus exaccio[nes] seu cysiones, quod ungelt vulgariter appellatur, tollendi et recipiendi circa refeccionem murorum suorum et aliorum dicti opidi necessariorum de rebus et bonis [mer-
10 cimon]ialibus universis, prout .. decanus et capitula sancti Castoris et sancti Florini ecclesiarum Confluentinarum nec[non scult]etus .. milites et universitas ibidem unanimiter statuerunt usque ad festum beati Martini hyemalis quod [erit a]nno domini MCC nonogesimo nono plenam auctoritatem et licentiam donavimus et donamus per
15 presentes [ita] quod dicti opidani prefatam pecuniam ex dictis exaccionibus congregatam in usus ipsius opidi et murorum suorum refeccionem convertent integraliter et ad plenum. Promittimus insuper dictis opidanis, nos de dictis exaccionibus nullatenus intromittere nec ipsos in eisdem aliqualiter impedire seu turbare, vo-
20 lentes quod festo sancti Martini predicto elapso dictum nostrum opidum ab hujusmodi exaccionibus sit penitus liberum et solutum. In cujus rei testimonium sigillum nostrum una cum sigillis Dyttardi de Paffindorf et Hermanni de Helphinstein militum nostrorum fidelium presentibus appensis eisdem duximus apponendum. Datum
25 et actum feria quarta post festum divisionis apostolorum anno domini MCC nonogesimo octavo[1].

[1] Die Abschrift hat das Datum *in die divisionis apostolorum*.

2. König Heinrich VII bewilligt auf Bitten seines Bruders, des Erzbischofs Balduin, der Stadt Koblenz einen Jahrmarkt vom 7. September bis.1. Oktober. 1309, September 13. Speier.

Original auf Pergament im Stadtarchiv. Siegel erhalten.
Gedruckt Günther III, 127.

Heinricus, dei gracia Romanorum rex semper Augustus. Universis sacri Romani imperii fidelibus presen|ßtes litteras inspecturis graciam suam et omne bonum. Benigna gracie nostre provisio, que sub quodam humane || dilectionis amplexu subditorum commoditatibus condescendit tanto libencius ad fideles nostros se natu-5 rali quadam || necessitate debet protendere, quanto magis eos in obsequiorum exhibicione precipuos invenimus et tam devocione quam opere clariores. Sane cum ad hoc in oportunis locis forum annuale sive nundine constitui consueverint, ut in eis emencium atque vendencium procuretur utilitas et alterna commoditas augea-10 tur, nos reipublice bono statu cupientes assiduo incremento salubriter providere et venerabilis Baldewini archiepiscopi Trevirensis principis et germani nostri karissimi devotis supplicacionibus favorabiliter complacere in Confluencia utpote loco ad id habili et apto annuale forum incipiendum et frequentandum a vigilia nati-15 vitatis beate virginis usque ad festum sancti Remigii subsequens annis singulis perpetuo duximus edicendum, volentes et presenti edicto mandantes, quatenus omnes et singuli qui in dicto foro sive nundinis pro empcionis et vendicionis commercio exercendo confluxerint in personis et rebus nostra et imperii protectione congau-20 deant et forensium privilegio libertatum. Nulli ergo omnino hominum liceat hanc nostri edicti protectionis et libertatis paginam infringere vel ei ausu temerario contraire. Quod qui facere presumpserit, gravem regie maiestatis offensam se noverit incursurum. In cuius rei testimonium presentes litteras scribi et sigilli nostri 25 regii munimine iussimus roborari. Datum in Spira, idus Septembris, indictione septima, anno domini millesimo trecentesimo nono, regni vero nostri anno primo.

3. Erzbischof Balduin gebietet den Zöllnern zu Kapellen und auf der Mosel, das Gewächs und die Weine der Bürger zu Koblenz, welche Jahr und Tag dort gewohnt, bis zum nächsten Jahrstag zollfrei durchgehen zu lassen. 1344, Oktober 4.

Aeltere Abschrift im Staatsarchiv.

Wir Baldewinus etc. entpieten euch unseren zolneren zu Capellen und uf der Moseln, das ir unsere burger zu Coblentz, die 30 jar und tag stetiglichen da gewoenet hant und jetzo woenent, ire gewachß und weyne zollfrey faren lassent biß jairs tag der nechst

kompt, und entwollen wir nit, das die sie furter zu burgeren ent-
fahent, diese gnade gebrauchen, wann sie der burger soviel ent-
fahen, das unsere zolle davon sehr gekrenkt sein und werden.
Anno domini 1344, feria secunda post Remigii.

4. Kaiser Karl IV ermächtigt den Erzbischof Boemund von
Trier, die Marktfreiheit in seiner Stadt Koblenz, welche bisher
vom 7. September bis 1. Oktober gehalten worden, in die Zeit
von 3 Wochen . nach Ostern bis zum Tage vor Pfingsten zu
verlegen. 1356, Dezember 13. Metz.

Original auf Pergament im Staatsarchiv. Vom Siegel wenig erhalten.

5   Wir Karl von gots gnaden romischer keiser zu allen zeiten
merer dez reichs und kunig zu Beheim, bekennen ‖ und dun kunt
offenlich mit diesem brieve allen den, die yn sehen oder horen
lesen, daz wir dem erwirdigen ‖ Boemond, erzbischof zu Triere,
unserm lieben fursten und andechtigen, von besundern gnaden
10 und keiserlicher ‖ gewalt soliche macht und mugede gegeben han
und geben an diesem brieve, daz er von unsern und dez reichs
wegen die friheit in seiner stat zu Covelentz, die man unz an
diese zeit gehalden hat von unser frowen abend als sie geboren
wart unz sant Remeys tag, mit allen iren rechten freibeiten und
15 gewonheiten, wie sie biz her jerlich gehalden ist, verwandlen
muge und gebieten zu halden drei wochen nach ostertag biz an den
heiligen pfingstabent. Dorumb gebieten wir bei unsern und dez
heiligen reichs hulden, den burgern zu Covelentz und allen steten,
burgern und gemeinden, unsern und dez heiligen reichs lieben
20 getreuen, daz sie die friheit zu Covelentz drei wochen nach osteren
biz an den heiligen pfingestabent halden und befrieden in allerwis,
als sie der vorgenante erzbischof mit seynen brieven verwandelt
setzet und gebudet. Mit urkund diz briefs versigelt mit unser
keiserlichen maiestat insigel, der geben ist zu Metz nach Crists
25 geburt dreutzenhundert jar, dornach in dem sechs und funfzigsten
jar, an der heiligen jungfrouwen sant Lucien tag, unser riche in
dem eylften und dez keisertums in dem andern jar.

In spatio: Correctum per Johannem de Prusnitz.
In plica: Per dominum cancellarium Rudolphus de Frideborg.
In verso: R. Hertwicus. — K. quod dominus Boemundus potest
commutare nundinas Confluentinas in alia tempora. 56. — R.

**5. Ausführungen des städtischen Sachwalters Johannes de Se-
landia in dem Ungeldstreite der Stadt mit dem Erzbischof
Kuno. 1363.**

Kopiar 1 des Stadtarchivs, Bl. 4—7. Vgl. die Anmerkung oben S. 158.

Copie etzlicher papiren zedel latyneß inhalden, so wie bischof Cone
myt der stede in unwillen gewest ist der zysen und ungeltz
halber.

Coram vobis reverendissimo patre domino Conone archiepiscopo proponit cum infrascripta protestacione procurator et sindicus
procuratorio et sindicationis nomine schabinorum burgimagistrorum
ac universitatis burgensium opidi Confluencie, quod vestra pater-
nitas nuper emisit quandam citacionis litteram vestro secreto segil- 5
latam a tergo cuius tenor talis est: Cono archiepiscopus Treverensis.
Scheffene, burgermeistere und burgere gemeynlich unser stede zu
Covelentz, unser lieben getruwen, umb daß unrecht. daß yr uns
und unserm stifte dut an unserm ungelde zu Covelentz und an
andern sachen, darumb wir anspraich zu uch hain, bescheiden wir 10
uch richtlichs dage vur uns und vur unser man, den irsten richtlichen dag uf donnerstag nest na sent Jacobs dage nest kumpt,
wo wir uf die zyte in unserm bischtump syn, den zweyten richtlichen dag uf frydag nest na sent Laurencien dag, wa wir in
unsern bischtum syn und den dritten richtlichen dag uf samstag 15
na sent Bartholomeus dag, auch wo wir in unserem bischtum syn,
so wie die selbe dage nest na eyn ander folgent uns dar umme
zu doin, waß unse man vur eyn recht wisent. Datum Cochem,
sabbato die sancti Kiliani, anno domini millesimo CCC(LXIII)ᵃ,
sub nostro secreto a tergo. 20

Quod quidem citacionis edictum dico notorie esse iniquum
et iniustum, salva semper reverencia debita, ymmo ullum presertim
ex eo, quod vos, reverende pater, qui conquirimini super ascisia,
ungeld wulgariter nuncupata, et quibusdam aliis rebus, super quibus asseritis, vobis iniuriari per suos dominos supradictos, citastis 25
eos coram vobis de iusticia responsionis et eciam coram vestris
subditis hominibus seu feudatariis, quod salva reverencia, facere
non potuistis nec potestis de iure, quia nemo iudex competens est
in causa sua propria, unde nec vos nec omnes viri, quibus im-
perare potestis et precipere, vobis ius dicere potestis neque pos- 30
sunt, ymmo vos et ipsi dictis dominis suis estis et sunt suspecti.
Nam iura dicunt, quod qui princeps sive prelatus habens supe-
riorem, sicuti vos habetis, wult agere contra suos subditos, non
debet ipse sibi ius dicere nec sui subditi, presertim quum non
agitur de re pheodali sive de pheudo, sed de aliis rebus, sicuti in 35

ᵃ) In der Vorlage sind nur die Jahrhunderte angegeben; die Ausführung
kann nur in die Jahre 1362 oder 1363 fallen. Im Jahre 1363 fiel der Kilians-
tag auf einen Samstag.

proposito, sed debet ipse conquerens convenire suos subditos coram superiori suo et illic sibi petere iusticiam ministrari.

. . . .

Queritur primo de peticione domini Treverensis de ascisia opidi Confluencie, cum dominus Treverensis diceret, quod dicta
5 ascisia de iure non debeat fieri, si fieri deberet, per extunc de iure deberet pertinere ad dominatum ipsius domini, quia omnes ascisie, theolonii et exacciones pertinent ad superiores. Ad defendendum contra petitum domini predicti, ubi dicunt et respondent articulo predicto opidani Confluencie, quod habeant de dicta as-
10 cisia quandam litteram confirmatam, generosam et benifolam, ab antiquo conservatam a tempore hominum, quorum memoria non existit, et sint in vera possessione dicte ascisie usque in hodiernum diem; ac dicta littera sic est confirmata a reverendissimo domino, domino Arnoldo, bone memorie, archiepiscopo Treverensi, et si-
15 gillata uno cum sigillo dicti domini Arnoldi cum sigillis suorum prelatorum, prout in litteris desuper confectis plenius continentur, cuius littere tenor talis est: [Hier ist eingefügt das Ungeldprivileg des Erzbischofs Arnold von Trier vom 15. Februar 1259. Gedr. Günther, II, 290 und Mittelrh. U.-B. III. 1067.] . . . . .
20 Dico ego, Johannes de Selandia, legum professor, quod tenebo loco et tempore oportunis et quando congrue fuero requisitus conclusiones infraschriptas et veritates, quas de iure fundabo sollempniter domino concedente. Primum namque dico, quod de iure clarum est, quod ubi sunt duo de re una invicem deceptantes,
25 quodam actore suam intencionem non fundante, remanet suo loco possessio et absolvitur reus eciam si nullum titulum iustum obtinere noscatur, iura allegabo ut supra, sed in proposito constat, quod dominus archiepiscopus Treverensis nullum ius habet in ascisia seu theolonio vulgariter ungelt nuncupato, ergo remanet pars
30 opidanorum Confluentinorum dictam ascisiam possedentem penitus absolvenda de iure. Quod autem dominus Treverensis nullum ius habeat in huiusmodi ascisia seu exaccione pecunie supradicta, de iure patet, quod huiusmodi theolonia seu exactiones nullus de iure quacunque preditus potestate nisi per[a] principis specialem indulgen-
35 ciam potest possidere seu ius in illis sibi aliquatenus vendicare, ut utroque iure clare discitur et probatur. Nunc autem non apparet de aliqua speciali licencia per dominum imperatorem principem congruum in hac parte domino Treverensi concessa, ergo taceat dominus Treverensis, cum exacciones pedagiorum seu vec-
40 tigalium de iure perhibite censeantur. Secundo dico pro huius ius exigendi theolonia seu ascisia supradictum prescriptibile est et potuit et valuit prescribi per opidanos Confluentinos, presertim transcurso tanti temporis, de cuius contrario memoria hominum non existit, racio est, quia princeps id est imperator tanto tempore
45 tacendo et predictos opidanos huiusmodi theolonium exigere paci-

a) *nisi per am Rande.*

endo videtur circa hoc suum adhibuisse consensum et ex hoc
ipsis opidanis prescripcionis titulus est causatus, iura super hoc
clara sunt, sed in casu nostro constat, quod opidani predicti a cen-
tum annis et ultra et citra fuerunt et adhuc sunt in possessione
levandi huiusmodi theolonium palam et notorie, ergo ipsum lege 5
prescripserunt. Taceat ergo dominus Treverensis, qui contra iura
communia sibi ius in ipso theolonio nititur vendicare et per premissa apparet, quod falsum dicit dominus Treverensis, asserens,
quod omnes ascisie theolonia et exactiones ad superiores pertine-
ant, ut superius in temate continetur, quia falsum est et ab utro- 10
que iuris transite peregrinum, cum omnia pedagia theolonia et
exactiones sint de iure prohibita, nisi a principe concessa seu
prescripta potuerunt comprobari. Quid plura, posito sed non con-
cesso, quod dominus Treverensis unquam aliquid pretensum ius
habuisset in huiusmodi theolonio, illud apparet supra per Arnoldum 15
Treverensem archiepiscopum remissum opidanis predictis, et si
dicatur, quod consensus capituli non intervenit, respondetur, quod
non constat, quod illo tempore ecclesia Treverensis aliquod ius
haberet in theolonio supradicto, quod si habuisset, sicuti non apparet, ad huc predicta concessio solius archiepiscopi licet vivis 20
legitima, utpote sine capituli consensu iustam ipsius opidanis causam tribuit preschribendi, unus enim iustus titulus causam legi-
timam tribuit preschribendi; iuris allegaciones omitto donec in
tempore oportuno. Quo super premissis et aliis luculencius duce
domino et plenius allegabo, concludo igitur, quod caucius faciet 25
dominus Treverensis, si se sumptibus non vexet inanibus theolonium
sibi de iure prohibitum exigendo, dimittat ergo dictos opidanos
possessores, ut possessionis comodo perfruantur. Secundo cum
dominus diceret, quod reverendus pater dominus Baldewinus bone
memorie archiepiscopus antecessor suus alias tenuit et possedit 30
medietatem dicte ascisie et dictam medietatem predictus dominus
Baldewinus et eciam Boemundus archiepiscopi antecessores sui et
ipse dominus nunc a dicto sepius petivit, ad istud dico, quod si
dominus Baldewinus absque speciali licencia imperatoris huiusmodi
exacciones aliquamdiu in toto vel in parte possedit seu quasi, quod 35
graviter peccavit, faciendo contra iura canonica et civilia, ut superius est deductum. Ad defendendum hunc articulum, quod dominus Baldewinus archiepiscopus dictam medietatem dicte ascisie
per vim potestatis ac gerre sine voluntate dictorum opidanorum
pro aliquo suo tempore minus iuste tenuit et non possedit de iure 40
et quia ista possessio fuit momentania nec duravit, ideo alligari
non potest, quia tanto tempore non duravit quod prescripcionem
potuit legittimam induxisse. Tercio cum dominus diceret, quod
haberet de dicto opido litteras compromissionis per reverendissimum
dominum Henricum archiepiscopum predecessorem suum de di- 45
versis compromissionibus ipsi domino Henrico olim factis, ad defendendum hunc articulum cum dicti opidani habeant litteras sanas

et integras a reverendissimo domino Dittardo bone memorie archiepiscopo Treverensi, successore domini Henrici archiepiscopi predicti, quod ipse dominus Dittardus revocavit omnes litteras impetratas domini Henrici, quia contra ius et bonam consuetudinem fuerant impetrate, prout in litteris desuper confectis plenius continetur. Modo domino nostro iam existenti fecimus confederaciones ac iuramenta in recepcione ipsius domini secundum tenorem huius littere: Wir der rait und burgere gemeinlichen der stat Covelentz heschen und entbeiten uch burgermeister, daß yr in namen und in wegen unser genanten stat und burge gemeynlichen hulde doin sult dem erewerdigen in gott vater und herrn, hern Conen erzbischof zu Triere, unsem lieben gnedichen hern, getruwe und holt zu syn und in zu warnen vor syme schaden, so wa man den freißheit, myt beheltniß unser egenanter stede von Covelentz recht fryhet und gewonheit, die wir stad ind burger egenant gemeynlich woil herbracht, als von der zyte, von der neuan gedenken kann, biß an diesen dag unde also er uns fonden hait. und auch myt beheltniß unsers egenanten hern herlicheit deß stifts zu Triere recht fryheit und gewonheit sonder argelist und geverde. Suprascriptam litteram vidi et in dubio semper presumitur, quis ius suum salvum retinere nisi ipse renunciet expresse vel tacite, quod non fecerunt dicti opidani, immo dictum ungelt sibi retinuerunt expresse et si de ipso nunquam mencionem fecissent. ad huc dominus archiepiscopus de eo intromittere se non potuit. cum sibi hoc a iure sit specialiter interdictum, ut superius clare deduxi. Has raciones ego dictus Johannes breviter composui, quas cum oportunum fuerit legum allegacionibus et canonum ampliebo.

Reverendus pater dominus Cono archiepiscopus Treverensis contra burgenses Confluentinos subditos suos in spiritualibus et temporalibus super iure percipiendi quoddam theolonium seu ascisiam in opido Confluentino per ipsos burgenses levari consuetam et in possessione vel quasi percipiendi et levandi proventus theolonii seu abscisie huiusmodi existentes creditur causam habiturus seu ipsis litem moturus super ipso iure et aliis iuribus in aliis scriptis superius nominatis. Nunc quaeritur, an idem dominus archiepiscopus ipsos burgenses coram vasallis ecclesie Treverensis seu coram paribus curtis ipsius ecclesie trahere possit in causam et dicti burgenses coram ipsis teneantur stare iure? Dico, quod non de iure scripto, nisi aliud indicat consuetudo, privilegium vel statutum aut aliud ius speciale. Item in casu, quo dicti vasalli seu pares non essent iudices competentes dictorum burgensium, in hoc casu vel forsitan essent iudices sed non placeret eidem domino archiepiscopo, prescriptos burgenses coram dictis vasallis seu paribus convenire, quare coram quibus iudicibus vel coram quo iudice ipsos in causam thrahere valeat seu qui sint iudices ipsorum burgensium in hoc casu et si ipsi burgenses contra ipsum dominum archiepiscopum litem movere voluerint, coram quo Iudice ipsum trahere possint: dico, quod Iudices ipsorum burgensium in hoc casu sunt papa vel imperator aut iudices ab eis delegati, vel forsitan ipse dominus archiepiscopus personaliter vel iudex ab eo delegatus licet honestum non sit, quod ipse dominus archiepiscopus personaliter iudicet; capitulum autem Treverense 5 non est iudex in hoc casu de iure communi nisi aliud obteniat de iure spirituali ut supra. Item volunt dicere dicti burgenses, quod dominus archiepiscopus predictus in hiis questionibus debeat ad schabinos Confluencie habere recursum et eorum sentenciis esse contentus. Credo, quod non teneatur, nisi velit. Item eciam do- 10 minus archiepiscopus promisit dictis burgensibus, quod eos dimitteret et dimittere deberet in eo statu et iuribus, in quibus tunc erant, salvis sibi et ecclesie sue ac eciam ipsis burgensibus Juribus et consuetudinibus antiquis. Nunc quaeritur, an idem dominus archiepiscopus pro se et ecclesia sua super iure percipiendi dictam 15 ascisiam seu theolonium et super aliis iuribus anteschriptis in preiudicium dictorum burgensium a sede apostolica vel ab imperatore aliquod privilegium valeat impetrare. Dico, quod si dicti burgenses huiusmodi ascisiam perceperunt a tempore et per tempus, cuius non est memoria, idem dominus archiepiscopus ipsas 20 ascisias sibi impetrare non potest eciam cessante promissione predicta et super hoc plenius respondere nequeo bono modo, nisi visa copia privilegii, si quod forsitan ipse dominus archiepiscopus impetravit. Item an expediat ipsis burgensibus exhibere litteram revocacionis bone memorie quondam domini Detheri archiepiscopi 25 Treverensis? Dico quid expedit, ut non exhibeatur adhuc?

Factum est tale: burgenses Confluencie a tempore et per tempus, de cuius contrario seu inicio non est memoria, percipere consueverunt talliam, theolonium seu ascisiam quandam, videlicet de qualibet ama vini, que in opido Confluentino venditur, duo 30 sextaria. Que quidem tallia, theolonium seu ascisia sic recipi consuevit, quod per augmentacionem mensure ita solvunt advene sicud burgenses, pro faciendis conservandis et reparandis necessariis municionibus et fortaliciis opidi ipsius et aliis exspensis ipsis burgensibus seu ipsorum universitati incumbentibus supportandis, ha- 35 bentes eciam ipsi burgenses super hoc concessionem seu privilegium ipsis concessis cuiusdam archiepiscopi Treverensis, domini superioris eciam in temporalibus opidi supradicti. Postea quondam dominus Baldewinus archiepiscopus Treverensis, qui erat vir pregrandis potencie et homo severus valde, aliquo tempore, puto 40 18 annis, de facto, ut dicunt ipsi burgenses, levavit dimidietatem dicte ascisie; sed postea, consciencia motus, restituit dictis burgensibus dictam ascisiam. Nunc venit dominus Cono, archiepiscopus Treverensis, dicens, quod dicti burgenses indebite percipiunt ipsam abschisiam et eam vel adminus eius dimiditatem ad 45 se asseruit pertinere et in casu quo ad ipsum non pertineret dicit, quod burgenses cessare debent a percepcione dicte ascisie. Dicti vero burgenses dicunt contrarium. Quare quid Iuris? Dico, dictos burgenses in percepcione dicte abscisie theolonei seu tallie ius habere exquo tempore, quod preschribitur, ipsam perceperunt.

. . . .

5   Alia duo facta talia sunt. Dicti burgenses promiserunt olim quondam domino Henrico archiepiscopo Treverensi, quod non deberent pulsare campanam bannalem pro convocacione populi nisi cum consensu ipsius domini archiepiscopi et suorum successorum vel officiatorum suorum. Item promiserunt, non eligere aliquos consules nisi cum
10 consensu archiepiscopi Treverensis pro tempore vel suorum officiatorum et litteras eidem domino archiepiscopo tradiderunt super eo.

Postea quidem Deterus archiepiscopus Treverensis predicti quondam domini Henrici archiepiscopi successor dictas litteras cassavit et postea 62 annis et amplius dicti burgenses elegerunt sibi consules
15 et campanam predictam pulsaverunt absque consensu domini archiepiscopi.

. . . .

6. Begleichung des Ungeldstreites zwischen Erzbischof Kuno und der Stadt Koblenz. 1363, August 5.

Original im Staatsarchiv.

Wir Gerlach, here zu Isinburch, Wihelm, greve zu Wyde, Salentin von Seyne, greve zu ‖ Wytginsteyn und Salentin, here zu Isin-
20 burch, bekennen, daz unser guediger here, her ‖ Cone, erzinbuschof zu Trere, unde dye stat zu Covelentz goitlichen gesonet sint myt under ‖ scheide unde wurten, alz von worten zu worten hernach geschriben steit: unser here Cone erzinbuschof zu Trere sal komen by daz halbeteil des ungeltz zu Covelentz unde dar yn sal man yn zu
25 stunt setzen, wy buschof Baldewin dar ynne sas, unde dy breve, dar umbe unser vorgenanter here der stede zu Covelentz zu sprach, solen verliben lyen zu unsers vorgenanten hern genaden und willen; und zu welger zyt unser vorgenanter here zu Trere der egenanten breve wil gebruchen gehen dy stat zu Covelentz, so sal is tußen yme unde
30 der stede stayn, alz it bude zu dage steit zu allem rechte unde daz ungelt. Dez zu orkunde han wir unser ingesigele an disen breyf dun henken, der gegeben ist nach Cristus geburte druzehenhundert unde dru unde scheßych jair, dez funften dages yn Auste.

7. Erzbischof Werner entscheidet in Sachen des Feilhaltens der auswärtigen Metzger und Schuhmacher und wegen des Schöffenessens der Koblenzer Metzger und Schuhmacher. 1396.

Staatsarchiv Koblenz. Handschriften 111ᵇ 295 und Abschrift in Ä. u. O.

Erzbischof Werner von Trier entscheidet als erwählter Schied-
35 richter in einem Streite zwischen Rittern, wolgebornen Leuten und etlichen Bürgern einerseits und den Metzgern und Schuhmachern

daselbst andererseits wegen Zulassens auswärtiger Fleischhauer und Schuhmacher wie folgt:

Auswärtige Fleischhauer dürfen Samstag und Dienstag jeder Woche in Koblenz Fleisch verkaufen und an diesen beiden Tagen wie die Einheimischen mit ihrem Fleisch zu Markte stehen. Ihre Fleischbänke und Fleischscharren sollen auf dem Graben und zwischen der Pforte und Posterne, wo man auf den Häringsmarkt geht, und der steinernen Brücke, die auf den Florinshof führt, und von der Brücke soweit als nöthig stehen. Doch dürfen die Koblenzer Metzger an diesen beiden Tagen und allen anderen auch Fleisch feil halten für das Essen, welches sie dem Amtmann und den Schöffen jährlich zu geben pflegen, an dessen Stelle letztere seit einigen Jahren Geld genommen haben. In Betreff dieses Essens verordnet der Erzbischof, dass wenn Amtmann und Schöffen das Essen haben wollen, so sollen es ihnen die Metzger geben. Zu demselben soll Niemand weiter kommen als der Amtmann selbander und jeder Schöffe allein. Nach dem Essen sollen die Metzger dem Amtmann 4 Schilling und jedem Schöffen 2 Schilling geben. Wollen letztere aber statt des Essens Geld nehmen, so sollen die Metzger dem Amtmann 2 Gulden und jedem Schöffen 1 Gulden geben.

Die auswärtigen Schuhmacher dürfen ihre Schuhe jeden Donnerstag und an den drei Jahrmärkten und Kirchmessen, zu Unser Frauen, Prediger und Minnerbrüder, verkaufen. Mit dem Essen, welches die Koblenzer Schuhmacher dem Amtmann und den Schöffen in gleicher Weise, wie die Metzger, jährlich zu geben haben, soll es ebenso, wie oben bei dem Metzceressen bestimmt worden, gehalten werden.

Dieser Entscheid soll probeweise vom nächsten Jakobstag an 2 Jahre dauern. Eine Verlängerung oder Abänderung wird vorbehalten.

Gesprochen und gegeben 1396.

8. Erzbischof Werner erneuert die im Jahre 1396 getroffenen Bestimmungen wegen des Feilhaltens auswärtiger Metzger und Schuhmacher und verordnet, wie es mit dem von ihnen zu gebenden Schöffenessen gehalten werden soll.

1398, Oktober 6. Ehrenbreitstein. •

Original auf Pergament im Stadtarchiv.

Wir Wernher, von gotz gnaden erzebischof zu Triere, des heiligen roemschen rychs durch Welschland und daz kunyngrych von Arelat erzcanceler, dun kunt || und bekennen uffenliche mit diesem brieve: also als wir zu andern zyden umb gemeynen nutz und

urber unser stad zu Covelentze und des gemeynen lands, darumb
ge ‖ legen, gestalt gesast und ordiniret hatten, sowie daz ußfertige
metzeler uud auch schoenmecher und uf weliche zyt sy yre kaufmanschaft in der egenanten unser stad zu ‖ feylem marte haben
5 und halden sulden, so han wir doch wol bynnen derselben zyt,
als die vurgenanten unsere gesetze und ordenunge gestanden und
gehalden sint, eygencliche vernomen, daz sie groisse und vast sint
gewest und wesen mogen vur die egenanten unser stad, vur daz
gemeyne land darumb gelegen, und vur daz gemeyne gut, nutz
10 und urber, und han wir darumb mit wolbedachtem mude und
mit rechter wisse, mit rade unser und unsers stifts frunde, die
egenanten unser ordenunge und gesetze genzliche ernuwet und
anderwerbe ernuwen ordinieren und setzen die und gebieden auch
die zu ewigen zyden in unser vurgenannter stad zu halden und
15 darwieder nyt zu dune, in alle der mazen, als herna volget geschreven. Daz ist zu wissen, daz die ußfertige fleischheuwer ußfertig fleisch uf samtzdage und dinstage in iglicher wochen des
jars zu Covelentze inkomen und yr fleisch da verkaufen sullen
und mugen, ane hinderniß der metzeler von Covelentze oder
20 ymau anders, und mugen die zwene dage ganz und wie yn fuget
mit yrem fleisch zu marte staen und redeliche verkeufen, und
sullen dieselben ußfertige metzeler yre fleischbenke und fleischscharren haben und halden und zu marte staen in unser vurgenanter stad uf dem graben und zu dem graben wert zuschen der
25 porten und posternen, da man uf den hering mart geet, und der
steynen brucke, die uf sent Floryns kirchof geet, und von der
bruken vort als verre des noyt wirdet und sullen und mugen uf
dieselben zwene dage und alle dage in der wochen die metzeler
von Covelentze auch fleisch feyle han, doch als verre von den
30 andern, als von dem putze der uf dem graben und gen Felkel-
chins huse zu der cronen steet. Vort umb alsulich essen, als die
metzeler von Covelentze unserm amptmann und scheffen zu Covelentze jerliche plegent zu geben, darvur unser amptman und
scheffen etzliche jare und als yn daz eben quam gelt hant ge-
35 nomen, setzen und ordinieren wir, welichs jars unser amptman
und scheffen daz essen haben und nemen wollent, so sullen yn
die metzeler daz essen geben und sal auch zu dem essen nymans
mee syn noch komen dan unser amptman selbander und iglich
scheffen alleyne, und als sie dan also gessen hant, so sullent die
40 metzeler unserm amptmanne geben 4 schillinge Brabentsch und
iglichem scheffen 2 schillinge Brabentsch, und wanne unser amptman und scheffen gelt vur daz essen nemen wollent, so sullent
die metzeler unserm amptmanne geben 2 gulden und iglichem
scheffen 1 gulden vur daz essen.

45 Vort als von den schoenmechern setzen und ordinieren wir, daz
ußfertige schoenmecher yre ußfertige schone alle donrstage in dem
jare und darzu die dry jairmerte und kirmissen, unser frauwen, zu

den predigeren und zu den mynrebrudern, in unser stad zu Covelentze komen und yre schowe da verkaufen mugen, ane hinderniß
und wiedersprache der schoenmecher von Covelentze oder ymun anders. Auch als umb sulich essen, als die schonmecher von Covelentze unserm amptmanne und scheffen zu Covelentze jerlich plegen 5
zu geben, darvur unser amptman und scheffen etzlich jair und als
yn daz eben quam gelt haut genomen, setzen und ordinieren wir,
welichs jars unser amptman und scheffen daz essen haben und nemen wollent, so sullent yn die schonmecher daz essen geben und sal
auch zu dem essen nyman mee syn noch komen, dan unser ampt- 10
man selbander und iglich scheffen alleyne, und als sie dan also
gessen hant, so sullent die schoenmecher unserm amptmanne geben
4 schillinge Brabentsch und iglichem scheffen 2 schillinge Brabentsch, und wanne unser amptman und scheffen gelt vur daz
essen nemen wollent, so sullent die schomecher unserm amptmanne 15
geben 2 gulden und iglichem scheffen 1 gulden vur daz essen.
Und wan wir diese vurgenante ordenunge und gesetze mit gudem
wissen und rade, als vurgeschreven steet, umb gemeynen nutzes
willen unser stad und undersessen zu Covelentze und der lande
daumbe gelegen und alle der, die dar komen und wandeln wer- 20
den, alsus geordiniret und gesast haben, so heizen und gebieden
wir unsern burgermeistern, scheffen, burgern und undersessen zu
Covelentze gemeynliche und besunder, daz sie dieselbe unser ordenunge und gesetze halden und darwieder nyt dun noch komen
in eyneherhande wyse. Des zu urkunde und ganzer stedicheid 25
han wir unser groiss ingesiegel an diesen brief dun henken, der
gegeben ist zu Erembretsteyn, do man zahlte nach Christus geburte
druyzeenhundert echt und nuynzig jare, uf den sesten dag des
maendes genant October zu latine.

9. Koblenzer Ungeldtarif
(aus dem Anfang des 15. Jahrhunderts).

Aufzeichnung von einer Hand aus dem Anfang des 15. Jahrhunderts auf
einer 1,76 m langen und 7 cm breiten Pergamentrolle, welche aus 5 zusammen-
gehefteten Streifen besteht. Streifen 1, welcher nur die Ueberschrift enthielt,
und Streifen 2 haben durch Mäusefrass sehr gelitten.

1. . . . . . cit und daß recht van der stede [unge]lt zu heben 30
von allen sachen [1].

2. Zu deme eirsten git man von ylicher amen wyns, so wer
do zappet, 2 [vierte]l, so wie der wyn ußgeyt.

3. [Item e]yn gantz foder wyns zu verkeufen, [das] foder git
4 p. Covelentzer [weru]ngen; der verkeuft 2 hl., der da gilt 2 hl. [2]. 35

[1] Das übrige nicht lesbar, da das Pergament zerfressen.
[2] der — hl, von anderer Hand nachgetragen.

4. Item von 1 mlr. korns, weys, gerste, erweys, wicken unde ander alle harte froechte git man von yeden malder 2 Covelentz(er) hl., der da gilt 1 hl., der da verkauft 1 hl.; werit auch sache, abe der kaufman de froechte ufdroge, so sall her daz ungelt zu-5 maele bezalen.

5. Item von 1 mlr. havern git man 1 Cov. hl., der verkeuft $1/_2$ hl., der da gilt $1/_2$ hl.; nota ut precedens.

6. Item von 1 hoede salzes git man 2 Cov. hl., der wirt unsern heren von Trier und . . . . . Helffensteyn . . . .

10 7. . . . . holz von borten . . . . . gen git man von . . . . . pennyng der da . . . . . unde der da gilt . . . . . were sache, daz man bu . . . . . zymmeren wulde eyner . . . . . ger bynnen der stat, der sal . . . . gelden.

8. [Item] von allem scheeneysen git man von yedeme ponde 15 16 Cov. hl., der da gilt der git half, der da verkeuft, der git half, der na vort daz ysen gilt, der sal geben von yedeme punde half ungelt.

9. Item von deme bacysen git man von yedeme hundert 4 Cov. hl., der da gilt git 2 hl., der da verkeuf 2 hl. und der da 20 vort gilt der git vort ungelt.

10. Item von allen steynkolen git man von der mark 2 p., der da gilt 1 p. unde der verkauft 1˙ p.

11. Item von de holzkolen, dye da koment von gene syte Ryns her, git man von yedeme foder colen 4 Cov. hl., der da 25 verkauft der git 4 Cov. hl.

12. Item von den kolen, de da koment uß der Moselen, git man von yeder mark 2 p., der da gilt 1 p., der dar verkeuft 1 p. uf wynnunge.

13. Item von allem stickholz und von wyden git man von 30 der mark 1 p. der dat verkeuft.

14. Item von knobelaug, ullaug, cappos gilt de mark 2 p., de da gilt 1 p., der da verkeuft 1 p.

15. Item von allen brode, daz da komet busen der baumylen yn de stat veyle, der da verkeuft der git von der mark 1 p. yn 35 schiffin.

16. Item von oley, den fremede lude brengent unde verkeu-fent uf wynunge, da gilt der zintener 2 p., der da gilt 1 p., der da verkeuft 1 p.

17. Item smalz, beche, unselt, dez gelichs honig und butter.

40 18. Item von eyme hundert lynes doeches 2 d.

19. Item von flase, von hanf, von werk unde von garn von deme zyntener 2 p., der da geldit git 1, der verkauft 1.

20. Item von eyme zyntener fleisches 2 d., der da gilt git 1, der da verkeuft git 1.

45 21. Item von allen karrenvissen von yedeme foder git man 1 schilling da da verkeuft.

22. Item von eym korf fissen git man 6 d., de git der da verkeuf.

23. Item alz man verkeufet de viße mit der zalen unde de man enweche foret, der da gilt git von der mark 1 p.

24. Item von eynre tonnen herincks git man 3 Cov. hl., der da gilt 1, der da verkeuft 1.

25. Item von eym stroe buckyngs git man des selben glychs.

26. Item von allem tonne viße mit der zaelen git der da gilt von der mark 1 p.

27. Item von 2 swynen git man 1 Cov. hl.

28. Item von der koee 1 hl.

29. Item von 2 schaife 1 hl.

30. Item von 2 ziegen 1 hl.

31. Item von eyme perde 2 d.[1]

32. Item von eyme esel 2 d.[1]

33. Item von yeder scharren zu der wochen git man 2 hl.

34. Item von allen schragen uf deme hoebe uf alle dunrstage gebent dye schomecher, lore under beltzer von ylichem schragen 2 Cov. hl.

35. Item von lynweder schragen alz vyl.

36. Item alle vlyesers und ander alle scragen eppelmengers waz kauf veyle hait git 1 Cov. hl.

37. Item eyn eliche hockers git al sondag, so wa sie sitzet, 1 Cov. hl.

38. Item alle vißernachen gynt al woch 1 Cov. hl.

39. Item alle diße von gronen vißen git man zu der wochen 1 hl.

40. Item alle nachen, dye zu deme marte komend, gynt ylich nach zu der wochen 1 hl.

41. Item alle schiff von staynden rodern, dye zu marte koment, git ylich schiff 2 Cov. hl.

42. Item alle schiff und nachen, de von Kocheym her komet zu marte, de gynt alz vil.

43. Item von ylicher stat, da man rowe hude veile hait, git man 1 Cov. hl.

44. Item von gemachten und von gelodem leder git man von der mark 2 p., der da gilt 1, der da verkeuft 1.

45. Item von ylicher karren, dye kese oder eyer hait, git man 3 Cov. hl.

46. Item von allen parskesen, de her abe komend unde uf wynnung verkauft werdent, git man von der mark 2 d., de da gilt 1, der da verkeuft 1.

47. Item von yelichem doeche, so wa it her komet unde uf wynnung verkauft wirt, der da gilt git 1, der da verkeuft git 1 d.

---

[1] d. von derselben Hand aus hl. verändert, welches durchgestrichen.

48. Item von nußen, de yn schiffen koment uß der Moselin, da git man von der mark 2 d., der da gilt 1, der da verkeuft 1.

49. Item von nußen, de uf deme marte uf wynung ver-kauft werdent, git man von deme malder 1 hl.

50. Item von eym doeche, daz zu Covelentz gemacht ist, da git man nyet abe, ader wer is uf wynunge keuft, der git 2 p.

51. Item von eyme clude wollen git man 1 p., der da gilt half unde der verkeuft half.

52. Item von ylicher karren, de da broyt von Monthabur brengit, git man 3 Cov. hl.

53. Item von eyme doiche, das da queme von der Maesen oder nyderwert, da git man von der mark 2 d., der da gilt 1, der da verkeuft 1, uf wynung.

54. Item von eyme schiff, daz gekauft wurde uf wynunge, da git man von der mark 2 d., der da gilt 1, der verkeuft 1.

55. Item von allem kalke git man von der mark 2 d., der da gilt 1, der da verkeuft 1 uf wynuug.

56. Item von eyme eliche vaße von 4 amen oder 2 kleynen vor eyn großet git man von deme vaße 1 Cov. hl., der da gilt half, der da verkeuft half.

57. Item von slyfsteynen .unde von molensteynen git man von der mark 2 d., der gilt 1, der verkeuft 1.

58. Item alreleye kaufmanschaft, de hie vergoitzgelt unde verwynkauft wirt unde herkomet, dye kaumschaff sal al ir gelt geben yn aller der maeßen alz vorgeschrieven steit.

59. Item van alreley froecht git man zu messen den muttern 32 d. Covelentzer werung, daz gelt git der die froechte verkeuf von yedeme 100.

60. Item von eyme korf kolen zu messen git man 2 hl.

61. Item von roben ullauch zu messen daz malder 1 hl.

62. Item von eyme hoede salz zu messen 1 hl.

63. Item von steynkolen zu messen 1 hl.

64. Hie finit regimen ungarie et juxta ea prescripta unus-quisque ungarius debet se gubernare et regere.

Auf der Rückseite der Rolle findet sich von späterer Hand folgender nur zum Theil lesbarer Vermerk:

Anno LXXII uff dinstag vur Kathrine is der rnit verdrain, dat die underkeufer van dem ruwen und gladem gefelle und leder heben van den groissen[1] oessen und koe huden van dem stuck 1 hl., van den cleynen von yo zw[eyn] 1 hl., [van . . . . .] kelbern g . . . . . von yo cz[weyn . . . . .] der gilt . . . . half . . . . des raitz.

[1] groissen ist durchstrichen.

10. Erzbischof Werner beschränkt den auswärtigen Metzlern die Tage, an denen sie nach früherer Bestimmung in Koblenz feil halten durften, von zwei auf einen Tag, nachdem in Koblenz veränderte marktpolizeiliche Bestimmungen getroffen worden. 1410, Oktober 13. Ehrenbreitstein[1].

Gleichzeitige Abschrift auf Papier im Stadtarchiv.

Wir Wernher, von gots gnaden erzbischofe zu Triere, des heiligen roemschen rychs durch Welschelant erzecanceler, doin kont, also als zu anderen zyden ein stois und zweiunge waz tuschent unsern lieven getruwen den burgeren gemeinlich unser stat Covelentze uf eine syte und unseren burgeren des fleischampts 5 da selbis uf die ander syte, als umb den fleischmart zu Covelentz, welchen stois und zweiunge wir overmitze unsere frunde zu den-selben gezyden guitlichen hienlechten und wir doe in derselben scheidungen verhenget und erleubet hatten allen fleischmetzeleren, die buyssen unser stadt Covelentz gesessen sint, zwen dage in der 10 wochen zu Covelentze fleische zu marte zu hauwen und veile zu haben gelich unsern burgeren den metzelerin daselbis, und want nu unser amptman mit unserm willen uvermitz die burgermeister und burgere unser stat Covelentz mit den vurschreven unseren burgern des fleischampts daselbs guitlichen mit yrem willen guit- 15 lichen (!) uberdragen haint eyner redlicher satzungen und geboitz umb eine gemeyne bestet, also d[as d]ie fleischmetzeler nu vort alle fleische, das sie zu der banke hauwent, alremenlich verkeuf[en su]llent uf der wagen mit gewichte des pundes, welche gewichte auch unser amptman zu der zy[t ube]rmitz die burgermeister und 20 burger allewege sullent setzen und gebieden, also das unser a[mpt-m]an ye da by sy, und zu allen zyden hoen und nederen, nach dem man das fleisch veil findet u[f de]n marten oben und nyeden, also das sich die fleischmetzeler redlichen da by erneren mogen und der gemeyne man nit uberschetzet werde, so hain wir unse- 25 ren guden willen und verhenknisse dar zu getan und gegeven, das alle fremde metzeler, die buissen unser stat Covelentz gesessen sint, nu vort nit me dann eynen dag in der wochen mit namen dinstages fleische zu marte hauwen und veile haben sullent und in derselben maißen, unser burgere das gebent uf der wagen mit 30 dem punde, als is dan gesast und geboden ist, also sullent die auch das punt geben und nit anders; auch sullent die vurschreven fleischmetzeler unserm amptman und scheffenen den dienst doin mit eyme essen ader dar vor doin mit gelde, als wir daz auch in dem irsten briefe gesast und geboden hatten. Und des zu ganzer 35 stedicheit so hain wir Wernher obgenant unser ingesiegel an diesen

[1] Gedruckt Korrespondenzblatt der westdeutschen Zeitschrift, Jahrg. V (1886) Nr. 11 S. 266.

brief doin henkin, der gegeben ist zu Erembretstein, do man zalte na Christus geburte vierzehenhundert und zehen jare, des druzehenten dages des maendes genant October zu latine.

11. Erzbischof Otto von Trier verleiht den Bürgern zu Koblenz, Lützelkoblenz, Weiss und Neuendorf die Zollfreiheit ihrer Weine eigenen Gewächses am Zoll zu Engers. 1423, August 9 [1].

Mehrere Abschriften des 15. und 16. Jh. im Staatsarchiv.

Wir Ott van gots gnaden erzbischof zu Trier etc. tun kunt,
5 wand wir eyne sunderliche groisse gunst liebde und willen hain zu unsern burgern unserer stete Covelentz, die eyn mirklich lyt unseres stifts ist, so bekennen wir uffentlich an diesem brieve vur uns unsere nakomen und stift, das wir von besundern unsern gnaden umb unserer stete Covelentz und unserer burger darinne,
10 zu Lutzelcovelentz, zu Wyß und zu Nuwendorf wanhaftig, nutz und bestes willen und uf das unsere burgere destobaß zu unser und unsers stifts nutz und willen gedienen mogen, hain wir allen unsern burgern, die ytzunt in unserer statt Covelentz, Lutzelcovelentz, Wyß und Nuwendorf wanent ader hernach darin wonen
15 werdent, alsoliche gunst und gnade getain, die weren sall unsere lebtage lang, das sie von allen yren wynen, so wo yne die wahsen und erschynen werdent, die dann in unser stat Covelentz zapfry [a] sint, keyne geverde darinnen zu suchen, uns uf unsern zolle zu Conenengers, ader war wir denselben zoll in kunftigen zyten legen
20 wurden, keynen zoll geben sullent, dann yre wyne, die in vurgemelter maissen unsern burgern obgenant wahsent, wanne sich des noit geburt, sullent sie zu Covelentz an unserme zolle fryhen, ye eyn gewonlich stucke mit eyme alten thornoiß, der zwolf eynen guten sweren rinschen gulden doent, und eyn halb stuck mit eyme
25 halben thornoße, und so sall unser zollschryber zur zyt zu Covelentz eyn zeichen dem ader den, die yre wyne also gefryhet haint, geben an eynen zur zyt unsern zollschryber zu Conenengers, ader wo der vurgenante zoll dann lygen wurde, und so sall alsolicher zollschryber dieselbe wyne ungezolt und ungekrudt sunder wide-
30 rede faren laissen ane geverde. Des zu urkunde und faster stedickeit hain wir unser ingesigel an diesen brief tun henken, der geben ist zu Covelentz, do man schreif nach Cristi geburte vierzehenhundert und dryundzwenzig jair, des nuynten tags des mands Augusti zu latine genant.

a) Die Vorlage hat zollfry, die Mehrzahl der älteren Abschriften hat jedoch zapfry.

[1] Die Stadt fühlte sich durch diese Urkunde beschwert. Vgl. ihre Bezugnahme auf dieselbe in den Klagepunkten von 1430, Nr. 5, oben Abschnitt IV S. 58.

12. Erzbischof Otto von Trier verleiht der Stadt Koblenz die Gnade, dass alle Waaren, welche die Bürger oder andere Leute auf den Donnerstag- und den drei Kirmess-Märkten für den Bedarf ihres Hauses und nicht auf Vorkauf kaufen, zollfrei aus allen Thoren der Stadt fahren sollen, desgleichen alle Ess- waaren; dass ferner alle Waaren, welche rheinauf oder ab auf diese Märkte gebracht werden, mögen sie nun verkauft werden oder nicht, zollfrei zurückfahren sollen. Diese Gnade hat der Bürgermeister alljährlich vom Erzbischof oder dessen Beauftragten von neuem zu erbitten. 1423, August 20.

Original auf Pergament im Staatsarchiv. Siegel fehlt. — Eine Abschrift findet sich in den Akten der Kellerei Koblenz Nr. 49.

Wir Otte von gottes gnaden erzbischof zu Triere, des hei- ligen romyschen ryches in welschen landen und durch das kunig- ryche zu Arelat ‖ erzcanceler etc., doin kunt und bekennen uffen- lich an diesem brieve vur uns unsere nakommen und stift von Triere, das wir umb sunderliche ‖ groisse gunst liebde und willen, ₅ die wir zu unsern burgeren unserer stede Covelentz, die ein merk- lich lyt unsers stifts ist, hain und tragen ‖ umb derselben unserer burger und stede zu Covelentz nutz fromen und besten willen und uf daz sie auch uns unsern nakommen und stifte vurgenant desta baß zu unserm behoyve willen und gesynne nu und in kunftigen ₁₀ zyden gedienen mogen, den selben unsern burgeren und stede diese hernachgeschrebene gnade und gunst getain hain und doin yn auch die vur uns unsere nakommen und stift vurgenant in craft dieses brieves. Zum eirsten das alle und ygliche kaufman- schefte, welicherley die syn moichten, die die vurgemelte unsere ₁₅ burgere oder andere lude, wer die weren, uf allen wochenmerkten, die uf den doorstagen und zu dryn kirchmessetagen, die in den dryn kyrchen zu unser frauwen, zu den predigern und zu den mynnernbrudern in unserer vurgenanten stat zu Covelentz in yg- lichem jare kommende und erschynende sint, zu urbar nutz und ₂₀ behoyve yrer husere und nit uf vurkauf keufen werdent, zollfry und ungehindert uß allen und yglichen porten und enden unserer vurgemelter stat Covelentz faren sullen und mogen. Item das alle kaufmanschefte von korne oder essender spysen, die ymands wer der were durch die woche und uf welche zyt sich das geburt in ₂₅ vurgemelter maissen ane vurkauf sunder zu urbar und behoyf sines huses keufen wirdet, in unser vurgenanter stat auch zollfry uß der selben unserer stat faren sal und mag. Item das alle kauf- manschaft und gutere, die den Ryn of oder abe in unsere vur- genante stat geen Covelentz zu markte gefurt werdent, sie werden ₃₀ daselbs verkauft oder nit verkauft, sollen und mogen wider hinder sich uf den Ryn zollfry gefurt werden. Und sollen auch die

bugermeistere zur zyt unserer vurgemelter stat zu Covelentz alle
jerlichs uf den neesten suntag nach unsers herren lychams tag
solicher gnaden an uns unsern nakommen und stift oder von unsern
amptmanne und zollschryber zur zyt zu Covelentz oder wem das
5 sust sunderlich von uns bevolhen wirdet in unsern wegen gesynnen
darumb bidden und auch vur eine gnade erkennen uf unser
nakommen und stifts woilgefallen, argelist und geverde in allen
vurgemelten punten und artikelen genzlich ußgescheiden. Des zu
urkunde und warem gezuchniß hain wir unse ingesigel an diesen
10 brief doin henken, der gegeben ist zu Covelentz, do man schreyf nach
Cristi geburte vierzehenhundert und druundzwenzich jare, des
zwenzigsten tages in dem Auguste.

13. Die Stadt Koblenz trägt dem Erzbischof Jakob einige Beschwerden über Verletzung ihrer Zollfreiheiten vor (1439—56)
und
Entwurf einer Beantwortung derselben.

Original u. Entwurf in den Koblenzer Kellereiakten (Nr. 49) des Staatsarchivs.

Gnediger lieber herre, dis sint die gebreche, die wir itzont
han und indechtig sin.

15 Zum ersten, gnediger herre, abe ein burger zo Covelentz
eime anderen burgere daselbs sine zapfrye wine verkeufte und
die friheide, als dan zo Covelentz gewenlich ist, und der burger,
der dan die wine gekauft hette, die selbe wine eyme ußmerker
ader eime fremden vorter verkeufte, der dan die wine vur uwren
20 gnaden zullen hin wulde furen, so sal der leste burger, der dan
dem fremden die wine verkauft hette, die wine an uwren gnaden
zullen frihen; hyr yn wirt uns gedragen van uwren gnaden zullenern als uwre gnade des auch kurzlich rede gehoirt hait.
Item die burgere zo Covelentz van allen martguden, die si
25 uß Covelentz ader weder dar yn zo marte furen und van sulchen
pennyngwerten, wie man die nennen mag, die die burgere van
erem gezuge ader mit erem gesinde ader henden machent, sullent
keinen zol geben an uwren gnaden zullen zo Rine und Mosel;
hyr yn wirt uns gedrain van uwren gnaden zullenern als von
30 eyner klocken, des uwer gnade auch wol rede gehoirt hait.
Item sint die herren von sent Mertin binnen Collen unser
mitburgere gewest, als si noch sint, van der zit an, der itzont
kein mensche gedenken mach, und sint darumb ere wine, die yn
dan zo Wiesse wachsent, alzit zolfri und zapfri gewest, uns mach
35 etwan wol ettlicher maissen bi unsers herren Otten seliger gedecht-
nisse geziden van ettlichen sinen zullenern dar in gedrain sin,

ydoch han wir mit gnaden sulchs verdedingt, das ire wine zolfri
den Rin abgingen; dan nu allerleste sint si van ettlichen uwern
gnaden zullenern gedrongen, das si zollen moisten. Gnediger
herre, dis ensolde na aldem herkomen, friheiden und gnaden, die
dan uwern gnaden burgere zo Covelentz hant, nit sin und bidden 5
darumb uwre gnade oitmodeclich, das uwre gnade sich hi ynne
gnedeclich bewisen wille, das wir bi sulchen gnaden herkomen
und gewenden verliben mogen, uf das wir uwren gnaden zo
uwren gnaden stiftz noden des die bas und liber dienen mogen.

Of den irsten punte, as dy burgere zu Covelentz unserm 10
gnedigen herren von Triere yn eyner zedeln haint beschreven geben,
der antreffet dy fryhonge yerer wyne, dy sie virkeufen etc., ist
uns nyt anders wisselich ader yndenkich, dan wilche zyt ader
wanne eyn burger zu Covelentz eym andern burger da selbes syn
wyn verkeuft und der keufer dy wyn vur unsers vurgenanten 15
hern zullen hyen foert ader eym andern virkeuft, so sule der
iret virkeufer dy wyne dem irsten, dem hie sie virkauft hait, an
unsers vurgenanten gnedigen hern zullen fryen und der keufer
ader burger, der dy wine umb den andern burger gegolden hait,
der sal da an dem zolle syne und globen und sweren, daz daz 20
dy selbin wine sin, dy der keufer ader burger ym gefryhet habe,
und dyt ist auch molich, want eyns deils wine zapfryhe sint, dy
an dem zolle nyt fryhe gehalden werden, dyt ist also gehalden
worden in den gezyden, als unsers gnedigen hern buschof Otte
und buschuf Raben seliger gedechtenyß den stift von Triere hain 25
yn gehabt. Und umb daz also vil eyde getan wurden und auch
den burgern zu Covelentz virdrysliche und sumelich an ir erbet
waz, alzyt zu Engers zu komen umb yer wyn zu fryhen, az vurgeschreven stet, so ordinert der vurgenante her buschof Otte, dez
eyn icklicher syne wyne an dem zol zu Covelentz solde fryhen, 30
az vurgemelt stet, so solde eyn iklicher burger von eym stuck
wins gebin eyn tornesch ader dry engelsche und van eym halbin
stuck halbe az vil, az dan solde eyn zolschriber zu Covelenz, vur
dem dy wine gefryhet werden, eyn zedel gebin mit eym zeichen
dem zolschriber zu Engers, der solde dy wine dan fryhe laeßen 35
faren und dy burger dorften nyt geyn Engers faren, dyt ist also
gebalden gewest, wir hain auch ny anders gewyst und noch nyt
anders wyßen, dan daz dy egenante ordenonge also gemacht ist
mit wyssen aen brengen der burger zu Covelentze, und wart uns
auch also bevolen zu halden zu der zyt.   40
    Item zu der zyt wart auch eyn ordenunge mit korne und
ander kaufmanschez und eßen spise, des sich eyn man in syme
huß wolde gebruchen und nyt uf vurkaufe etc., ut im zedul.
    Of den andern punte ader artikel etc., da in sie schriven,
daz yn yngragh geschee, az von eyner glocken, ist uns wol in- 45
denkelich und wislich, daz dy zwene gebrudere Claes und Johan

Brubach etc. zu Covelentz byn kurzen jaren hant angehaben
glocken zu machen und daz der glocken, az sie zu Covelentz gemacht
han, virkauft wurden by unsers vurgenanten gnedigen hern buschuf
Otten gezyden, dy vur synen zollen byen gefurt worden nyt az
5 ander mart gut und auch nyt, daz sie gefryhet wurden von den
vurgenanten gebrudern, dan userm vurgenanten hern wart solich
wille getaen mit beden und anders, daz dy glocken an hindernyß
ewegh gefurt worden, anders wissen wir nit.
    Of den drytten artikel, antreffende den apt und convente zu
10 sent Mertin bynnen Collen, da von ist uns nyt anders kundich,
dan wan sie ir wine, dy yn zu Wyße gewassen waren, by Covelentz fryhe vur unsers gnedigen hern zullen aben gefurt hain,
daz ist gescheen und virhenget von gnaden unsers vurgenanten
gnedigen hern und nyt anders.

14. König Friedrich verleiht dem Erzbischof Jakob von Trier für die Stadt Koblenz einen vierzehntägigen Jahrmarkt von Kreuzerhöhung bis Michaelis mit den Freiheiten der Frankfurter Märkte. 1442, August 30.

Original auf Pergament im Staatsarchiv. Siegel erhalten.

15   Wir Fridreich von gotes gnaden romischer kunig, zu allen
zeiten merer des reichs, herzog zu Osterreich zu Steir zu Kernden
und zu Krain, herre auf der Windischen march und zu Portenaw,
graf ‖ zu Habspurg zu Tirol zu Phirt und zu Kyburg, marggraf
zu Burgau und lantgraf im Elsass, bekennen und tun kunt offen
20 bar mit disem brief allen den, die in sehen oder horn lesen, daz
wir an‖gesehen und gutlich betrachtet haben solh anneme willig
und getreue dienste, die uns und dem reiche der erwirdig Jacob,
erzbischof zu Trier, des heiligen romischen reichs in welischen
landen und durch das ‖ kunigreich zu Arelat erzkanzler, unser
25 lieber nefe, kurfurst und unsers kuniglichen hofs kanzler, oft und
dikch nutzlich getan hat, teglichs tut und tun sol und mag in
kunftigen zeiten und haben im, seinen nachkomen und stifte
darumb dise besunder gnad und freiheit getan und gegeben, tun
und geben in kraft dis briefs und romischer kuniglicher macht-
30 volkomenheit, daz furbas in seiner und seines stiftes stat Coblentz
alle jar ain jarmarkt sein und gehalten werden und der sich an-
heben sol an des heiligen kreuzs tag exaltacionis und wern die
nachsten vierzehen tag lang darnach, nemlich bis auf sand Michels
abent, und allen den tag gar aus, und auch alle und yegliche
35 kauffleute und ander leute, die darzu und davon ziehen und den
suchen, alle die gnad, freiheit, rechte, frid, geleite, schirm, redlich
gewonheit, ordnung und herkommen haben, der auch gebrauchen

und geniessen sullen, der unser und des reichs stat Frankfurt mit
irn jarmerkten und die leute die davon und darzu ziehen und die
suchen gebrauchen und geniessen von recht oder gewonheit, von
allermeniclich ungehindert, doch unschedlichen allen und yeglichen
steten merkten und dorfern umb die egenante stat Coblentz ge- 5
legen an irn jarmerkten und wochenmerkten. Und wir gebieten
darumb allen und yeglichen kurfursten, fursten, geistlichen und
weltlichen graven, frein herren, rittern, knechten, vogten, ambtleuten,
burgermeistern, reten und gemeinden aller und yeglicher stete
merkte und dorfer und sust allen andern unsern und des heiligen 10
reichs undertanen und getreun ernstlich und vesticlich mit disem
brive, daz sy den vorgenanten unsern nefen und seine nachkomen
und auch die inwoner der vorgenanten stat Coblentz an dem vorgenanten jarmarkt und an den vorgenanten gnaden freiheiten
rechten geleiten scherm gewonheiten ordnungen und herkomen und 15
nemlich die kaufleute und ander leute, die mit irer hab und kaufmanschatz uf denselben jarmarkt ziehen und die suchen, furbazzer
nicht hindern oder irren in dhainweis, sunder sy [der geruglichen
gebr]auchen und geniessen und auch solch vorgenant kaufleute oder
ander leute mitsambt irer hab und kaufmanschatz zu und von 20
dem selben jarmarkt sicher und ungehindert z[iehen lassen und
sie auch] gleiten und gleite schaffen, wo des not ist und das an
sy gemeinlich oder sunderlich begert wirdet, bey unsern hulden
und als lieb ainem yeglichem sey unser und des heiligen [reichs
schwere ungnad zu ver]meiden und bey verliesung dreisig mark 25
lotiges golds, darinne ain yeglicher, wer dawider tete, halb in
unsere und unsers reichs camern und das ander halbe teil ainem
erzbischof zu Trier unlezzlich zu bezoln, vervallen sein sol. Mit
urkund dis briefs versigelt mit unserer kuniglichen maiestat insigel, geben zu Brisach nach Krists geburd vierzehenhundert [und 30
darnach in dem] zwayundvierzigistem jare, des nachsten donerstags
nach sand Johans tag decollacionis zu latein genant, unsers reichs
im dritten jare.

15. Erzbischof Johann von Trier verleiht der Stadt Koblenz gewisse Zollbefreiungen an den Zöllen zu Koblenz und zu Engers. 1460, Juli 30.

Gleichzeitige Abschrift im Temporale des Erzbischofs Johann;
Hds. VIII, 212 des Staatsarchivs.

Unser gnediger herr von Trier hait den burgern von Covelentz, die in eigener persone bynnent der stat stediclich wonent, 35
diese hernach geschriben gnade getaen an siner gnaden zollen zu
Covelentz und zu Engers, die dann duren und weren sall siner
gnaden lebtage lang, es were dann, das die von Covelentz es umb

denselben unsern gnedigen herrn verschulden, alsdann mag sine
gnade die widerrufen.

Zum ersten das sie yre wine, die yne uf yren eygenen gutern
wahsen, an beiden zollen die Mosel und den Ryn abe zolfry furen
⁵ mogent in solicher maissen, das eyn yglicher, der sine wine also
zolfry furen wil, sich in eygener persone fuege zu den zolschribern
zu zyten zu Covelentz und zu Engers und da globe und zu den
heiligen swere, das soliche wyne zollfry, zappfry und sin eygen
gewahß sin. Wer aber ymand under den selben burgern, dem nit
¹⁰ gelegen were, sich mit sinem wyne personlich gen Engers zu
fuegen, der sal vur yglich stucke groß und kleyne cyme zolschriber zu Covelentz eynen thornoiß geben und alsdan sol derselbe zolschriber zu Covelentz gen Engers dem zolschriber daselbs
schriben under des zolles zu Covelentz siegel, das soliche wyne
¹⁵ am zolle zu Covelentz gefryhet sin und das er sie daruf zu Engers
vurgnen und faren laist und sullen die von Lutzelcovelentz Wyß
und Nuwendorf dieser gnaden mitgebruchen.

Item von den martnachen, die jerlichs uß Covelentz zu den
kirmessen uf Ryne und uf Moseln zu faren plegent, hait myn
²⁰ gnediger her den von Covelentz dieße gnade getaen, das sie mit
der kremerien und andern martgutern und sust verwirktem gute,
das die burgere zu Covelentz mit yrem gesinde verarbeit haint,
die sie in denselben martnachen uf soliche kyrmessen furen, in
der meynunge, die uf kyrmessen zu verkeufen, und anders nit,
²⁵ zollfry an den benanten zollen zu Covelentz und zu Engers faren
sullent und sullent auch die schifflute, die die martnachen zu
solichen kirmessen zu furen plegent, zu den zyten, als sie uf
genommen werdent, eyme amptmanne ader schultheißen zu Covelentz an stat unsers gnedigen hern zu den heiligen sweren, das
³⁰ sie in dem martnachen nit anders dan burger und martgut laden
wullen, und ob sie eynich ander gut, das fremden luten zugehorte
ader nit martgut were, laden wurden, das sie das besunder legen
und es die besehere wysen wollen.

In glicher wyse sall es zu Covelentz uf der brucken gehalten
³⁵ werden mit dem martgute, das gen Munster und Meyen zu den
kirmessen gefurt wirdet.

Doch ob in den martnachen salz, wolle ader borte geladen
wurde, davon sal man zoll geben, ane alleyne sovil, das man
yglichem der grossen kremer gunnen sall sehs borte und den
⁴⁰ kleynen druc mit yne zollfry zu furen, damit sie yre kreme
ufrusten mogen.

Item hait unser gnediger her yne furbaß diese gnade getaen,
auch sine lebtage wie obgemelt steet, das alle kaufmanschatz und
gutere, die den Ryn nydden heruf ader oben herabe in die stat
⁴⁵ Covelentz zu mart gefurt werdent, sie werden daselbs verkauft
ader nit, sullent und mogent wider hinder sich uf den Ryn zollfry
zu Covelentz gefurt werden, doch also das der, der die kaufman-

schatz und gutere in solicher maissen zu Covelentz in furet, an
dem Zolle zu Covelentz urlauf heische und mit dem heruß faren
an dem selben zolle behalte by syme eyde, das es dieselben
gutere sin, die er also zu marte in Covelentz gefurt habe.

Item wurde eynich burger hierinne eyniche geverde suchen, 5
damit er sust unserm gnedigen hern sinen zolle verfurte, den sall
und mag unser gnediger her von Trier darumb furnemen und
straifen und darin sollent yme die von Covelentz nit tragen.

Und sint dieser cedeln zwene ußeynander gesnyeden, der
dann unser gnediger her eynen und den von Covelentz den andern 10
ubergeben hait. Actum et datum Erembreitstein, feria quarta post
festum beati Jacobi apostoli, anno domini millesimo quadringentesimo sexagesimo.

16. Erzbischof Johann von Trier setzt für Koblenz eine Zise
auf alle Kaufmannschaft fest, welche in der Stadt verkauft
wird, und trifft Bestimmungen über die Verwendung der Einnahmen und eine etwa benöthigte Abänderung dieser Bewilligung. 1462, August 28.

Original auf Pergament im Staatsarchiv. Siegel erhalten.

Wir Johann von gots gnaden erwelter und bestetiger zu
Trier, des heiligen romischen richs in welschen landen etc. erz- 15
kanzler und kurfurst, ‖ tun kunt und bekennen uffentlich an diesem brieve, das wir mit rade wissen willen und bywesen unserer
lieben getruwen burger‖meistere und rads unser statt Covelentz
eyne gemeyne zyse in derselben unser statt ufgesatzt hain uf alle
und ygliche ‖ kaufmanschaft, die bynnen derselben unser statt ver- 20
kauft wirdet, also das eyn yglicher verkeufer von allerhande penwert und kaufmanschaft, die bynnen der statt Covelentz ader vur
der statt uf Ryn ader Moseln verkauft wirdet, nach lude zweyer
zedeln daruber gemacht, der wir eynen und die vurgenanten burgermeister und rait den andern haint, von yglicher marke, so 25
er loeset, zwene heller geben sall, zu glycher wyse auch wer da
furbaß wyne, die nit zappfry zu Covelentz sint, bynnen dieselbe
unser statt furen wirdet, der sall von yglicher amen eynen wyßpenninge geben und sullent auch unsere kelnere zur zyt zu Erembreitstein und die obgenante burgermeister und rait unser statt 30
Covelentz eynen ader mee gemeyne knechte ordenen und bestellen,
die soliche zyse von unsern und auch der stette wegen getruwelich infordern und ufheben und auch davon geburliche rechentschaft tun. Und uf das die benante unser statt Covelentz hinfurter
destabaß in buwe und wesen gehalten werden moge, so hain wir 35
den benanten burgermeistere und raide diese besundere gnade

getaen und tun yne die in craft dis brieves, das sie diese nehst-
kommende zwolf jare, die uf hute datum dis brieves angaen sullent,
zwey teil von solicher zysen hain und nemen sullent uud das
uberige dritteil sal uns unsern nakommene und stift werden, und
5 sobalde soliche zwolf jare umb und uß sint, alsdann und darafter
so sal dieselbe zyse uns unsern nakommene und stifte halb und
den benanten burgermeistern und raide unser statt Covelentz das
ander halbteil fallen und werden sunder alle inrede ader wider-
sprache. Es ist auch herinne gefurwort und beredt worden, ob
10 wir ader unsere nakommene und die benante burgermeister und
rait unser statt Covelentz ader yre nakommene uns sementlich
hernach vertragen wurden, das du nutze und gut were, soliche
zyse zu hoeken, zu nydern ader wider abzustellen, so sal soliche
zyse anstund, wie wir uns des dann sementlich vereynen, zum
15 besten und nutzlichsten gestalt und auch also gehalten werden.
Vort so ist sunderlich beredt, das wir verfugen sullen und wollen,
das der stapel hinfurter in unser statt Covelentz gehalten und an
andern enden zuschen Bopart und Engers, da wir des mechtig sin,
abgestalt werde, argelist und geverde herinne genzlich ußgescheiden.
20 Und des zu urkunde hain wir unser ingesiegel an diesen brief tun
henken, der geben ist zu Erenbreitstein uf samstag nach sant Bartholomeus tage nach Cristi geburte tusent vierhundert und zwey-
undseszig jare.

17. Der neue Koblenzer Ungeldtarif (1462).
Aufzeichnung im ältesten Rathbuch Bl. 6.

1. Zum irsten zu wissen, das eyn yeclicher, he sy wer
25 he sy, geistlich oder werentlich, der uswertige wine her in die
stat gelden oder voren will, zu drinken oder vort zu verusseren,
der sol geben van jeder amen 1 alb.

2. Item weme erlauft wirt, beer her in zu voren, der sal
geben van der tonnen 3 alb.

30 3. Alle kaufflude, die nu hin voirter vehe, id sy oissen, koe,
swyn und vort allerleye vehe hie verkeufen willen, die sullen
geben van der mare 2 hl.

4. Ind wern eynich burgere, die vehe alleyn gulden buyssen
fremde geselschof ind dat alhie verkeuften, wan die dat behalden
35 mit dem eyde, ab man sy is nit erlaissen will, dat keyn fremder
mit gemeyn oder deyl da ane habe, so sal der burger geben von
yeder mare 1 hl.

5. Item wer nu vort an salz van fremden alhier veyl brenget
ind verkeuft, de sal geben von der mare 2 hl.

40 6. Ind die burgere, die vur der stat in den schiffen salz
verkeufen, die sullent geben van der mare 1 hl.

7. Ind welch burger salz neden heruf brenget ind in die stat deit drain ind messen deyt mit der gesworen mais ind deit schoden, der sal geben die alde zise ind vort etc.

8. Vort alle gesalzen ind ander gut, dat zu vischeryen dint, sullent die fremden geben van der marc 2 hl., wie sy dat verkeu- s fent samentkaufs oder sus alleynzelen zeppent.

9. Item die burgere, die sonder geselschaf solichs gutz mit ganzen tonnen oder samentkaufs verkeufent, die sullent geven van der marc 1 hl. ind sullent dan der alder zisen nit geben.

10. Item so sal man geben van allem linen doich flais hanf 10 ind desglichen die fremden van der marc 2 hl. sy verkeufent samentzkaufs oder zeppent uß.

11. Item des glichen uch van wollen doich.

12. Item van der frocht, die nu hin voirter her van fremden veyl kumpt, die sullent geben ir mutgelt und van der marc 2 hl. 15

13. Item die burger sullent geben van der frucht die alde zise, as dat bys her gehalden ist.

14. Item so sullent geben die fremden van brode, id kome her wa id her kome, van der marc 2 hl.

15. Item welch fremde man her brenget kaufmanschaft, id 20 sy wat id sy, nuyst usgenomen, allet van der marc 2 hl., id in wer dan, dat man ust us ließ umb des gemeynen gutz ind nutz willen zu ordenonge der genre, die dar zu getirmt oder dat van unsers herren ind des ratz wegen befolen wirt.

16. Item sal man nu vurt an heben van den eyer ind kese 25 karren van ye der karren 1 alb.

18. Festsetzungen des Raths über die Salzeinfuhr und deren Abgabe 1464. 1489. 15. Jh.

A. Aeltestes Rathbuch, Bl. 7.
B. Kopiar 2 des Stadtarchivs, Bl. 29.

A.
Anno LXIV van den salzbeseern.

1. Item ist der rait overdrain, wat nederlentzer schiff oder ander schiff nu vortan her koment, die da gladen hant funfzich hode salz ind dar in boven, die zu verkeufen alhie, sullent geben den salzbeseern zu ziden eyn sester salz ind dar unden nit. 30

2. Item die in glicher maissen brenget funfundzwenzich hode bis zu 50 hoden zu, die sullent geben den selben salzbeseern eyn halben sester.

3. Item die in glicherwise herbrengent veil 12 hode salz bis zu 25 hoden zu, die sullent geben den selben salzbeseern eyn myngelen salz. 35

4. Des glichen die her veil brenge(n)t 6 hode salz bis zu 12 hoden zu, die sollent in geben eyn half myngelen.

5. Ind dit ist alles geordenert uf verbesserong des ruitz zu mirren zu mynren oder abzustellen.

6. Aber die selben salzbescher, wer die zu ziden weren, die sullent ye eyner mit den obgenanten kaufluden gain zu eym burgermeister zur zit ind vur dem geschien laissen as gewenlich.

7. Item[1] uf samstag allerheiligen abent anno etc. LXXXIX ist im rade beslossen, daß nyeman keyn salz keufen noch verkeufen sal, iß en sy dan gefryheit in den nederlenschen schiffen ader myt der stede maissen zu Colne und gesworen mutter gemessen, daß eyn yederman, der salz zu Covelentz feile hait, myt dem eyde also beweren sal, und were yemant der zu Nuß salz keufte, sal der selbe vom rade zu Nuyß eynen schyn brengen, daß sulche salz ufrichtich und kaufmans guyt sy, und abe yemant in verachtung her weder dede, sal stain in gnade und ungenade deß raitz. Actum ut supra. Dit ist uffenberlich verkundt in der harret.

8. Item sal keyne Nederlender keyn salz verkeufen myt der kleyner maissen, dan alleyn myt dem halben hoede, alß von alters.

B.

Van salz.

9. Item eyn Nederlender, der eynen pleyt her brenget, und hait 100 hode salz oder me, der sal geben dem geme, dem dat salz beschen bevolen ist und in zu burgermeister voirt, 1 sester salz.

10. Item sus anderen, die salz her brengent zu marte und hant eyn virdel hoede oder dar over, der sall den vurschrivenen salz beseren geben 1 myngelen salz.

11. Item die under eym virdel hoede, die sullent vort an geben den salz beseren ½ myngelen.

12. Item sullent alle dio gene, die also salz her zu marte veil brengent, als verre sy an die eselsgas wassershalben gefaren und gehalden koment, varen und zu marte da halden.

13. Item sullent die salzmuttersen vortan die eselsgas zu allen echt tagen eyns reynigen by geboirsam irs amptz.

14. Item[1] gebent de schiff, so sy zu lande stoissent, so sy iren breif brengent, daß sulch salz kaufmans guyt sy, so sullent sy geben eyme scholtessen und burgermeister von 50 hoden in beyden 1 sumeren salz.

15. Item gebent die zwene salzschoder unserm gnedigen hern jairs von den maissen 26 alb.

16. Item de salz muttersen gebent der herschaft von Helfensteyn auch von den maissen 26 alb. jerlichs[2].

---

[1] Von hier ab von anderer Hand.

[2] Vgl. hierzu den Lehnrevers des Hermann von Helfenstein gegen den Erzbischof Balduin von Trier über die Hälfte des Mutteramts zu Koblenz vom 22. Mai 1332. St.-A. Koblenz, von Helfenstein. Ferner einen ebensolchen Revers vom 17. August 1440, gedruckt bei Günther V, 404.

17. Item daß sullent unser gnediger her und die von Helfensteyn die maissen laissen machen ader die mutter bescheiden laissen zu machen und sal in deß an dem vurschrivenen zinß abe gain.

19. Uebersicht über Ungeld-Verpachtungen aus der Zeit von 1465—1481.

In dem ältesten Rathbuch Bl. 9 und im Kopiar 2 Bl. 89—92 und 94—95 finden sich Aufzeichnungen über Verpachtungen des Ungelds von einzelnen Handelgegenständen aus der Zeit von 1465—1481. Unter Aufzählung der in einzelne Gruppen zusammengefassten Handelgegenstände werden die Namen der Pächter und die Höhe der gezahlten Pacht aufgeführt. Statt der letzteren findet sich einigemale die Angabe, dass die Ungelderhebung dem Unternehmer unter Ueberlassung des 4. oder 6. Pfennigs übertragen worden ist. Durch Annahme des 5. Pfennigs als durchschnittlichen Verdienst der Pächter würde sich unter Zuschlag von 20 % zur Pachtsumme die Gesammteinnahme der einzelnen verpachteten Ungelder ergeben. Die Verpachtungen liefen vom 1. Mai bis 1. Mai. Um eine Anschauung über dieselben zu geben, habe ich nach dem Wortlaut der Quellen die in der Regel zusammen an einen Pächter überlassenen Handelgegenstände vorangestellt und mit Nummern versehen, auf welche dann bei Benutzung der Uebersichttafel Bezug zu nehmen ist. Die Beträge sind in marc zu verstehen, wo nicht etwas anderes angegeben ist.

1. Uf sente Florius hobe mit namen wat da velt, so wat man gehanthaift hait dyse zit her van schragen, dischen, van ruwem getille, glotem leder, van eyerkarren, van uswendigem brode, van broitkarren, in dem nuwen huys van wullenweber steden, van lynenwever steden, van botteren, flaisse, kesen ind wat uf dem mart verhandelt wird ind wat zise geben hait mit her van fremden kremeren. 10

1ᵃ. [Wie 1] usgescheyden die da wecht gelt geben, uch is usgescheyden die groisse ballen, die Hessen und kaufluede herbrengent, der sullent die pechter nit heben.

2. Van schiffen, van borten, van dennen holz, van reifen, van latzen, van nuwen vassen, van deckesteynen, van kalk, van steynkolen, van fischernachen zu der wochen 1 d., van martschiffen, die zu kirmiß hercoment, van slyffsteynen. 15

2ᵃ. Kalk, steynkolen, reif, widen, bort, latzen, deckestein, dennen holz, schiff und nachen und wat darin hort.

2ᵇ. Kalk, dennen holz, bort, latzen, decksteyne, schiff, nachen, wyden, kappis, ulloch, knoveloch, reyf und vaß. 20

3. Item reif, de das doich strycht, ind wer da wullen doich van den fremden hie verkeuft, van wollen, van weyt, van roden, van lynen doich, van hanf ind van karten.

4. Die zise van den kelbern, bucken und die hallerzise van dem
vleischscharren zur wochen oder:
   Die cleyne zyse an der scharren van kelbern, bucken etc. oder:
   De metzeler zyse in der scharren, und ist de zyse myt
namen buck und kelber und lemmer und anders nyt.
5. Van gesalzen vischeryen.
6. Die wage.
7. Hulzenkolen.
8. Hulzenkolen und steynkolen.
9. Der reif.
10. Das ungelt zu Wys.

Angabe der Handel-gegen-stände	Pachtsumme in den Jahren															
	1465	1466	1467	1468	1469	1470	1471	1472	1473	1474	1475	1477	1478	1479	1480	1481
1	66															
1a		27 gl.														
2	24															
2a		18	18	17												
2b						^{2}	10$^1/_2$	11		20					28	^{2}
3	40															
4	12	12	11$^1/_2$	10$^1/_2$	10$^1/_2$	10$^1/_2$	10$^1/_2$	11^3	11^3	11^3	11^3		12^3		12^3	12^3
5	37	35		27	25											
6	28	19				40 gl.										
7		7														
8				15												
9																
10		14	14	16												
1. 6. 9			100	98	^{1}	86		81	83	80	78		90	92		
2a. 5					38											
5. 8							28	29	23$^1/_2$							
2b. 5. 8			—						36$^1/_2$			44	46			

¹ Gegen den 6. Pfennig.
² Gegen den 4. Pfennig.
³ Und dem Rathe einen Bock zu Weinkauf.
⁴ Item uf dach Walpurgis anno etc. LXXVII ist verpeckt Claiß Scheffer
und Gutmannus die wage, der kormart und alle zyse dar zu gehoerich, ußgescheiden den fehemart und die scharre und daß ungelt von dem wyne myt
syme zugehoere vur 280 mr. brab.

20. Der Kurfürst entscheidet einen Streit zwischen Rath und Bürgerschaft wegen des Weinzapfens. 1467, Mai 9.

Aeltestes Rathbuch Bl. 37.

Dit ist der entscheit, den unser gnediger herre zuschen dem raide und den burgern deß wynzappes halber den man verkauft hatte.

Zu wissen, als myssel und gebrech gewest ist zuschen dem rade von Covelentz und etlichen burgern daselbs, antreffen den verkauften wynzappen, dar durch sy zu dedingen koemen sint vur unsern gnedigen hern und an syne gnade gestalt ist, eynen sproich dar ober zu doin, welche sproich alsus geluyt hait, daß 5 die burgere, die den zappen kauft haint umb den rait, deß sal diß jair vort uß gehalden werden, und die ander burgere, die wyne ytzunt hynder sich kauft haint, die zappfry synt, moegent die selben och zappen, also daß sy daß myt dem eyde beweren sullen, keyn ußvertige wyne da by zu schenken, als daß von 10 alders kerkoemen ist, und wurden sy eyniche wyne me keufen, sullen sy in ußgange diß jars nyt zappen, und vort na ußgange diß jairs sal keyn zapp me verkauft werden, also lange die nuwe zyse steit, dar uf so sal der rait gehalden werden von den burgern als von alders gewonlich ist und uch so sal der rait den 15 burgern doin als sich geburt, und ist gescheen uf samstag yn der crutzwochen anno etc. LX septimo.

21. Bestimmungen für die Metzger[1] am niederen Markt. 1469, Januar 24.

Abschrift im Kopiar 1 des Stadtarchivs, Nr. 20, unter der Ueberschrift: Copie eyns ingelaichten zedols in diesem vorschreven breve, auch berorende die metzler. Die vorhergehende Urkunde ist die erzbischöfliche Verordnung vom 6. Oktober 1398.

Zu wissen, daß rede und frunde unsers gnedigen hern von Trier overmytz dem rade zu Covelentz bedacht haint gemeynen noitz und haint die burgere, die metzelent am nedern mart, 20

---

[1] Hier mag auch die nachstehende, ebenfalls auf die Fleischhauer bezügliche Rathbestimmung aus dem Jahre 1461 Platz finden, welche sich auf Bl. 4 des ältesten Rathbuches findet:

Anno LX primo ist der rait oberkomen uf samsdach nest vur unser lieben frauwen dage nativitas, dat nu vort an die vleyschenwer also halden sullen, so wer yeman buyssen oder bynnen der stat yd aifgeldo ind yeman, so wem also aif gegolden wurde, queme ind gesonne eyns geltz an dem oder den wer die weren, wurden sy nit bezailt, so solde dat hantwerk dan an stunt den genen helfen, den man schuldich ist, na sym vermogen, dat veste sy konnen, ind konden sy nit wege mit den schuldener vinden, dat sy bezailt wurden, so sulde der, der da schuldich were, nit me vleysch veyl han, he in have irst den schuldener vernogung gedain; ind wer in dem banne wer, der sal uch keyn vleysch veyl han, er in sy uß dem banne, ind der rait wil dit nu vort an also gehalden han.

alsament abegestalt und doch dry burger myt namen Schemeler, Gerhart Frouff und Ullenschenker an dem selben nedern mart zugelaissen uf den dinstag, und keynen dag da me zu metzelen, sich da inn zu halten, als die ußwendigen, die da metzelent uf den dinstag, vur noch nae keyn phe nyt me metzelen, und blebe in auch yd oberich uf dinstag, sullent sy saltzen und daß fleiß bynnen Covelentz oder dar buyssen grone noch usser dem solpar nyemant geistlich noch werrentlich laissen noch verkeufen in cyniche wise. Auch sullent sy daß fleisch zu iklicher zyte im jair geben, als iß zu ziten gesatz wirt, und nyt hoeger, und auch in allen puncten sich halden als die erfmetzeler. Vergesse sich der dryer eyner in cynichen puncten ader ander geschaft zu in nemen, so sulle der selbe, der verbreche, darafter keyn fleiß me da slain, doch mach alle zyte unsers gnedigen hern amptman myt rade unsers gnedigen hern und der rait zu irem willen die selben irer eyn deil und mehe abe und uf stellen, also daß die obermetzler by herkoemen gelaissen und auch der gemeyn noitz zu dem besten vorgekert werde. Und ist diß hy oben gesloßen uf dinstag vor sent Pauwels dag conversionis zu latine genant, anno domini dusent CCCCLXVIII more Treverensi.

22. Erzbischof Johann von Trier verleiht der Stadt Koblenz eine Messe vom 1.—14. August nebst den üblichen Marktrechten und vereinbart mit dem Rathe der Stadt Bestimmungen über die Aufstellung eines Krahnens vor der Kornpforte, über den Bau eines Kaufhauses, Aufstellung einer Wage, über Weinbesteuerung sowie über das Ungeld und dessen Höhe.

Ehrenbreitstein, 1480, Januar 25.

A. Original im Staatsarchiv.
B. Gegenurkunde[a] des Rathes der Stadt vom selben Tage. Abschrift im Kopiar 2 des Stadtarchivs, Bl. 39 ff.

Wir Johann, von gots gnaden erzbischof zu Trier, des heiligen romischen richs in welschen landen und durch das konigrich von Arelat erzkanzler und kurfurste, tun kund und bekennen

a) B stimmt fast wörtlich mit A überein. Der Eingang von B lautet:

Wir burgermeister und raet der stat Covelontz tun kunt offentlich an diesem brieve allen den, die ine siehent ader horent losen: Wand der hochwirdigste furste und herr, herr Johann, erzbischof zu Trier etc. und kurfurste, unser gnediger lieber herr, von besondern gnaden und noygnnge willen, so syne gnade zu uns und unsern mitburgern und der stat Covelentz hait, ytzunt von gunst und erleubniß unsers allergnodigsten herrn, des romischen koysers, demselben unserm gnedigen herrn und syner gnaden vurfaren myldielich gegeben und bestetigt eyne messe ader jairmarkt bynnen der stat Covelentz hynfurter alle jaires ewiclich zu halten, die da angaen sal uff sant Peters tage ad vincula und weren byß uf unser lieben (frauwen) abent assumpeionis mit ordenunge

offentlich an diesem brieve ‖ allen den, die ine siehent oder horent
lesen, das wir von besunder begiriger neygunge willen, die wir
tragen zu unsern lieben getruwen burgermeistern, raide und burgern gemeynlich unser statt Covelentz, nachdem und sie sich ‖
gegen uns in gutwilliger gehorsame flissig halten, woil bewegt s
und auch destagewegener syn, ine vur andern gnedigen willen zu
bewysen, und darumb auch angesiehen, das die gemelt unser statt
Covelentz eyn das zirlichste glid ‖ unsers stifts ist, hain wir unser
gemude darzu gekeret, wie wir den benanten unsern burgern zu
frommen die stat Covelenz zu erlichterunge der burden und ge- 10
brechs, darinne sie belestiget syn mag, in besserunge und uf-
kommen brengen und erheben mochten, und anfangs uf demütige
bette derselben der unsern und mit irem wissen und woilgefallen,
sintdemale unser statt Covelentz uf beyden streumen des Rynes
und der Moseln, auch den anstoissenden landen und gegenden 15
allenthalben fast woil gelegen ist: so haben wir von macht und
erlaubnisse unsers gnedigsten herrn des romischen keysers, unsern
vurfaren und uns gnediglich verluwen und bestetiget eyn gemeyne
messe ader jaremarkt hinfurter alle jairs ewiglich in derselben
unser statt Covelentz zu halten angestalt, setzen und ordeneren 20
auch vur uns, unsere nakommene und stift in kraft diszs briefs
und wollen, das solche messe oder jaremarkte jares des ersten
tages im Augst, nemlich uf sant Peters tag ad vincula, angeen
und duren und weren sal biß uf unser lieben frauwen abent
assumpcionis, und uf das solcher fryer jaremarkte oder messe von 25
den kaufluden und ußwendigen mit iren lyben, kaufmanschaften,
habe und gesinden destawilliger besucht werde, so sal die fryheit,
die man von alters in unser statt Covelentz gehabt hait von unserer lieben frauwen tag nativitatis an biß uf sant Remeys tag,
verruckt und gelagt syn und blyben uf die gemelte zyt der an- 30
gestalten messe, nemlich acht tage vur sant Peters tag ud vincula
die ganze messe und acht tage nach unser lieben frauwen tag
assumpcionis, also das alle und igliche kauflude und sunst yederman diese messe zu besuchen die gemelte zyt uß sich aller der
fryheit sollent gebruchen und geniessen, wie die dann in andern 35
gefryeten messen zu Frankfurt, Nordelingen und anderswoe im
heiligen riche von romischen keysern und koningen verluwen ist
und daselbs gehalten und geubet wirdet; und uf das solche frye
messe und jaremarkt desta fruchtbaren ingang und bestant gewynnen und behalten moege, so syn wir mit den obgenanten bur- 40

zierheit und fryheiten glich andern messen, als zu Frankfort, Nordelingen und
anderßwar im heiligen rych, angestalt und verluwen hait, so bekennen wir vur
uns und alle unsere erben und nakomen, das wir umb den willen, das solche
furnemen der angestalten messe fruchtbaren anfang und vurgank gewynne, auch
uns selbs, der stat Covelentz und gemeynem notze zu frommen, uns mit dem
benannten unserm gnedigen hern eynmundiclich vertragen und vereynet eyner
ordenunge, etlicher stucke, puncte und artikel........

germeistern, rade und burgern unserer statt Covelentz dieser
hernachgeschrieben puncte und artikele eynmudiclich vertragen.

1. Zum ersten, das wir und dieselben unsere burger samentlich uf unserer yedwedersyts coste sollen tun machen eynen huyß-
kranen und den setzen vur die korneporte an die Mosel, da es
am gelegensten syn wirdet. Deßglich sollen wir und sie auch
samentlich tun buwen uf die platze des kornemartes eyn gemeyn
kaufhuyß mit solcher schickunge, das*) unden in demselben huyß
hangen die gemeyne wage, auch daselbs fluhß, vette geware und
anders deßglich, und oben im huyse lynen doiche gehanthabt
werden und sal man sust das huyß rusten mit andern gemachen,
gademen und deßglich nach dem besten zu urbar und nutze unser
und unsers stifts und auch der statt von Covelentz. Item ist die
meynunge, das anfangs das Nuwehuyß uf sant Florins hoif sal
zugerustet und geordenet werden zu dem wullen doiche und oben
zu den kremerien.

2. Vurbaß syn wir vertragen, das der stappel mit dem flehe
in unser statt Covelentz gehalten sal werden, als von alters, und
darzu sal keyn kaufmann oder flehedriber wider den andern zuschen
Covelentz und den vier orten Bonne, Wetzflar, Binge und Wittlich
uf vurkauf eynche flehe gelden, sunder es sal gen Covelentz zu
markte bracht werden, und welcher darwider tede, sal eyn boeß
bezalen 10 mark Brabantsch und darzu eyn ganz jair des markts
entberen. In glicher maisse sal es auch geschehen mit der frucht,
korne, weiß, haber, erwiß und deßglich, auch nemlich mit der
groenen flschen, also das alle flscher zuschen Platzenborne und
Oberlanstein uf dem Ryne und die Mosel uß gen Alken ire flsche
sollent brengen gen Covelentz uf den uffenbaren flschemarte und
sust nyrgents heimlich verstechen, welcher das breche, sal verfallen in eyn boesse von 5 marken und darzu des markts eyn
jarelang verwyst syn.

3. Item ist geordnet, das eyn martmeister uf dem flschemarte zwoe wagen sal hain und sust keyne flschewage mee da
syn. Es sollent auch turbasser keyne martmeister und wage-
meistere flsche feile hain, sie syn groen, dorre oder gesalzen.

4. Item das hinfurters keyn burger eynche groiße wage in
syme huyß habe, grobe ponnwert zu wiegen, dann was an groisser
ware ist, nasse ader druge, sal kommen uf unser und der statt
gemeyne wage obgemelt.

5. Vurters ist geordeneret gemeynem notze zu gude, besunder umb wandelunge der fremden, auch der angestalten messe
und fryen jairemarkts, das hinfurters eyn iglicher burger, er sy

---

a) Hinter *das* folgen in *B* die Worte: *man unden mit wagen und
karnhen zu eyner porten inne und zu der andern wider uß faren moge,
und sal* ...... Diese Worte sind gestrichen. Ein Zeichen verweist auf den
Rand; dort steht: *[s]ich des zu orbar und notze unsers gnedigen herrn
und der stede gebruychen moge.* Auch diese Worte sind gestrichen.

geistlich oder werntlich, der ußfertige wyne, die nit zappfry noch zollfry syn, bynnen unser Statt Covelentz fueret oder bringet, von dem fuder sal geben eynen gulden genger werunge, und under dem fuder nach marczale, und sal doch bynnen derselben unserer statt keyne ußfertige wyne gezappet noch geschenkt werden durch 5 das ganz jair anders dann zugelaissen und vergonnet ist umb egemelten ursachen willen, das solche fremde ußfertige wine gezappet werden mogent zuschen den pingsten und unserer lieben frauwen tag nativitatis, doch mit orlauf zu heischen als gewonlich ist, und sal auch alßdan eyn yeder, der solche wyne schenken 10 wurde, bezalen das gewonliche ungelt.

6. Item ist auch geordenet und gesatzt, das man nu vortan eym iglichen wirte bynnen Covelentz syne wyne sal ufzeichen und sie sollen auch die wyne verungelten zum hoesten zappen, wanne aber der wine ußfertig ist, sal der wirt von dem fuder 15 geben eynen gulden uber das gewonlich ungelt wie absteet.

7. Die gemeyne zyse von aller ware und pennwert, so bynnen unserer statt Covelentz verlissen wirdet antreffende, ist man vertragen also, wer da verkauft, es sy flehe, korne, frucht, salz, wahß, wullen doich, wolle, lynen doiche, ysen, stahel, kopper, 20 zynne, blye, borte, dennenholze, steynkolen, honig, gesalzen fleisch, flahß, geloet leder, kalk oder anders derglich, ist der verkeufer ußwendig und fremde, sal er geben von yedem gulden 4 hl., ist er aber eyn burger, sall er geben von dem gulden 2 hl., doch mit solchem underscheide, was der burger in syme huyß selbs 25 machet und verwirket, es sy frucht, die in der statt verbacken wirdet, wollen doich, lynen doich, von isen, stahel, blye, zynne, kopper, ledder und anders deßglichen, das dem hantwerk zusteet, das alles sal fry syn und der burgere nit plichtig syn, icht davon zu geben; was aber sust uf den kauf gegolden und wider verkauft 30 wirdet, davon sal der burgere geben von dem gulden 2 hl., wie vursteet. Item furbaß ist geordenet, das eyn burger sal geben von der tonnen herings 1 wyßpenning und von der tonnen korbfische und derglich 1 wyßpenninge, von eyme stroc buckings 6 hl., von hundert stockfischen 1 wyßpenninge; item hundert schollen 35 oder eyn gezale 6 hl. Aber der fremde sall geben von dieser ytztgemelten ware von yedem gulden 4 hl., wie obgemelt ist.

8. Furbaß dem burger und gemeynen huyßmann, bynnen unserer statt Covelentz gesessen, zu gude ist gesatzt und geordeneret, das eym iglichen uf den moelen mit malen glich geschehe, 40 also das eyn gemeyn kornewage sal angestalt werden an eyme ende, da es gelegin syn wirdet, korne uß zu wiegen und mele inne, und sal eyn iglicher geben von dem malter 2 hl., so dick er wieget korne ader mele.

9. Item syn wir mit den obgenanten burgermeistern, rate 45 und burgern vertragen, was in obgemelter maissen gefellet bynnen unserer statt Covelentz zu zysen und boessen obgemelt, bynnen

oder buyssen der messen und jairmarkts, daran sollen wir unsere
nakommen und stift haben das halbeteile, nicht ußgescheiden,
und das ander halbscheit sal fallen und werden den benanten
burgermeistern, rait und unserer statt Covelentz und iren erben
und nakommen zu ewigen tagen, ane allen intrag und alles ungeverlich. Auch syn wir mit denselben den unsern sunderlich uberkommen, das wir uf beyden teilen uns ußbehalten, diese ordenunge und anstellunge nach gelegenheit der leufe zu verandern,
zu bessern, zu mehren oder zu mynnern, und mitnamen beheltniss
hierinne uns unsern nakommen und stift unserer herrlicheit, ober-
keit und gerechtikeit in unserer statt Covelentz, deßglich unsern
burgern daselbs irer fryheit in andern stucken, die an diese unsere ordenunge und vertrege nit rurende synt.

10. Uber das alles haben wir uns auch mit den obgenanten
burgermeistern und rade unserer statt Covelentz vereynet und des
eynmudig uberkommen, also ob imants, wer der auch were, geistlich ader werntlich, diesen vertrag ordenunge und satsunge hindern, irren und darwider syn wulte, mit worten ader werken, das
alßdann wir mitsampt dem rade und der rade mit uns erustlichen
darzu tun und schaffen sollen und wollen, das solche intrag der
widerspennigen zu rucke gestalt und hinfurbaß durch andern ver-
miden werden, ußgescheiden alle geverde und argelist. Und des
zu urkunde hain wir unser ingesigel tun henken an diesen brief,
der geben ist zu Erembreitstein, uf sant Paulus bekerunge tag im
jair unsers herrn tusentvierhundert und nuyn und siebenzig, nach
gewonheit in unserm stift von Trier zu schriben.

23. Nachtragbestimmung über die Ungelderhebung von Weinen, welche die Wirthe einführen. 1480, Februar 5.

Gleichzeitige Aufzeichnung in den Koblenzer Kelloreiakten (Nr. 122) des Staatsarchivs.

Item ist unser gnediger herre und der rait overkoemen und
verdrain, dwile sulche ungelt vom wyne zu Covelentz van jair zu jair
sich mynnert und abenympt und vast und feil conterfeitz von den
wirten durch daß jair geschehen mag myt wyn geben den gesten,
der ußfirtich ader burger gewaiß syn mach, und unverungelt ver-
slissen, sal hynvorter alß darumb eyn iklich wirt zu Covelentz
keynen wyne ynschraden ader foeren laissen sonder oirlof und
zeichen dar zu ordineret, und den wyn semmentlich zum hoisten
zappen verungelden und von dem ußfirtigen foder wyns darzu
geben eynen gulden als andern.

Sulchs ist verkundicht worden uf sent Agathen dag anno etc.
LXXIX, more Treverensi, alhy in der harreiden myt der boif clocken
in bywesen unsers gnedigen herren reden und deß raitz frunde.

24. Eine Aufzählung der zwischen der Stadt und dem Erzbischof am 25. Januar 1480 getroffenen Vereinbarungen. Aus
derselben erhellt im Eingange, dass jene Vereinbarungen in
der „Hoynret" am Samstag nach Mariä Reinigung 1480 (Februar 5.) verkündigt wurden. Die Aufzählung enthält aber
ferner eine weitere von Erzbischof und Stadt angeblich ge-
troffene Bestimmung über den Ausschluss Auswärtiger vom
Handel in der Stadt, ausgenommen an den Jahrmärkten.
Die beiden Abschnitte folgen:

Neuere Abschrift im Staatsarchiv.

Der artikel und punct halb, so erzbischof Johann und der
rat von Covelents sich mit eynander verdragen haben, ist im jare
1479, more Treverensi, uf samstage na purificacionis Marie in der
heynret uffentlich verkundonge geschehen in bysyn der Trierschen
rete und des rats zu Covelents.   5

.   .   .   .

Auch ist man uberkommen und verdragen den burgeren zu
gute, das hinfurter keyn ußwendiger in der wochen buyßen zit des
jaremarts oder missen keyn penningwert bynnen Covelents feyle
haben soll, dann uf den wochen don(r)estag mart, sunder alleyn die 10
Niderlendische salzfische und die Montabuyrsche weckkarren.

25. Erzbischof Johann von Trier verkündigt die mit kaiser-
licher Genehmigung der Stadt Koblenz verliehene Messe.
1480, März 14. Trier.

Abschrift im Kopier 2 des Stadtarchivs, Blatt 42.

Allen und iglichen geistlichen und werrentlichen kurfursten,
fursten, graven, fryhen herren, rittern und knechten, burgermeistern, reden, burgern, kaufluden und gemeynden aller und
iklicher stede, merte, doirfere im heyligen romschen rich und sust 15
allermenlich, den dieser uffen breif zu sehen ader zu lesen vur-
koemen wirdet, verkunden wir Johann von goitz gnaden erzbischof
zu Trier, deß heiligen romeschen richs in welschen landen und
durch daß konigrich Arelait erzkanzler und kurfurste, daß wir von
macht und erlaubniß deß allerdurchluchtlichsten fursten und hern, 20
unsers gnedichsten hern, deß romischen keysers, unsern vurfaren
und uns myldeclich verluwen und bestediget, auch durch flissiche
bete, rate, willen und zuthunde der ersamen unser lieben getruwen
burgermeister und rades unser stadt Covelentz eynen fryhen jairmarte ader mysse hinfurters alle jairs in der selben unserer stadt 25
zu halten angestalt und auch ordineret hain, myt zydiger vur-

bedraichtunge, daß die selbe unsere stadt in yr selbs an eyner zir-
lichen mailstat erbuwet, uf beyden schiffrichen streumen deß Rynes
und der Moeselen gelegen, besonder auch eyn mytler anstoiß, zu-
floß und ufenthalt etwanfast trefflicher furstentume, graveschaft,
5 hereschaft, stede, lande und lude des oberen und nederen Rynes,
auch der Saichsen, Turingen, Hessen und der welschen lande
Lothringen, Lutzenburg, Bare zu Frankreich werts, und sal die
egedachte mysse ader fryjairmarte angaen eyns iklichen jairs deß
irsten dags im Aust, nemlich uf sent Peters tag ad vincula, und
10 weren biß uf unser lieber frauwen tag assumpcionis; und uf daß
sulcher jairmarte von den kaufluden und ußwendigen auch sust
yederman, wer der auch sy, myt yrer liben, kaufmanschaften,
habe und gesynde destawilliger besuicht werde, so ist gesatz und
geordinet, daß die alte fryheit in unserer stadt Covelentz nu fur-
15 baß syn, angain, weren und enden sal echt dage vor der mysse,
die mysse durch und echt tage dar naich, also underscheidelich,
daß dieselbe kauflude und andere sulche fryheit und dar zu alle
die gnade, fryheit, recht, friden, geleyde, schirme, ordenunge und
herkoemen haben, der auch gebruichen und geneissen sullen und
20 moegen, der deß heiligen richs stadt Frankfort myt yren jair-
merten und die kauflude und andern, die dar und dannen ziehen,
gebruichen, oeben und geneissen von recht ader gewoinheit von
allermanlich unverhindert. In urkunde unsers ufgedruckten se-
cretes geben in unser stadt Trier, uf dinstag nac dem sondag
25 Letare, anno etc. LXX nono, naich gewonheit zu schriben durch
unsere provincie von Trier.

26. Besichtigung, Abschätzung und Ausrüstung der Krahnen.
1480. 1492.

Aeltestes Rathbuch Bl. 34.

Anno etc. LXXX, uf maindag nest na corporis Christi, hait
unser gnediger herre und der raid von Covelentz doin beschen
und schetzen dye zwene kranen myt yrem zugehoere overmytz
30 diese berna geschreben, myt namen der bescher von Lainsteyn,
Cobelentz, Engers, Martin Austeyn, Lorentz, zymmerman, und
meister Jacob, smyt uf dem graben, vur 225 gulden.

Item ist im kranen gewest und gelebert: 2 enker myt yren
kedemen, 3 cranenseil, der selber eynt nuwe, 6 messyn schyben
35 in den zweyn cranen, 1 seil, da man die schyff myt ußwindet,
1 meher seyl, 4 hyffysen, 2 leng kedem, 4 span crampen, 4 span
haiche.

Item uf dinstag vor dem sondag invocavit anno XCI, more
Treverensi, hait entphangen Claiß von Aich zu eyme cranenknecht
und eme gelebert in den zweyn cranen ut sequitur.

Item in den Ryncranen 1 enker und eyn ketten daran, 1 cranceile, 3 messen schyben, 1 hebeysen, 2 crampen, 2 spanhange, 1 mere seile, 1 lyne, da myt man den cranen zuget, 2 hange.

Item in dem Moeseleranen 1 enker myt eyner kedem, 1 lenge s kedem, 2 crampen, 2 spanhange, 2 hebeisen, 1 mere seile, 2 hange, 3 messen schyben, 1 cram seile.

Actum anno LXXXXI, more Treverensi, in presencia domini Everhardi Schol, cellerarii, Johannis More, buvmeisters, Henrich Mussart et Johannis scriptoris.   10

27. Brückenzollsätze. 15. Jh.

Nach einer neuen Abschrift im Staatsarchiv; das angeblich im Stadtarchiv befindliche Original habe ich nicht aufgefunden.

Dyß hernageschrieben hebt man uf der brucke
zu dem buwe.

Zom irsten eyn iklich wagen, der geladen fert uber die bruck in die stadt, da nympt man eynen wyßpennink von dem wagen.

Item von eyner karren geladen 6 hl., ußgescheiden waß burger gut ist zappfry unde zollfrye, das fert ledich.

Item zom irsten eyn iklich mynsch, dat niet im kriesem von 15 Triere wonet, 1 hl., were des niet vermach, das lest man gain umb gotz willen.

Item eyn pert, es sy geladen oder niet, 2 hl.

Item eyn rynt ⎫
Item 2 swyn   ⎪ 1 hl.   20
Item 4 schaife ⎬
Item 4 geissen ⎭

Item 100 gensse 1½ alb.

ußgescheiden waß eyn iklicher burger in ader uß der stadt eyn iklich gemeyn manne hie umb in dem stifte slagen wulle zu mart 25 ader sunst in syn huyß, das engift nyet, were aber sach das eynicher burger gemeyn mann ader sunst ymantz keufte etlige stucke viches uf dem mart, wulde auch das furter vertriben, da gibt das stuck syn gelt als vurgeschreben steit, eß gehe uß ader ynne.   30

Item were sach, das eyncher man syn viehe, eß weren swyne, geissen, bucke, genße ader sunst, swemmet uber Mosel, da nympt man auch das ungelt von als vurgeschreben ist, doch so setzen sich die lude sere vaste darwidder.

Item were sach, das eynche passe ader burger eynche gut 35 keufte ader verkeufte uß ader in, iß were weiß, korn, haber, hauwe, stroe ader sunst, was das were, das niet zappfry were, da gift der wagen 1 alb. und die karre 6 hl.

Item were sach, das man der brucken etwas keufte, kalk,
holz ader sunst zu der brucken, da heyßet die kleyne zise von
dem iheme, der der brucke verkeufte, verkeuft ich etwas, da
heischet hie auch die zyse von dem, der da keufte.

Fallende uf dem zolle zu Covelentz, uf der brucken ufzuheben:

5   Item von   1 malder frucht   6 hl.
     „   „   1 vaß   „   6 „
     „   „   1 burden reiffen   3 „
     „   „   1 „   latzen   2 „
     „   „   1 ryß decksteyne   4 „
10   „   „   100 bort   10 alb.

Item eyne ame wynß, die da niet zappfry ist und beruß-
gefoirt wirt, 2 alb.

28. Marktbestimmungen über den Verkauf von Fischen[1].
15. Jh. Ende.
Aeltestes Rathbuch Bl. 41.

Sowie man iß halden sal uf dem fißmart myt dem gesaltzen gode.

Zum irsten en sal keyn vurkeufer noch ingesessener, der sich
vurkaufs gebruichen wilt, keynen gastherink gelden, den hee
15 bynnen eyner mylen verkeufen wilt uf wynnung, uf eyn pene als
von alters, so manch stuck, so manch 12 ß.
Item sal keyn fleißheuwer herink wesseren, dass er sal sy
uß dem pickel verkeufen, als daß auch von alters gewest ist uf
eyn pene von 12 ß., so dick daß geschit.
20 Item sullent keyn fremde lude vurstender syn, dan die kauflude moegent ir guyt selber verkeufen ader ire gebroete knechte

---

[1] Aus derselben Zeit stammt die folgende Rathbestimmung über Fleisch-
und Fischpreise, auf Bl. 47 des ältesten Rathbuches:

Satzung deß fleysch:				Satzung der fisch:		
Ochsenfleisch das Pfund	. . .	6 hl.		Ein Hecht von 2 Pfund, das Pfund		14 hl.
Rindfleisch	„ „	5 hl.		„ „ „ 1 „ „ „		1 alb.
Schweinefleisch	„ „	8 hl.		„ „ „ 1/2 „ „ „		10 hl.
Schaffleisch	„ „	5 hl.		Die Karpfen von 2 Pfund	. . .	1 alb.
Kalbfleisch	„ „	4 hl.		Ein „ 1 „ (und vorter)		10 hl.
				Die Barten „ 1 „	. . .	8 hl.
				Der Barbe „ 1/2 „		7 hl.
				Die klein Barben	. . . . .	6 hl.
				Die bressem das Pfund	. . .	8 hl.
				Die berse	. . . .	8 hl.
				Der rodauge	. . . .	8 hl.
				Der moene		
				Die mackrele	das Pfund	5 hl
				Die backfisch		

ader ir ingesessen wirt, den sy irs gutz getruwen, suß nyeman anders, uf eyn pene 5 mr.

Item eyn iklicher ader heymscher, der hie zu mart syn guyt verkeufen wilt, der sal syn guyt zu eyme malle uf lant legen und nyt hinderhalden, uf eyn pene 5 mr.

Item so weme die gesworen leverent, der sal sy ungestraift laissen und hoisch syn uf al sulche straifunge, der rait daruf setzen wirt.

Item aif yemant myt gesaltzem gude geselschaft halden wil, als manch geselle dan ist, so manche stat sullen sy bezallen und nyeman sal dem andern vurstain, er en sy syn broedelink ader gedinkt knecht.

Item sal nyeman keyn stockfisch myt kalk wesseren uf eyn pene 12 alb., so dick daß geschit.

Item wer von den martmeistern gesalzen guyt ader suß fisch feyle hain wil, der sal sy nyt setzen und keyn gesworen sal och keyn geselschaft myt gesalzem gude und fischen haven uf eyn pene 5 mr.

Item en sal kein gesworen deß fißmartz keyn vurstender syn uf 5 mr.

Auch en sal nyeman keyn gesalzen ader ander fisch veyle hain dan am fißmart uf 1 mr.

Item en sal nyeman keyn kaufman syn guyt von syme leger schyfen, hee en have id dan selber vergoitzhallert ader myt willen deß kaufmans, uf 1 mr. zu penen.

Diß sullent die gesworen am fischmart roegen.

Dyt iß dat gebot uf dem fißmart von den gronen fischen[1].

Item en sal nyeman keynerley fisch wygen, groiß noch kleyn, dan eyn wagemeister, uf 1 mr.

Item en sal nyeman keyn fische halden yeman heym zu senden dan der wagemeister; 1 mr.

Item en sal nyeman keynerley erstrickte fisch zu marte brengen in wyeren ader alsuß, uf eyn pene 12 alb.

[1] Hierher gehörig erscheint auch ein Vermerk über die Laichzeit der Fische aus dem Ende des 15. Jahrhunderts im ältesten Rathbuche Bl. 43:

Dit ist die ordenunge der grone fisch, wanne sy plegent zu leychen.

Item der salmen leycht in dem herbest.
Item der karp in dem braichmaynt.
Item die byrß in dem myrtz.
Item die roede euge in dem myrtz.
Item der barbe in dem mey.
Item die forne in dem mey.
Item die makarele in dem apryl.

Item sullent die fremde lude und burger geben von der mark 4 hl., yre fisch uf der wagen zu wygen und zu verkeufen.

Item sal man geben eyme salmensnyder von yedem salmen zu snyden 8 hl.

5 Item sal man alle fisch, die zu der wagen hoerent, uf der wagen wygen dem armen alß dem richen, unvermengt myt eynichen andern fischen, und sal yederman syne fisch zu marte brengen und uffenberlich verkeufen, wer daß von irst gesynt, und keyn fisch hynderhalden, uf 1 mr.

10 Item yd en sal auch nyeman keyn fisch messen an der Moeselen myt dem kar ader myt der halber thonnen boden, aß daß recht und gewonheit ist, der gesworen wygemeister en sy dabey, und wanne he spricht, iß sy genoich, so sal man uf horen zu beyden syten.

15 Item iß en sal nyeman auch keyn fisch ader salmen, die er gilt ader gesant werden, anders wygen dan der wagemeister.

Item en sal nyeman keyn fisch hoeger noch durer geben, dan die gesworen die setzent, uf 1 mr.

Item sullent die gesworen sehen, daß der mart reyne ge-
20 halden werden.

29. Ordnung für die Viehmarktschreiber. 15. Jh. Ende.

Aeltestes Rathbuch Bl. 63.

Ordenung der schriber uf dem phemart.

Item sullent die schriber am phemart sich alle donnerstags in der swyndrift sich zusamen foegen, so wanne eyn kaufman kumpt, daß er sy by ein fynde, und welcher schriber irst vom
25 kufman gesonnen wirt, dem sal der selb schriber sonder weyerung ader eynich furdel me dan syn gesatten loin folgen und morgens by dem stalle by dem underkeufer an dem ußzellen syn.

Item by welchen abentzkeufen eyn schriber ist, davon sal er von dem aventzkauf halben schriftloin heben und daß drittel da von by syme eyde dem, dem daß von deß raitz wegen befolen
30 ist, daß drittel lebern und die zwen deile davon sullent sy zusamen deilen.

Item waß uf dem mart verkauft wirt, sullent sy gantzen schriblone heben und daß drittel iklicher by syme eyde dem zweyn vurgenanten von deß raits wegen lebern und die selben zwene zu
35 zyden sullen sy alle frytage usser den thafelen rechentschaft doin.

Item waß eyner uf dem mart verdienet, sal er behalden und daß dritteil overlebern in maissen vurgeschriben.

Item die zwene, den befoilen ist, von deß raitz wegen daß dritteil uf zu heben, sullent sulchs deß raits drittel eyme buw-
40 meister zu zyden geben und deß nyt verhalden by iren eyden

over echt tage, yt en were dan myt willen eyns buwmeisters, und welcher deß nyt dede, sult deß schribens ledich stain.

Item welcher schriber zu fele ader zu wenig in syner tafelen funde, wan sy by ein koemen, sullent sy daß myt rade der underkeufer den kaufluden zu eren henden stellen, die sy doich- 5 ten, daß iklichem kaufman naich syner gelegenheit bequemlich gesche.

Item sullent sy den kaufluden und keufern uf ere eyde na iren besten synnen myt der rechentschaft und ire schriben recht doin und wa iß noit syn wurde recht gezuge drain. 10

Item wer in besworniß deß bannes wer, der selbe sal, die wile er im bann ist, die zyte by syme eyde deß schribes ledich stain, und so er usser besworniß deß bannes ist, mach er dan weder schriben.

Item sal eyn iklicher kaufman, der oesen ader swyne her 15 zu mart brengt, so de zale ist ober zwolf, sal der kaufman eynen underkeufer und schriber haben, und so der kaufman den schriber nyt haben wulde, sal der underkeufer by eme nyt stain.

Item sal nyeman heymsche noch fremde myt der herten uf vurkauf eyniche swyne vur der 10. uweren gelden by eyner 20 penen 1 mr., dem buwmeister zu lebern von yklichem swyne.

Item nar der stat an dem kex, daß keyn fehe da verkauft sal werden.

Item ist man im rade verdrain, daß die schriber haben sullen vom kaufman, by dem sy stehent, 1 alb. 25

VII.

Städtische Diensteide.

In diesem Abschnitt habe ich eine Anzahl von städtischen Diensteiden zusammengestellt. Dieselben ermangeln leider der Vollständigkeit. Einige und gerade sehr wichtige Verpflichtungsformeln für einige höhere städtische Beamte fehlen. Ueber die fehlenden möchte ich einiges bemerken.

Die Wahl der sämmtlichen Beamten der Stadtgemeinde erfolgte durch den Rath, und zwar durch den neuen Rath. Einige, man kann sie als die höheren Gemeindebeamten bezeichnen, wurden aus den Mitgliedern des alten Rathes gewählt, die sogenannten Rathämter. Dahin gehören die Bürgermeister, die Baumeister, die Schutzmeister, die Rentmeister, die Ungelder, Urlaubgeber, Kirchen- und Spitalmeister, Wundeiniger und Wachtgelder. Andere Beamte, wie Förster und Schützen, Unterkäufer, Schreiber, Bescher, Zinsmeister u. a. werden aus der Gemeinde gewählt. Damit die Wahlen nicht überstürzt würden und jeder sich über die Tauglichkeit eines zu Wählenden unterrichten könne, wurden die Namen der Anwärter und Bewerber am letzten Rathtage vor der Wahl verzeichnet und verlesen. Die Wahl eines jeden Beamten erfolgte auf ein Jahr. Später, im 16. Jahrhundert, ging man dazu über, einige, wie Rentmeister und Kirchen- und Spitalmeister, auf 2 Jahre zu verpflichten. Doch gab man noch in demselben Jahrhundert diese Einrichtung wieder auf und bestimmte, dass sie jährlich gewählt werden sollten, dass aber der einmal Gewählte ein weiteres Jahr im Amte bleiben solle, damit der neue von dem alten lernen könne.

Von einigen der oben genannten Beamten ist bereits früher die Rede gewesen[1]. Die Wundeiniger haben die aus den Wundeinungen erwachsenen Strafgelder einzusammeln. Den Kirchen- und Spitalmeistern[2] ist die äussere Verwaltung dieser Anstalten übertragen. Sie haben die Verzeichnisse über das Vermögen derselben zu führen, auch über die in der Pfarrkirche vorhandenen Kleider

---

[1] Bürgermeister oben S. 27, Ungelder S. 164, Urlaubgeber S. 148, Schutzmeister S. 129.

[2] Das bereits im 14. Jahrhundert genannte heilige Geist-Hospital lag in der Leer. Ausser demselben besass die Stadt durch Vermächtniss einer gewissen Christine Clyuckartz ein Haus in der Spiessgasse als Nachtherberge für arme und kranke Reisende, welche oben ihrer Gebrechen wegen in dem Spital keine Aufnahme finden konnten. Urkunde vom 26. Februar 1460 im Kopinr 2 Bl. 50 des Stadtarchivs. Vgl. ebenda Bl. 33 die Urkunde vom 17. Januar 1479.

und Ornamente. Sie besorgen den Einkauf der zu den gottes-
dienstlichen Zwecken nöthigen Verbrauchgegenstände wie Wachs,
Oel und dergleichen. Die letztere Obliegenheit ging später an den
Kirchenzinsmeister über.

Ein für die städtische Verwaltung besonders wichtiges Amt
war das des städtischen Zinsmeisters. Wie sein Name besagt, lag
ihm die Einnahme der Zinsen ob von den zu Stadtleihe aus-
gethanen Häusern. Er war für diesen Kreis der Verwaltung der
dauernde Bevollmächtigte der Stadt. Bei Nichtzahlung der von
einem Hause zu entrichtenden Zinsen wird er vom Schöffengericht
in den Besitz des Hauses gesetzt[1]. Die Zinsmeister wurden aus
der Gemeinde gewählt[2]. Bemerkenswerth ist übrigens, dass als
Verwalter dieses Amtes auch einmal ein Weib erscheint. Für die
Jahre 1421 und 1422 ist „Jungfrau Else von Sonnenberg, zinsmeisters der stede zo Covelentze" nachweisbar[3].

Die Obliegenheiten der übrigen Beamten werden durch die
nachstehend abgedruckten Diensteide mit vollkommener Deutlich-
keit beleuchtet. Dieselben entstammen einer zweifachen Ueberlieferung. Die Nummern 5, 36, 16, 18, 35, 2, 6, 27, 32, 25, 4,
33, 34, 8, 3, 9, 11 und 23 finden sich, und zwar in dieser Reihenfolge, auf einer Pergamentrolle des Stadtarchivs, 0,76 m lang und
0,13 m breit, von einer Hand aus der 2. Hälfte des 15. Jahrhunderts
verzeichnet. Die übrigen sind den Blättern 10, 19—23, 25, 28,
35, 39, 40 und 41 des ältesten Rathbuches entnommen.

---

[1] Urkunden von 1118 und vom 25. November 1438 im St.-A. Koblenz,
Ä. a. O.

[2] Auch Schöffen übernahmen das Amt, so im J. 1418 der Schöffe Engel
von Ley. St.-A. Koblenz, Ä. u. O.

[3] Urkunden vom 21. März 1421 und 16. April 1422 im Stadtarchiv. —
Auch aus erheblich späterer Zeit ist übrigens ein entsprechendes Beispiel nachweisbar. In einer Urkunde vom 5. April 1702 (St.-A. Koblenz, von Stramberg-
scher Nachlass) erscheint: Adelheid Lintzin geb. Kolbin, 28 Jahr Stadt- und Ge-
richtsschreiberin und später 12 Jahr kurfürstlich trierische Stadtschultheissin zu
Boppard.

Dienst-Eide.

1. Der ammen eyd.   [Ammen.

Du salt geloeben daß ghen, dyr in eyner ammen wiß geburt,
zu doin, getruvelich zu hanthaben umb dynen gewonlichen lone,
die kynder zu versorgen, daß sy zu dauf koemen und in den
hulseren getruwe zu syn, auch an dem dauf daß ghene dem kynde
5 gegeben wirt, der kympetzfrauwen getruwelichen zu lebern und
deß nyt abezudoin noch verhalden, sulchs zu follenforen und zu
hanthaben by diner freuwelicher eren na dyme besten vermogen
und nyeman zu versamen, er sie arm und reich, in keyn wiß.

2. Der ufheber eyd zu liebe und zu leyde.   [Aufheber.

Ir sult geloeben und dar na zu den heiligen sweren, so man
10 schenken sal zu lieb ader zu leide und uer gesynnet gewertich
zu syn, broit, wyne und anders zu bestellen, recht gelaich machen,
keynen yn der urten zu obersehen und obert eyn male, sult yr
zum andern darlegen, und wanne uwer' jair umb ist, dem rade
und wen der rait darzu setzt rechenschaft doin und deß nyt
15 laissen yn keyn wiß.

3. Der ufsleger eyd.   [Aufschläger.

Ir sult geloeben und dar na sweren, eyn icklich gesaltzen
goit, daß her zu Covelentz zu mart bracht wirt, zu besehen na
uwern besten synnen umb uwern gewonlichen lone und die zyse
davon getruwelichen heben und der nyeman zu erlaissen und an
20 die ende lebern, sich daß geburt, und was yr fyndt nyt martgebe
ist, sult yr vurbrengen und deß nyt laissen yn keyn wiß.

4. Beseher[1].   [Beseher.

Ir sult geloeben und darna zu den heiligen sweren, die swyne
eyme icklichen der deß gesynnet recht zu besehen nac uwern
besten synnen, dem armen alß dem richen, dem fremden alß dem

---

[1] Am 28. Januar 1472 traf der Rath folgende Bestimmungen betreffend
die Schweinebeseher: Van den swynbeseren. Anno LXXI, more Treverensi, uf
dinstach vur purificationis, ist der rait alt und nuwe overdrain, als antroffen die
swynbeseer, wie man sulchs hin vorter, als sy swyn besehen, id halden sullen:
wer me swyn besyt, sal eyn yclichor, wem besehen wirt, in eren loin sunder
intrach geben, sy in erliessen dan eynen mit guedem willen, unde wer dan
sache, das der swyn beseer eyn swyn vur reyn besehen hette, dat doch nyt uf
der zongen reyn were, wer sulch swyn gegolden nuder 2 gulden, so sal der
beseer dem, der dat swyn golden hette, ab er wyl 3 alb. geben, golde aber dat
swyn 2 gulden oder dar ober und wer so als vursteyt uf der zongen vur reyn

heymsehen, und wer sach, daß yr uch obersecht und eyn swyne,
daß unreyne were, vur reyne lebert, sult yr daß dem selben der
daß golden hette abelegen und die swyn zeichen, alß von alters,
und daß ghene dem rade geburt getruwelich lebern an die ende
sich daß geburt, sulchs nyt zu sumen yn keyn wiß.   5

5. Dit ist der burger eyd[1].   [Bürger.

Van diesem dage vorter und diesen dagen allen saltu getruwe
und holt syn unserm gnedigen hern, herren Johann, erzebuschof zu
Trier, und der stede Covelentz und salt sy warnen vur yren
schaden, so wae du den freisch, er sy heymelich ader uffenbair,
und salt die verbontbreife halten, die die stede under eyn gegeben 10
hant, und wurtz du eynicher parthien gewar, die weder unsern
gnedigen hern und den rait von Covelentz were, saltu vurbrengen
und nyt laissen umb lief noch umb leyt noch umb keynerley
sachen willen.

6. Furster eyt[2].   [Förster.

Ir sult geloeben und dar na zu den heiligen sweren, den walt 15
umb und umb zu fursten und zu hoeden na uwern besten synnen
und alle zyte daruf warten, recht roegen vurbrengen und nyeman
der zu obersehen noch zu erlaissen umb leif noch umb leyt noch
umb keynerley sachen willen.

7. Clockner.   [Glöckner.

Du salt gloven und sweren der kirche getruwe und holt zu 20
sin und alle gewanheit der kirchen getruwelichen zu halden und
alle ornament kelch boecher und was under eren henden[a] is getruwelichen verwaren unde den kirchmeistern und burgern[b] gehoir-
sam sin in allen zemlichen sachen, die vurgeschrivene kirche und

besehen und wer doch vynnich uf der zongen, als dan sal der besser dem, ab
anders der keufer wyl, 6 alb. zu besseronge geben, wulde aber der keufer, dem
id also velo, der 3 oder 6 alb. nyt, sal der keufer dem swyn besser dat selb
swyn vur dem nesten sundage, als id uf den frydach golden ist, reynlichen und
unzoschanden lebern und der swynbesser sal dem keufer syn gelt, er umb dat
swyn geben hette, vernogen zu des keufers willen. — Abschrift im Kopiar 2
des Stadtarchivs (15. Jhs.) Bl. 29[b].

[1] Vgl. den Bürgerschwur auf dem Rathhause v. 1366 oben Abschn. III S. 41.

[2] Im Mai 1366 wurde der Wepeling Dederich von Langindal, zu Winningen wohnhaft, als Förster vereidigt „und werit sache, daz ich eyngen iren schaden
an irem welde freische oder schege, daz sal ich yn zu stunt vorbrengen und
rogen, da von sal ich myn deil an der rogen haben. . .“ Auf der Rückseite der
Urkunde steht: „Wie ein edelman zu Wyoningen ein furster ist gewest.“ Orig.
1366, Mai 29 im Stadtarchiv.

a) *under eren henden* gestrichen und von anderer Hand *darzo gehorich*
darüber geschrieben.   b) *und burgern* gestrichen.

das cre berorende, und^a aif etwas verloren wurde, saltu darna
rede und antwort geben den kirchmeistern ader rade und dynen
gewonlichen loin nemen, als von alders herkomen ist und nyt mche.

8. Der heymburg und gesworen eyd zu Lutzercovelentz etc. [Heimburgen.

Ir sult geloeben und dar na zu den heiligen sweren, unserm
5 gnedigen herrn von Trier und dem rade zu Covelentz gewertich
und gehorsam zu syn und daß ghene, uch von eyme burgermeister
zurzyte von deß raitz und der stede wegen befoelen wirt, getruwelich zu hanthaben und zu doin, auch alle roegen sich geboeren zu
roegen, an die ende sich daß geburt na altem herkoemen und
10 gewonheit recht furzubrengen und uwere naperen zuvergain und
zu verstain, nae uwern besten synnen, und sulchs nyt zu sumen
yn keyn wiß.

9. Der hyrten eyd. [Hirten.

9. Ir sult geloeben und dar na zu den heiligen sweren, die
swyn, uch gelebert werden, getrulich zu hoeden und zu versorgen
15 na uren besten synnen umb uren lone alß von 2 swynen die woich
5 hl. und keyn swyne uf den walt nemen auch keynt vom walde
laissen sonder wissen und willen eyns burgermeisters und wer
sach, daß eynich swyn verloiren wurde, salt yr zoep und zael
wisen und wae deß nyt geschit, solt yr daß swyn bezailen, solchs
20 zu follenbrengen und nyt zu sumen yn eynich wyß.

10. Der eyd vom cranen. [Krahnenknecht.

Du salt geloeben und darna zu den heyligen sweren, die
zwene cranen myt alle irem zugehore getruvelich zu verwaren
und daß gen, dyr da in gelebert wirt, weder zu lebern und bede
cranen zu winterzyte zu wich foeren und von eyme stuck wyns
25 von $\frac{1}{2}$ foder, daß du wyntz, $2\frac{1}{2}$ a(men) eyn eymer me ader myn
nemen 9 d. und von $3\frac{1}{2}$ amen biß an $6\frac{1}{2}$ ame nemen 18 hl., von
7 amen 2 alb. und von $7\frac{1}{2}$ amen und 8 amen 3 alb. und fort, so
der crane zu Hoirchem gefoirt wirt, nemen von slechten stuck
2 alb. von seben amen 3 alb. und von $7\frac{1}{2}$ amen 4 alb. und die
30 groiß faß ober 7 amen saltu heben uf deß kaufmans anst und
waß du von gelde entpheiß, salt du by eyn halden und by dem
eyde alle virtel jairs lebern unserm gnedigsten hern und dem
rade, sulchs zu halden und nyt zu sumen in keyn wyß.

a) Von hier ab von anderer Hand nachgetragen.

11. Deß koehirten eyd.   [Kuhhirte.

Du salt geloeben und dar na zu den heyligen sweren, die
gemeyne koe zu Covelentz getruwelichen hoeden, zu verwaren und
zu rechter zyte zu wald dryben na der bester weyden und der
verboden walt myden und die koe hoeden, alß lange die zyte
gifft, und rede und antwort geben, abe eynich koe ußblebe, zu 5
schanden ader gelemet wurde und daß nyt laissen yn keyn wiß.

12. Der martmeister eyd.   [Marktmeister.

Ir sult geloeben und dar na zu den heiligen sweren, alle
samstags zu eyner uren in der scharren zu syn und in der wochen,
so daß noit ist, daß fleisch setzen na uweren besten synnen, alß
der mart daß gift, und recht roegen vurbrengen und deß nyt 10
laissen umb leif noch umb leyt noch um keynerley sachen willen.

13. Der martmeister und der underkeufer eyd. [Marktmeister u.
(Auf dem Fischmarkt.)   Unterkäufer.

Du salt geloeben und darna zu den heyligen sweren, eyns
iklichen festel dags uf dem fischmart zu erschynen und die grone
fisch zu iklicher zyte daß pont na werde setzen, stockfisch und
daß gesalzen goit in thonnen und in kurfen laissen ufslain und 15
daß na dynen besten synnen beschen, berichen und besmacken,
und waß nyt kaufmans goit noch martgebe ist nyt verkeufen
laissen, sonder daß furbrengen und die zyse getrulichen heben
und an die ende, sich daß geburt, lebern und keynen vurkauf
myt fischen dryben und waß da roichbar ist roegen und deß nyt 20
laissen in keyn wiß.

14. Martnach.   [Marktnachenführer.

Du salt geloeben und darna zu den heyligen sweren, den
martnachen zu foeren an die ende, sich daß geburt, alß myt
namen zu Wesel, Bopart, Andernach, Engers, Zelle, Merle, Cochem,
Carden und eyme iklichen gewertich zu syn und daß ghene, dyr 25
ingeladen wirt, getruwelich verwaren und eynen iklichen foeren
umb dynen gewonlichen lone und waß dyr ingeladen wirt eym
yederen daß syn weder lebern und alle burger guyt, daß zol fry
ist, in dyme schiff sonder und alleyn legen und daß an den zullen
by dyme eyde vur zollfry guyt verantworten und zu rechter zyte 30
anfaren, so daß die burger nyt gesumet werden, solichs zu follenfoeren zu halden und nyt zu sumen umb keynerley sachen willen.

15. Betreffen den martnachen zu Bopart. [Marktnachenführer.

Du salt geloeben und dar na zu den heylygen sweren, den martnachen all woch zu Boppart zu foeren und eyme iklichen gewertich zu syn und daß gben, dyr ingeladen wirt, getrulich verwaren und alle burger guyt, daß zol fry ist, in dyme schyff 5 sonder legen und daß an dem zoll zu Oberlaynsteyn vur zollfry goit verantworten und alman daß syn, er dyr ingeladen hait, weder lebern und yederman foeren umb dynen gewonlichen loene und an dem frydage so rechter zyte anfaren, so daß nyeman gehyndert werde, solichs zu follenfoeren und nyt zu sumen yn 10 keyn wiß.

16. Der mutter eyd. [Mutter.

Du salt geloeben und darna zu den heiligen sweren, nu vorter zu rechter zyte uf dem clockenthorne zu unser lieber frauwen zu syn, zu wynter und zu somer, die wyneclock luden, uf dem selben zu wachen und zu hoeden myt dyme gesellen de woche uß, so 15 dir daß geburt, und den wechtern uf der stede muren zu ycklicher uren myt dem wechter clockelgen luden und wecken, und abe eynich fuyr bynnen Covelentz ader hy by ufginge, von stunt zu uffenbaren und nu forter eyme icklichen der dyn gesynnet gehorsam zu syn, zu messen myt der maissen umb gewonlichen lone 20 und recht maiß eyme icklichen zu geben sonder eynich furtel, er sy rich ader arme, er gelde ader verkeufe, die zaile myt allem fliß behalten und die zyße getruwelich yn zu fordern und ufzuheben und die lebern an die ende sich daß geburt und am donnerstage am kornarte zu syn. deß martz warten naich noit- 25 dorft und keyn furstender zu syn noch keynen kauf von frucht zu dryben und jairs helfen die maissen ychen, sulchs alles nyt zu sumen yn keynerley wiß.

17. Der nußmutter eyd. [Nussmutter.

Du salt geloben und darna zu den heyligen sweren, daß nuß summeren zu verwaren und by dyr zu halten und eyn iklicher, 30 der dych gesynnet, gewertich zu syn und recht mase geben, und alle kyrmeß uf dem kyrchen thorne zu syn ader eynen andern myt wissen eyns burgermeisters yn dyn stat und zu warten, ab eynicher schade entstunde mit fure ader anders, den zu warnen und deß nyt laissen.

18. Der amendreger eyd. [Ohmträger.

35 So wer dyn yrst gesynnet zu dragen, dem saltu folgen und an welchem yrst gesonnen wirt, der sall syne gesellen by eyn brengen und dem drain, er sy heymsche ader fremde, icklichem

vur synen gewoinlichen lone und nyeman zu oberheben, allet myt
zuchtigen worten, und sullent ye zwene eyn ame haben und getrus
syn yn den huisseren auch yn den schiffen, so wae deß noit ist,
und abe eynich fuyr an ging, sich sonder sume by die amen zu
machen und zu drain, auch icklichem recht maiß an der amen 5
zu geben und deß nyt zu laissen umb eyniche sach, und wanne
der cleppel abgestalt wirt, saltu uf die clock warten zu rechter
zyte luden alß gewonlich ist und waß dyr von deß raitz wegen
bevolen wirt, saltu sonder yndrach doin und deß nyt laissen yn
keyn wiß. 10

19. Der porten eyd. [Pförtner.

Du salt geloeben und dar na zu den heyligen sweren, die
porte zu rechter zyte uf und zu zu doin, und so die porte abentz
geslossen ist, die nacht nyt ufzudoin buyssen wyssen eyns burgermeisters und die sloissel myt trauen na alle dyme vermogen zu
versorgen und deß nyt zu laissen noch zu sumen in keyn wiß. 15

20. Der roder eyd[1]. [Röder.

Du salt geloben eyme iglichen gehorsam und gewertich zo
syn, der dyn zu roden begert bussen und bynnen Covelentze
und an den enden, sich das geburt, und iglichem recht und uf

---

[1] Ueber die Prüfung und Anstellung eines Weinröders findet sich in den
Koblenzer Kellereiakten des St.-A. Koblenz Nr. 109 folgende Nachricht vom
23. August 1413:
    Es sei zu wissen, daß in dem jair do man schrieb 1413, uf sanct Bartho-
lomeus abend, der rat zu Coblentz und wen sie von der stede wegen darbei geschicket hatten, hant thun ruden Damen den wynroder ein vass, das er trucke
gerodet hait vur 5 amen eid lauter und 4 vierteil und lauter vor 5½ ame myn 4 vierteil,
und hat der rat und wer darbei geschicket was dasselbig fass tun ichen und
messen mit der stede alter massen und kuppern icher, mit der massen des
halben vierteils bis an den obersten stich in dem koppern eymer oder icher und
mit demselben eymer oder ycher bis an die geschworn geychte ame und mit
der geichter ohimen vort in dasselbig fass bis dass es full ist worden, und hant
die rode und den ycher in demselben vass gleich gross funden, wie doch die
rode an dem fuder vass zwolf vierteil starker sein sall dan der ycher und
darumb, so welich mensch ein fuder weins zappet, die quart umb 1 schilling
Brabants, der sal an gelde darvon haben 50 mr. Brabants und 4 mr. vur das
ungelt und so was ime des an dem weine abgeit als von sturtz oder koro wein,
also viel geit imo auch an dem gelde abe und vort von jeglichem fuder weins
nach dem, das die quart geldet nach gepner. Und umb dass der rat Damen
vorschriven also mit der roden und icher gleich funden hat, so hant sie ine
empfangen zu eym wein roder und hant imo die selbig rode bevollen damit
vort zu roden und synen eid darumb genommen, einem iglichem heimischen und
frembden recht damit zu tun nach seinen pesten synnen ohne arglist. Und
wurd jemand mit ine stoissig oder zweien umb dass or ime zu kurz getan oder
sich vergessen solt han, so sal er uf den alten unser sede ycher geziehen, sich

das allernehestc zu roden nach allem deme besten synnen und
keyme da inne behulflich ader vurdel zo doin, er sy arm ader
rich, fremde ader heymsche, frunde ader mach, und aif emans
begerde anderverbe zo roden ader zo stechen, saltu willig syn,
5 allet umb gewoenlichen loin und nit davan dubel zu nemen, sonder
argelist.

21. Der salzmuttersen eyd. [Salzmutterfrauen.

Du salt geloeben, alzyt bereyt syn den armen aß den richen,
eym iklichen vur syn gelt zu messen und alzyt daß summeren und
ander maissen holen yn deß salz schoderß huiß und auch so dick
10 weder lebern und dem salzschoeder sagen, wie veil man gemessen
hait, und keyn summeren uf die kirmessen foeren bussen orlauf
eyns burgermeisters zu zyt und salt daß halden by dyner freu-
licher eren.

des zu besagen oder zu entschuldigen, und sal ine der rat darbei behalten, so
fer er in den sachen rechtschaffen fundeu wirdet. Actum et supra.
    An derselben Stelle findet sich eine weitere Nachricht aus dem J. 1509.
Damals war der Röder Henrich Mute von Ley, Bürger zu Koblenz gestorben.
Bürgermeister und Rath beabsichtigten einen neuen Röder anzustellen und
liessen in der Harret verkündigen: diejenigen, welche sich um das Röderamt
bewerben wollten, sollten sich melden und darum stechen. Er erschienen 6 Bewerber. Zehn im Hofe zu Monreal liegende Fässer wurden von ihnen gestochen, d. h. die Bewerber schätzten den Inhalt der Fässer ab. Einige Tage
später wurden dann die Fässer geaicht. Zuerst wurde die Ame geaicht. Die
Schöffen haben zuerst das halbe Viertel „beschott" mit dem „Kopp" und mit
dem halben Viertel den Eimer und hält der Eimer 5 Viertel bis oben an den
Stich. Mit dem Eimer wurde dann weiter die Ame geaicht, welche 5 Eimer
hielt und ist ein Viertel zugegeben (26 Viertel). Darauf wurden die Fässer mit
der Ame geaicht. Als das geschehen, besah man die Aufzeichnung über die
Schätzung der Stecher. Peter von Kovern kam der Aichung am nächsten und
wurde am Sonntag darauf als Röder vereidigt.
    Folgende weitere Angaben finden sich über den Röder: Im Kopiar 2 des
Stadtarchivs, Bl. 4 unter dem J. 1468:
    Item hait he macht, eyn virdel und da unden dem kaufman zu staden zu
geben, aif he ander eyn mysdunken hette.
    Item sal ho dat bodem gelt by sym eyden heben und dem rade zu sente
Walpurgen dage geben.
    Item sal he dem rade van der roden 5 mr. zu sente Kathrinen myssen
geben, als bis her gewenlich gewest ist.
    Ferner im ältesten Rathbuch Bl. 35, 15. Jahrhundert:
    Item eyn roeder sal geben 5 mr. dem amptman van[a] den usseren dorferen
bussen der burgerschaft und dem rade 5 mr. zu sent Katherinen tag van symo
lone und zu Walpurgis den ungelderen das bodem gelt[b], so wals der burger zo
Covelentze, Wyß, Lutzercovelentze und Nuwendorf verkeufen, gyt der kaufman
van ee deme boden 2[c] hl. und der burger gyt zo roden 4 hl. und[d] der kaufman
das boden gelt. So wanne aber eyn burger deme andern verkeuft gyt iglicher[e]
4 hl. vor rode gelt[f], so wan aber eyn burger eme selbst loest roden, sal er
geben deme roder 4 hl. und nit mee.

    a) ran — burgerschaft ist darübergeschrieben.   b) ursprünglich: und zu
pinsten den ungelderen 5 gl. vam bodem gelt.   c) ursprünglich 4 in 2 verändert.
d) und der — gelt gestrichen.   e) ursprünglich iglicher nit mehe dann 2 hl. vor rode
gelt.   f) vor rode gelt gestrichen.

22. Der salzschoeder eyd.   [Salzschoeder.

Du salt geloeben und darua zu den heiligen sweren, eyme
iklichen, der dyn gesynnet, salz zu schoeden, gehorsam und ge·
wertich zu syn umb dynen gewonlichen lone, und den heymschen
fordern glich dem fremden, die zyse getruwenlich von eyme iklichen na syme gebuyr zu heben, deß neman zu obersehen und 5
unverzuichlich in eyn boiß by dem eyde doin und alle viertel
jairs an die ende sich geburt zu lebern, und waß du den dag
schoitz, saltu anzeychenen und behalden na dyme vermoegen;
du en salt auch keyn vurstender syn auch keyn salz vur dich
selbs feile hain, keyn geselschaft myt den ußwendigen in dyme 10
huiß ader in den schiffen an stellen noch halten und keynen
schank von in zu entphaen, weuich ader fele, in keyn wiß, sulchs
also zu halten und nyt zu verbrechen umb leif noch umb leyte
noch umb keynerley sachen willen.

23. Deß suehyrten eyd.   [Sauhirte.

Du salt geloeben und dar na zu den heyligen sweren, die 15
swyn zu hoeden und zu rechter zyte uf den greve dryben und
da zu verwaren, daß nyeman davon schade geschee, und abentz
zu rechter zyte heyme dryben und abe eynich swyn ußblebe, rede
und antwort zu geben, solichs zu doin und nyt zu laissen yn
eynich wyß.   20

24. Der scherer eyd.   [Scherer.

Du salt geloeben und dar na zu den heyligen sweren, so
welche zyte sich eyn geslege begebe bynnen Covelentz, so daß
eyner ader me wont worden, und der gewonte zu dyr queme und
begert sich zu bynden, saltu den selben eyn male bynden und
am andern dage den gewonten an daß gerychte breugen ader vur 25
zwene scheffen; so der gewonte aber nyt gain kunde, saltu zwene
scheffen holen, die selbe scheffen sullen die wonde besehen, abe
sy roppar sy ader nyt, alß daß von alters herkoemen, und alß
dan machs du in vorter bynden zu syner noitdorf.

25. Der schryber eyd.   Schreiber.

Ir sult geloeben und dar na zu den heiligen sweren, eyme 30
yeklichen kaufman, der eyns zum erstem gesynt, gehorsam und
gewertich zu syn und by eme stain und uf die keufe warten, die
summe deß geltz recht yn zu schriben und dem kaufman de helfen
ynfordern, auch deß morgens so die swyn zu mart gedreben werden,

uß den stellen helfen zellen, die zyse uf zu heben und sonder
verzoch getruwelich zu lebern an die ende sich daß geburt, sulchs
zu follenfoeren und nyt zu sumen yn keynerley wiß.

26. Der schreder eyd.   [Schröder.

Ire sult geloeben by uwern eyden, eyme ikliehen, er sy rich
5 ader arme, fremde ader heymß, der uwer gesynnet, zu schraden
und eyme under uch sulchs vurbrengt, der selbe sal syn gesellen,
so veil ime noit ist, zu sich nemen und dem sonder sumen uf
uwer aller anxt schraden umb uwern gewoinlichen lone, und
nemen zu oberheben, und were sach, daß yemantz uwernthalben
10 eynicher schade geschege, neder ader oben in der stat, sullent
die selben, da der schade geschit, semmentlichen bezailen; in den
huisern und kerren auch getruwen syn und wanne eyner under
uch abegelt, sult ir eynen andern myt wissen deß roitz in deß
stat nemen, der selbe auch syne geloebde doin sal, ee daß er
15 schrade, und were sach, daß ir semmentlich ader eyner von uch
in sonderheit in eynichen puncten obgenant bruichich wurde und
dem rade in clage wiß vurqueme, sal der selbe, van dem sulche
clage geschege, dem rade verfallen syn in eyn boiß 12 alb., so
dick sulchs vurquem, und daß wie obgemelte ist also zu halten
20 und nyt zu sumen, in keyn wiß.

Item sullent die nederschreder an seut Floryns dannen bliben.

Item deßglichen de oberschreder ober herabe auch daselbs.

27. Der schutzen eyd.   [Schützen.

Ir sult geloeben und dar na sweren, die mark umb und umb
zu begain und zu hoeden na uwren besten synnen, recht roegen
25 vurbrengen und yn eyns yeklichen schaden nennen und deß nyeman zu oberschen weder umb leif noch umb leyt noch umb
keynerley sachen willen.

28. Der stedeknecht eyd.   [Stadtknecht.

Du salt geloeben und darna zu den heiligen sweren, dem
rade getruwe und holt zu syn und alle zyte eren und fordern und
30 eyme iklichen burgermeister gehorsam und gewertich zu syn, und
waß dyr von eyme burgermeister befolen wirt, getruwelich doin
und in allen dynen gescheften verswegen, dyn wacht, so dyr daß
geburt, getruwelich von huiß und huiß zu setzen, deß nyeman zu
obersehen, keynen schank da von zu neman, in der wirtz huisser
35 bescheiden und zuichtich zu syn, und abe eynich zweyung enstonde
in dyme bywesen gutlichen helfen neder zu legen und alle rogen,
die dyr zu roegen geboren, alß messer zehen, von den fremden,
wechter rogen, allen vurkauf, alle wurfel spele, becker, swyn

oberzale, mystmachen uf der straissen, wort alle ander der ge-
lichen roegen saltu by dem eyde vurbrengen und deß nyeman zu
obersehen und so der rait sytzet, saltu alle zyte zu Mouryal in
hoif deß gewertich syn und alle dage zwey oder dru maile zu
eyme burgermeister gain zu fragen, abe er etzwaß von des raitz 5
wegen zu schaffen oder zu doin habe, sulchs zu vollenbrengen,
und nyt zu sumen umb leyt noch umb leif noch umb keynerley
sachen willen.

29. Der steyn koelen eyd. [Steinkohlenmutter.

Du salt geloeben und dar na zu den heyligen sweren, alle
zyte eyme iklichen zu messen umb dynen gewonlichen lone und 10
die maiß recht zu behalden und daß summeren verwaren und
bussen die stat nyt laissen und die zyse getruelich heben und
lebern sich daß geburt, solichs zu doin und nyt zu sumen in
keyn wiß.

30. Der zyse heber eyd uf sent Floryns hove. [Ungeldheber.

Du salt geloeben und darna zu den heiligen sweren, der 15
stede zyse unserm gnedigsten hern und dem rade uf sent Floryns
hoife deßglichen uf sent Castors hoife und umb und umb in allen
straissen von den fremden getruwelich inforderen und ufheben,
auch von den ghenen hy seßhaftich und nyt burger synt dieselbe
zyse by eyn halten und so der wochen mart gescheen ist dich 20
by dynen gesellen foegen und die zyse by dyme eyde in eyn
boiß doin, die dyr vom rade gelebert, und zu heben von yedem
gulden 4 hl. von den fremden und von den burgern alß von alters
und deß nyeman zu erlaissen und zu eynem iklichen viertel jairs
daß selbe, du und dyn geselle ufgehaben haist, an die ende 25
lebern, sich daß geburt, und alßdan dynen geburlichen loin davon
zu entphaen, solichs wie ytzgerort ist also zu follenbrengen und
nyt zu sumen in keynerley wiß.
Der lone ist der vierte pennick.

31. Deß ungeltz schryber eyd. [Ungeldschreiber.

Du salt geloeben und dar na zu den heiligen sweren, alle 30
dage in der stat Covelentz umbzugain, auch so deß noit ist zu
Lutzercovelentz, den wirten die wyn myt dem wusch schenken, in
die kerre gain, daß faß beschen, den wyn, eyn iklicher schenkt,
ufzeychen na dynen besten synnen, wie daß von alters her ge-
bruicht, und alle woch dinstags und samstags myt den ungelderen 35
umb gain, daß ungelt getruelich heben und semmentlich in behalt
deß raitz lebern biß zu ußgang eyn iklichen viertel jairs und dan
oberlebern, auch alle jaire uf sent Walpurgen dag daß ungelt von

dem drank an den enden, deß noit ist, ufheben, deßglichen den pacht zu Wiß und daß bodem gelt an den roeder, sulchs also zu hanthaben, dem nazukoemen, also zu halten und nyt zu sumen in eynicherley wiß.

32. Der underkeufer eyd uf dem fehemart.   [Unterkäufer.

Ir sult geloeben und dar na zu den heiligen sweren, myt keyme kaufman geselschaft zu haben und welcher uwer irst gesynnet, dem sult yr folgen und by dem kaufman stain und rechten underkauf doin nae uwern besten synnen, dem fremden alß dem heymschen, dem armen als dem richen, und die keuf recht behalden, die schriber zu bescheiden, recht uf zu setzen, auch so die swyne zumart gedreben werden by den stellen zu syn die helfen zellen und die zyse uf zu heben ynzufordern unde sonder verzoch getruwelich zu lebern an die ende sich daß geburt, sulchs zu follenbrengen und nyt zu sumen umb keynerley sachen willen.

33. Der underkeufer eyd ober dem wyne. [Unterkäufer.

Ir sult geloeben und dar na sweren, eyme icklichen, der uwer gesynnet, gewertlich zu syn und rechten underkauf doin na uwern besten synnen, dem armen alß dem richen, dem fremden alß dem heymschen, umb uweren gewonlichen lone und die keuf recht behalten und deß nyt laissen yn keyn wiß.

34. Der orlofgeber eyd ober den wyne. [Urlaubgeber.

Ir sult geloeben und dar na zu den heiligen sweren, eynen icklichen burger, der zu uch koemet und urlof gesynnet, wyn zu schenken, orlof geben und fragen, abe der wyn, den er schenken wil, syn eygen gewaiß und burger goit sy, ungelengt und ungemenkt myt unfryhem gude; derselbe en sal auch keynen wyn vur noch nae schenken und deß geloebde und eyde von eyme ycklichen nemen und deß nyeman zu erlaissen yn keyne wiß.

35. Der wechter eyd.   [Wächter.

Du sult eyn wechter syn, dyne wacht getruwelichen doen, so dyr daß geburt und zu rechter zyte uf die mure gayn, da zu syn und nyt dannen zu scheiden, dan an dem tage, und zu icklicher uren dyner wacht antworten und zu aller zyte dich uffenbaren und dyner letzen hoeden von eyner zynnen zu der andern und von der muren nyt zu bliben sonder orlaf eyns burgermeisters

und eyns andern myt syme willen und geloefden yn dyne stat,
sulchs zu doin und nyt zu sumen umb leif noch um leyt, noch
umb keynerley sachen willen.

36. Der wynknecht eyd. [Weinknecht.

Du salt geloeben und dar na zu den heiligen sweren, eyme
icklichen burger, so du nyt wyn roefes, der dyn erst gesynnet, 5
zu roefen folgen, dem selben willich syn, den wyn yn de stat zu
rechter zyte drayn, roefen und loeven zu deß wyrtz besten, du
salt dyns wirtz und deß dysche warten, daß faß stechen, den
wyne laissen und drayn und war du wyne sendes nac vermoegen
anzeichen und deß wirtz scholt von dem wyne getruwelich helfen 10
heben und dyme wirt an stont oberlebern, du salt uf eynen dach
in eyme kerre[a] nyt me dan eyn faß roefen und zappen, du salt
zuschen, daß nyt me dan eynerley wyne, der zapp fry sy, geschenkt werde, uf daß unserm gnedigen herrn und der stede da
yn recht geschee, auch keyne wyne zu keyner zyte heischen heym- 15
senden noch drayn sonder gelt, auch keynen andern wirt syne
wyne lesteren und morgens zu rechter zyte komen und abentz
heym gain und van eyner amen wyns nyt me heben, dan 8 hl.,
auch nyeman synen wyn yn syme kerre bußen deß wirtz willen
versoichen und by dem wirt blyben als lange er dyn bedarf, und 20
wat dich eyn wirt bescheit zu stechen und zu rofen, saltu sonder
yndrach doin an geverde, wer[b] da inne overfore, den mach der
rait na synre dait straifen.

37. Der werklude eyd. [Werkleute.

Du salt geloeben und darna zu den heyligen sweren, eyme
iklichen buvmeister der stede Covelentz gewertich und gehorsam 25
zu syn, und dyn arbeit getruvlich zu doin umb dynen gewonlichen
lone, nemlich den dag vier alb., und nyeman zu oberheben, dyn
gesynde anzuhalden und eynen iklichen myt dyner arbeyt
versorgen, na dynen besten synnen, und deß nyt loissen yn
keyn wiß. 30

38. Der wyrt eyd. [Wirthe.

Du salt geloeben und darna zu den heyligen sweren, den
wyne, den du und dyn gesynde dynen gesten dyß vergangen jair
vur und na esses geben haist, salt du die wairheyt in sayn und
deß nyt laissen, alß dyr got helf und die heyligen.

---

a) *kelre* nach dem ältesten Rathbuch.   b) vor hier ab nach dem
ältesten Rathbuch.

39. Anno LXXIII uf samsdag na oculi, [Zimmer-
Lorentz zymmerman. mann.

Item huit Lorentz synen eyd dem burgermeister gedoin, dem
rade gewartlich zu syn und der stede eren notz an allen sachen
noich vermogen zu soichen, ain argelist, des sal he acht und wacht
vry syn als syne vurfaren der stede werklude bis her gehat haint
5 und he und syne gebrote knecht, die wail arbeden mogen, sal he
vurrechtz zu louo nit me heben dan 4 alb., sus aif he ander
meister odor knecht haben moiste, mit den sal he uch zur stede
beste reden, usgescheyden lereknaben sal he zemelich nemen;
eynen rock als anderen stede dienern sol eme werden van des
10 raitz wegen.

VIII.
Einige Quellen aus dem Bereiche des Handwerks.

In diesem Abschnitte habe ich einige Quellen aus dem Bereiche des Handwerks zusammengestellt, die aber in ihrer Gesammtheit betrachtet so lückenhaft überliefert sind, dass es nicht möglich ist, eine zusammenhängende Einleitung dieser Quellengruppe vorauszuschicken. Ich muss mich vielmehr darauf beschränken, einige der ältesten Ueberlieferungen über Koblenzer Handwerker in Rücksicht ihres Ergebnisses über den freien oder unfreien Stand der Letzteren zu prüfen und hierauf einige spätere Bestimmungen über Preise und Löhne als von wirthschaftgeschichtlichem Werthe zu kennzeichnen.

In den oben mehrfach erwähnten Zollrollen von 1104 und 1209 befinden sich einige Nachrichten über die Koblenzer Schuhmacher. Sie erscheinen in einem abhängigen Verhältnisse vom Zöllner des S. Simeonstiftes. Die Nachrichten sind folgende: Fremde Schuhmacher dürfen in Koblenz nur mit Erlaubniss des Zöllners Schuhwerk verkaufen. Die einheimischen Schuhmacher kommen dreimal ungebeten zum Gericht zusammen, jeder derselben hat dann 1 den., am Martinstage aber 5 den., zu erlegen. Sie erhalten den Marktzins, welchen die auswärtigen Schuhmacher von Mariä Geburt bis Martini, also während des Marktes, zu entrichten haben. Dafür geben sie dem Zöllner und den Schöffen ein Essen, der Zöllner wiederum giebt ihnen Wein und Käse. So nach der Zollrolle von 1104[1]. Aus derjenigen von 1209[2] ist noch ersichtlich, dass jeder Schuhmacher nach dem Essen dem Zöllner 5 den. giebt, also die obigen Martinsdenare, ausgenommen die beiden Meister (des Amtes) und der

---

[1] Mittelrhein. U.-B. I, 468: Sutores aliunde venientes non audebunt ibi calceos vendere absque licentia thelonearii vel ipsius ministri. Sutores ipsius loci ter conveniunt ad placitum iniussi et uuusqnisquo tunc dabit denarium unum et in festivitate s. Martini 5 denarios. Dabitur autem eis census sutorum aliunde venientium a festivitate s. Marie usque ad festum s. Martini. Pro hoc autem dabunt theloneario et 8 senatoribus bonum pastum. Thelonearius autem dabit eis 6 sextaria vini et caseum, qui manu una possit levari.

[2] Mittelrhein. U.-B. II, 282: Post festum quoque s. Martini theloneario et villico dabunt sutores Confluentie eis et scabinis servitium laudabile, villico secum habento militem et servum. Quod si laudabile non fuerit servitium satisfacient theloneario et villico secundum quod scabini judicaverint . . . . . . Completo servitio dabit quilibet eorum thelonario 5 den., exceptis duobus magistris eorum et pincerna. Thelonarius quidem dabit dimidium cadum vini et tantum casei, quantum fortissimus eorum manu levare poterit. Item non querent alium judicem in aliquibus causis tractandis quam thelonarium, nisi excedant lite, que vulgariter dicitur friedebreche.

Schenk. Die Schuhmacher haben in gewerblichen Angelegenheiten vor dem Zöllner ihren Gerichtstand, ausser bei Friedbrüchen.

Leider genügen diese Angaben nicht, um vollkommen klar die persönlichen Verhältnisse der Schuhmacher beurtheilen zu können. Es liegt nahe, dieselben als Hörige anzusprechen. Denn der Gerichtstand in gewerblichen Angelegenheiten vor einem seit der Uebertragung des Zolles an das Stift S. Simeon nicht mehr öffentlichen Beamten, dem Zöllner, kann darauf schliessen lassen. Durch eine andere Ueberlieferung wissen wir überdies, dass es eben um jene Zeit, im Anfang des 13. Jahrhunderts, was an sich natürlich ist, thatsächlich hörige Schuhmacher in Koblenz gegeben hat[1]. Trotzdem sind wir nicht genöthigt, jene Handwerkerklasse insgesammt als hörige Leute anzusehen. Ich habe für Trier nachgewiesen, dass einige der dortigen Handwerkerzünfte entstanden sind durch Verbindung nichthöriger Handwerker mit den hörigen Handwerkern des Hofamtes und dass noch lange Zeit innerhalb desselben Amtes die für den erzbischöflichen Hof arbeitenden Handwerker neben ihren freien Genossen zu erkennen sind[2]. Es ist wahrscheinlich, dass in Koblenz dieselbe Entwickelung stattgefunden hat, zumal hier der erzbischöfliche Hof von weit geringerer Bedeutung war als in Trier. Der obige Gerichtstand vor dem Zöllner, und zwar nicht einmal dem des Erzbischofs sondern dem Beamten irgend eines Stiftes, ist zwar auffallend. Aber gerade die enge Verbindung, in der die Schuhmacher zur Zollvereinnahmung stehen — vielleicht wurden sie bei der Zollverwaltung selbst, bei Entladung der Wagen und Pferde, bei der Ausbesserung von Sielzeug usw. beschäftigt — kann dazu geführt haben, dass sie vor dem Zöllner, als ihrem Vorgesetzten in Sachen des Marktes und Marktzolles, zu Recht stehen. Vermuthlich aber ist das ganze Verhältniss älter als die Zollherrlichkeit des Stiftes S. Simeon und die frühere des Erzbischofs und reicht hinauf bis in die Zeiten, da der Zöllner ein Beamter des Königs war.

Auch die Leistungen, welche die Schuhmacher sonst an den Zöllner zu entrichten haben, sind weniger Leistungen als vielmehr Gegenleistungen. Sie erhalten den gesammten Marktzoll, den die fremden Schuhmacher geben. Zweifellos erhalten sie denselben als

---

[1] Im Liber annalium jurium archiepiscopi et ecclesie Trevirensis heisst es unter der Ueberschrift Hec sunt jura archiepiscopi de curte in Confluentia über die Schuhmacher wie folgt: Quando archiepiscopus in expeditionem est iturus, dabuntur sutoribus pelles et adeps ac sal atque linum ad consuenda et praeparanda intineri necessaria. Sed inter duos sutores dabuntur 2 panes et pulmentum unum et inter omnes una urna vini. Mittelrhein. U.-B. II, 415. Der liber jurium ist von Lacomblet, in dessen Archiv für die Geschichte des Niederrheins I, 297—391 er gleichfalls abgedruckt ist, auf Grund von Personen und Zeitangaben der Handschrift selbst, sowie nach dem Charakter der Schrift mit Recht in den Anfang des 13. Jahrhunderts gesetzt worden,

[2] Bär, Zur Geschichte der deutschen Handwerksämter in den Forschungen zur deutschen Geschichte XXIV, 234 ff.

Entschädigung dafür, dass man überhaupt die fremden Schuhmacher auf dem einheimischen Markte zugelassen hat. Für den Empfang dieses Marktzolles entrichten sie nach dem Wortlaute der Zollrolle von 1104 allerdings nur das Essen an den Zöllner und die Schöffen bezw. später (1209) an Zöllner, Schultheiss und Schöffen. Aber auch die Zahlung der 5 Denare nach dem Essen zu Martini (also am Schlusse des Marktes) will doch ihre Erklärung lediglich in der just zuvor gehabten Zolleinnahme finden. Es geht also auch aus der Zahlung und dem Essen noch keineswegs eine Hörigkeit der Schuhmacher hervor. Gegen eine solche Annahme spricht sogar der Umstand, dass auch die Personen des öffentlichen Gerichts nach Beendigung des Marktes von ihnen bewirthet wurden und dass die Schöffen es waren, welche bei Unzulänglichkeit des Essens über weitere Ersatzleistungen der Schuhmacher zu befinden hatten. Wären die Schuhmacher Hörige (des Erzbischofs) gewesen, so würde es vor allem unerklärlich sein, dass sie unter dem Beamten des Stiftes S. Simeon standen. Sie würden vielmehr unter der Gewalt des erzbischöflichen Hofverwalters, des economus, wie er mehrfach bezeichnet wird, gestanden haben und die Schöffen des öffentlichen Gerichts würden ganz gewiss nicht diejenigen gewesen sein, welche über die Unzulänglichkeit hofrechtlicher Leistungen zu befinden gehabt hätten.

Uebrigens ist bemerkenswerth, dass sich das obige Essen der Schuhmacher noch sehr lange Zeit erhalten hat. Erzbischof Werner von Trier traf in den Jahren 1396 und 1398 genaue Bestimmungen über das Essen, welches die Schuhmacher, und über ein ebensolches Essen, welches die Metzger dem Amtmann und den Schöffen jährlich zu geben pflegten. Auch hier steht das Essen in deutlicher Beziehung zum Marktverkehr[1].

Aus dem Jahre 1405 sind Bestimmungen über Gewicht und Preis des Brodes überliefert und aus demselben Jahrhundert nähere Bestimmungen über Backen und Feilhalten von Brod. Die ersteren sind deshalb von grossem Werthe, weil aus derselben Zeit, 1416, sich Bestimmungen des Koblenzer Rathes erhalten haben über die Höhe von Handwerkerlöhnen. Hier würde es durch Umrechnung möglich sein, nicht nur die Lohnsätze nach Gramm reinen Silbers zu bestimmen, sondern auch in Beziehung zu dem Preise des wichtigsten Lebensmittels, des Brodes, zu bringen.

Diesen Ueberlieferungen habe ich einige vereinzelte Zunftordnungen und verwandte Rathbestimmungen angeschlossen.

[1] Vgl. oben Abschnitt VI, 3 Beilagen Nr. 7 u. 8. S. 176 ff.

1. Bestimmungen über Gewicht und Preis des Brodes.
1405.

Aufzeichnung in einer Pergamenthandschrift von 10 Blättern in Quart, 16. Jahrhundert, Anfang; im Staatsarchiv, als „Weisthum der Stadt Koblenz" bezeichnet, Bl. 10. Gedruckt Reisach und Linde, Archiv f. rh. Gesch. II, 122.

Id ist zu wissen, daz eyn malder ruckens brodes Covelentzer maiße wygen sal 312 phunt[1], van demselven malder sal man backen 60 broder, der sal eynt wyhen 5 phunt 6 loit, der sal eynt gelden 1 engelschen ader 6 hl., daz machet 20 ß. eyn malder.

5   Item eyn broit van 3 hl. desselven kornes sal wyhen 2¹/₂ phunt 3 loyt, der macht man uß eym malder 120 broder.

Item 1 malder wys brodes Covelentzer maißen sal wyhen 200 phunt, da machet man uß dem malder 216 broder, der sal eynt gelden 2 hl. ind sal wyhen 31 loit.

10   Item 1 malder gemenget wys sal wyhen 252 phunt, van dem malder machet man 144 broder, der sal 1 wihen 1¹/₂ phunt und 8 loit, ind sal eynt gelden 3 hl., da kompt daz malder vur 3 mr. brabantz.

Item eyn ruckenbroit von 6 haller sal wyhen 4 ¹/₂ phunt ind 6 loit, daz ist eyn malder 28 ß. ind vur dye kost 6 ß., da geit y 15 eyme brode abe na dem rechten gewiechte obengeschriben ¹/₂ punt.

Item eyn gemenget wyßbroit van 3 hl. sal wyhen 1¹/₂ phunt ind 4 loit, da geit y dem brode abe na dem rechten gewiechte 4 loit.

Item eyn wys broit van 2 hl. sal wyhen 27¹/₂ loit, da komet daz malder vur 3 mr. ind vur die kost 6 ß., da geit y eyme brode 20 abe na dem rechten gewiechte 3¹/₂ loit ind hait der raid die mynronge funden in dem besten, uf daz die becker sich y beclagen dorfen ind destebas zo mogen komen.

Ind mach der raid dez hohen ind nyedern nach dem daz dy froicht, weiß ind korn, uf und abe nymmet.

25   Acta sunt hec anno domini Mquadringentesimo quinto.

2. Bestimmungen des Raths zur Sicherung des Eigenthums in Wald und Feld und über die Höhe der Handwerkerlöhne.
1416.

Handschrift von 4 Papierblättern in gross Quart im Besitze des Professors Dr. Kraus in Freiburg i. B. Die letzte Seite ist unbeschrieben. Auf S. 1—6 schreibt eine Hand aus dem Anfang des 15. Jh. Im Text finden sich dann Aenderungen von einer Hand aus dem Ende des Jahrhunderts. Von derselben Hand rühren die Zusätze her, welche sich auf der zweiten Hälfte der Seite 6 und der ersten Hälfte der Seite 7 finden.

Anno domini MCCCCXVI etc.

1. It sy zu wissen, daz wir scholteiße, scheffen, burgermeistere ind rait gemeynlichen der stat zu Covelentz, alt ind nuwe,

---

[1] Nach Lamprecht, Deutsches Wirthschaftsleben im Mittelalter II, 507, ist das Koblenzer Pfund gleich 466,34 Gramm.

ubermitz den fromen ritter hern Johan Rumlean von Coveren, amptman zu Covelentz, eyndrechtenclichin ind mit guden vurrade uberkomen syn mit gehenckenisse ind guden willen unsers gnedigen herren von Trere als umb eynen gemeynen loyn alre arbeidender lude und umb ander schedcliche sachen in der marcken s zu virhuden ind umb gemeynen freden des landes da by festenclich zu bliben aen geverde etc. ind willen auch hie by blyven bis uf eyn wederruffen eyns besseren zu uberkomen.

2. Also zu virstaen, daz wir han geboden ind gesast, daz nyman von uns, er sy heymsch oder fremde, in steden, dorfferen 10 oder lande in dem ampte zu Covelentz keynre dem andern uf dem syme schedigen in sal, it sy in wingarten, wytgarten, geseeden lande, wesen, garten oder bungarten, da ynne man schedigen mochte mit druffen, krude oder laube, mit wytholze, durre oder grune, mit graise oder eyncher fruchte dez landes, und wes man 15 genyeßen mach, ind wer dat myt yede dem anderen dede, it were man, wyff, knechte, mede oder kint, da mede befonden wurde, mit yme enwech zu draen, der ist verfallen, daz ª man den menschen mit eynre oyren an eynen post slaen sall und dar zu geben alle jair eynen dieffschilling, den er auch mit funf marken abeloysen 20 mach.

3. Auch ensal nyman, wer der sy, keyn vye, it sy pert, kuwe, geiß oder schaif, in dez anderen schaden laißen gaen, yme da ynne zu schedigen, so wer daz dede ind wie dicke daz geschege, da ist yclich stucke dez vyes erfallen zu rugen umb 6 ß. brab., 25 ind die pert bynnen naichtes y dat stucke vur 5 mr., ind die swin buyßen ind enbynnen der stat zmale virboden uff virluste der swyne ind 5 mr. zu penen.

4. Item han wir geboden ind gesast allen wingartluden, die durch daz jair arbeident, von allen werken umb degelichen loyn 30 von unser frauwen dage lichtmisse an bis sente Remeistag alle dage zu geben zu snyden, zu sticken, zu graben ind zu proffen, dem heymschen 18 d. ind dem fremden umb der kerster willen 16 d. ind zu koste eynerley mitbroide ind an dem fleischtage ¹/₂ punt fleisch ind ¹/₂ quart wyns sunder zu graben 3 koppe ᵇ ind 35 an dem festeldage dem manne sin mitbroide ᶜ 1 guden hering oder ᵈ 4 eyer darvor ind sinen wyn als vurgeschrieven steit.

5. Item ensall nyman me arbeidender lude haben den dach, dan als manchen morgen erbs er huit ᵉ und ensal auch keyn

<hr/>

a) Von hier ab gestrichen und von einer späteren Hand geändert: *der ist verfallen vor 5 mr. ind neme yman den andern dat syne, dat achber were, den sulde man myt eynre oren an den post slain, alz von andern zyden herkomen ist.* b) *3 koppe* ist gestrichen und in *1 quart* geändert. c) Geändert in *und zwein 3 hering.* d) Hinter *oder* eingefügt *ykelich.* e) Hier findet sich von anderer Hand der spätere Zusatz: *dan der eynen halben morgen hait, der sal eynen man haben und wer eynen morgen hait, der mach zwene man haben und nyt me.*

arbeidende man dem andern eynen dach umb den anderen helfen noch
arbeiden, dan umb synen gesatten loyn als vurgeschrieven steit.

6. Item sal man eynre frauwen die zyt[a] zu beugen, zu laufen, zu hefften, zu kruden, meden ind degelichin knaben, dez
dagis geben zu loyne 8 d.[b] die vurgenant zyt und von sente Re-
meistage fort bis unser frauwen dach lichtmisse 6 d.[c]

7. Item den mistdregeren dieselbe zyt 8 d. und fort 6 d.[d]

8. Item den gurtenerßen 8 d. den dach ind zu koste mitbrude etc.

9. Item sal man geben den frauwen die zyt zu koste an
mitbrude eyn dritteil eyns pontz fleischs ind 1 kop wyns ind an
dem festeldage 1 hering oder 3 eiger ind eynen kop wyns.

10. Item dem mistregeren sal man geben kost ind wyn als
den frauwen ind yren loyn als vurgeschrieven steit.

11. Item han wir gesast ind geboden eynen gemeynen loyn
allen zymmerluden, deckeren ind steynmetzen, die vur sich selber
werkelude sint ind umb degelichen loyn in der lude koste arbeident, sal man den meistern geben zu dagcloyn ind der koste 2 ß.
ind vurrechtes 3½ ß., ind den meister knechten 20 d. ind vurrechtes 3 ß. und den lerknechten 16 d. ind vurrechtz 2½ ß. ind
gedingden knechten von halffasten mit sente Mertins dach 20 d.
ind von sente Mertins dage bis halfasten den meistern 18 d. ind
sinen gedingden knechten 12 d.

12. Item sal man den werkluden, steynmetzen, zymmerluden
ind deckern mit koste halden eym yclichin werkman morgens
zußen echten ader 9 uren 1 eßen geben mitbrude ind eynerley
fleisch oder festelspyse, als zum dage zidich ist, ind eym yclichin
½ quarte wyns ind zu vuderen broit und kese, als dan zydich
ist, ind dem manne ½ quarte wyns ind zu abende 1 eßen als dez
morgens. Die[e] sommer zyt 2 quart und den wynter 1½ quart.

13. Item eyme opperknechte eyns deckers 8 d. zu loyn ind
syne gewonliche kost.

14. Item den wantheslegeren sal man geben vurrechtes den
dach 3 ß. ind in der koste 18 d. ind aifter sente Mertins dage aen
kost 2½ ß. ind in der kost 1 ß., ind yren opperknechten aen kost
2 ß. ind in der kost 1 ß.

15. Item sal man eyme yclichen bendermeyster van halfasten
an bis sente Mertins dach den dach zu loyne geven (.....)[f] und
eyme meister bender knechte, der sin werk kan, 14 d.[g] ind[h] eyme

---

a) *ran lichtmysse bis Remigii van allen arbeyden in den wingarten*
später hinzugefügt.   b) Ueber der 8 ein späteres *albus.*   c) Von späterer
Hand *8 albus.*   d) Von späterer Hand beigefügt *10 d.* bezw. *8 d.*   e) Von
anderer Hand hinzugefügt.   f) Von späterer Hand hinzugefügt *18 d.*; das ist
durchgestrichen und daneben geschrieben *2 alb.*   g) Uebergeschrieben *18*,
durchstrichen und daneben gesetzt *20 hl.*   h) *ind bis 10 d.* gestrichen.

zusleger 10 d. und eyme spülknechte 18 d.[a] ind die dem meister
helfent[b] laisen von dem stucke[c], als daz gewonlich ist, ind[d] sal
man den vurgeschrievenen wirkluden, zymmerluden, deckeren,
steynmetzen ind benderen, die vorrechtes arbeiden wulden, sal
man yclichim also vil zu geben vur syne kost, als yclis loyns [5]
vurgeschrieven betyrmet ist.

16. Item[e] sal man den windregeren, die den wyn uf dem
halse drehent, halffuderche fas oder umb die maiße, geben zu
loyne zu dem fersten yn die stat 2½ ß. ind zu dem nesten 18 d.
ind vort na gebur verre ind na zu bescheidenheit.   [10]

17. Item den holzdregeren von eyme swaiff schiffe uff dat
verste 14 ß., dat ist in die Gorgengasse ind die Leergasse ind die
Wisergasse uß eyne mr. und dez gelich fort, ind wat uß dem
graven wendet tuschen der Nunnengassen ind der Rolantzgassen
1 mr. ind yclich na gebur.   [15]

18. Item in die Kastergasse 6 schillinghe ind uf sente Florins
hoff ind in die gassen 8 ß. ind fort umb unser frauwen kirchoff
bis uf dat Burgedor ind uf den alden hoff 10 ß. und[f] uff lant zu
werfen 3 ß. von eyme swaiff schiff holzes.

19. Item von yeder mark wert bruholz zu draen uf daz [20]
ferste 16 d. ind uf dat neeste als in die Kastergasse 6 d. und fort
uf den alden hof und umb unser frauwen kirch von der mark
wert 10 d. ind uf sente Floryns hof in da umb 8 d.

20. Item von eyme sweiff holz zu hauwen vurrechtes 6 ß.,
als gewonlich ist zu hauwen, ind wer sunderlich gehauwen wil han, [25]
der sal geben zu dageloin dem manne 18 d. ind gewonlich kost.

21. Item eyme peltzer oder eyme kursener, der in eyns
mannes huse sitzet ind peltzwerk arbeit, dem sal man geben zu
dageloyn 2 ß. ind fur kost als gewonlich ist.

22. Item sal man geben von der fruchte uf zu drain von [30]
der Moselen an dat ferste von eyme ganghe 2 pennig ind an dat
mittel 1 alt moyrgen und an dat neste 1 d., ind von eyme wain
uf dat huß von eyme laste eynen d.

23. Item sal man geben von eyme malder brodes zu backen
in syn huß 2 ß. me oder myn na gebur.   [35]

24. Item sal man geben von eyme karste zu lenghen der
sin ysen mit brenghet 8 d., ind von eyme zande der eym karste
abe weder zu machen 4 d., ind von eyme nuwen karste, der sin
ysen mit brenget, sal man geben 2 ß.

---

a) In 20 geändert.   b) helfent gestrichen, zu übergeschrieben.
c) myt namen 8 hl. übergeschrieben.   d) ind sal bis zum Schlusse gestrichen.   e) Am Rande vacat.   f) Von und ab von späterer Hand.

25. Item sal man oyn yclichin cleyder snyder von eyme slechten mannes[a] rocke oder thabart, die eyme uf den waden stoissent, geben 3 ß. ind von eyme rocke ind kogelen, die eynfeldich sint, 3 ß., ind von eyme dubelen rock ind kogelen 5 ß., ind von eyner slechter eynfeldiger kogelen 6 d. und von eyner slechter dubel[b] kogelen 1 ß.

26. Item von eyme slechten par hoisen unberegen 6 d. und von par hoisen mit lynen duche beregen 1 ß.

27. Item von eyme slechten wammesch 3^1/$_2$ ß.

28. Item von eyme slechten langen mannes oder frauwen thabart, der eynfeldich ist, 6 ß., von eyme slechten frauwen rocke 3^1/$_2$ ß., von eyme slechten frauwen mantel 4 ß., von eyme slechten frauwen sarrock 2^1/$_2$ ß.

29. Item von eyme slechten eynfeldigen mannes henken 2^1/$_2$ ß. und von eynem slechten dubel henken 4 ß.

30. Item wellich man oder wyff eyniche ander cleydungh, lang oder kurz, wyt oder enge, anders dan slecht habin wil gemacht, der sal mit dem meister dez loyns davon uberkomen, so daz er des gewesen moge.

31. Item so han wir geboden, daz eyn yclich wirt, der wyn zeppen wilt oder zeppet, keynen menschen, heymsch noch fremde, keyne soppen noch eyncherley eßen spise geben in sal, sonder er mach eym yclichen zu rechtem eßen uber syrne tafelen geben vil oder wenich, ain argelist, und eyme wynknechte von yder amen synen loin, als der gesast ist, ind syne kost, als gewonlich ist.

32. Item so han wir geboden, umb daz dy mynre eyde gesworen werden, daz eyn yclich mensch uf eynen dach komen sal vur den rait und geloben ind sweren, dat jair uß nit me dan sin gewaiß zappen in sal ind mit demselben eyde geloven, nit me dan eyn stuck uf eynen dach zappen insal under[c] eyme huse ind uß eyme kelre, ind wer boven syn gewaiß me wyn keufen wilt oder keufet, der sal auch davon orloff heischen sunderlich als daz bis her gewonlich ist gewest und[d] keynen ußfertigen wyn dat selle jaer zu zappen by dem selben eyde.

33. Auch ist zu wissen, so welch mensche, man oder wiff, jung oder alt, um diese vurgenante oder nageschrieven gebot und umb merren loyn anders war gain wulde oder ginghe, der sall die stat und die dorff, in daz ampt von Covelentz gehorich, rumen mit wibe ind mit kynden als lange, daz er die pene, die dar uf gesast ist, gebessert.

a) Von späterer Hand *eynfeldigen* hinzugefügt.   b) Hier hat die spätere Hand eine Hinzufügung am Rande gemacht, von welcher jedoch in Folge eingerissenen Randes nur noch *dubil* und ß. sichtbar.   c) Von späterer Hand geändert: *zu zappen yn eyme.*   d) Von hier ab von späterer Hand.

34. Item han wir geboden, dat alle vurgenante gebot, die noch unverpenet sint, sollent sin virboden under den penen herna geschrieven: dat ist zu virstain, so welch man oder frauwe eyme arbeiden menschen me loyns gebe oder koste gebe, dan als vurgeschrieven steit, so wie manchen menschen er daz dede, als s manyche mr. hette er der stede* zu yrme urbar virfallen, ind wer auch me hiesch oder neme, der ist umb die selbe pene.

35. Item alle ander gebot, die hie vurmails geschiet ind geboden sint ind hernamails geboden mogent werden umb dez besten willen, die sollent auch in alle yre macht virliben ain 10 geverde.

36. Alle duse vurgenante gebot und penen sin wir eyndrechtenclich ind gemeynlichen uberkomen in dem besten und umb eyn gemeyn besten mit willen ind virhenkeniß unsers gnedigen herren von Trere ind willen auch da by verliben ind die feste und 15 stede halden bis uf eyn wederruffen eyns besseren zu uberkomen und wer dit breche und nit in hielde in der fugen vurgenant steit, er were wer er were, der sal der penen erfallen sin vur· genant, der man auch nyman laißen in sal.

37. Alle die gebot ind gesetze vurgenant, die nit virpenet 20 in synt, die gebleden wir zu halden yclicht besunder under eynre penen von eynre mark brab. etc.

38. Item^b so sal man geben eyme metzler von eyme oyßen oder koe zu slain und zu saltzen 2 ß. und von eyme kalbe 6 d. und von eyme hamel 4 d.; item von eyme swyne zu slaen und 25 zu saltzen 1 ß.; item von eynre geyß 6 d.

39. Primo zu sticken und zu snyden von michaelis bis lychtmysse eyme manne dez dags 3 koppe und zu graben des dags 5 koppe; item den fleischdag an fleische eyn gud stucke fleischs zu redelicheyt^c. 30

40. Van dem lone. Primo eyme manne van allen arbeyden in den wingarten van michaelis bis purificacionis y des dags 16 hl. und nyt meh und vort van purificacionis bis an annunciacionis degelich 18 hl. und vort van annunciacionis bis wederumb an michaelis eyme manne van graben und roren degelich 2 alb. 35 und van allir ander arbeyd zytlicher wingarten arbeyt die selbe zyt uß eyme manne 17 hl., eyner frauwen 1 alb.

41. Item von michaelis bis an lychmysse eyme manne dez dags drie koppe und van lychmisse wederumb bis mychael dez dags eyn quart, dan zu graben 5 koppe; item eyner frauwen dat 40 jar durch ½ quart van allen arbeyden van wingart werke; item eyme mestdreger dorch dat jar dags 1 kop.

---

a) *stede zu yrme urbar* ist später durchgestrichen, am Rande *zu penen.*
b) Von hier ab bis zum Schlusse des Ganzen schreibt die spätere Hand aus dem Ende des 15. Jahrh. c) Dieser Absatz ist durchgestrichen.

42. Item eyme manne uf den fleischdag myt dinxdags und dornsdag nyt*a*) ober drie vierdunge flesobs, die fierdung ¹/₂ punt. Item dan uf den maendag und mytwoche dem manne fleischs als vurschrieven steit oder 6 eyer vur dat fleische, wie der gene wilt die dat gyfft, und nyt meeh und der fierdung 4 eyir oder alsus anders an andern fischen als einerleye guet als anderhalf gut hering. Item uf den festildag eym manne 1¹/₂ guden hering oder 2 kleyne boringe oder auch eyer in maißen vurschrieven als sie zytdich sint und nyt meh und der firdung eynen hering oder 4 eyir und nyt meeh oder ander eynerleye fische als guet als eyn gut hering oder 4 eyer; auch sall man keyn broyt geben oder eynche sachen vur dat broit.

3. Ordnung der Wollenweber.
1432.

Aeltestes Rathbuch Bl. 10. Auf Bl. 13 folgt unter der Ueberschrift „Dyse ordenonge und penen hant die wever under sich heruf gemacht buyssen den rait" eine zweite Ordnung, welche jedoch mit der vorhergehenden von dem Abschnitt „Item zu dem ersten" an sachlich übereinstimmt, nur dass den einzelnen Absätzen die von der Zunft festgesetzten Strafen beigefügt erscheinen.

Ordenonge der wever, daruf sy swerent.

Also as die wever zu Covelentz etlich gebrech under in hant gehat, ir hantwerk antreffen, darumb hant die ersamen wisen burgermeister und rait da selbs zu Covelentz overmitz den vesten Johan herren zu Elcz, amptman daselbs, tuschen in gered und sy zu saissongen weder bracht und gestalt und sich erfaren an erberen luden, die sich des wollen amptz wail versteent, und hant in eyne maisse und ordenunge geben, so wie sy ere ampt halden und vortme hanthaben sullent, das auch meistlich von in also gehalden ist worden.

Zum irsten sullent vier alde meister, die dan dat neste jair meister gewest synt, alle jair zu winechten uf sente Steffains oder sente Johans dach vier ander nuwe meister kesin und hait ir yeclicher syne koere und mach kesin na synen besten synnen eynen, den er dan meynt, das dem ampt nutzlich und gut sy, und sullent die nuwe gekoren meisteren des nesten samsdages dar na, das sy gokoren synt, in den rait zu Covelentz und alda zu den heilgen sweren, das ampt das jair zu hanthaben, zu halden und zu oversehen na eren besten synnen ungeverlich, das ir ampt erberlich unde ufrechtich gehalden werde, den armen as den

a) *Myt dinxdags und dornsdag* übergeschrieben.

richen, und was zu boessen und zu straifen is in sachen ir ampt
anzutreffen, das zu boessen und zu straifen, als sich das erberlich
geburt und van alders hercomen ist, nymans zu lieve und zu leide
und des nyman zu oversehen, und solche boessen sullent vallen,
as sy van alders gefallen synt.   5

Item dieser ytzgenant artikel ist verandert also daß die weber
nu hynvort zwene nu meister alle jair kesen sullen die auch ire
eyde vur dem rade doin sullen. Actum sabbato post Letare anno etc.
XC quinto, more treverensi[a].

Auch sal keyn wever bynnen Covelentz keyn doech doin 10
verven, die vier meister des amptz zu der zyt haben dat geschen,
abe dat doich ufrechtich gut und wert sy zu verven, und sullent
erberlich und ufrechtich doin eym as dem anderen ane allen
afsatzt und argelist ader yemans zu lebe oder zu leide, zu nyde
oder zu hasse, unde were sache, das eynre oder zwene van den 15
meisteren zu ziden nyt inheyms weren oder sus van krenkten oder
anders umb redelich sachen nyt dar by komen mochten, in des
oder der stat mogent die anderen van den meisteren zu ziden, die
dan da by sin mogent, anderen eynen oder zwene van den nesten
meisteren, die dan das neste vergangen jare meistere geweest 20
waren, alles ungeverlich, zu in nemen, sulch doich in vurgeschribener maissen zu besehen.

Item zu dem ersten, so wer dat hantwerk gelden wilt, der
sal eyn ecklut syn.

Item wer nit zunftich ist und dat hantwerk driven wilt, 25
der[b] sal iß gelden und sal synen vollen harnisch han.

Item eyn yeclicher sal zu der clocken und zu dem gebode
komen unde gehoyrsam syn mit synen hosen.

Item so wanne wir eyn gebot han oder by eyn syn, so sal
nyman den anderen logen straifen noch vrevelich overgeven.   30

Item so wer gewant machen wilt, der sal gelden und machen,
das kaufmans gut ist, und sal nyt flocken noch snytzelen zu doiche
machen anders dan zu decklochen und slagedoicheren.

Item sal man alle doicher, die zu Covelentz gemacht werdent unde kaufmans gut synt, segelen und blyen mit der stede 35
wapen und des amptz segel.

Item nyeman sal eme selbs wolle slain in syme huse.

Item ensal nyemans gesmeltzt garn und gesmeltzte wolle
gelden, yd in sy dan veyle uf dem gemeynen vryen marte.

Item nyemans sal doich machen den kemmerssen.   40

Item nyemans sal dem anderen syne knechte oder gedingede
kemmerssen ab spannen.

Item nyemans sal drome gelden, die er zu doich machen wilt.

Item eyns meisters wiff sal keine fremden kammen.

Item sal nyeman an eyn stuck werks lltschen machen.

Item nycman sal dem anderen eyn stuck werks abspannen.

Item wan unser eynre gemans hait vur sym gewande stain, dem sal unser keynre roefen.

Item so wie wir zu marte komen, da sullent wir samen loissen, yd in sy dan dat eyme eyne jairstat have.

So wer Kirpurger* doicher gilt, die sal er laissen, so wie er die gilt.

Item nyemans sal Binger doicher gelden, die er voirter verkeufen wilt.

Item so wanne weyt, rode, scherte oder karten komen veile, da sullent id die meister eyn gebot machen und sullent id die gesellen laissen verstain, ab des yemans gelden wille oder nyt.

Item wer gewant machen wilt, der sal nyt deckelocher machen, die er verkeufe[b].

Item man sal keynen zu meister machen, der nyt burger ist oder eynichen lack hait.

Item wat boessen die nu vort an vallent in dyser zunft, die sullent half vallen in unse broderschoff zu gloichte und die ander helfte in unse geselschaff, usgescheiden die wispenning, as man zugebode verboet.

Item as hie vursteit van dem doech, dat mit dem bogen geslain ist, nyt zu verven, hait der rait in nu zuglaissen, dat sy nu voirter solich doich verven mogen, so verre id verves wert ist, dat die vier, die dar zu gesat, dat erkennen na eren besten synnen.

Acta statuta ordinata et regulata sunt hoc modo premisso anno domini MCCCC tricesimo secundo, vigilia assumpcionis virginis Marie etc. per concilium Confluentinum.

4. Ordnung des Raths über die Meisterprüfung der Schneider. 1454, Mai 25.

Aeltestes Rathbuch, Bl. 26.

Zu wissen, dat eyn rait zu Covelentz overmitz amptman da selbs in den besten umb gemeynen nutz und uf das nyeman bedrogen werden und yeclichem recht geschie overcomen geordent gesast und geboden hant, das nu vortme gheyner, de van dem snyder ampt heimsch oder fremde heymlich oder uffenbair sich bynnen Covelentz meister setzen ader eyne werkstat uf halden sal,

a) Ursprünglich stand *Montebuyrs oder Kirpurger.*   b) Die oben genannte zweite Ordnung schaltet hier ein: *Item wer decklocher machen wil, der sal nit gewant machen, das er die verkeufe, die boesse dat stuck 12 ß.*

er in sy dan nur in nachgeschribener maissen versoicht und
proberet, zu dem mynsten in vier sneden und stucken: Zu dem
irsten in eyns priesters langen tapert van vier stucken mit eym
ufgesneden koller, als er sich dan vermyst an dem doech, wie
lank und wyt der tabert sin sal, den zu snyden ane verloren,
doich, nit zu vyl noch zu cleyn, nach micklicher proven, ain
argelist, geyne behendicheit dar inne zo soichen. Anderwerbe in
glichermais eynen gemeynen mans tabert und eyns mans wam-
busch mit glenken oder ufglaichten armen, wie man das nent.
Item eynre frauwen tapert van vier stucken. Und welch zit das
man eynen also in vurgeschribener maissen versoechen und proberen sol, da by sullen by syn vier meister van dem selben ampt,
mit namen zwene alden, die aller neest meister gewest sint, und
zwene nuwe, die alsdan zu ziden meister syn, und wer sache, das
eyner van den vier meistern oder zwene da by nyt gesyn kunden
van krenkten ader ander redelich sachen, so mach man eyne oder
zwene ander, die dan auch meister des amptz vur gewest syn, in
der stat nemen, keyne geverde da inne zu soichen, und sullent
die, die dan du by mogen syn in maissen vurgeschriben, eynen
den man dan versoichen und proberen sal in eren sachen, ufrichtich sin und des nyeman erlaissen oder oversehen umb lief
oder leyt, nyt oder has, na aller erer vernuft und besten synnen,
ain argelist, und sullent des auch also zu done und zu halden
vur lyflich zu den heilgen sweren. Und sall der, den sy also
versoicht und proberet hant, den selben meistern eyne flesch wyns
geben zu dem hoesten zappen, der dan zu Covelentz veyle ist,
und sal der selb, der dan also versoicht wirt van yeclichem stuck,
des er dan versnyden hait, na erkentniß der vier, die in proberet
hant, des sy uch also glauft sullen syn, vier wyspennink geben
zu dem gluchte der selber broderschaft und sal uch der selb also
manich stuck, als er dan versnede, also manichen maint (. . . . .
. . . . . .)ᵃ und keyne werkstat ufhalden, dan er mach wail eym
andern meistern vur eynen knecht dienen und bas leren, auch insal
man dem selben nit vur eynen meister zu laissen oder eyn werkstat laissen halden, er in sy dan anderwerb versoicht proberet und
vur meister zuglaissen. Auch in sal man geynen in vurgeschribener maissen versoicht und proberen, dan mit wissen und willen
eyns raitz oder burgermeister zu ziden uf erberlich ufrechtlich,
ain alle bedroch und conterphyt zu gae. Dys hait eyn rait in
vurgeschribener maissen gesat und geboden zu halden in dem
besten als uf verbessern, aif des noit were ader wurde, mit be-
heltnis aller alderen gueden gesetze, die eyn rait unverbruchlich
wilt gehalden haben. Dyser vurgeschriben sachen zu urkunt ist

---

ᵃ) Hier sind zweifelsohne einige Worte ausgelassen, der Sinn ist klar: so
viele Monde hat er weiter zu lernen, bevor er sich zur Ablegung der Prüfung
wiederum melden darf.

der stat Covelentz secret ingesegel an dysen brief gehangen.
Datum anno domini MCCCC quinquagesimo quarto, ipso die beati
Urbani pape.

5. Der Rath bestimmt die eheliche Geburt als Vorbedingung für die Aufnahme in das Schneideramt. 1459, Juni 24.

Aeltestes Rathbuch Bl. 27.

Wir burgermeister und rait der stat Covelentz tun kunt also,
5 als die bescheiden meistere des snyder amptz bynnen Covelentz
eyn zitlank bis her etlich uneliche in ere zunft ufgnomen hant,
des halb dan under in in ere zunft und broderschaft etwe dick
zweyonge scheltwort und unwille intstanden sint, uf das nu solichs
in zukomenden ziden vermydet werde und voirter nit me under
10 in ingesche, und die gene, die in ere geselschof und zunft sint,
fredelich fruntlich und in gunst mit eyn leben und verliben mogen,
auch die heilge ee als billich und zemlich ist in eren und werde
gehalden werde, und darumb auch die gene, die ane geboren sint,
vur andern unelichen vurtel und vurschin haben, darumb und auch
15 umb ander sache uns dar zu bewegende han wir den egenanten
snydern erem ampte und zunft bynnen Covelentz gegunnt, gonnen
und erleuben vur uns und unser nacomen in craft dys brieves,
das sy nu voirter aifter tach datum dys brieves geynen, der
buyssen der heilgen ee geboren ist, in ere zunft ufnemen, noch
20 werkstatt halden laissen oder vur meister intphain sullen, so verre
an uns ist, yedoch mit beheltniß herbrachter loblicher gesetze und
gewanheit irs ampts. Unde des zu urkunt han wir burgermeister
und rait vurgeschrieben unser secret ingesigel an dysen brief tun
hangen, der geben ist na unsers herren Cristi geburt MCCCC und
25 dar na in dem LIX jair, uf sente Johans Baptiste tag genant im
latine nativitas Johannis Baptiste.

6. Ordnung der Hutmacher[1].
1471.

Aeltestes Rathbuch, Bl. 16.

Ordenonge der hodemecher.

Wir burgermeister und rait der stat Covelentz bekenen, das
wir unsern mitburgeren den filzbodemechern semenclich und
yeclichem besunder etliche punt umb ere verderflicheyt zu ver-

[1] Im Koblenzer Stadtarchiv befindet sich die Filzhutmacher-Ordnung
welche der Rath der Stadt Köln 1397 den dortigen Hutmachern vorgeschrieben
hatte. Sie ist in ein Heft von 8 Blättern von einer Hand des 15. Jh. eingetragen

hoden, des selben sy an uns fruntlich gebeden und gesonnen, dar umb han wir eren stait, gemeynen notzen unde erbercheyt unser stat bedacht und han den meisteren der vurgeschriben hodemecher, yetzunt und herna coment, eyn yeelich punt in dysem zedel begryffen gegunt, also dat sy dar umb zo ewigen dagen dat vur- 5 geschriben ir ampt na alle dysen vur und nageschriben punten reigeren sullen, doch beheltniß uns burgermeistern unde dem rade zur zit der macht, aif eynich punt in dyse zedel oder eyniche sache under in intstoinde, auch aif der rait zur zit bedoechte, nutze were zu lengen, zu kortzen, uszudone, dar in zu setzen oder 10 aif zu stellen na aller noitdorft.

Zu dem irsten sullent sy in ere broderschaft, da sy bis her geweest sint, bliven, dan der selbe, der also die broderschaf gewonnen hette oder gewynnen wulde as vurgeschriben steyt, sal syn vollen harnisch haben und vurhin eyn burger syn.   15

Vort umb das sich der arme as wail as der ryche an dysem vurgeschriben ampte gnere und syn werk uch verkeufen moge, so sal ir eynre van dem ampte nyt boven dry knecht halden, die eme wirken, id in were dan dat ir eynre nyt selber wirken in wulde oder in kunde, der mach dan vier knecht halden und nyt 20 dar boven, und wer van in dar weder dede, der sal van yeclichem knecht, he dar boven hielte zu wirken, as manichen dach as manche mark zu boessen.

Were sache, dat eynich knecht sym meister, da he by wirkte, usser sym dinste intginge bynnen synre gedinkter zit sonder oirlof, 25 den selben knecht sal nyeman van den meistern by sich nemen zu wirken und welcher von den meistern her weder dede, der gilt sees mark zu boessen, as dick he id dede.

Item were sache, das eynich meister ir gesinde aif ir gewalt eynich wolle oder ander sache, die zu den hoeden gehorich weren, 30 gulde und uswendigen laissen wulde oder liesse, der gilt 10 mr. zu boessen as dick he dat dede.

Item aif eynich meister hie wolle aif anders zu dem ampt gehorich gulde und der eynre aif me na anzel gesonne und haven wulde, der sy uch wail bezalen mochte, dem sal er sy laissen, wer des nyt 35 in dede, der gilt sees mark zu boessen as dicke he dat dede.

Item wer eyn leerknaben intpheyt, der knab sal geben zu sym ingange der broderschof 6 alb. und vier jair leren, und wer in naher aif kortzer leerte, der gilt 6 mr. zo boessen, den hodemechermeisteren sal he mit eyn flesch wyns geben.   40

worden und wurde zweifelsohne auf Bitte des Koblenzer Raths von Köln übersandt, um sich bei Ertheilung einer Ordnung für die Koblenzer Hutmacher an diejenige der Kölner anzulehnen.

Die Einleitung der Koblenzer ist kürzer, stimmt jedoch inhaltlich mit der Kölner überein. Die einzelnen Abschnitte stimmen zum Theil wörtlich mit der Kölner Ordnung, welche reicher ist. Von „Item sal keyner meister werden noch so glaisson werden" an bis zum Schluss ist die Koblenzer Ordnung selbständig.

Item sal nyeman van erem ampte sonabentz unde apostelen abentz und heylge dage nyt wirken noch wirken laissen mit kertzen, uf 1 mr. zu penen as dick solchs geschege.

Item sal ir keynre abentz langer wirken dan bis 9 uwern 5 und morgens nyt eer bestain dan as id 4 uwern hait gcslain under eynre penen 6 sçhilling as dick eynre solchs dede.

Item welch broder van erem ampt aiflyvich wirt, so mach syn wyf dat ampt vort dryven as lange sy left und dar zo behalden as vyl gesyntz, as do ir man lefte, und die selben frauwen 10 sullen verbonden syn glich den anderen vurgeschriben under allen punten und penen dys zedels.

Vort umb dat gut werk gemacht und nyeman da inne bedrogen werde, dar umb sal nyeman under in keyne hoede wirken noch laissen machen, dan alleyn van scharen van lampwollen und 15 schorhare, as dat van alders gewenlich geweest ist, so wa eynich meister oder knecht des gewar wurde, der da inne befunden wurde, der sal gelden 1 mr. zu boessen als manchen boit he also gemacht hette.

Item sal keyner meister werden noch zo glaissen syn, er 20 habe dan mit kuntschaf vier jair gleert, als van den leerknaben geroirt ist.

Auch sal eyn meister nyt me dan eyn lereknaben han, aber na den vier jaren mach er eyn anderen dingen by den irsten, uf 2 gulden penen.

25 Item sal keyn meister eynichem gesellen zo arbeden geben, er in habe dan zum mynsten dru jair gleret, das kundich sy, id in were dan, das er us fremden landen her queme unde sulchs mit dem eyde beweert uf 1 mr. zu boessen.

Auch sullent alle hodemecher knecht eren glovede doin eym 30 scholtis oder burgermeister zur zit, als van andern hantwerken und andern knechten hie gewenlich ist, und ab sulchs nyt in geschege und van den meisteren nyt vurbracht wurde und dem knecht over echtage zu werken gebe, der aif die dat overtreden, sullen 1 mr. zo penen gelden as dick solchs geschege.

35 Me were sache, das eynich hodemecherknechte aif knabe sonder wyssen syns meisters van ungefuge oder bezalonge synre schulde van hynnen zoge an ander stede oder lande, dem selben sullen alle meister und knechte na schriben und intbeden so wie id glegen ist und were sache, das dar na eynich knecht by dem 40 selben arbeden wurde oder wulde, sullen alle meister und knecht dem selben uch nyt me zu arbeden geben oder by eme dienen under eynre penen eyns gulden, as dick dat geschege, so verre er sulchs vurhin gewyst hette und alle boessen sullen dem rade half und die ander helfte den anderen hodemeistern werden.

45 Item sullent alle meister, ytzunt und herna meister werden zo Covelentz, das irst sy in ir ampt ufgnomen synt uf den nesten aif uf den zweyten raitzdach mit eym oder zweyn anderen

meisteren vurgeschriben in den rait komen unde eym scholtis und burgermeister zur zit by eren truwen unde eyde gloven alle punten, so vyl die meistere beroirt in dysem zedele, nach vermogen sunder argelist zu halden under eynre penen van 10 mr. nyt zu versumen.

Actum et datum ipsa die beati Gregorii anno etc. LXX secundum stilum treverensem.

7. Ordnung für die Urtzel-Führer und Schröder.
1473. 1488.

A. Gleichzeitige Aufzeichnung in den Koblenzer Kellereiakten (Nr. 109) des Staatsarchivs.

B. Gleichzeitige Aufzeichnung übereinstimmenden Inhalts im ältesten Rathbuch Bl. 32 des Stadtarchivs.

Anno etc. LXXIII.

Item sal eyn iglicher geben van eyme stuck wyns eyme urtze zo foeren vam kranen van der kornporten bys an die Mynner broder gaß und den Graben uf bys an die Nonnengaß 1 ß.

Und vorter van der Mynnerbroder gassen neder wertz und vorter van der Nonnengassen ofwertz und auch in die alde stat umb und umb 1½ ß.

Und des gelychen van deme Ryne heruf die Paffengassen uß und bys an die Mynnerbroder gaß 1½ ß.

Und van eyme stuck wyns van eyme keller zo dem andern van einer gassen zo der andern umb und umb bynnen Coventz 1 ß.

Item sal eyn iglicher geben van eyme stuck wyns den schrederen van dem urtzel bys in den keller 2 ß.

Und uß deme keller van eyme stuck wyns 2 ß. und wer des behoift sal zo eyme schredermeister gain und eme verkondigen, das er wyn zo schraden hebe, sullen die schredermeister ir mytgesellen verboden und eynen urtzel bestellen und eyme iglichen gehorsam syn umb synen loin sonder sumeniß.

Und uif eyniche clage van ungehorsamheit der schreder van eynichem burger ader kaufman deme rade vurqueme, sal eyn rait straifen nach syme gebur.

Und die urtzel sullent auch gehorsam syn den schredern, is sy wenich ader viel, uf die straife des raitz.

Und uif eynich wyn zo wayn ader zo urtzel van ussen herin qweme, sullent die schreder van stont eyme iglichen gehorsam syn den wayn ader urtzel zo entledigen, uf die straife des raitz allet uf verbesseronge.

Item sal eyn iglicher geben van eyme stuck wyns van 7 amen van deme kranen eyme urtzel bys an die Mynnerbroder

gaß und die Nonnengaß 1¹/₂ ß. und vorter hyn 2 ß. und van eyme
stuck wyns over 7 amen 3 ß. wyt und ferhe; und van eyme halfen
stuck wyns halfen loin, als vurgeschreven ist van den gassen; und
den schrederen als viel.

5 Item eyn stuck under 3¹/₂ amen ist eyn half stuck und 3¹/₂
und 7 amen eyn stuck und darover eyn dubel stuck, sowat eyn
halfe ame overdreit.

Anfang und Schluss aus B.
Von den winschredern.

Item hait der rait ordenert, daz eyn iklicher wyssen moge,
so wie er sich mit den schredern und urtzeln van eyme stuck
10 wyns zo schraden und zo foren myt dem lone hailden sulle, hait
der rait den winschredern zo Covelentze dyese schryft overliebert,
sich wyssen darnach zo rechten.

. . . .

Solichs als vurschrieben ist hant die schreder hernachgeschrie-
15 ben geloift zu halden und zu hanthaben als billich ist uf sampstaig
nest crucis exaltacionis anno etc. LXXV mit namen Heynrich Got-
gaiff, Heyman Wytterßburg, Symont Monck, Hans Markberg, Dederich van Moffendorf, Johan Wanterbesleger, Heyman Fry der jonge,
Jacob van Wyß, Heynrich von Mentze, als uberschreder, und Suber-
20 lich, Sinder Hentgin, Conrait Faißbender, Arnolt Wysserlyff als
nederschreder.

Schröder-Ordnung.
1488.
Aufzeichnung im ältesten Rathbuch Bl. 40.
Ordenung der schreder.

Item sal eyn ikliche stuck wyns geben den schrederen zu
schraden von dem urzel in den keller 2 ß., iß^a sy goit zu schraden ader nyt.

25 Item welche stuck wyns durch die schredere uß und in die
kerre geschraden wirt sal geben 4 ß.
Item sal eyn stuck wyns syn 4 amen und auch 6¹/₂ ame.
Item eyn stuck wyns 7 amen sal syn anderhalf stuck.
Item eyn stuck wynes 7¹/₂ ame und 8 amen sal dubel syn.
30 Item eyn stuck wyns, daß uß dem kerre geschraden wirt
und zum cranen gefort, sal geben 3 ß.
Item eyn stuck wyns 7 amen sal geben 4 ß. uß dem kerre.

a) iß — nyt durchgestrichen.

Item eyn stuck wyns 7¹/₂ ame und 8 amen sullent syn dobel stuck, macht 6 alb.

. . . . .ᵃ

Sulchs ist uffenberlich in der harret verkundicht im jaire LXXXVIII.   5

8. Bestimmungen des Raths über das Backen und Feilhalten von Brod.
1486.
Aeltestes Rathbuch Bl. 48.

Ordenunge der becker.

Item sal sich eyn iklicher becker dar na richten, daß er allezyte broit feile habe, wiß und rocken, und in welchs beckers huiß yn Covelentz heymschen und fremden sulchen feilen kauf nyt funden, sal der selbe becker in deß raitz heymaile verfallen syn vur eynen halben gulden, und so dick sulch bruicht funden 10 wurde, so dick sal auch sulche boiß gehaben werden, iß en were dan sach, daß eyner nyt frucht feile funde ader durch den moelener gesuimet wurde, daß eyn iklicher myt guder kunden beleyden sal, sal der ungefairt syn und daß so verre vier becker under in sulchen vurgeschribenen feilen kauf in iren huisseren hetten. 15 Actum anno etc. LXXXVI.

Item sal eyn iklicher becker backen, so daß korne gilt 2 gl. und dar under, rocken broit von 6 hl. und von 3 hl., weck von 1 hl., und wanne sulchs nyt fonden wurde, sal der selbe verfallen syn in eyne pene eyns halben gulden in vurgeschribener maissen, 20 aber so daß korne gilt ober 2 gulden, moegent die becker backen rocken broit von 6 hl. und nyt von 3 hl. von gnaden und wanne man umbging und sulchs nyt funde und eyner den dag syn broit verkauft hette, sal der selbe ungefairt syn.

Item sal eyn ikliche broit, daß gebacken wirt, syn gewicht 25 hain na bezailung der fruicht und in welchs beckers huiß man sulche gewicht nyt fyndet, iß sy an wisem, rocken, groissen ader cleynen broede, und da in bruichich fonden wurde 2 loit zu cleyne ader 4 loit, sal er verfallen syn in eyn boiß alß von alters; ist eyner aber bruichich ober 4 loit, sal er eynen manet stil sitzen 30 ader daß am rade abe drain und sal auch sulche broit, da so wite zu cleyn ist, nyt verkeufen in dem kauf, dar uf iß gebacken ist, dan myt wissen der burgermeister zu verusseren na syme werde.

Item sullent alle becker auch paffenbroit backen zu zymlicheit, daß man dat in glicher maissen zu zyden fynde. 35

a) Es folgen einige mit der Ordnung von 1473 übereinstimmende Festsetzungen.

Item so eyn burgermeister umb gain wurde, den snyd zu beschen, und nyt funde, alß billich syn sulte, welcher da in bruichich funden wurde, sal verfallen syn in eyn boiß eyns halben gulden in vurgeschribener maissen.

5 Diß wie vurgeschriben steit sal alleß stain uf verbesserung deß raitz, abe ader zu zu doin zu irem woilgefallen.

9. Handwerkerlöhne um 1500.

Aeltestes Rathbuch Bl. 46.

Ordenung der werklude, eyn eder sich wiß darna zu halten syne lone zu heben.

Item zymmerluden, steynmetz, leyendeckern etc. sal man nu hynforters geben eyme iklichen werkman zu lone vurrechts 4 alb.; item eyme iklichen dem sy arbeiden in syner kost 2 alb.

10 Item den faßbendern zu glicher wiß vur iren lone, iß sy von faßbynden ader wynlaissen, 2 alb., wer aber sach, daß sy eyner wyn leiß und schybengelt hobe, sal der selbe vur syn persone keynen dagelone heben.

Item eyme wyngartman im sommer 1½ alb.; item im wynter 15 1 alb.

Item den schrederen von eyme stuck wynß uß und in 2 alb.

Item den amendregeren zu drain von der amen 1 alb.; item von der thonen 8 hl.

Item holzdregeren vur iren lone in die Castorsgasse und in 20 die nebengassen und uf den kornmart, sent Floryns hof, Honergaß, Burggaß, Holtzergaß, Joedengaß, hinder die predeger, uf die Wissergaß, von dem wane 6 hl.; worter in beyde paffengassen, uf die Nonnengaß, in die Melgaß, Bachemmer putz, uf die Lere, Aldenhof 10 hl.; vort den graben uf die Jorgengaß, uf den Plane und 25 uf daß wydest 1 alb.; item uf daß lant von dem wane 3 hl.

Item von dem urtzel uf daß nest 18 hl., uf daß wydest 2 alb.

IX.

Kleinere Quellen: Kriegwesen, Feuerordnung.

1. Auszug-Ordnung des Koblenzer Aufgebots[1].
1402.

Aufzeichnung in einer Pergamenthandschrift von 10 Blättern in Quart aus dem Anfang des 15. Jahrhunderts im Staatsarchiv, als „Weisthum der Stadt Koblenz" bezeichnet, Bl. 8. Gedruckt Reisach und Linde, Archiv f. rh. Gesch. II, 121.

Dyt ist die ordenunge, so wie man die halden sal, als man mit ganzer oder mit helber stede zu Covelentze ind den dorfern, darin gehorich, uß ziehen sal zu wasser oder zu lande, zu schiffe oder zu wagen.

Primo solent die burgermeyster van der stede wegen mit yren gesellen, die yn zugeschicket werdent, vurfaren oder ziehen 5
Item darna die scheffen mit yre gesellschaft.
Item darna die burger mit yre gesellschaft.
Item darna die fleischeuwer mit yre zunfte.
Item darna die van Hoircheim mit yre gesellschaft.
Item darna die webere mit yrem hantwerk.   10
Item darna die smede mit yrem hantwerk.
Item darna die becker mit yrem hantwerk.
Item darna die schomecher mit yrem hantwerk.
Item darna die lore mit yrem hantwerk.
Item darna die wingartlude mit yrem hantwerk[2].   15
Item darna die vassbender mit yre gesellschaft.
Item darna die steynmetzen und zymmerlude mit yre gesellschaft.
Item darna die snyder mit yrem hantwerk.
Item darna die winknechte mit yren gesellen.
Item darna die peltzer mit yrem hantwerk.   20
Item darna die van Rievenache.
Item darna die van Lutzelncovelentze.
Item darna die van Wyße.

Diese vorgeschribene ordenunge ist darumb gesast ind geordeneret van aldem ind nuwen rade, die da by gewest sint, uf 25 daz nyman anders vur noch na faren noch ziehen ensal, dan als vurschriven steit. Anno domini millesimo quadringentesimo secundo, feria tercia post diem nativitatis beati Iohannis Baptiste.

Item so man schutzen geben moiß unserm guedigen herrn von Trier, ist die alde gewonheit und herkomen, daß die stat 30 Covelentz daß halbe deil geben und bezailen sol und die von Wiß

---

[1] Vgl. dazu unten Nr. 6.
[2] Hier ist am Rande von späterer Hand als zwischen die wingartlude und vassbender gehörig hinzugefügt: die kremer, item die schyfflude.

und Lutzercovelentz und Nuwendorf vom andern halfdeil zwey
deil, und die van Hoirchem und Revenach eyn deil von perschonen
und bezailunge, also zuverstain: abe man seß schutzen geben sulte,
sal die stat dry geben, die von Wiß, Lutzercovelentz und Nuwen-
5 dorf zwene, und die von Revenach und Hoirchem eynen.

2. Annahme eines Büchsenmeisters.
1473.

Aufzeichnung im ältesten Rathbuch, Bl. 27.

Uf hude datum ist man verdrain und hait Danigel den boessen-
meister zu eym diener ufgnomen mit solichem underscheide, das
der selb Danigel alle boessen, geschutze und was dar zu gehorich
ist den schutzmeistern zu ziden du inne gewartich und gehoirsaim
10 syn sal und was he dar ane arbet, sol er zemlichen loin nemen,
aber anders dat gezuych besege oder beschusse, sal er nit van
heben. Item wan man usreist, bescheit man in dan myt, sal he
mit zehen, dau sal he uf dat geschutz warten uf des raitz kost,
auch wan man irgen zehen wulde umb syne naronge, sal er eym
15 burgermeister zu ziden oirlof heischen und sain, wa man in vinden
moge, ab man synre bedorfte zu der stede noden, wa man eme
zu wyssen dede, sal er van stunt, wan er is innen wirt, heym
kommen; auch wanne he in ander herren dinst zoge und etlich zit
bliven wulde, sal er nit der stede cleidonge ane haben. Sus sal
20 he dem burgermeister van der stede wegen alleyn globen unde zu
den heilgen sweren, was er syt van geschutz dat selb dar zo
gehoirt und sus ander sache der stede zugehorich heymelich by
sym eyde by eme zu laissen und umb keynerley sache zo melden in eynich wys; dar umb so lange he der stede dienet, sal
25 man eme alle jair der stede cleidonge als ander der stede knechten
geben, sus sal he acht und wacht vry syn und funf over gulden
an pagement zu lone geben. Und ist geschien uf vasnecht dach
anno LXXII na gewanheit des styftz van Trier.

3. Erzbischof Johann von Trier fordert den Rath der Stadt Koblenz auf, für bessere Bewaffnung und Uebung der Bürger Sorge zu tragen und zu diesem Zwecke jährlich wenigstens einmal eine Musterung abzuhalten.
1474, Mai 5. Ehrenbreitstein.

Abschrift im Kopiar 2 des Stadtarchivs, Bl. 66.

Johann, von gots gnaden erzbyschof zu Trier etc.
und kurfurste.

Lieben getruwen. Nachdeme wyr uch andern unser lantschaft
30 am lesten hain geschreven, das ir uch sullent rusten etc., so langt

uns an, wie fast viel unsere burger zo Covelentz und der, die zo
uch gehoren, myt harnisch und anderm zu der gewere gar un-
geschickt sin, das wyr nit gerne horen; herumb ist unser ernst-
liche begerde, ir wullent myt geluten clocken die burger und
andern, zu uch gehoren, verboden und under uch die ordenonge s
machen, das eyn iglicher nach syner gelegenheit harnesch, geschuhe
und ander gewere habe, und wer des nit hette, das zu bestellen,
by eyner zimlichen penen, die wyr uch gonnen, daruf so setzen,
und ist auch unser meynonge und goitbedunken, das ir hynfurter
die ordenonge anstellent und haltent, das zum mynsten eyns ym 10
jare die burgere uf eynem nemelichen tag sich erzeugen in yrem
harnesch, als in viel steden lobliche gewoinheit ist, damit so mogent
ir und unsere burgere zo Covelentz allewege destarustiger blyben
und wullent hierinne selbs das beste pruben uns zu eren und
gefallen und uch und andern den unsern zu zierheit und noittorft. 15
Geben zo Erembreitsteyn, uf donrstag nach des heiligen crutzs tag
invencionis, anno etc. LXXIV.

Unsern lieben getruwen burgermeister und rait unser stat
Covelentz.

4. Maassregeln zur Sicherung der Stadt Koblenz gegen Feuer-
gefahr und Unruhen während der Anwesenheit des Königs
Sigismund in der Stadt[1].
(1414)[2].

Aufzeichnung im ältesten Rathbuch S. 284. Stadtarchiv.

Zu wissen, daß unser gnedigster herre, der roemsche konik 20
Sygißmondus, und die kurfursten, hertzauwgen, graven und ander
hern her by uns zu Covelentz komen werdent.

Alß darumb so sal allermenlich gestalt syn, syn harnesche
by eme zu haben und wail gerust syn.

Item sullent die zyte, als in geburt hie zu syn, dag und nacht 25
alle porten zu syn und bliben und die sloissel da von den burgermeistern gelebert werden, ane die Lereporte, de Furporte und die
Lyndenport, die sal man doen hoeden vor ee der porten eyn zal
gewapender lude, und die Korneport mach man uf und zu doin,
alß deß noit ist. 30

Item sullent die vier mutter die zyte alle nacht myt eynander uf unser frauwen thorne wachen und myt dage uf und aif
gain, aif sy eynich fur ader geschrey segen ader hoirten, daß sy

---

[1] Dieselben Maassregeln wurden auch bei der Anwesenheit Kaiser
Friedrichs III 1475 getroffen. (Gleichzeitige Aufzeichnung auf einem Blatto im
Staatsarchiv.
[2] Im August 1414 hielt sich der König Sigismund etwa 4 Wochen lang
in Koblenz auf.

daß zu stunt warnen myt der clocken, und etzliche burger zwene
ader dry sullent im dage uf dem selben thorne syn und bliben.

Item sullent alle wechter die zite uf der muren wachen und
alle fur und geschreye warnen und die muren nyt rumen umbe
5 keyn noit ader sach, die in gescheen muchte,

Item sullent die sackdreger und amendreger alle naicht mit
yren amen und gezuge uf dem kornmart bey eynander syn, welche
zyte man yr bedarf, daß sy als dan bereyt syn.

Item sal eyn ycklich zunft ader hantwerk, die zu sament
10 hoerent, alle naicht in eyme huse, daß in allerbest gelegen ist,
myt yrem harnesche by eynander syn, abe eynich uflauf geschrey
ader (fuyr) geschege, so sullent die eyne uf daß Burgedor, die
andern uf sent Floryns hof und die dritten uf den Kornmarte zusamen koemen und nyt von dannen rumen, sy enwerden von den
15 burgermeistern und den die in zugeschickt werden geheyssen, und
sullent den als dan gefullich syn.

Item sullent alle wirte und gasthelder yre geste harnesch und
waeffen aifterwarnen und sicher werden und die nyt ußgeben, sy
ensullen dan ewech faren, und fort yr herbergen und stallunge
20 vur fure aichter warnen, daß keyn schade davon geschee, und ensullent die selbe wirte und gasthelder von yren gesten von ee
dem essen nyt me dan zwene schilling Brabentz nemen und vur
eynen sester habern 10 haller und von ee dem perd dag und nacht
vur hauw und stroe 1 ß. Brabentz und fort nyeman oberheben
25 umb lecht und fuyr, umb bette noch umb eyniche ander sach,
so daß keyn clage davon koeme, und sal ydermann syne stelle
rumen, abe iß noit geburde, daß man dar in zehen moege.

Item sal man die herren beden, daß sy yren deneren bevelen,
yn yren herbergen zu blyben und keynen uflauf machen.

30 Item sal man alle kedem bynnen der stadt und umb die
muren inn legen.

Item sal man alle abent luichten ußhangen.

Item sal man gebeden wasser vur die doeren.

Item sullent die fleißheuwer und die becker bestellen fleisch
35 und broit, daß man deß keynen gebroch habe.

Item sullent die von Hoirchem 12 man gewapend vur der
Lyndenportzen huden.

Item die von Wiß 12 man vur die Lereportz.

Item die von Lutzercovelentz 12 man uf der brucken.

40 Item uf dem Zollthorne 6 man gewapent.

Item uf dem ronden thorne 6 man gewapent.

Item die wyngartlude und die Wissergasse die sullent syn
by eynander in dem huise zu dem Slussel.

Item die fleißheuwer in Bersenheuftz huiß uf dem graben
45 und die weber zu Nassauwe.

Item de ald stad in dem huiß uf dem Kormart, item von
dem Kormarte biß uf sent Casters hof in dem kleynen Duschzenhuise.

Item sullent die burgermeister und die in zugeschickt werden myt yren knechten alle naicht myt stalkirtzen^a bynnen der stad und langs die muren umb ryden und gain, allen schaden uflauf fuyr und geschrey zu verhuden.

Item alle andern hantwerk etc. sullent gefulgich und gehoir- ₅ sam syn den burgermeistern.

5. Feuer-Ordnung.
1473.

Aeltestes Rathbuch Bl. 29.

Zur selber zit ist man verdrain, wan eynich
geschrey queme ader fuyr uf ginge.

Item sal syn uf den torne an den Burderen eyn edel burgermeister und alle die ghene, die in die overstat horent, nyeman
usgescheiden, mit erem geweer und nyt begynnen noch danen
scheyden buyssen bescheit eyns burgermeisters oder die vam rade ₁₀
alda synt.

Item der ander burgermeister sal sin an dem kornportzplain,
dar by sullen gain mit erem geweer alle, die in die nederstat
horent, sunder sumen, und buyssen bescheit eyns burgermeisters
oder der vam rade alda nyt doin noch dannen scheyden. ₁₅

Wan eynich fuyr uf ginge.

Item sal eyn yeelicher uf syn bescheyt gain, sonder die prediger, die mynrebroder, die begart, vort die zymmerlude, deckerzunft,
die sackdreger, alle sament mit ere gereytschoff, die synt geordent
und bescheyden zu fure zu laufen und dat beste bestain zu done.

6. Reihenfolge der Bürger und Zünfte bei Auszügen und die Stellung von Eimern und Leitern bei Feuerbrünsten.
15. Jahrhundert.

Aufzeichnung im ältesten Rathbuch Bl. 5.

Wye die burgere ind zonfte na eynander ußreysen ind na
ordenunge van aldem herconien zehen ind volgen sullent[1].

Irst der rait mit synen fronden. ₂₀

Die scheffen . . . . Eymer zum fure und leytern[2].

Die burgere . . . . 8 eymer 1 leyter.

a) Die oben genannte Quelle vom J. 1475 hat *mit tharthysen.*

[1] Vgl. dazu oben Nr. 1.

[2] Diese Angaben über die Stellung von Eimern und Leitern bei Feuerbrünsten sind nachträglich von anderer Hand aus dem Ende des 15. Jh. hinzugefügt.

Die vleyscheuwer	6 cymer	1 leyter	1 haich.		
Die van Hoirchem					
Die wever	6 *n*	1 *n*			
Die becker	6 *n*	1 *n*			
Die schoemecher	8 *n*	1 *n*			
Die smede	8 *n*	1 *n*			
Die locher	4 *n*	1 *n*			
Die wyngartlute	8 *n*	2 *n*	1 *n*		
Die cremer	12 *n*				
Die schyfflute	10 *n*	2 *n*	1 *n*		
Die vasbender	6 *n*	1 *n*			
Die zymmerlude ind murer	8 *n*	1 *n*	1 *n*		
Die snyder	6 *n*	1 *n*	1 *n*		
ind korsner	4 *n*	1 *n*			
Die van Revenach					
Die van Lutzelkovelentz	12 *n*				
Die van Wyß	12 *n*				

Namen-, Sach- und Wortverzeichniss*.

* Die Erklärung der mit einem Stern versehenen Worte verdanke ich der hülfbereiten Unterstützung des Herrn Professor Dr. Edward Schröder in Marburg, dem ich auch an dieser Stelle meinen Dank abstatte.

B.

*parskese; kesbar, kesebar ist Käsekorb, vas in quo fit caseus, also ein aus Holzplättchen oder Geflecht hergestelltes Gefäss, in welchem der caseus formaticus, französisch fromage, hergestellt wurde. Demnach könnte parskese immerhin Korbkäse, Formkäse sein, der in Norddeutschland nicht heimisch war, also classische und schweizerische Sorten, die flussabwärts kamen 163, 181.

Parva Confluencia, Enolfus, Heidinricus, Rifridus, fratres, armigeri 36.
—, Croffto de, consul 38.
— s. Lützelkoblenz.
Passvil, Gobelinus de 15; s. Peschil.
Peltz, Johannes, Schuhmacher 42.
Pelzer 231, 245.
Peschil, Gobelin von, Ritter 18, 33 s. Passvil.
Pfaffen nehmen nicht am Banding theil 95 a.
Pfaffenbrod 243.
Pfaffendorf 84.
—, Dithardus von, Ritter 12, 63, 168.
—, Zacharias von 30.
Pfahlbürger, Aussenbürger 1.
Pfandsachen 88.
Pferde, verpfändete 83, 84.
Pförtnereid 217.
*pickel = Pökel, das Salzwasser, in dem die Fische eingemacht werden 206.
Plätze sind Gemeindeeigenthum 57.
Plan 97, 244.
Platzenborn 147, 200.
Pleysch, Werner, Bürger 42.
*pleyt = Prahm, ein flaches Fahrzeug 194.
Pluderwerk, Pluderwette 50 zu, 100, 86 z.
—, Erklärung des Begriffes 87 u.
Poppo, Erzbischof von Trier 3, 143, 152.
Porre, Gerlach, Gerber 42.
Porta, Wilhelmus de, armiger 36.
— s. a. Burgdor.
Posterne 97, 177, 178.
Preise 206.
Print, Adam, armiger 36.
Pyrmont, die von 124.
—, Friedrich von 125, 135.
—, Johann von 125, 135.
Pythan, Lodovich, Bürgermeister 28.

R.

Raban, Erzbischof von Trier 187.
rat, under eine rat schlagen 7, 81 i, 97 zs.

Rath, älteste Erwähnungen 12.
—, alt und neu 23, 24, 76 a.
—, Befugnisse 25 ff., 48, 54.
—, Gefälle 83 a, 95 e.
Rathhaus s. Monreal und Neue Haus.
Rathherren, Ahnendenutzung 128, 137.
Rathschilling 28.
Rath, Statuten über die Wahl 16, 29 ff.
—, zweite Gründung 21, 22, 23.
—, Zusammensetzung 17, 22—24.
Raub und Mord s. Verfahren bei.
Rechtung in der Mark 82, 83.
— in der Stadt 82, 83.
Regensburg 122.
*reif = Fassreifen 195, 206.
*reif, de das doich strycht = Messleine, zum Messen der Leinewand und des Tuches (vgl. Deutsches Wörterbuch 8, 620) 195.
Reinigungeid 89, 90.
reiskessel 55 zu.
Remagen 151.
Remey von Winnenburg, Conc 42.
Rentmeister 210.
Reuber, Conrait 136.
Revenach, Giselbrecht von, Dienstmann 29.
Revenaco, Johannes de, consul 38.
Richolf, Schöffe 30, 36.
Riesengasse 141.
Ritterbürgermeister 27.
Rittergasse 135.
*rode = Färberröthe, rubia tinctorum 195, 236.
Röder 148.
Rödereid 217.
Röderprüfung 217, 218.
*roefen = rufen, ausrufen (vgl. z. B. in Strassburg die Zunft der Weinrufer) 223.
Römerkastell 3.
Römische Briefe 115.
Roickarne, Heino, Bürger in Bonn 40.
Rolandgasse 42.
Romersdorf, Abtei 124, 125, 135; deren Zoll- und Zapffreiheit in Koblenz 55 zu.
Romlianshof 136.
Roprecht, Henze, Bürger 42.
Rose als Bild des Schöffensiegels 13.
Rübenach 8, 82, 84, 110, 124, 137, 245, 246 s. a. Revenach.
ruede s. rat.
Rügepflicht 78 19, 100.
Ruitter von Weis, Johann, Schöffe 106, 108.
Rumelean von Covern, Johann, Ritter. Amtmann 229.

Universitäts-Buchdruckerei von Carl Georgi in Bonn.